प्रतिनिधि हिन्दी-निबन्धकार

प्रतिनिधि
हिन्दी-निबन्धकार

डॉ. विभुराम मिश्र
पूर्व रीडिर, हिन्दी एवं प्राचार्य
राजकीय महाविद्यालय उ.प्र.

डॉ. ज्योतीश्वर मिश्र
सहायक प्रोफेसर, हिन्दी
के.बी. स्नातकोत्तर, कॉलेज
मीरजापुर

लोकभारती प्रकाशन

लोकभारती प्रकाशन
पहली मंजिल, दरबारी बिल्डिंग, महात्मा गांधी मार्ग
प्रयागराज-211 001

शाखाएँ : 1-बी, नेताजी सुभाष मार्ग, दरियागंज
नई दिल्ली-110 002
अशोक राजपथ, साइंस कॉलेज के सामने
पटना-800 006

1, अनमोल सोराबजी संतुक लेन, धोबी तलाव,
मरीन लाइंस, मुम्बई-400 002

वेबसाइट : www.lokbhartiprakashan.com
ईमेल : info@lokbhartiprakashan.com

पहला संस्करण : 2011
दूसरा संस्करण : 2025

मूल्य : ₹ 895

बी.के. ऑफसेट
नवीन शाहदरा, दिल्ली-110 032
द्वारा मुद्रित

PRATINIDHI HINDI-NIBANDHKAR
by Dr. Vibhuram Mishra
Dr. Jyotishvar Mishra

ISBN : 978-81-8031-592-3

अनुक्रम

प्राक्कथन

निबन्ध गद्य की अत्यन्त महत्त्वपूर्ण विधा है। आचार्य रामचन्द्र शुक्ल की तो धारणा थी—यदि गद्य कवियों की कसौटी है तो निबन्ध गद्य की। निःसन्देह निबन्ध में गद्य की अभिव्यंजना-शक्ति का पूर्ण चमत्कार तथा सौन्दर्य एवं माधुर्य का चरम विकास दृष्टिगोचर होता है। फिर भी; हिन्दी कविता, उपन्यास, कहानी, नाटक की अपेक्षा निबन्ध साहित्य की ओर आलोचकों का ध्यान कम गया है।

यह पुस्तक 'प्रतिनिधि हिन्दी निबन्धकार' इस भावना से प्रेरित होकर लिखी गयी है कि हिन्दी के प्रमुख निबन्धकारों की निबन्ध-कला का समग्र परिचय एक ही स्थान पर उपलब्ध हो सके। यह पुस्तक प्रथम बार जनवरी, सन् 1975 में प्रकाशित हुई थी। कई संस्करणों के बाद अब पुस्तक के इस नये संस्करण में अनेक उल्लेखनीय नवीन निबन्धकारों को भी सम्मिलित कर लिया गया है। अन्तिम तीन निबन्धकारों—'दिनकर', हरिशंकर परसाई तथा शरद जोशी का विवेचन डॉ० ज्योतीश्वर मिश्र द्वारा किया गया है। ग्रन्थ में बालकृष्ण भट्ट से लेकर शरद जोशी तक कुल 22 प्रतिनिधि हिन्दी निबन्धकारों और शैलीकारों को स्थान दिया गया है। प्रत्येक निबन्धकार के सम्पूर्ण निबन्ध साहित्य का परिचय, उसके निबन्धों का वर्गीकरण, निबन्धों में व्यक्त विचारधारा, निबन्ध-भाषा, विविध शैली-रूपों तथा निबन्ध साहित्य में उसके स्थान आदि का विवेचन किया गया है। निबन्धकारों के बारे में प्रतिष्ठित आलोचकों के मत भी यथास्थान उद्धृत हैं। आशा है निबन्ध साहित्य के अध्येता इस पुस्तक से लाभान्वित होंगे।

सामग्री-संकलन और निबन्धकार का मूल्यांकन उसकी निबन्ध-रचनाओं के अध्ययन-अनुशीलन पर आधारित है, परन्तु आवश्यकतानुसार अनेक विद्वान् समीक्षकों के ग्रन्थों से भी सहायता ली गयी है। मैं उन सभी का कृतज्ञ हूँ। पुस्तक प्रकाशित करने के लिए श्री आमोद महेश्वरी के प्रति मैं आभार प्रकट करता हूँ।

—विभुराम मिश्र

190-ए, टैगोर टाउन
इलाहाबाद-2

निबन्ध और हिन्दी निबन्ध

निबन्ध संस्कृत का शब्द है, जिसकी व्युत्पत्ति इस प्रकार की गयी है—नि + बन्ध + ल्युट् — निबन्ध्यते अस्मिन् इति, अधिकरणे निबन्धम्। अर्थात् ऐसी रचना जिसमें विचार बाँधा अथवा गूँथा जाता है। 'शब्द कल्पद्रुम' में निबन्ध शब्द की परिभाषा दी गयी है—**निबध्नातीति निबन्धः।** निबन्ध शब्द का अर्थ हुआ—कसा हुआ, गठा हुआ, बँधा हुआ। प्राचीन काल में हस्तलिखित पोथियों को सीकर रखा जाता था। सीने की इस क्रिया का नाम भी निबन्ध था। निबन्ध अर्थात् सँवारकर सीना। बाद नें यह शब्द ऐसे ग्रन्थों के लिए प्रयुक्त होने लगा जिसमें मतों, व्याख्यानों, विचारों का संग्रह हो। आप्टे ने अपने संस्कृत अंग्रेजी कोश में निबन्ध शब्द के बारह अर्थ दिये हैं, बाँधना, जोड़ना, आसक्ति, रचना, संयम, शृंखला आदि। संस्कृत साहित्य में निबन्ध प्रायः साहित्यिक रचना, टीका या कृति के अर्थ में ही प्रयुक्त हुआ है, जिसमें विशेष रूप से बन्ध, सम्यक् कसाव और संगठन हो।

निबन्ध का पर्याय अंग्रेजी शब्द 'एसे' है। एसे शब्द की उत्पत्ति फ्रांसीसी शब्द 'एसेइस' (Essais) के अनुकरण पर हुई, जिसका अर्थ प्रयास, प्रयत्न या परीक्षण है। सबसे पहले फ्रांसीसी लेखक मिकेल मोन्तेन (सन् 1533-1592) ने इस शब्द का प्रयोग किया। सन् 1580 में उसका पहला निबन्ध-संग्रह प्रकाशित हुआ, जिसका अंग्रेजी अनुवाद सन् 1593 में छपा। उसी समय इंग्लैण्ड में फ्रांसिस बेकन (1561-1626) भी अंग्रेजी में निबन्ध-रचना कर रहे थे। पाश्चात्य निबन्ध-परम्परा का विकास इन्हीं दो निबन्धकारों से माना जाता है।

परिभाषा—पहले निबन्धकार मोन्तेन का मत है कि निबन्ध में निबन्धकार के व्यक्तित्व की अभिव्यक्ति होनी चाहिए—"अपने निबन्धों में मैं स्वयं अपने को चित्रित करता हूँ और अपनी पुस्तकों का मैं खुद ही विषय हूँ।" अंग्रेजी निबन्ध के जनक बेकन निबन्ध को 'विकीर्ण-चिन्तन' कहते हैं। उनके अनुसार, "निबन्ध विचारों का वह संक्षिप्त विवेचन है जिसमें बुद्धि-तत्त्व की प्रधानता होती है।" तथा "निबन्ध कुछ इने-गिने पृष्ठों के लघु-विस्तार में होना चाहिए जिसमें सारगर्भित ठोस विचारों का निर्देश हो।" मोन्तेन ने निबन्ध में वैयक्तिकता को प्रधानता दी है और बेकन ने विचारात्मकता पर अधिक बल दिया है। इसी से मोन्तेन के निबन्धों में अहं सर्वत्र विद्यमान है और बेकन के निबन्धों में विद्वत्ता परिलक्षित होती है।

उपर्युक्त दो आरम्भिक निबन्धकारों के अतिरिक्त अन्य पाश्चात्य निबन्धकारों और आलोचकों ने भी निबन्ध को परिभाषित किया है। उन्होंने अलग-अलग ढंग से, विभिन्न कोणों से परिभाषाएँ प्रस्तुत की हैं। इन सभी परिभाषाओं में एकसूत्रता या सामञ्जस्य स्थापित करना कठिन कार्य है। कुछ उल्लेखनीय और महत्त्वपूर्ण परिभाषायें हम यहाँ हिन्दी अनुवाद कर प्रस्तुत कर रहे हैं। डॉ० जॉनसन की निबन्ध की परिभाषा अत्यधिक चर्चित है। उनके अनुसार, "निबन्ध मस्तिष्क की स्वच्छन्द-सूझ, अव्यवस्थित कड़ी और मुक्तक प्रयास है। अर्थात् निबन्ध मानसिक विश्व का वह थका हुआ बुद्धि-विलास है जिसमें न कोई क्रम है न नियम। वह विचारों की अधूरी तथा अव्यवस्थित रचना मात्र है।" श्री जे० बी० प्रीस्टले लिखते हैं--"सच्चा निबन्ध रहस्यलाप या प्रेम में किये हुए संलाप के समान होता है। और सही माने में जो निबन्ध होते हैं, पाठकों से उनकी हित वार्ता चतुराई से भरी तथा प्रभावोत्पादक होती है। निबन्धकार एक-एक शब्द अपने हृदय के अन्तरतम से बोलता है। उसका लेखन अन्तस्तल की आकुलता को व्यक्त करता है।" डब्ल्यू० ई० विलियम्स के अनुसार, "निबन्ध की संक्षिप्त परिभाषा यह है कि वह गद्य-रचना का एक प्रकार है जो बहुत ही छोटा होता है। उसमें वर्णन नहीं होते। कभी-कभी अपनी बातों को सिद्ध करने के लिए निबन्धकार प्रसंग की अवतारणा करते हैं, पर उनका मूल उद्देश्य कथा कहना नहीं होता है। निबन्ध लेखक का मुख्य कार्य सामाजिक-दार्शनिक आलोचक या टिप्पणीकार-जैसा होता है।" निबन्धकार एडीसन के मतानुसार, "निबन्ध में विचारधारा तरल और मिश्रित होती है। उसका प्रवाह कभी साधारण उपदेशात्मकता की ओर उन्मुख रहता है, कभी वैयक्तिक आत्माभिव्यंजन की ओर।" श्री ए० सी० बेनसन ने निबन्ध में विनोदी तत्त्वों की आवश्यकता का प्रतिपादन किया है। हडसन और मरे ने निबन्ध के आकार और विवेचन-संयम पर बल दिया है। श्री एच० लाबन के अनुसार, "साहित्यिक, दार्शनिक या सामाजिक विषय पर ऐतिहासिक या वैयक्तिक दृष्टिकोण से लिखी हुई रचना" ही निबन्ध है। इस प्रकार अंग्रेजी परिभाषाकारों ने निबन्ध के आकार, विषय-वस्तु, शैली, निबन्ध में व्यक्तित्व-प्रकाशन, निबन्ध में विचार-तत्त्व, निबन्ध में व्यंग्य-तत्त्व आदि अनेक पक्षों पर अपनी-अपनी रुचि के अनुसार मत व्यक्त किये हैं और विभिन्न परिभाषाएँ दी हैं।

हिन्दी के कतिपय विद्वानों और आलोचकों ने भी निबन्ध शब्द की परिभाषा की है। कुछ की परिभाषायें यहाँ प्रस्तुत हैं। आचार्य रामचन्द्र शुक्ल ने बेकन के समान निबन्ध को गम्भीर विचार-प्रकाशन ही माना है। उन्होंने लिखा है कि यदि गद्य कवियों या लेखकों की कसौटी है तो निबन्ध गद्य की कसौटी है। भाषा की पूर्ण शक्ति का विकास निबन्धों में ही सबसे अधिक सम्भव होता है। इसीलिए गद्य-शैली के विवेचक उदाहरणों के लिए अधिकतर निबन्ध ही चुना करते हैं। अन्यत्र शुक्लजी लिखते

हैं—''आधुनिक पाश्चात्य लक्षणों के अनुसार निबन्ध उसी को कहना चाहिए जिसमें व्यक्तित्व अर्थात् व्यक्तिगत विशेषता हो।'' निबन्ध का चरम उत्कर्ष शुक्लजी वहाँ स्वीकार करते हैं जहाँ ''एक-एक पैराग्राफ में विचार दबा-दबाकर ठूसे गये हों और एक-एक वाक्य किसी सम्बद्ध विचार-खण्ड के लिए हो।'' इस प्रकार शुक्लजी निबन्ध में विचार-गाम्भीर्य एवं सामासिकता के हिमायती हैं।

डॉ० गुलाबराय ने अपनी निबन्ध-परिभाषा में निबन्ध के प्रायः सभी लक्षणों और तत्त्वों का समावेश कर लिया है। उनकी परिभाषा बड़ी सन्तुलित और पूर्ण है—''निबन्ध वह गद्य-रचना है जिसमें एक सीमित आकार के भीतर किसी विषय का वर्णन या प्रतिपादन एक विशेष निजीपन, स्वच्छन्दता, सौष्ठव और सजीवता, साथ ही आवश्यक संगति और सुसम्बद्धता के साथ किया गया हो।''

डॉ० लक्ष्मीसागर वार्ष्णेय ने अपने ग्रन्थ 'हिन्दी साहित्य का इतिहास' में निबन्ध को अंग्रेजी के 'एसे' शब्द पर आधारित माना है, जिस पर निबन्धकार की वैयक्तिकता की पूर्ण छाप हो। वे लिखते हैं—''निबन्ध से तात्पर्य सच्चे साहित्यिक निबन्धों से है, जिसमें लेखक अपने-आपको प्रकट करता है, विषय को नहीं। विषय तो केवल बहाना मात्र होता है।'' उनके अनुसार निबन्धकार मत का प्रतिपादन नहीं करता, सिद्धान्त स्थिर नहीं करता। वह मनोनीत विषय को अपने व्यक्तित्व के रस से पगाकर प्रकट करता है। वह विषय का अध्ययन करके नहीं लिखता। वह पाठक के साथ आत्मीयता स्थापित कर लेता है।

श्री जयनाथ नलिन ने निबन्ध की यह परिभाषा निश्चित की है—''निबन्ध स्वाधीन चिन्तन और निश्छल अनुभूतियों का सरस, सजीव और मर्यादित गद्यात्मक प्रकाशन है।'' उनकी इस परिभाषा में निबन्ध की भाषा-शैली, संक्षिप्तता, सघनता, कसाव आदि सभी तत्त्व आ गये हैं। डॉ० मोहन अवस्थी ने निबन्ध की बड़ी संक्षिप्त और सार्थक परिभाषा इस प्रकार दी है—''निबन्ध वह छोटी, ललित गद्य-रचना है जिसमें विषय-प्रतिपन्नता के साथ हृदय का विचरण हो।''

उपर्युक्त विभिन्न परिभाषाओं पर विचार करने के उपरान्त कहा जा सकता है कि निबन्ध एक सुव्यवस्थित और संयत गद्य-रचना है जिसके लिए विषय की कोई निश्चित परिधि नहीं है और न शैली की ही कोई बँधी-बँधायी लीक। निबन्धकार एक साथ दार्शनिक, इतिहासवेत्ता, राजनीतिज्ञ और साहित्यकार की सम्मिलित प्रतिभा से युक्त दृष्टि जीवन और जगत् पर डालता है। निबन्धकार का मूलोद्देश्य है आत्म-प्रकाशन। पाठक से सच्ची आत्मीयता स्थापित कर लेने के पश्चात् ही वह अपनी अनुभूति तथा विचारधारा पाठक तक सम्प्रेषित कर सकता है। पाठक से सहज तादात्म्य स्थापित कर अपने प्राणों का रस वह पाठक के हृदय तक संचारित करता है।

निबन्ध-प्रकार—निबन्धों के वर्गीकरण के अनेक आधार हैं। विषय, शैली, भाषा, स्वरूप आदि के आधार पर निबन्ध के अनेक भेद-प्रभेद किये जा सकते हैं। स्वरूप के आधार पर निबन्धों के चार भेद हो सकते हैं—(1) पुस्तक के रूप में, (2) भूमिका के रूप में, (3) लिखित व्याख्यान के रूप में और (4) पत्र-पत्रिकाओं में प्रकाशित लेखों के रूप में। विषय के आधार पर निबन्धों के अनेक भेद हो सकते हैं, जैसे-साहित्य और भाषा विषयक, जीवन चरित्रात्मक, ऐतिहासिक, पुरातत्त्व-सम्बन्धी, सामाजिक, राजनीतिक, धार्मिक, आध्यात्मिक, आर्थिक समस्याश्रयी, मनोवैज्ञानिक, वैज्ञानिक आविष्कारों सम्बन्धी आदि।

निबन्धों का वर्गीकरण शैली के आधार पर करना ही युक्तिसंगत है। इस आधार पर विद्वानों ने निबन्ध के विभिन्न भेद किये हैं। वस्तुतः व्यक्ति को आधार मानकर निबन्धों को व्यक्तिप्रधान और विषयप्रधान दो स्थूल भागों में विभाजित किया जा सकता है। व्यक्तित्व के दो भाग हैं—चिन्तन एवं अनुभूति अथवा मस्तिष्क और हृदय। इस प्रकार व्यक्तिप्रधान निबन्धों के दो भाग हो जाते हैं—विचारात्मक और भावात्मक। डॉ० श्रीकृष्ण लाल ने निबन्धों के तीन भेद किये हैं—(1) कथात्मक अथवा आख्यात्मक (2) वर्णनात्मक और (3) चिन्तनात्मक। बाबू गुलाबराय ने निबन्धों को चार वर्गों में विभाजित किया है—(1) वर्णनात्मक, (2) विवरणात्मक, (3) विचारात्मक (4) भावात्मक।

निबन्ध का मान्य और वैज्ञानिक प्रकार-विश्लेषण श्री जयनाथ नलिन ने किया है। उनके अनुसार निबन्ध के दो वर्ग हैं—निजात्मक (Subjective) और परात्मक (Objective)। इन्हें विषयीप्रधान और विषयप्रधान भी कह सकते हैं। निजात्मक निबन्धों के भी दो प्रकार हैं—विचारात्मक और भावात्मक। परात्मक के भी दो विभाग हैं—वर्णनात्मक और विवरणात्मक। पर नलिनजी के मतानुसार, निजात्मक निबन्धों के दो प्रभेदों, विचारात्मक और भावात्मक नाम के अन्तर्गत निबन्ध का वह प्रकार नहीं समा पाता जिसे अंग्रेजी में 'पर्सनल एसे' कहते हैं। अतः निजात्मक निबन्ध के तीन भाग मान लिये जा सकते हैं, तीसरा भाग है आत्मपरक या वैयक्तिक। इन सभी प्रकारों का संक्षिप्त परिचय और विश्लेषण प्रस्तुत करने का यहाँ प्रयत्न किया जा रहा है।

वर्णनात्मक—वर्णनात्मक निबन्ध में निरूपण अथवा व्याख्या की प्रधानता रहती है। इसमें कल्पना-तत्त्व एवं अनुभूति का भी सन्निवेश होता है। इसमें निबन्धकार की वैयक्तिकता मुखर होती है। निबन्धकार का लक्ष्य वर्णन द्वारा सजीव चित्र उपस्थित करना होता है। मुख्यतः पर्व-त्योहार, मेला-तमाशा, प्राकृतिक दृश्य, यात्रा, नगर-गाँव आदि का मोहक, आकर्षक और कलात्मक वर्णन निबन्धकार इस शैली में प्रस्तुत करता है। लेखक का उद्देश्य पाठक की रागात्मकता और रसात्मकता जागृत करना होता है।

विवरणात्मक—विवरण का अर्थ है, वृत्तान्त या बयान। विवरणात्मक निबन्ध में

विषय-विशेष का विस्तृत, गतिशील और चित्रात्मक वर्णन होता है। इसमें वर्णनात्मक निबन्धों की अपेक्षा अधिक चेतनता होती है। विवरणात्मक निबन्ध जीवनी, कथा, घटना, यात्रा, शिकार आदि पर आधृत होते हैं। इस कोटि के निबन्धों में भी काल्पनिकता तथा लेखक की वैयक्तिकता का समुचित समावेश होता है। इस प्रकार के निबन्धों में प्रसाद शैली, शब्द की लक्षणा तथा व्यंजना शक्तियों का सहारा लिया जाता है।

विचारात्मक—बुद्धिप्रधान निबन्धों को विचारात्मक कहेंगे। इनमें भावना और कल्पना के स्थान पर तर्क-वितर्क, सूक्ष्म विश्लेषण तथा चिन्तन की प्रखरता होती है। ये निबन्ध पर्याप्त गम्भीर, गहन तथा विचार-बोझिल होते हैं। इनमें विषय से सम्बद्ध बुद्धि-संगत विचारों की ही प्रस्तुति होती है। शुक्लजी के शब्दों में, इनमें विचार दबा-दबाकर कसे रहते हैं और एक-एक वाक्य में सम्बद्ध विचारखण्ड अनुस्यूत होता है। इन निबन्धों में लेखक का स्वाधीन चिन्तन-मनन तथा मौलिकता विद्यमान होती है। ऐसे निबन्धों की भाषा भी सांकेतिक, सूत्रात्मक तथा श्लेषात्मक होती है।

भावात्मक—विचारात्मक निबन्धों का सम्बन्ध बुद्धिपक्ष से होता है और भावात्मक निबन्ध हृदयपक्ष से सम्बन्धित होते हैं। इनमें रागवृत्ति की प्रधानता होती है। इनमें हृदय की अनुभूतियों, आवेगों तथा भावुकता का उद्रेक दिखायी पड़ता है। ऐसे निबन्धों में भावों का निश्च्छल प्रकाशन होता है। इनकी शैली प्रवाहपूर्ण और तरल होती है। भाषा कोमल, स्निग्ध और नादसौन्दर्यपूर्ण। इन निबन्धों में कविता का सा रस और आनन्द प्राप्त होता है पर उच्छृंखल और असंयमित भावुकता उचित नहीं। बुद्धि से अनुशासित भाव ही वरेण्य हो सकते हैं।

आत्मपरक—श्री नलिन के शब्दों में, ''आत्मपरक में लेखक का निज इतनी गहरी, स्पष्ट, मोटी और चमकीली रूपरेखा लेकर उपस्थित रहता है कि यह किसी अन्य का बन ही नहीं सकता। विश्व की बात कहकर नहीं अपनी बात कहकर वह शेष विश्व की आत्मीयता, सहानुभूति और संवेदना प्राप्त करता है।'' इस कोटि के प्रत्येक निबन्धकार का व्यक्तित्व सर्वथा पृथक् और स्पष्ट पहचान में आनेवाला होता है। निबन्ध में उसकी वैयक्तिक अनुभूति, कष्ट-संताप, मूल्य, विश्वास उजागर होते हैं।

निबन्ध शैली—शैली अनिश्चित अर्थवाला शब्द है। अनेक पाश्चात्य विद्वानों ने शैली के सम्बन्ध में धारणा व्यक्त की है। बफन का कथन है, ''शैली व्यक्ति ही तो है।'' हडसन के अनुसार, ''शैली अपने मूल रूप में एक बौद्धिक गुण है।'' लूकास के अनुसार, ''साहित्यिक शैली एक व्यक्तित्व का दूसरे व्यक्तित्व को प्रभावित करने का साधन है।'' गोथे लिखते हैं, ''सामान्य रूप से कहा जा सकता है कि लेखक की शैली अपने मन का विश्वस्त अनुकरण है।'' पोप ने शैली को विचारों का परिधान कहा है। वास्तव में शैली साहित्य-सृजन का वह तत्त्व है, जिसका सम्बन्ध वाक्य-संगठन,

शब्द-चयन, अभिव्यक्ति-प्रणाली आदि से होता है। शैली वह प्रणाली है जिसके द्वारा लेखक की अनुभूति या विचारधारा की यथा-तथ्य और सार्थक अभिव्यक्ति सम्भव है। शैली का सम्बन्ध वक्तृत्व वस्तु की अभिव्यक्ति से है। शैली बात कहने के ढंग का नाम है। पर शैली अभिव्यक्ति का साधारण धर्म नहीं है, वह विशिष्ट अभिव्यक्ति का सहज धर्म है। विषयवस्तु की पूर्ण प्रभावयुक्त अभिव्यक्ति, प्रवाहयुक्त औचित्यपूर्ण अभिव्यक्ति, विषय तथा व्यक्तित्व प्रेरित वैशिष्ट्यों से युक्त अभिव्यक्ति का नाम शैली है।

शैली का सम्बन्ध अभिव्यक्ति से है और अभिव्यक्ति का एकमात्र माध्यम भाषा है। अतः शैली और भाषा का अत्यन्त घनिष्ठ सम्बन्ध है। भाषा विषयाश्रित और व्यक्ति-आश्रित होती है। भाषा विशिष्ट गुणों से सम्पन्न होकर ही शैली बन पाती है। भाषा को ही शैली मान लेना ठीक नहीं। शैली के स्वरूप-निर्माण में दो प्रकार के तत्त्व संलग्न होते हैं—बाह्य और आभ्यन्तर। बाह्य तत्त्वों में ध्वनि, शब्द, वाक्य, अनुच्छेद, अलंकार, विरामचिह्न आदि आते हैं। बौद्धिक तत्त्व, भाव तत्त्व और सौन्दर्य तत्त्व शैली के आभ्यन्तरिक तत्व होते हैं।

साहित्य की अन्य विधाओं की अपेक्षा निबन्ध में शैली का रूप अधिक उजागर होता है क्योंकि निबन्ध में निर्बन्धता और विचारों-भावों के प्रकाशन का अधिक अवसर होता है। शैली ही निबन्ध में प्राण-संचार करती है और उसे स्वतन्त्र व्यक्तित्व प्रदान करती है। निबन्ध की अनेक शैलियों के नाम विद्वानों ने गिनाये हैं। स्थूल ढंग से सुबोध और दुर्बोध भाषा की भाँति ये ही दो शैली-प्रकार भी बताये जा सकते हैं। विद्वानों ने विनोदात्मक शैली, व्यंग्यात्मक शैली, दार्शनिक शैली, तर्कप्रधान शैली, आवेगात्मक शैली, अलंकृत शैली, लाक्षणिक शैली, प्रतीकात्मक शैली आदि नाम गिनाये हैं। पं० करुणापति त्रिपाठी ने वाक्य के आधार पर शैली के पाँच भेद किये हैं—सरल शैली, गुम्फित वाक्य शैली, उक्तिप्रधान शैली, अलंकृत शैली और गूढ़ शैली। अभिव्यंजना-प्रणाली की विशेषता के आधार पर उन्होंने व्यक्तिप्रधान, विषयप्रधान आदि शैली-भेद भी किये हैं। शैली के और भी बहुत-से भेद किये जा सकते हैं, जैसे—आगमन, निगमन, सर्वबोध, दुरूह, क्लिष्ट, सबल, शिथिल, लचर, प्रवहमान, वर्णनात्मक, चित्रात्मक, विवेचनात्मक, व्याख्यात्मक, गवेषणात्मक, भाषण, सम्भाषण, भावात्मक, काव्यात्मक आदि।

वस्तुतः व्यक्ति, विषय और उद्देश्य के अनुरूप शैली के अनेक भेद हो जाते हैं। श्री नलिन निबन्ध की कुल छः शैलियाँ मानते हैं—प्रसाद, समास, विवेचन, व्यंग्य, आवेग और प्रलाप। प्रसाद शैली सरल-सुबोध होती है। इस शैली में स्पष्टता तथा स्वच्छता के साथ-साथ एक विचित्र आकर्षण, सहृदयता, आत्मीयता तथा मिठास होती है। समास शैली को संश्लिष्ट शैली कह सकते हैं। इस शैली में विचारों की सघनता,

अर्थगहनता तथा बोझिलता होती है। वाक्य-योजना भी दुरूह और लम्बी होती है। विवेचनात्मक शैली में तर्क, प्रमाण, व्याख्या आदि का समावेश होता है। इसी शैली से शुक्लजी 'मानसिक श्रमसाध्य नूतन उपलब्धि' की आशा करते हैं। इस शैली में शब्द और अर्थ, दोनों दृष्टियों से गहनता, सघनता और गम्भीरता दिखायी पड़ती है। लक्षणा, व्यंजना और श्लेष आदि के सहारे शब्द और अर्थ का विशिष्ट संयोजन व्यंग्य शैली का निर्माण करता है। व्यंग्यात्मक शैली में कहीं मीठी चुभन होती है, कहीं तीव्र प्रहार होता है, कहीं गुदगुदाहट होती है और कहीं उन्मुक्त हास्य। व्यंग्य, रचना में विचित्र मस्ती और प्राण संचारित कर देता है। बहुत सधे हुए और सन्तुलित लेखक ही सफल व्यंग्यकार हो सकते हैं। अन्य शैलियाँ आवेग और प्रलाप हैं। भावों की तीव्रता, क्षिप्रता तथा तेज प्रवाह से आवेग शैली जन्म पाती है। आवेगपूर्ण शैली तेज धारवाली बरसाती नदी के समान होती है, जो पाठकों को बरबस तीव्र गति से अपने साथ बहा ले जाती है। प्रलाप का अर्थ है पागलपन। भावों-विचारों की अक्रमबद्धता, अतारतम्यता, अस्त-व्यस्तता, क्षण-क्षण परिवर्तित भावधारा आदि इस शैली के लक्षण हैं।

हिन्दी निबन्ध का विकास

हिन्दी की समस्त गद्य-विधाओं का विकास अंग्रेजों के भारत आगमन के पश्चात् अंग्रेजी साहित्य के अध्ययन-अनुशीलन के परिणामस्वरूप हुआ। निबन्ध विधा के विकास के लिए विकसित, प्रौढ़ एवं सुनिश्चित गद्य-परम्परा का होना आवश्यक है। प्रत्येक भाषा में निबन्धों की रचना अन्य विधाओं के विकास के पश्चात् ही सम्भव हो सकी।

सन् 1741-42 में रामप्रसाद निरंजनी ने 'योगवाशिष्ठ' लिखा। आचार्य शुक्ल इन्हें हिन्दी का प्रथम प्रौढ़ गद्य-लेखक और 'योगवाशिष्ठ' को परिनिष्ठित गद्य की प्रथम पुस्तक मानते हैं। मुंशी सदासुखलाल, इंशाअल्ला खाँ, लल्लूलाल और सदल मिश्र इन चार लेखकों का हिन्दी गद्य के विकास में महत्त्वपूर्ण योगदान है। भारतेन्दु-युग के पूर्व हिन्दी गद्य निर्माताओं में शिवप्रसाद सितारेहिन्द, लक्ष्मण सिंह, स्वामी दयानन्द सरस्वती तथा पं० श्रद्धाराम फुल्लौरी के नाम भी उल्लेखनीय हैं। भारतेन्दु-काल (सन् 1850-1900) तक हिन्दी गद्य स्थिरता प्राप्त कर पर्याप्त प्रौढ़ हो चुका था। भारतेन्दु-युग से ही एक नयी साहित्यिक विधा के रूप में हिन्दी में निबन्ध-परम्परा का सूत्रपात हुआ। भारतेन्दु एवं उनके समकालीन लेखकों ने पाश्चात्य निबन्ध-शिल्प से प्रभाव ग्रहण कर हिन्दी निबन्ध-रचना प्रारम्भ की।

हिन्दी निबन्ध के विकास में विभिन्न पत्र-पत्रिकाओं—कवि वचन सुधा (1868), हरिश्चन्द्र मैगजीन (1873), मित्र विलास (1877), हिन्दी प्रदीप (1877), मोहन चन्द्रिका

(1880), आनन्द कादम्बिनी (1881) ब्राह्मण (1883), भारतेन्दु (1884) पीयूष प्रवाह (1884) भारत जीवन (1884) आदि–ने भी महत्त्वपूर्ण भूमिका निभायी। इन पत्रिकाओं में व्यक्तिनिष्ठ एवं वस्तुनिष्ठ दोनों प्रकार के निबन्ध प्रकाशित हुए। ये निबन्ध जन-साधारण को लक्ष्य कर सरल भाषा-शैली में लिखे गये। इनका उद्देश्य मनोरंजन के साथ-साथ राष्ट्रीय चेतना का उद्रेक और जन-उद्‌बोधन भी था।

हिन्दी का प्रथम निबन्धकार कौन है, इस सम्बन्ध में आलोचक एकमत नहीं हैं। अधिकांश विद्वान् भारतेन्दु अथवा बालकृष्ण भट्‌ट को हिन्दी निबन्ध का उद्‌भावक मानते हैं। इन दोनों निबन्धकारों की निबन्ध-कला पर विचार करते समय इस सम्बन्ध में आलोचकों के मतों और निष्कर्षों का अध्ययन प्रस्तुत किया जायगा। भारतेंन्दु-युग का प्रारम्भ, भारतेन्दु के जन्मकाल, सन् 1850 ई० से माना जाता है पर इस युग में निबन्ध-लेखन सन् 1873 में 'हरिश्चन्द्र मैगजीन' के प्रकाशन से प्रारम्भ हुआ। अतः हिन्दी निबन्ध का आरम्भ सन् 1873 से मानना चाहिए। तब से लेकर आज तक, 137 वर्ष के काल के बीच लिखे गये निबन्धों को, अवस्था और स्वरूप-परिवर्तन लक्ष्य कर, आलोचकों ने विभिन्न कालों में विभाजित किया है। हिन्दी निबन्ध साहित्य में नये युग का श्रीगणेश आचार्य महावीरप्रसाद द्विवेदी के 'सरस्वती' के सम्पादन-काल से हुआ। आचार्य शुक्ल के आगमन से निबन्ध विधा को पूर्ण प्रौढ़ता प्राप्त हुई। वर्तमान युग में निबन्ध साहित्य को आशातीत व्यापकता तथा विस्तार प्राप्त हुआ। इस प्रकार अवस्था और स्वरूप-परिवर्तन को लक्ष्य कर हिन्दी निबन्ध साहित्य को चार युगों में विभाजित किया जा सकता है–

(1) भारतेन्दु-युग–सन् 1873-1900

(2) द्विवेदी-युग–सन् 1901-1920

(3) शुक्ल-युग–सन् 1921 - 1940

(4) वर्तमान युग –सन् 1941 से आज तक

'हिन्दी निबन्ध का विकास' नामक शोध-ग्रन्थ के लेखक डॉ० ओंकारनाथ शर्मा ने इन चार युगों को क्रमशः अभ्युत्थान, परिमार्जन, उत्कर्ष और प्रसारण-काल नाम दिये हैं और इन चार युगों के प्रमुख गुण क्रमशः जागरण, गुणग्रहण, गाम्भीर्य और वैविध्य बताये हैं। इन चारों कालों की महत्त्वपूर्ण प्रवृत्तियों का यहाँ परिचय दिया जा रहा है।

भारतेन्दु-युग–हिन्दी साहित्याकाश में भारतेन्दु के उदय से नवीन विचारों का प्रकाश फैलना प्रारम्भ हुआ। भारतेन्दु और उनके सहयोगी निबन्धकारों–बालकृष्ण भट्‌ट, प्रतापनारायण मिश्र, राधाचरण गोस्वामी, बदरी नारायण चौधरी 'प्रेमघन', ठाकुर जगमोहन सिंह, लाला श्रीनिवास दास, मोहनलाल, विष्णुलाल पाण्ड्या, अम्बिकादत्त व्यास, काशीनाथ खत्री, महादेव दुबे, मुरलीधर पाठक, हरमुकुन्द शर्मा, भानुदत्त, गोविन्दराम

प्रभाकर, हरिश्चन्द्र उपाध्याय, चन्द्रभूषण चतुर्वेदी, सदानन्द मिश्र, दुर्गाप्रसाद मिश्र आदि—ने युग-जीवन और परिवेश से प्रेरणा ग्रहण कर अनेक छोटे-बड़े विषयों पर लेखनी चलायी। इस पुनरुत्थान काल के निबन्धकारों की सर्वप्रधान चेतना है राष्ट्रीयता और देशप्रेम। समस्त राजनीतिक, सामाजिक, धार्मिक, साहित्यिक निबन्धों में देश की वर्तमान दुर्दशा के कारणों की खोज का प्रयत्न तथा नव निर्माण का सन्देश और मंगलमय भविष्य की कामना परिलक्षित होती है। विदेशी शासन का राजनीतिक आतंक, आर्थिक शोषण, पाश्चात्य संस्कृति का दुष्प्रभाव, वाणिज्य व्यवस्था, खेती, शिक्षा, पर्व, त्योहार, भाषा, समाज, धर्म-नैतिकता आदि को विषय बनाकर निबन्ध रचनाएँ प्रस्तुत की गयीं। ये सभी निबन्धकार अपने युग के प्रति बड़े सजग दिखायी पड़ते हैं।

व्यक्तिनिष्ठता और आत्मीयता इस युग के निबन्धों की सर्वाधिक उल्लेखनीय विशेषताएँ हैं। अधिकांश निबन्धकार किसी न किसी पत्र-पत्रिका से सम्बद्ध थे अतः उनके निबन्धों में पाठकों की रुचि और समझ का विशेष ध्यान रखा गया है। निबन्ध अत्यन्त रोचक और सजीव हैं। निबन्धों में विचारों की बोझिलता अथवा भावों की दुरूहता कहीं भी नहीं है। इन निबन्धों से पाठक सहज तादात्म्य स्थापित कर लेता है और निबन्धकार उसका आत्मीय बन जाता है। डॉ० मोहन अवस्थी के शब्दों में, सभी निबन्धकार जनता से सम्पर्क रखकर उसे हँसाते, रुलाते और गुदगुदाते थे। निबन्धों में एक विचित्र निजीपन, अद्भुत सजीवता तथा मनोहर रंगीनी मिलती है। विषय सम्बद्धता के साथ ताजगी तथा जिन्दादिली इस युग के निबन्धों का स्पृहणीय गुण है।

भारतेन्दु-युग में विचारात्मक, आलोचनात्मक, भावात्मक, वर्णनात्मक आदि निबन्ध के सभी प्रकारों में रचना हुई। निबन्धकारों ने विविध शैलियाँ अपनायीं। एक-दो अपवाद छोड़कर प्रायः सभी निबन्धकारों की भाषा सरल, चलती हुई और पूर्ण व्यावहारिक है। मुहावरों, लोकोक्तियों, कहावतों के प्रचुर और सार्थक प्रयोग से उनकी भाषा में विलक्षण अर्थगर्भत्व आ गया है। रसात्मकता और मर्मस्पर्शिता के साथ-साथ भाषा में चापल्य, बेतकल्लुफी और मनमौजीपन भी है।

भारतेन्दुयुगीन निबन्धों में उपदेशात्मकता का स्वर प्रधान है। निबन्धकारों के राजनीतिक चेतना से ओत-प्रोत होने तथा तत्कालीन विषम परिस्थितियों के परिणामस्वरूप इस युग के निबन्धों में व्यंग्यात्मक शैली को प्रमुख स्थान मिला। निबन्धकारों में अनावश्यक गम्भीरता के स्थान पर हास्य-विनोदप्रियता और फक्कड़पन दिखायी पड़ता है। कुछ निबन्धकारों ने तो गम्भीर-से-गम्भीर विषय-विवेचन में भी सरसता और रोचकता उत्पन्न कर दी है। भारतेन्दु-युग के निबन्धों-जैसी आत्मीयता, निर्बन्धता और सहजता बाद के हिन्दी निबन्धों में नहीं दिखायी पड़ती। आलोचकों की मान्यता है कि

जितनी सफलता इस युग के साहित्यकारों को निबन्ध लिखने में मिली, उतनी कविता या नाटक लिखने में भी नहीं।

पर यह युग आखिरकार गद्य-रचना का प्रारम्भिक युग ही था। अतः इस युग में उच्चकोटि के कलात्मक और साहित्यिक निबन्धों की रचना नहीं सम्भव हो सकी। आत्मनिष्ठ निबन्ध लेखन में भले ही पर्याप्त सफलता इस युग के निबन्धकारों को मिली पर वस्तुनिष्ठ निबन्धों में जिस विद्वत्ता, गम्भीरता तथा चिन्तन-पद्धति की अपेक्षा थी, वह नहीं प्राप्त होती। निबन्धों में साहित्यिकता का समावेश परवर्ती काल में ही सम्भव हो सका।

द्विवेदी-युग—निबन्ध-लेखन कार्य तो भारतेन्दु-युग में प्रारम्भ हो गया था पर भाषा-परिष्करण और नियमन का कार्य उस युग में नहीं हो पाया था। परिमार्जित गद्य शैली एवं विभिन्न प्रकार के गम्भीर विषयों पर लिखने की आवश्यकता अनुभव की जा रही थी। सन् 1903 ई० में 'सरस्वती' के सम्पादक के रूप में आचार्य महावीरप्रसाद द्विवेदी के साहित्य-क्षेत्र में आगमन से यह कार्य सम्पन्न होना प्रारम्भ हुआ। उनके आते ही एक नया परिवर्तन दिखायी पड़ने लगा। द्विवेदीजी ने संस्कार, रुचि तथा भाषा में परिमार्जन करने के साथ-साथ हिन्दी के भण्डार को भरपूर करने का सन्देश दिया। उन्होंने भाषा की स्थिरता और उसे व्याकरणसम्मत बनाने की दिशा में प्रयत्न प्रारम्भ किया। द्विवेदीजी अपनी पत्रिका में निबन्ध-रचनाओं को काट-छाँटकर, संशोधित कर, भाषा और व्याकरण की त्रुटियाँ सुधार कर ही प्रकाशित करते थे। धीरे-धीरे भाषा की अनस्थिरता दूर हुई, उसमें सुघड़ता आयी और लेखकों में सुरुचि का उन्नयन हुआ। द्विवेदीजी ने निबन्धों में विषय की दृष्टि से भी विविधता लाने की चेष्टा की। उन्होंने लेखकों को शिष्टतापूर्वक ज्ञानवर्द्धक बातें लिखने के लिए प्रेरित किया।

इस युग के चार अन्य निबन्धकार अपनी विशिष्ट शैली एवं प्रतिभा के कारण ध्यान आकृष्ट करते हैं—सरदार पूर्णसिंह, चन्द्रधर शर्मा गुलेरी, बालमुकुन्द गुप्त और पं० माधवप्रसाद मिश्र। पूर्णसिंह तथा बालमुकुन्द गुप्त की निबन्ध-कला का परिचय आगे दिया जायगा। गुलेरीजी ने इतिहास, पुरातत्त्व, संस्कृति, भाषा आदि पर उच्चकोटि के गवेषणात्मक निबन्ध लिखे। संगीत, कछुआ धर्म, मारेसि मोहिं कुठाँव आदि गुलेरी जी के सुप्रसिद्ध निबन्ध हैं। भाषा-शैली की प्रौढ़ता के साथ-साथ विचारों में गतिशीलता तथा हास्य की अनूठी छटा उनके निबन्धों में दिखायी पड़ती है। विचारात्मकता तथा भावात्मकता का सुन्दर संयोग उनके निबन्धों में उपस्थित हुआ। आचार्य शुक्ल लिखते हैं, शैली की जो विशिष्टता और अर्थगर्भित वक्रता गुलेरीजी में मिलती है, वह और किसी लेखक में नहीं। माधवप्रसाद मिश्र भारतीय धर्म, दर्शन, साहित्य, कला के परम और कट्टर भक्त थे। जीवनचरित, पुरातत्त्व, पर्व, त्योहार, तीर्थस्थान, साहित्य, राजनीति

आदि विषयों पर उन्होंने परिमार्जित और ओजस्वी भाषा-शैली में निबन्ध लिखे। निबन्धों से इनके पाण्डित्य तथा सांस्कृतिक अभिमान का प्रदर्शन हुआ है। द्विवेदीयुग के अन्य निबन्धकार ये हैं—गोविन्दनारायण मिश्र, गोपालराम गहमरी, पद्मसिंह शर्मा, डॉ० श्यामसुन्दर दास, जगन्नाथप्रसाद चतुर्वेदी, स्वामी सत्यदेव परिव्राजक, यशोदानन्दन अखौरी, किशोरीदास वाजपेयी, मिश्रबन्धु, शिवपूजन सहाय, चतुर्भुज औदीच्य, गौरीशंकर हीराचन्द ओझा, लाला भगवानदीन आदि।

इस युग में भारतेन्दुकालीन प्रायः सभी विषयों और शैलियों को अपनाया गया। साहित्य, भाषा, अध्यात्म, वैज्ञानिक आविष्कार, इतिहास, पुरातत्त्व, भूगोल, उद्योग-शिल्प, कला-कौशल, जीवनचरित आदि अनेक विषयों पर निबन्ध लिखे गये। राष्ट्र और संस्कृति के प्रति पूर्ण अभिमान, गौरवपूर्ण भारतीय अतीत का स्मरण तथा समाज-सुधार की प्रवृत्ति प्रायः सभी निबन्धों में दिखायी पड़ती है। शैली की दृष्टि से पाँच भागों में इस काल के निबन्ध विभाजित किये जा सकते हैं—विचारात्मक, आलोचनात्मक, भावात्मक, वर्णनात्मक और विवरणात्मक। इन सभी शैलियों को समुचित विकास और विस्तार प्राप्त हुआ। इस काल के निबन्धों की शैली में कसाव और भाषा में पर्याप्त प्रौढ़ता दिखायी पड़ती है। गाम्भीर्य और संयम इस युग के निबन्धों की मुख्य विशेषताएँ हैं। विचारप्रधान निबन्धों का पूर्ण विकास इस युग में हुआ।

पर इस युग के निबन्धों में अनेक दोष और कमियाँ भी दिखायी पड़ती हैं। भारतेन्दु-युग जैसे ललित और व्यक्तिनिष्ठ निबन्धों का अभाव इस युग में है। व्याकरणसम्मत बनाने पर अत्यधिक बल होने के कारण इस युग की भाषा कृत्रिम तथा नीरस हो गयी है। मुहावरों, कहावतों के बहिष्कार के कारण भाषा में रवानगी और लोकतत्त्व का अभाव हो गया। इतिवृत्तात्मक एवं उपदेशात्मक प्रवृत्ति के कारण निबन्धों में ताजगी, जिन्दादिली के स्थान पर नीरसता तथा बोझिलता आ गयी।

शुक्ल-युग—शुक्ल-युग में निबन्ध साहित्य को दृढ़ वैचारिक पृष्ठभूमि और चिन्तन की गहराई प्राप्त हुई। आचार्य शुक्ल का निबन्धकार रूप में आविर्भाव तो द्विवेदी-युग में ही हो गया था पर उनका वर्चस्व द्विवेदी-युग के बाद प्रकट हुआ। यद्यपि द्विवेदी-युग में निबन्ध साहित्य का पर्याप्त क्षेत्र-विस्तार और परिमार्जन हो चुका था पर उच्च अध्ययन के योग्य, गंभीर चिन्तन-मनन सम्पन्न निबन्धों की रचना होनी शेष थी। आचार्य शुक्ल ने साहित्यालोचन एवं मनोविकार सम्बन्धी श्रेष्ठ वैचारिक और चिन्तनप्रधान निबन्ध लिखे। निबन्धों में एक ओर जहाँ उनकी गुरु-गम्भीर प्रकृति तथा उच्च अध्ययनसम्पन्न मनीषा की प्रखरता है, वहीं उनके संवेदनशील-भावपूर्ण व्यक्तित्व की हृदयग्राहिणी शीतलता भी है। उनके निबन्ध सूक्ष्म निरीक्षण-पर्यवेक्षण शक्ति से सम्पन्न हैं। आचार्य शुक्ल ने निबन्धों में सुसम्बद्धता तथा कसाव पर बल दिया। निबन्धों में

ऐसी शक्ति उत्पन्न करने की प्रेरणा दी कि पाठक की बुद्धि उत्तेजित होकर नयी विचार-पद्धति पर दौड़ पड़े। निबन्धों की गूढ़, गुम्फित, गहन विचारधारा पाठकों को मानसिक श्रमसाध्य नूतन उपलब्धि के रूप में जान पड़े।

शुक्ल-युग के प्रमुख निबन्धकार हैं, स्वयं आचार्य शुक्लजी, डॉ० गुलाबराय, पदुमलाल पुन्नालाल बख्शी और सियारामशरण गुप्त। आचार्य नन्ददुलारे वाजपेयी और श्रीमती महादेवी वर्मा की गणना भी शुक्लयुगीन निबन्धकारों में की जाती है। इन सभी निबन्धकारों की निबन्ध-कला का विस्तृत विवेचन आगे के पृष्ठों में किया गया है। शुक्लयुगीन अन्य निबन्धकारों की सूची बहुत लम्बी है—प्रेमचन्द, प्रसाद, राय कृष्णदास, हरिभाऊ उपाध्याय, वियोगी हरि, माखनलाल चतुर्वेदी, चतुरसेन शास्त्री, डॉ० पीताम्बर दत्त बड़थ्वाल, राहुल सांकृत्यायन, सुमित्रानन्दन पन्त, धीरेन्द्र वर्मा, सूर्यकान्त त्रिपाठी निराला, बनारसीदास चतुर्वेदी, हरिशंकर शर्मा, महाराज रघुवीर सिंह, पाण्डेय बेचन शर्मा उग्र, सम्पूर्णानन्द, रामकृष्ण शिलीमुख, सद्‌गुरुशरण अवस्थी, रामचन्द्र वर्मा, काका कालेलकर, परशुराम चतुर्वेदी, कामताप्रसाद गुरु आदि।

विषय, भाव, भाषा, शैली सभी दृष्टियों से शुक्ल-युग हिन्दी निबन्ध साहित्य का उत्कर्ष काल है। विषय की पर्याप्त व्यापकता और वैविध्य इस काल में दिखायी पड़ता है। विचारात्मक, आलोचनात्मक, भावात्मक, हास्य-व्यंग्यात्मक, वर्णनात्मक, विवरणात्मक सभी प्रकार के निबन्ध इस युग में लिखे गये। मनोवैज्ञानिक तथा समीक्षात्मक निबन्धों का स्वर्णकाल इस युग को कहा जा सकता है। इस काल में प्रसाद, समास, विवेचन, व्यंग्य, आवेग आदि सभी शैलियों का कुशल प्रयोग किया गया।

शुक्ल-युग में निबन्ध की अनेक शैलियों—संस्मरण, रेखाचित्र आदि का जन्म और विकास हुआ। निबन्धकारों ने पश्चिमी जीवन-दर्शन और मनोविज्ञान के प्रकाश में भारतीय साहित्यिक मूल्यों का आख्यान-पुनराख्यान किया। पाश्चात्य देशों के विविध साहित्यिक वादों और प्रयोगों की ओर निबन्धकारों का आग्रह बढ़ा। शास्त्रीयता एवं स्वच्छन्दता का विचित्र सामंजस्य कुछ निबन्धकारों में दिखायी पड़ता है। इस युग के बहुत से निबन्ध-लेखक विश्वविद्यालयों के वरिष्ठ प्राध्यापक और विचारक भी थे। उनके निबन्धों में विशेष सन्तुलन और वैचारिक परिपक्वता दिखायी पड़ती है। पर बौद्धिकता के प्रति अधिक आग्रह होने के कारण इस युग के निबन्ध 'एकेडेमिक' ही हैं। इनमें भारतेन्दुयुगीन निबन्धों—जैसी उन्मुक्तता, समसामयिकता और सहज आत्मीयता का अभाव है।

वर्तमान युग—शुक्लोत्तर निबन्ध साहित्य का अनेकमुखी विकास हुआ। अनेक व्यक्तिवादी एवं समाजवादी विचारधाराओं का प्रभाव निबन्ध लेखकों पर पड़ा। वर्तमान

युग में अधिकांश लेखकों ने आलोचनात्मक निबन्धों की रचना की। वे मूलतः आलोचक ही हैं। उनकी आलोचना के दो क्षेत्र हैं—साहित्य और समाज।

वर्तमान युग में निबन्धकारों के अनेक वर्ग हैं। एक वर्ग छायावादी भावधारा, सौन्दर्यपरक मूल्यों तथा अनुभूतियों-संवेगों से प्रभावित दिखायी पड़ता है। इस वर्ग के निबन्धकारों में रागात्मक स्पन्दन तथा भावात्मकता है। निबन्धकारों का दूसरा वर्ग मार्क्सवादी जीवन-दर्शन से प्रभावित है। ये प्रगतिवादी निबन्धकार सामाजिक यथार्थवाद को प्रतिष्ठित करने में प्रयत्नशील हैं। डॉ० रामविलास शर्मा, प्रकाशचन्द्र गुप्त, शिवदान सिंह चौहान, भगवतशरण उपाध्याय आदि निबन्धकार इस वर्ग में आते हैं निबन्धकारों का तीसरा वर्ग सामाजिक विधि-निषेधों, दमित-कुण्ठित इच्छाओं तथा अनेक मानसिक ग्रन्थियों से सम्बन्धित मनोवैज्ञानिक धाराओं से प्रभावित दिखायी पड़ता है। इलाचन्द्र जोशी, अज्ञेय, जैनेन्द्र आदि निबन्धकारों ने मनुष्य की अन्तश्चेतना और मन की विभिन्न पर्तों को उघाड़ने का कार्य निबन्ध-माध्यम से किया है। कतिपय निबन्धकार टी० एस० इलियट, डी० एच० लारेन्स, कामू, सार्त्र, एलेन गिंसवर्ग आदि आधुनिक पाश्चात्य विचारकों और चिन्तकों से प्रभावित होकर निबन्ध-रचना में संलग्न हैं।

संस्मरण और रेखाचित्र-लेखन की शुरुआत शुक्ल-युग में हो चुकी थी। वर्तमान काल में इन विधाओं का पर्याप्त विकास हुआ। इनके अतिरिक्त रिपोर्ताज, यात्रा-विवरण, आत्मकथा, शिकार कथा आदि निबन्ध की परिधि में ही आनेवाली विधाओं में भी सफल लेखन किया गया। शुद्ध व्यंग्यात्मक निबन्ध वर्तमान काल की महत्त्वपूर्ण उपलब्धि है। बेढब बनारसी, गोपालप्रसाद व्यास, हरिशंकर परसाई, रवीन्द्रनाथ त्यागी, आत्मानन्द मिश्र, केशवचन्द्र वर्मा, रामावतार त्यागी, शरद जोशी, श्रीलाल शुक्ल, इन्द्रनाथ मदान, नरेन्द्र कोहली, प्रेम जनमेजय, ज्ञान चतुर्वेदी, मृदुला गर्ग आदि के नाम इस क्षेत्र में विशेष उल्लेखनीय हैं।

वर्तमान युग के निबन्धकारों में हजारीप्रसाद द्विवेदी तथा डॉ० नगेन्द्र सर्वाधिक महत्त्वपूर्ण हैं। इन दोनों के निबन्धकार व्यक्तित्व पर विस्तारपूर्वक चर्चा आगे की गयी है। वर्तमान युग के अनेक निबन्धकारों के नाम ऊपर आ गये हैं। इस युग के कुछ और निबन्धकार हैं—शान्तिप्रिय द्विवेदी, वासुदेवशरण अग्रवाल, डॉ० सत्येन्द्र, डॉ० विनयमोहन शर्मा, डॉ० लक्ष्मीसागर वार्ष्णेय, डॉ० प्रभाकर माचवे, रामवृक्ष बेनीपुरी, रामधारीसिंह दिनकर, देवेन्द्र सत्यार्थी, डॉ० रांगेय राघव, गंगाप्रसाद पाण्डेय, भगवतीचरण वर्मा, नामवर सिंह, लक्ष्मीकान्त वर्मा, विश्वम्भर मानव, भगीरथ मिश्र आदि।

वर्तमान काल में आलोचनात्मक लेख ही अधिक लिखे गये। शोधपरक निबन्धों/प्रबन्धों की बाढ़-सी आयी प्रतीत होती है। विशुद्ध वैयक्तिक और ललित निबन्धों का अभाव दिखायी पड़ रहा है। आचार्य हजारीप्रसाद द्विवेदी के पश्चात् कुछ थोड़े-से

निबन्धकारों ने ही विशुद्ध निबन्धों की रचना की, ये निबन्धकार हैं—डॉ० विद्यानिवास मिश्र, कुबेरनाथ राय, हरिशंकर परसाई, शरद जोशी, डॉ0 जयशंकर त्रिपाठी, डॉ० मोहन अवस्थी, विवेकी राय तथा डॉ० शिवप्रसाद सिंह। डॉ० विद्यानिवास मिश्र के छितवन की छाँह, कदम्ब की फूली डाल, तुम चन्दन हम पानी, आँगन का पंछी और बनजारा मन, मैंने सिल पहुँचायी, बसन्त आ गया पर कोई उत्साह नहीं आदि ललित निबन्धों के 20 से भी अधिक संग्रह प्रकाशित हुए हैं। मिश्रजी के निबन्धों से उनका पाण्डित्य तथा समसामयिक लोकजीवन का गहन-गम्भीर अनुभव प्रकट होता है। भारतीय सांस्कृतिक मूल्यों तथा प्राकृतिक उपादानों के प्रति तीव्र अनुराग उनके निबन्धों से व्यक्त होता है। निबन्धों की भाषा-शैली कलात्मक और प्रसादपूर्ण है। स्वानुभूति और विविध सन्दर्भों के सहारे कथ्य को विश्वसनीय और सहज प्रेषणीय बना देने की कला-क्षमता आप में है। श्री कुबेरनाथ राय के निबन्ध-संग्रह हैं—प्रिया नीलकण्ठी, रस-आखेटक, गन्धमादन, निषाद-बाँसुरी, कामधेनु, विषाद योग, दृष्टि अभिसार आदि। इनके निबन्धों में आद्यन्त प्रवाह एवं सरसता विद्यमान है। निबन्ध पाण्डित्य एवं अनुभव की प्रामाणिकता से युक्त हैं। कथन-भंगिमा प्रभावशाली है, शब्द-योजना और भाषा में नवीन अर्थसन्धान की शक्ति निहित है। तथाकथित व्यवस्था पर किये गये उनके व्यंग्य बड़े पैने और चुभीले हैं। डॉ० जयशंकर त्रिपाठी के ललित निबन्ध-संग्रह का नाम है, 'पर्वत से झाँकता वक्र नयन'। संग्रह में प्राचीन इतिहास और संस्कृति, ग्राम्य जीवन तथा अनेक वर्तमान समस्याओं से सम्बन्धित कुल 22 निबन्ध हैं। 'आठवाँ अमृत' त्रिपाठीजी का अन्य ललित निबन्ध संग्रह है, जिसमें कुल 27 सरस, रोचक और मौलिक निबन्ध हैं। इनके नवीनतम निबन्ध संग्रह का नाम है 'विस्मय के विकल्प' जिसमें ललित शैली के 32 निबन्ध हैं। डॉ0 त्रिपाठी संस्कृत के विद्वान थे, सम्भवतः इसी कारण निबन्धों में प्रायः वे संस्कृत साहित्य की ओर मुड़ जाते थे।

◆◆◆

बालकृष्ण भट्ट
(सन् 1844-1914)

पण्डित बालकृष्ण भट्ट भारतेन्दु-युग के प्रतिभाशाली लेखक तथा सर्वश्रेष्ठ निबन्धकार थे। संस्कृत के प्रकाण्ड विद्वान् होने के साथ ही आप स्वाधीन विचारक और जागरूक चिन्तक थे। जीवन भर अनेक कठिनाइयों से संघर्ष करते हुए भी साहित्य-साधना की लौ भट्टजी ने कभी मन्द नहीं पड़ने दी। अर्थ-संकट उन्हें बाल्यकाल से ही रहा। जीवन के अन्तिम दिनों में उनकी आँखें और पैर भी जाते रहे। भट्टजी विपत्तियों और संकटों से ही प्रेरणा लेते रहे, शक्ति पाते रहे। किस प्रकार वे 32 वर्षों तक निरन्तर 'हिन्दी प्रदीप' पत्र निकालते रहे, इसका इतिहास अत्यन्त रोमांचक और हृदय-द्रावक है। इस दृष्टि से भट्टजी का महत्त्व भारतेन्दु, प्रेमघन आदि समकालीनों की अपेक्षा निस्सन्देह कई गुना है। श्री जयनाथ नलिन भट्टजी के अडिग, ओजस्वी व्यक्तित्व के सम्बन्ध में लिखते हैं—"भट्टजी ने अभाव की भट्ठी में जलते हुए साहित्य-निर्माण किया, अपने को गला दिया। जीवन के सभी अभाव समेटे, आजीवन चिन्ताओं की चादर लपेटे 32 वर्षों तक 'हिन्दी प्रदींप' में अपने प्राणों का रक्त भर उसे जलाते रहे—हिन्दीवालों को प्रकाश दिखाते रहे।....भट्टजी ने जीवनभर प्रतिकूल परिस्थितियों से युद्ध किया। अभाव के सामने सिर नहीं झुकाया। चिन्ताओं की लकीरें गालों पर न खिंचने दीं। अडिग आस्था, सबल विश्वास, दृढ़ संकल्प और स्पृहणीय वीरता से साहित्य, समाज और राष्ट्र की सेवा में गलते रहे।" भट्टजी प्रगतिशील विचारक थे। उनके विचार वैयक्तिक अनुभवों पर आधृत थे। अन्ध-परम्पराओं का अनुकरण उन्हें कदापि स्वीकार्य न था। व्यापक अध्ययन और चेतनशील तर्कपूर्ण मस्तिष्क के योग से उनके सुचिन्तित दृष्टिकोण और विचारधारा का निर्माण हुआ था। समाज और राष्ट्र के हित-चिन्तन के संदर्भ में उन्होंने यथार्थवादी प्रगतिशील दृष्टिकोण प्रस्तुत किया।

अधिकांश विद्वान् भारतेन्दु को ही हिन्दी निबन्ध साहित्य का जनक मानते हैं पर कतिपय आलोचकों ने बालकृष्ण भट्ट को हिन्दी का प्रथम निबन्ध लेखक और हिन्दी-निबन्ध साहित्य का सूत्रपात-कर्त्ता माना है। डॉ० श्रीकृष्णलाल ने अपने ग्रन्थ 'आधुनिक हिन्दी साहित्य का विकास' में लिखा है—"बालकृष्ण भट्ट हिन्दी के सर्वप्रथम निबन्ध-लेखक थे।" आगे वे लिखते हैं, लोकप्रिय हिन्दी शैली का जन्म भी भट्टजी के निबन्धों से ही होता है। दूसरे विद्वान् डॉ० लक्ष्मीसागर वार्ष्णेय ने अपने शोधग्रन्थ 'आधुनिक हिन्दी साहित्य' में लिखा है—"भारतेन्दु हरिश्चन्द्र, प्रेमघन, जगमोहन

सिंह, अम्बिकादत्त व्यास, राधाचरण गोस्वामी, गोविन्दनारायण मिश्र लेखकों की ऐसी रचनाएँ मिलती हैं जिनमें निबन्ध के कुछ लक्षण अवश्य मिल जाते हैं किन्तु उन्हें निबन्ध न कहकर लेख कहना ही अधिक युक्तिसंगत होगा। निबन्ध रचना के कुछ लक्षण होने पर भी निबन्ध जैसे होने चाहिए वैसे वे नहीं हैं। उन्नीसवीं सदी के उत्तरार्द्ध में निबन्ध-रचना का यदि वास्तविक रूप कहीं मिलता है तो बालकृष्ण भट्ट और प्रतापनारायण मिश्र की रचनाओं में मिलता है।''

'हिन्दी प्रदीप' के सम्पादन-काल में विविध विषयों पर असंख्य निबन्ध भट्टजी ने लिखे। उनके अधिकांश निबन्ध अब भी 'हिन्दी प्रदीप' की फाइलों में बन्द और हिन्दी-जगत् के लिए अज्ञात हैं। पुस्तक रूप में भट्टजी के निबन्धों के कुल 3 संग्रह अभी तक प्रकाशित हो पाये हैं। उनके विपुल निबन्ध-साहित्य को देखते हुए इन संग्रहों में प्रकाशित निबन्धों की संख्या अत्यन्त अल्प है। पहला संग्रह है, 'साहित्य सुमन', जिसे भट्टजी के पुत्र श्री लक्ष्मीकान्त भट्ट ने प्रकाशित कराया। इस संग्रह में 25 निबन्ध हैं। दूसरा संग्रह 'भट्ट निबन्धावाली' (2 भागों में) और तीसरा 'भट्ट निबन्धमाला' (2 भागों में) नाम से भट्टजी के पौत्र श्री धनन्जय भट्ट ने सम्पादित किया। इन संग्रहों में क्रमशः 67 और 64 कुल 131 निबंध हैं। 'हिन्दी प्रदीप' के अतिरिक्त अन्य तत्कालीन पत्रिकाओं—कविवचन सुधा, सुदर्शन समाचार आदि—में भी भट्टजी के अनेक निबन्ध प्रकाशित हुए थे।

निबन्धों का वर्गीकरण—भट्टजी के निबन्ध साहित्य में पर्याप्त विषय-वैविध्य और व्यापकता दिखायी पड़ती है। इतिहास, धर्म, राजनीति, समाज, साहित्यशास्त्र, मनोविज्ञान सभी विषयों पर उन्होंने लेखनी चलायी। उनके निबन्ध विषयप्रधान और व्यक्तिप्रधान दोनों ही प्रकार के हैं। भट्टजी के विषयप्रधान निबन्धों की निम्नलिखित श्रेणियाँ बनायी जा सकती हैं—

1. राजनीतिक—भट्टजी की कट्टर राष्ट्रवादी और अपने समय के उग्र राजनीतिक विचारक थे। देश की राजनीतिक परतन्त्रता उन्हें मार्मिक पीड़ा पहुँचाती थी। उनके राजनीतिक निबन्ध राष्ट्रीय भावनाओं से पूर्ण और सरकार की नीतियों की आलोचना के रूप में हैं। भारत का भावी परिणाम क्या होगा, पुराने और अबके हाकिम, पुलिस, पंच महाराज, प्रेस ऐक्ट, छोटी सरकार और बड़ी सरकार, व्यवस्था का कानून आदि अनेक यथार्थवादी और विशुद्ध राजनीतिक निबन्ध भट्टजी ने लिखे। ऐसे निर्भीक और क्रान्तिकारी निबन्धों के कारण ही 'हिन्दी प्रदीप' के प्रेस पर कई बार पुलिस का छापा पड़ा था।

2. सामाजिक—तत्कालीन सामाजिक चिन्तन की भूमिका में भट्टजी का योगदान महत्त्वपूर्ण है। समाज की जर्जर रूढ़ियों एवं मान्यताओं पर भट्टजी ने करारे प्रहार

किये। समाज की कुप्रथा बाल विवाह के प्रति भट्टजी विशेष चिन्तित रहते थे। जाति-पाँत, जातीयता, जाति का अनूठापन, समाज बन्धन, हिन्दुस्तान के रईस, सूदखोरी आदि निबन्धों में भट्टजी ने स्वस्थ सामाजिक दृष्टिकोण प्रस्तुत किया। स्त्रियों की दयनीय दशा से भट्टजी को अपार कष्ट था। हमारी ललनाओं की शोचनीय दशा, स्त्रियाँ; पति-पत्नी, स्त्री-शिक्षा, सुगृहणी आदि निबन्ध भट्टजी ने स्त्रियों की यथार्थ दशा का चित्रण करने तथा उनकी स्थिति में सुधार लाने के उद्देश्य से लिखे।

3. धार्मिक—भट्ट जी के हृदय में धार्मिक उदारता का प्रकाश विद्यमान था। उनके मन में सभी धर्मों के प्रति आदर-भाव था। हिन्दू धर्म में व्याप्त कुरीतियों एवं हिन्दुओं के धार्मिक पतन का चित्रण भट्टजी ने अपने निबन्धों में इतने चुनौतीभरे तेवर में किया है कि श्री नलिन के अनुसार 'परम्परापीड़ित पण्डितों की दृष्टि में भट्टजी सिरफिरे नास्तिक ही कहे जायँगे।' इस कोटि के निबन्धों में धर्म का महत्त्व, तीर्थों की तीर्थता, वेद क्या है, ईश्वर भी क्या ठठोल है, बौद्ध दर्शन, शैव दर्शन, पाप और पुण्य आदि निबन्ध विशेष महत्त्वपूर्ण हैं।

भट्टजी ने आचरण, ईमानदारी, कर्त्तव्यपरायणता, आशा, आत्मगौरव आदि शीर्षकों से नैतिक और संसार कभी एक-सा न रहा, मन और प्राण, सुख क्या है आदि दार्शनिक निबंध भी लिखे।

4. जीवनीपरक—महाराज सिन्धिया, पण्डितराज जगन्नाथ, महाकवि श्री हर्ष, कालिदास और भवभूति, महाकवि बाणभट्ट, भागवत शंकराचार्य आदि निबन्धों में भट्टजी ने रोचक और शिक्षाप्रद शैली में महापुरुषों की जीवनियाँ प्रस्तुत कीं। समकालीन विभूतियों, दयानन्द सरस्वती, सर सैय्यद और राजा शिवप्रसाद सिंह आदि का व्यक्तित्व-मूल्यांकन भी भट्टजी ने निबन्ध लिखकर किया।

5. मनोवैज्ञानिक—भट्टजी के लिखे मनोवैज्ञानिक निबन्धों ने आचार्य शुक्ल का मार्ग-प्रदर्शन किया। इन निबन्धों से भट्टजी के व्यक्ति मनोविज्ञान-परिचय का ज्ञान प्राप्त होता है। ऐसे निबन्धों में भावों और विचारों में स्पष्टता तथा क्रमबद्धता है। 'आत्म-निर्भरता' इस श्रेणी के निबन्धों का सर्वश्रेष्ठ उदाहरण है। मन और नेत्र, कौतुक, सहानुभूति, प्रतिभा, भक्ति आदि निबन्ध मनोवैज्ञानिक कहे जा सकते हैं।

6. साहित्यिक—भट्टजी ने भाषा तथा विविध साहित्यिक विषयों पर विद्वत्तापूर्ण निबन्ध लिखे। 'साहित्य जनसमूह के हृदय का विकास है' निबन्ध में भट्टजी ने साहित्य के आभ्यांतरिक तत्त्वों, विशेषताओं का कुशलतापूर्वक उद्घाटन किया है। साहित्यिक निबन्ध भट्टजी के गंभीर अध्ययन एवं अन्तर्दृष्टि सम्पन्नता के परिचायक हैं। उपन्यास, महाकवि हर्ष श्रेष्ठ साहित्यिक निबन्ध हैं। हिन्दी भाषा-सम्बन्धी निबन्धों में स्वभाषा के प्रति भट्टजी का उत्कट अनुराग व्यक्त हुआ है। हमारी मातृभाषा, भाषा कैसी होनी

चाहिए, खड़ीबोली बनाम पड़ी बोली, हिन्दी का अपमान, संस्कृति की दुर्दशा आदि भाषा-सम्बन्धी निबन्ध हैं। भट्टजी के शास्त्रीय निबन्धों में उपमा, रसाभास, रूपक, वाक्यालंकार, ब्रह्मानन्द सहोदर, शब्द परिचय, एक शब्द के दोहरे अर्थ आदि निबन्ध उल्लेख्य हैं।

उपर्युक्त विषयप्रधान निबन्धों के साथ ही भट्टजी ने विपुल संख्या में व्यक्तित्व प्रधान या ललित निबन्धों की भी सर्जना की। ऐसे निबन्धों में निबन्धकार के व्यक्तित्व और उसकी विचारधारा का स्पष्ट प्रकाशन होता है। डॉ० मधुकर भट्ट ने भट्टजी के ललित निबन्धों के 6 वर्ग किये हैं–

1. **रोचक लेखन के रूप में**–ऐसे निबन्धों में भट्टजी बिल्कुल दिल खोलकर निहायत बेतकल्लुफी से अपने पाठकों से बातचीत करते हुए दिखायी पड़ते हैं। बातचीत, खटका, जवान, चढ़ती उमर, लौ लगी रहे, चलन, अकिल अजीरन रोग, इंगलिश पढ़े सो बाबू होय, चली सो चली, आँसू आदि निबन्ध ही भट्टजी की ख्याति के वास्तविक कारण हैं।

2. **चरित्रात्मक**–भट्टजी ने पंच महाराज नामक एक कल्पित पात्र द्वारा वर्तमान देश-दशा पर पैने व्यंग्य कराये हैं। यह पात्र समाज में निश्शंक घूमता है और जैसा अनुभव करता है, स्पष्ट बयान कर देता है। इसकी कथनभंगिमा वक्र और भाषा-शैली व्यंग्यपूर्ण है। मेला-ठेला, पंचों की सोहबत, पंचों का प्रपंच, पंच महाराज, पंचों के सरपंच आदि निबन्ध इस शैली के अन्तर्गत आते हैं।

3. **स्तोत्र शैली के**–भारतेन्दु के समान भट्टजी ने भी पत्नीस्तवन, वधूस्तवनराज, म्युनिसिपैलिटीस्तोत्रम्, हुक्कास्तवन आदि चुटीले हास्य और व्यंग्य से भरपूर रोचक निबन्ध लिखे।

4. **कथा शैली के**–देवताओं से हमारी बातचीत, एक अनोखा स्वप्न, अद्भुत स्वप्न, धूमकेतु आदि निबन्ध इस शैली के हैं।

5. **नाटकीय संवादप्रधान शैली**–एकान्त ज्ञान, लार्ड लिटन और मि० स्ट्रैची, हिन्दुस्तान और अफगानिस्तान निबन्ध इस शैली के उत्तम उदाहरण हैं।

6. **अलंकृत शैली के**–चन्द्रोदय नामक निबन्ध अलंकृत शैली में लिखा गया है। इस निबन्ध की वर्णन-प्रणाली वैदग्ध्यपूर्ण और कलात्मक है।

भाषा–भट्टजी के आविर्भाव के समय तीन प्रकार की भाषाओं का प्रयोग प्रचलित था। पहली थी राजा शिवप्रसाद की उर्दू मिश्रित भाषा, दूसरी राजा लक्ष्मण सिंह की शुद्ध संस्कृतनिष्ठ भाषा और भाषा का तीसरा रूप भारतेन्दु द्वारा निर्मित हुआ था, जिसमें मध्यम मार्ग का अवलम्बन किया गया था। भट्टजी ने भी भाषा सम्बन्धी उदार नीति अपनायी। भाषा को सतत् परिवर्तनशील मानकर विषय के अनुरूप भाषा का

प्रयोग उन्होंने किया। न उन्होंने विशुद्धतावाद का समर्थन किया अर्थात् हिन्दी से विदेशी भाषाओं के शब्दों को बहिष्कृत करने का पक्ष ग्रहण किया और न ही कभी उर्दू आदि भाषाओं का अनावश्यक बोझ स्वीकार करने की सम्मति दी। संस्कृत के प्रकाण्ड विद्वान् होते हुए भी हिन्दी को संस्कृतनिष्ठ बनाने के पक्ष में वे नहीं थे। हिन्दी को संस्कृत के प्रभाव से वे सर्वथा मुक्त रखना चाहते थे। संस्कृत के विद्वान् को हिन्दी का भी विद्वान मान लेने की भूल उन्होंने नहीं की बल्कि उनका तो कहना है—''संस्कृत में कहो खर्रा का खर्रा लिख डालें, पर मुहावरेदार हिन्दी उन्हें चार पंक्ति लिखनी पड़े तो उसमें दस गलती अक्षर तथा व्याकरण की करेंगे।'' हिन्दी पर उर्दू के अनावश्यक बोझ को देखकर दुःखी होकर वे एक स्थान पर लिखते हैं—''उर्दू इसकी ऐसी रेड़ मारे हुए है कि शुद्ध हिन्दी तुलसी, सूर इत्यादि कवियों की पद्य-रचना के अतिरिक्त और कहीं मिलती ही नहीं।'' पर उर्दू के सम्बन्ध में वे अनुदार तनिक भी नहीं हैं—''यह कौन कहता है कि उर्दू दूसरी वस्तु है। सच पूछो तो उर्दू भी इसी हिन्दी का एक रूपान्तर है।'' हिन्दी में विविध भाषाओं के प्रचलित शब्दों, मुहावरों को अपनाकर भाषा की शक्ति बढ़ाने का सन्देश वे देते हैं—'भाषा के विस्तार का सदा यह क्रम रहा है कि किसी भी देश के शब्दों को हम अपनी भाषा में मिलाते जायें और उसे अपना करते रहें।''

भाषा के अनेक रूप हमें भट्टजी के निबन्धों में प्राप्त होते हैं। कहीं-कहीं वे राजा शिवप्रसाद—जैसी उर्दू-फारसी-गर्भित भाषा का प्रयोग करते दिखायी पड़ते हैं—''आशिक तन है, इश्क इनकी बीमारी है। मुबतिला हो यार के दीदार के प्यासे जुदाई का सहारा और जंगल छानते आजिज आ गये। एक तो इश्क की बीमारी दूसरे जुदाई के जंगल का लम्बा सफर, याद ने चश्मफैयाजी से नियाज मन्द किया। कामयाब हो मकसद बरारी को पहुँचे, निहाल हो गये। नाकामयाब हुए मजनूँ के समान इश्क के जनून में जन्मभर पड़े झंखते रहे।'' ऐसी भाषा हिन्दी के लिए नितान्त अस्वाभाविक है। इस प्रकार की पदावली का प्रयोग भट्टजी ने बहुत कम किया है। अधिकतर उन्होंने फारसी-उर्दू शब्दों से युक्त स्वाभाविक भाषा का ही प्रयोग किया है। उदाहरणार्थ—''मृतक के लिए लोग हजारों-लाखों खर्च करके आलीशान रौजे, मकबरे, कब्रें, संगमरमर या संगमूसा की बनवा देते हैं, कीमती पत्थर मणिक जमुर्रद से आरास्ता करते हैं पर वे मकबरे क्या उसकी रूह को उतनी राहत पहुँचा सकते हैं जितनी उसके दोस्त आँसू टपकाकर पहुँचाते हैं?'' प्रसंगानुकूल बहुत-से अरबी, फारसी, उर्दू शब्द भट्टजी ने प्रयुक्त किये हैं। उदाहरणार्थ—नाज नखरा, जाहिर, दास्तान, हकीकत, ख्वाब, तनहा, दर्ज, तारीफ, अलबत्ता, ताईद, फख्र, हिमाकत, खफ्त, कद्रदानी, निहायत, उम्मीद, मुआयना, खुदगर्जी, उमदा आदि। अपने कुछ निबन्धों के शीर्षक भी भट्टजी ने उर्दू शब्दों में रखे हैं। निबन्धों में कभी-कभी पूरे वाक्य भी उर्दू के मिल जाते हैं।

भाषा में अंग्रेजी शब्दों का प्रयोग भी स्थान-स्थान पर भट्टजी ने बेहिचक किया है। कोष्ठकों में अंग्रेजी शब्द रख देने की आदत भी भट्टजी में थी। एक उदाहरण है—''पार्लियामेन्ट महासभा के सभासद मिस्टर वेब इस कांग्रेस के प्रेसीडेण्ट किये गये जिन्होंने अत्यन्त ललित वक्तृता (स्पीच) में कांग्रेस की कर्त्तव्यता सुझायी। वक्ताओं ने अपना मन्तव्य (रिजोल्यूशन) जो उन्हें दिये गये बड़ी योग्यता के साथ कहा। पण्डित मदनमोहन मालवीय की स्पीच को प्रेसीडेण्ट ने बहुत ही पसन्द किया।'' बहुत-से निबन्धों के शीर्षक भट्टजी ने अंग्रेजी में दिये हैं। उदाहरणार्थ, रीलिजस फीलिंग इन इंग्लैण्ड एण्ड इण्डिया, वर्ड्स इन पेपर, नेशनल कैरेक्टर, मुहम्मडन ग्रीवान्सेस, रीक्रियेशन आदि। अंग्रेजी उद्धरणों और मुहावरों-कहावतों का प्रयोग भी भट्टजी ने निबन्धों में किया है, जैसे—आई एम दी मास्टर ऑफ ऑल आई सर्वे, ऑनेस्टी इज दी बेस्ट पालिसी, टू अप्स एण्ड डाउन्स, हैवैन वर्सेज हेल आदि। भट्टजी की भाषा में प्रचलित अंग्रेजी शब्द पर्याप्त मात्रा में प्राप्त होते हैं। कुछ शब्द ये हैं—ओथ, रीडिंग, राइटिंग, कम्पिटीशन, फार्मेलिटी, मारल करेज, स्टैण्डर्ड, एडीटर, रिफार्म, स्पिरिट, अनफार्चुनेट, फीलिंग, एजूकेशन आदि।

भट्टजी के निबन्धों में संस्कृतगर्भित भाषा के भी यत्र-तत्र दर्शन होते हैं। एक उदाहरण है—''प्रातःकाल उदयोन्मुख सूर्य की प्रतिमा देख उनके सीधे-सादे चित्त ने बिना कुछ विशेष छानबीन किये इसे अजेय और अज्ञात शक्ति समझ लिया। इसके द्वारा वे अनेक प्रकार का लाभ देख कानन स्थित विहंग-कूजन समान कलरव रव से प्रकृति की प्रभात वन्दना का साम गाने लगे। वायु जब प्रबल वेग से बहने लगी तो उसे भी ईश्वरीय शक्ति समझ उसे शान्त करने को वायु की स्तुति करने लगे। वे ही सब ऋक और साम की पावन ऋचाएँ बन गयीं।'' भट्टजी बीच-बीच में संस्कृत के उद्धरणों का समावेश भी कर देते थे। पर उनकी संस्कृतगर्भित भाषा भी अस्वाभाविक और अव्यावहारिक नहीं है।

भट्टजी की भाषा में बोलचाल के बहुत-से शब्द प्रयुक्त हुए हैं। ये शब्द ब्रज तथा अनेक पूर्वी बोलियों के हैं। पचै, कहैं, करैंगी, सिधारै, पड़ैगा, कहैगा आदि ब्रज के तथा समझाय-बुझाय, नियरान, पागुर, कटहा, पिसौनी, काँखत, निगोड़ा, अघान आदि विभिन्न बोलियों के शब्द प्रयुक्त दिखायी पड़ते हैं।

मुहावरों के स्वाभाविक प्रयोग में भट्टजी को अपूर्व सिद्धहस्तता प्राप्त थी। इनके प्रचुर प्रयोग से भाषा प्रभावोत्पादक एवं व्यंजक हो गयी है। निम्नलिखित गद्यखण्ड में मुहावरों की छटा दर्शनीय है—''अन्त में ये भाई-बन्धु तुम्हारे कोई काम न आवेंगे, पास में पूँजी बनी रहे तो सब भाई-भतीजे बनेंगे, नहीं तो कौड़ी के तीन होंगे, तुम जानते नहीं—न बाप न भैया सबसे बड़ा रुपैया।'' आँख और बात से सम्बन्धित अनेक मुहावरे

एक साथ रख देना भट्टजी की ही प्रतिभा का चमत्कार है। अनेक निबन्धों में मुहावरों की लड़ी सी गुँथी दिखायी पड़ती है। छोड़ो मियाँ मिडिल की मोह, कपूत आवें तपत सपूत आवें नवत, सौ डूबें तो दस उतरायें, कितने पूत अकारथ जायें आदि कहावतों के सुन्दर प्रयोग भट्टजी के निबन्धों में हुए हैं।

सामान्यतया भट्टजी की भाषा सरल, सुबोध और सहज बोधगम्य है। वे छोटे-छोटे वाक्य लिखने के आदी थे। सरल वाक्य-योजना के अन्तर्गत जनसामान्य में प्रचलित शब्द-प्रयोग के भट्टजी हिमायती थे। भाषा का बनावटी रूप उनके निबन्धों में कहीं-कहीं ही मिलता है। अधिकांश निबन्धों की भाषा साफ-सुथरी, प्रवाहपूर्ण, भावाभिव्यक्ति में सक्षम और सहज आत्मीयता स्थापित कर लेनेवाली है। उनकी प्रतिनिधि भाषा के कुछ उदाहरण प्रस्तुत हैं—"तो निश्चय हुआ कि वास्तव में सुख या दुःख दोनों कुछ भी नहीं हैं। केवल हमारे चित्त की दुर्बलता मात्र हैं। सच तो यों है कि दुःख कभी-कभी मनुष्य को उस घोर महाविपत्ति की सूचना देता है, जो उसे समूल नाश कर देती है। इसलिए दुःख जीवों का रक्षक और समूल नाश से उन्हें बचाने वाला है।" "साहित्य जनसमूह के हृदय का विकास है। किसी देश का साहित्य उस देश के मनुष्यों के हृदय का आदर्श रूप है। जो जाति जिस भाव से परिपूर्ण या परिप्लुत रहती है, वह सब उसके भाव उस समय की साहित्य समालोचना से अच्छी तरह से प्रकट हो सकते हैं।"

भट्ट जी की भाषा में अनेक प्रकार के दोष भी दिखायी पड़ते हैं। संस्कृत, अरबी, फारसी, अंग्रेजी तथा बोलचाल के शब्दों के प्रयोगाधिक्य से कहीं-कहीं भाषा का प्रवाह और उसकी आत्मीयता बाधित होती-सी दिखायी पड़ती है। व्याकरण की दृष्टि से शब्दों एवं वाक्यों के बहुत-से अशुद्ध प्रयोग भी प्राप्त होते हैं। हमारी समाज जर्जरित होती है, लीला देखा, नीचे के ओर जाते हुए, मुझे डर लगी, वेद के उत्पत्ति का समय—जैसे लिंग-दोष के उदाहरण प्राप्त होते हैं। विरामादि चिह्नों के प्रयोग में भी भट्टजी अन्य समकालीनों के समान ही असावधान दिखायी पड़ते हैं।

शैली—भट्टजी की निबन्ध-शैली पर उनके स्वाभिमानी पर सरल और प्रगतिशील व्यक्तित्व की स्पष्ट छाप दिखायी पड़ती है। शैली के विविध रूप उनके निबन्धों में प्राप्त होते हैं। शैली की स्पष्टता, ओज और खरापन निबन्धों की उल्लेखनीय विशेषता है। उनकी विविध निबन्ध शैलियाँ ये हैं—

वर्णनात्मक शैली—इस शैली को इतिवृत्तात्मक भी कह सकते हैं। मेला-ठेला, गया यात्रा, हिन्दुस्तान के रईस, दिल बहलाव के जुदे-जुदे तरीके आदि इस शैली के प्रतिनिधि निबन्ध हैं। ऐसी शैली में कल्पना एवं यथार्थ दोनों का सफल सामंजस्य हुआ है। चित्रात्मकता और प्रसादपूर्ण अभिव्यक्ति-प्रणाली ने इस शैली को जीवन्त बना दिया है। 'गया यात्रा' निबन्ध की सरल वर्णन शैली देखें—"बाँकीपुर से गया तक जो रेल की

शाखा गयी है तो दूसरा स्टेशन पुनपुना मिलता है। पुनपुना एक छोटी-सी पहाड़ी नदी है किन्तु पवित्रता में समुद्रगामिनी बड़ी नदियों से किसी अंश में कम नहीं है।'' दिल बहलाव के जुदे-जुदे तरीके नामक निबन्ध में उत्कृष्ट कलात्मक वर्णनात्मकता दिखायी देती है—''कितनों का दिल बहलाव हुक्केबाजी है। सब काम से फुरसत पाय किसी बैठक में आ बैठे। हा हा ठी ठी करते जाते हैं और चिलम-पर-चिलम उड़ाते जाते हैं।..चुगल चबाई धूर्तों का दिल बहलाव निन्दा चबाव से है। दो चार पुराने समय के खबीस इकट्ठे हो गये, तमाखू पिच-पिच थूकते जाते हैं और सौ वर्ष का पुराना कोई जिकिर छेड़े बैठे हैं। बहुधा जाति-बिरादरी के सम्बन्ध की कोई बात अवश्य होगी। नाक चढ़ाय, मुँह बगार-बगार किसी भले मानुष के गुण-अवगुण और दोष उद्घाटन करते-करते दो-चार कच्ची-पक्की कह-सुन लिया मन बहल गया।''

आलंकारिक शैली—भट्टजी संस्कृत के उद्‌भट विद्वान् और साहित्यशास्त्र के पूर्ण ज्ञाता थे। उनके कतिपय निबन्धों में विलक्षण आलंकारिकता दर्शनीय है। ऐसे निबन्धों में काव्य का-सा आनन्द विद्यमान है। चन्द्रोदय, कल्पना शक्ति, भालपट्ट निबन्ध इस शैली के उदाहरण हैं। इस कोटि के निबन्धों में अनुप्रास, उत्प्रेक्षा, उपमा, रूपक, सन्देह आदि अलंकारों के स्वाभाविक प्रयोग हुए हैं। निम्नलिखित गद्यखण्ड में सन्देहालंकार का उदाहरण देखें—''यह गोल आकाश का पिण्ड देख भाँति-भाँति की कल्पनाएँ मन में उदय होती हैं कि क्या यह निशा अभिसारिका के मुख देखने का आरसी है, या उसके कान का कुण्डल अथवा फूल है, या रजनी रमणी के लिलार पर बुक्के का सफेद तिलक है।'' पर भट्टजी की यह शैली निबन्ध के लिए अस्वाभाविक होने के कारण प्रशंसनीय नहीं कही जा सकती।

विचारप्रधान शैली—भट्टजी ने पर्याप्त संख्या में विचारप्रधान निबन्ध लिखे। वे जागरूक और सचेत व्यक्ति थे। उनमें हृदय की अपेक्षा बुद्धि पक्ष का प्राधान्य था। तर्क, युक्ति और पुष्ट प्रमाणों के द्वारा अपने सन्तुलित और सुचिन्तित विचारों को विश्वसनीय ढंग से उन्होंने प्रस्तुत किया है। भट्टजी के कुछ निबन्ध अपनी गम्भीरता के कारण शुक्लजी के निबन्धों के समकक्ष प्रतीत होते हैं। भट्टजी कहीं-कहीं बिना किसी विशेष भूमिका के अत्यन्त गम्भीर ढंग से निबन्ध प्रारम्भ कर देते हैं, उदाहरण के लिए 'कौतुक' निबन्ध का प्रारम्भ देखें—''जिस बात को देख या सुन चित्त चमत्कृत हो और सब ओर से खिंच सहसा उस देखी या सुनी बात की ओर झुक पड़े वह कौतुक है।'' गम्भीर मनोवैज्ञानिक विषयों पर लिखे गये निबन्ध भट्टजी की विचारप्रधान शैली के उत्कृष्ट उदाहरण हैं। स्थान-स्थान पर उनकी शैली विश्लेषणात्मक अथवा विवेचनात्मक हो गयी है। आत्मनिर्भरता, आशा, तर्क और विश्वास, कल्पनाशक्ति आदि निबन्धों से भट्टजी की सूक्ष्म विवेचना शक्ति का परिज्ञान होता है। 'बोध मनोयोग और युक्ति'

निबन्ध में भट्टजी बोध शब्द को इस प्रकार परिभाषित करते हैं—''किसी वस्तु के देखने, छूने, सुनने या सूँघने से जो एक प्रकार का ज्ञान होता है उसे बोध कहते हैं परन्तु यथार्थ में केवल बोध से ज्ञान नहीं होता, प्रकृति ज्ञान बोध और साधारण ज्ञान दोनों से मिलकर होता है और वह प्रकृति ज्ञान बोध तुम्हें कितना ही हो बिना मनोयोग से नहीं होता।''

भट्टजी के विचार कहीं-कहीं युग की अपेक्षा कई गुना प्रगतिशील दिखायी पड़ते हैं। एक निबन्ध में वे पुराण प्रसिद्ध युधिष्ठिर के सम्बन्ध में लिखते हैं—''युधिष्ठिर धर्म के अवतार और सत्यवादी प्रसिद्ध हैं, पर उनकी सत्यवादिता निज कार्य साधन के समय सब खुल गयी, अश्वत्थामा हतः कुंजरो वा नरो वा, इत्यादि कितने उदाहरण इस बात के हैं!'' आदिकवि वाल्मीकि और महाकवि व्यास के सम्बन्ध में भट्टजी एक निबन्ध में लिखते हैं—''रामायण और महाभारत के आचार्य क्रम से कविकुल गुरु वाल्मीकि और व्यास थे। पृथ्वी के और-और देशों में इनके समान या इनसे बढ़कर कवि नहीं हुए ऐसा नहीं है।''

भावप्रधान शैली—इस शैली में लिखे गये निबन्धों में भावपक्ष एवं हृदयतत्त्व की प्रधानता है। इस शैली के निबन्धों की भाषा तत्समप्रधान तथा पदावली दीर्घ और ललित है। शैली सरस और रोचक है तथा कल्पना-तत्व का भी प्रचुर सन्निवेश हुआ है। उनका निबन्ध 'आँसू' आवेगपूर्ण भावात्मक शैली में लिखा गया है। 'आँसू' से एक स्थल उद्धृत है—''मनुष्य के शरीर में आँसू भी गड़े हुए खजाने के माफिक हैं। जैसे कभी कोई नाजुक वक्त आ पड़ने पर संचित पूँजी ही काम देती है उसी तरह हर्ष, शोक, भय, प्रेम इत्यादि भावों को प्रकट करने में जब सब इन्द्रियाँ स्थगित होकर हार मान बैठती हैं तब आँसू ही उन सब भावों को प्रकट करने में सहायक होता है। चिरकाल से वियोग के उपरान्त जब किसी दिली दोस्त से मुलाकात होती है तो उस समय हर्ष और प्रमोद के उफान में अंग ढीले पड़ जाते हैं।''

पत्नीस्तवन, माधुर्य, माता का स्नेह, हमारे मन की मधुप वृत्ति आदि निबन्धों में स्निग्ध रागात्मकता और भावुकता विद्यमान है। इन निबन्धों में व्यंग्य भी मीठा, कोमल और सुखद-सा बन गया है। 'पत्नीस्तवन' निबन्ध का एक उदाहरण है—''हे रब की अधिष्ठात्री, शूरवीर साहब लोग मुल्क के इन्तजाम की चतुराई में नहीं चूकते पर तुम्हारे समस्त नाज-नखरों पर अपना अधिकार जमाना तो दूर रहा, एक साधारण गौन के इन्तजाम में उनकी सब भूल जाती है।'' भट्टजी की भावप्रधान शैली का एक और उदाहरण द्रष्टव्य है—''अब उधर भी नजर फैलाइये—स्वरूप देखिये मानो साक्षात् लक्ष्मी, मुँह से बोल निकला मानो फूल झर रहा हो। अंग-अंग की सजावट, कोमलता, सलोनापन और सुकुमारता मन हर लेती है। चाल-ढाल, रहन-सहन में कुलांगनापन और भमनसाहत बरस रही है। धन्य है उनका जीवन और महापुण्य भूमि है वह घर जिसे

असूर्यस्पर्शा ऐसी स्त्रियाँ सती सावित्री समान अपने पदन्यास से पवित्र करती हुई दीपक समान प्रकाश कर रही हैं।"

व्यंग्य एवं परिहास शैली—भारतेन्दुयुगीन साहित्यकारों की यह अत्यन्त प्रिय शैली रही है। भट्टजी की इस शैली के निबन्धों में पूर्ण उन्मुक्तता, स्वच्छन्दता साथ ही आवश्यक गम्भीरता भी दिखायी पड़ती है। भट्टजी के व्यंग्यों में अत्यधिक तीव्रता और मार्मिकता है। नाक पर उनका समर्थ व्यंग्य देखें—"नाक निगोरी भी एक बुरी बला है। इस मिट्टी के आदमी को साढ़े तीन बीता की नाक क्यों गढ़ी गयी है। एक ऐसी नाजुक चीज लगा दी जिसके कट जाने की पग-पग में डर समायी रहती है। नुमाइश और किबलहे इस नाक को क्या कहें?" व्यंग्य की घनीभूतता निम्नलिखित पंक्तियों में द्रष्टव्य है—"कितने लोग ऐसे हैं जिन्हें आँसू नहीं भी आता। इसलिए जहाँ पर बड़ी जरूरत आँसू गिराने की हो उनके लिए प्याज का गट्ठा पास रखना बड़ी सहज तरकीब निकाली गयी है। प्याज जरा-सा आँख में छू जाने से आँसू गिरने लगता है।"

खटका, वकील, इंगलिश पढ़े सो बाबू होय, रोटी तो किसी भाँति कमा खाय मुछन्दर, अकिल अजीरन रोग निबन्धों में भट्टजी की भारतेन्दुयुगोचित मस्ती और परिहासप्रियता स्पष्टतः दृष्टिगोचर होती है। 'अकिल अजीरन रोग' में भट्टजी ने ईश्वर तक को नहीं छोड़ा है। निबन्ध में अंग्रेजी राज्य पर व्यंग्य करते हुए वे लिखते हैं—"हर एक महकमों के अकिल अजीरन जुटते-जुटते पुलिस सिस्टम बन गया। जिससे सरकार के न्याय में बट्टा लगाने के अलावा अंगरेजी राज अत्याचार और बिद्दत करने में नवाबी के भी कान काटे हुए हैं।" 'वकील' निबन्ध में भट्टजी की व्यंग्यात्मकता और उनके संयत क्रोध का अच्छा परिचय प्राप्त होता है—"यह जानवर ब्रिटिश राज के साथ-ही-साथ हिन्दुस्तान में आया।.... वह जमाना गया जब वकीलों की तवायफ के साथ तुलना की जाती थी। अब इस समय सभ्य सुशिक्षित जिन्होंने अंग्रेजी की उमदा तालीम पायी है, उनको अपने गुण, शालीनता, सौजन्य, सच्चाई, ईमानदारी को प्रकट करने का यह काम एकमात्र सहारा है और अंग्रेजी राज में बड़ी उत्तम जीविका है।"

सामाजिक निबन्धों में भट्टजी का व्यंग्य बड़ा ही पैना बन पड़ा है। अनेक खोखली मान्यताओं, मिथ्याआडम्बरों तथा झूठे बड़प्पन पर उन्होंने व्यंग्य के कोड़े बरसाये हैं। भारतीय समाज में पति-पत्नी की स्थिति में जमीन-आसमान का अन्तर और परिवार में पुरुषों की प्रधानता पर विचार करते हुए वे लिखते हैं—'बाबू साहब छन्दान तोड़ बिलाइत की राह सिधारने के लिए कदम उठाये हुए हैं, बबुआइन घर बैठी गोबर ही पाथती रहीं। बाबू साहब, लाला साहब, मिस्टर सो एण्ड सो कहे जाने की उमंग में फूले नहीं समाते, ललाइन कौआ-हँकनी ही रह गयीं।"

निस्सन्देह भट्टजी भारतेन्दुयुग के सर्वश्रेष्ठ निबन्धकार थे। विषयप्रधान निबन्धों में उनका प्रगतिशील दृष्टिकोण और लोक-कल्याण की भावना सर्वत्र व्यक्त हुई है। ललित निबन्धों में पर्याप्त रोचकता और विविधता दिखायी पड़ती है। अपने समय की

प्रचलित सभी शैलियों का व्यवहार कर तथा अनेक नवीन शैलियों को जन्म देकर भट्टजी ने निबन्ध साहित्य को जन-साहित्य की प्रतिष्ठा दिलायी। विषय-वैविध्य, शैली-वैविध्य, सरसता और जीवन्तता, जिन्दादिली और व्यंग्य-हास्यप्रियता तथा राष्ट्र, समाज और भाषा के प्रति अगाध निष्ठा के कारण भट्ट जी हिन्दी साहित्य में उच्चतम स्थान के अधिकारी हैं। भट्टजी को आलोचकों ने अत्यन्त श्रद्धापूर्वक स्मरण करते हुए उनके प्रदेय और महत्त्व को मुक्तकन्ठ से स्वीकार किया है। बाबू गुलाबराय भट्टजी के बारे में लिखते हैं–"भट्टजी को भारतेन्दुयुग का प्रतिनिधि निबन्धकार कहा जा सकता है। वे अपने युग के ही सर्वप्रमुख निबन्ध लेखक नहीं वरन् समस्त हिन्दी साहित्य में आज तक होनेवाले प्रथम श्रेणी के निबन्धकारों में उनकी गणना अनिवार्य है।.... व्यक्तित्व की गम्भीर छाप, व्यंग्य-विनोद की तीक्ष्णता, भावात्मकता से आवृत्त बौद्धिकता तथा व्यावहारिक सशक्त भाषा आदि सभी कुछ भट्टजी के निबन्धों में उपलब्ध हो सकता है।" 'हिन्दी निबन्ध और निबन्धकार' पुस्तक के लेखक श्री ठाकुरप्रसाद सिंह भट्टजी की व्यंग्य-प्रतिभा से चमत्कृत दिखायी पड़ते हैं–"कलम के हलके झटके से कहीं कोई रंग उभर आया है कहीं कोई। अक्सर चित्रों को अधूरा ही छोड़कर वे आगे बढ़ जाते हैं। सन्तुलन का ऐसा सुन्दर निर्वाह अन्य कलाकारों में कम है।....खराबियों को ललकारते हुए वे अक्सर आवेश में आकर जब व्यंग्यबाण छोड़ते थे तब उनके पैने किये हुए मुहावरों, जिन्दादिली से चमकती भाषा और विद्वत्ताजन्य सूझ के तीरों से भरा कोश अक्षय तूणीर बन जाता था।" श्री जयनाथ नलिन ने भट्टजी को न केवल उच्चकोटि का निबन्धकार प्रत्युत भावी निबन्ध साहित्य का मार्गदर्शक भी बताया है–"प्रकार, विषय विविधता, व्यंग्यात्मकता, उदारता आदि की दृष्टि से भट्टजी युग के प्रतिनिधि निबन्धकार तो हैं ही, विवेचन-शैली, विचार-गाम्भीर्य, समीक्षा-पद्धति के विचार से प्रथम पंक्ति में वह मजे में खड़े किये जा सकते हैं। युग की सभी विशेषताओं से सम्पन्न–आनेवाले युग के लिए मशाल लिये पथ-प्रदर्शन भी वह करते हैं।" भट्टजी के सम्बन्ध में श्री सुधाकर पाण्डेयजी के विचार भी द्रष्टव्य हैं–"अपने व्यक्तित्व से उन्होंने अपने निबन्धों की केवल सर्जना नहीं की अपितु उनमें आत्मा का प्रकाश भी भरा है। इसलिए उनके निबन्ध केवल रूपवान् ही नहीं सुन्दर भी हैं और हमारे हिन्दी के निबन्ध साहित्य को उन्होंने ऐसा ऐतिहासिक मोड़ दिया है जहाँ से आगे की सम्भावनाएँ सहज ही केवल जानी-पहचानी ही नहीं जा सकीं अपितु उनके विविध रूपरंजक मनोहारी रूप का बोध सहज ही किया जा सकता है। साहित्य की धारा में निबन्ध की नदी के वे ऐसे बन्ध हैं, जिसमें सतत् प्राण के प्रवाह का रसस्नात जल है। वे हिन्दी साहित्य में निबन्ध के ऋषिकेश हैं।"

◆◆◆

भारतेन्दु हरिश्चन्द्र
(सन् 1850-1885)

भारतेन्दुजी नवीन जन-चेतना के अग्रदूत थे। नवीन साहित्यिक युग-प्रवर्त्तन तथा सामाजिक-राजनीतिक चेतना का सूत्र-संचालन भारतेन्दुजी के कुशल नेतृत्व में सम्भव हो सका। जिस प्रकार कविता और नाटक के क्षेत्रों में भारतेन्दुजी की प्रतिभा मुखरित हुई थी, उसी प्रकार निबन्ध के क्षेत्र में भी उनका योगदान महत्त्वपूर्ण है।

भारतेन्दुजी के निबन्धकार-व्यक्तित्व के सम्बन्ध में आलोचक एकमत नहीं दिखायी पड़ते। कुछ आलोचक उन्हें हिन्दी का प्रथम और श्रेष्ठ निबन्धकार बताते हैं, इसके विपरीत अन्य उन्हें निबन्धकार स्वीकार ही नहीं करते। डॉ० लक्ष्मीसागर वार्ष्णेय, पं० बालकृष्ण भट्ट को हिन्दी का प्रथम निबन्धकार मानते हुए भारतेन्दुजी के सम्बन्ध में लिखते हैं—"निबन्ध से तात्पर्य सच्चे साहित्यिक निबन्धों से है, जिनमें लेखक अपने-आपको प्रकट करता है, विषय को नहीं। विषय तो बहाना मात्र होता है। इस दृष्टि से यद्यपि भारतेन्दु का नाम भी निबन्धकारों में लिया जाता है किन्तु अभी यह विषय विवादास्पद है।" डॉ० वार्ष्णेय के अनुसार, भारतेन्दु की ऐसी रचनाओं को निबन्ध न कहकर लेख कहना अधिक युक्तिसंगत है। परन्तु बाबू गुलाबराय भारतेन्दु को न केवल सफल निबन्धकार प्रत्युत उन्हें हिन्दी निबन्ध का जनक भी मानते हैं—"भारतेन्दुजी के पहले हमें हिन्दी में निबन्ध का रूप देखने के लिए नहीं मिलता। भारतेन्दुजी से ही निबन्ध का प्रारम्भ हुआ। उन्हें हिन्दी निबन्ध का जन्मदाता कहा जा सकता है।" डॉ० विजयशंकर मल्ल के अनुसार, "हिन्दी में निबन्धों की परम्परा चलाने वाले भारतेन्दु ही हैं।" आगे वे लिखते हैं, "भारतेन्दुजी के निबन्ध प्राथमिक प्रयास हैं, जिनमें सच्चे निबन्ध के आवश्यक गुण विद्यमान हैं।" श्री जयनाथ नलिन का विचार है कि भारतेन्दु के नाटककार को तो समीक्षकों-इतिहासकारों ने पहचाना पर निबन्धकार को भुलाया ही गया। भारतेन्दुजी अपने युग के श्रेष्ठ निबन्धकार थे। नाटक में कला की व्यापक चित्रशाला के पीछे भारतेन्दु छिप तक जाते हैं, पर निबन्ध में नहीं छिप सकते। निबन्ध में वह चमकीला और प्राणवान व्यक्तित्व लेकर आये। भारतेन्दु का निज जितना स्पष्ट और साकार निबन्धों में मिलेगा, अन्य विधाओं में नहीं। इनमें शैलियाँ भी सभी मिल जायँगी और भाषा का विवेचनात्मक गाम्भीर्य तो केवल निबन्धों में ही है। डॉ० रामविलास शर्मा भी निबन्धकार रूप में भारतेन्दु का महत्त्व प्रतिपादित

करते हैं—"भारतेन्दु की प्रतिभा का चमत्कार जितना निबन्ध-रचना में प्रकट हुआ उतना नाटकों में भी नहीं।" डॉ० जगन्नाथप्रसाद शर्मा ने भी भारतेन्दु बाबू हरिश्चन्द्र को हिन्दी निबन्ध का जन्मदाता माना है—"वस्तुतः निबन्ध-रचना के व्यवस्थित आरम्भकर्त्ता भी वही माने जा सकते हैं। इतना ही नहीं स्वस्थ और शिष्ट हास्य-व्यंग्य शैली भी उन्होंने ठीक से चलायी।"

विभिन्न विद्वानों के उपर्युक्त मतों के प्रकाश में भारतेन्दुजी को ही हिन्दी निबन्ध का जनक, प्रवर्त्तक या सूत्रपातकर्त्ता मानना युक्तिसंगत प्रतीत होता है। बालकृष्ण भट्ट, प्रतापनारायण मिश्र, राधाचरण गोस्वामी, प्रेमघन आदि युगीन निबन्धकारों ने भारतेन्दुजी से निबन्ध-रचना की दिशा में पर्याप्त प्रेरणा और मार्गदर्शन प्राप्त किया।

भारतेन्दुजी के अधिकांश निबन्ध उनके द्वारा सम्पादित-प्रकाशित पत्रिकाओं के सम्पादकीय लेखों के रूप में हैं। भारतेन्दुजी अपने युग और समय के प्रति पूर्ण जागरूक तथा सजग दिखायी पड़ते हैं। सामयिक परिस्थितियों और गतिविधियों पर उनकी पैनी दृष्टि थी। इसी समाज-सापेक्षता के कारण ही उनके निबन्धों में विषय की दृष्टि से व्यापकता और विविधता दिखायी पड़ती है। पत्र-पत्रिकाओं में भारतेन्दुजी के विविध प्रकार के प्रकाशित निबन्धों का एक संग्रह 'हरिश्चन्द्र कला' भाग 4 तथा दूसरा संग्रह डॉ० केसरीनारायण शुक्ल द्वारा सम्पादित 'भारतेन्दु के निबन्ध' नाम से है। नाटक को छोड़कर भारतेन्दु जी की समस्त गद्य रचनाओं का संग्रह 'भारतेन्दु ग्रंथावली' खण्ड 3 में भी किया गया है। भारतेन्दुजी की अनेक निबन्ध-रचनाएँ अप्रकाशित और अप्राप्त भी हैं।

निबन्धों का वर्गीकरण—भारतेन्दुजी ने विविध विषयगत निबन्ध लिखे। उनके निबन्धों की संख्या पर्याप्त है। उनके निबन्ध-साहित्य का वर्गीकरण इस प्रकार किया जा सकता है—

1. पुरातत्त्व सम्बन्धी—गौरवपूर्ण भारतीय अतीत के प्रति भारतीयों में चेतना उत्पन्न करने तथा अनेक भ्रान्तियों का निवारण करने के उद्देश्य से भारतेन्दुजी ने ऐसे विषयों-प्रसंगों पर सप्रयास लेखनी चलायी जिनके सम्बन्ध में इतिहास मौन है। पुरातत्त्व सम्बन्धी निबन्धों में, कन्नौज के राजा का दानपत्र, इण्डियन म्यूजियम, राजा जनमेजय का दानपत्र, मणिकर्णिका और काशी, शिवपुर का द्रौपदी कुण्ड, गोविन्दजी की प्रशस्ति, कन्नौज का दानपत्र आदि निबन्ध विशेष महत्त्वपूर्ण हैं।

2. ऐतिहासिक—भारतवर्ष में इतिहास लिखने की वैज्ञानिक परम्परा का अभाव दिखायी पड़ता है। 19वीं शताब्दी में अनेक स्कूलों-कालेजों की स्थापना होने पर विद्यार्थियों को प्रामाणिक भारतीय इतिहास से परिचित कराने की आवश्यकता अनुभव हुई। भारतेन्दुजी की प्रतिभा इस ओर भी उन्मुख हुई और उन्होंने इतिहास की प्रायः

एक दर्जन पुस्तकें लिखीं या लिखवायीं। 'रायल एशियाटिक सोसाइटी' जैसी संस्थाएँ भारतेन्दुजी के इतिहास-ज्ञान का आदर करती थीं। उनके ऐतिहासिक निबन्धों में निम्नलिखित विशेष प्रसिद्ध और उल्लेखनीय हैं—अग्रवालों की उत्पत्ति, महाराष्ट्र देश का इतिहास, खत्रियों की उत्पत्ति, बूँदी का राजवंश, उदयपुरोदय, अकबर और औरंगजेब, बादशाह दर्पण, रामायण का समय, काश्मीर कुसुम, कालचक्र, पुरावृत्त संग्रह, चरितावली आदि।

3. धार्मिक—ऐसी निबन्ध रचनाओं में जनता के सांस्कृतिक-धार्मिक परिष्करण का प्रयत्न दिखायी पड़ता है। उन्होंने अनेक धार्मिक सम्प्रदायों, संस्कारों तथा विविध देशी-विदेशी धार्मिक मान्यताओं के सम्बन्ध में सुचिन्तित एवं तर्कपूर्ण विचार प्रस्तुत किये तथा धार्मिक मूल्यों के विश्वसनीय मूल्यांकन का प्रयत्न भी किया। देश की विभिन्न जातियों एवं धर्मों में परस्पर एकत्व स्थापित करना भारतेन्दु का लक्ष्य था। इन निबन्धों के माध्यम से भारतेन्दुजी ने एक ओर प्राचीन रूढ़ियों और कुरीतियों से जनता को सचेत किया है तो दूसरी ओर विदेशी सभ्यता और संस्कृति के दूषित प्रभावों से बचने की सलाह भी दी है। राष्ट्रीय स्वाभिमान जाग्रत करने की दृष्टि से ये निबन्ध महत्त्वपूर्ण हैं। मार्गशीर्ष महिमा, माघ स्नान विधि, पुरुषोत्तम मास विधान, वैष्णव सर्वस्व, वल्लभीय सर्वस्व, तदीय सर्वस्व, वैष्णवता, भारतवर्षोन्नति कैसे हो सकती है, हिन्दी कुरान-शरीफ, ईशू खृष्ट और ईश कृष्ण आदि निबन्ध धार्मिक निबन्धों के अन्तर्गत आते हैं।

4. यात्रा सम्बन्धी—भारतेन्दु ने अपने जीवनकाल में बहुत-सी यात्राएँ की थीं। 15 वर्ष की ही अवस्था में उन्होंने सकुटुम्ब जगन्नाथ यात्रा की थी। बुलन्दशहर, कुचेसर, कानपुर, लखनऊ, सहारनपुर, मंसूरी, हरिद्वार, लाहौर, अमृतसर, दिल्ली, ब्रज, आगरा आदि अनेक स्थानों पर वे गये थे। इन यात्राओं से उन्हें विविध अनुभव प्राप्त हुए और उनके अन्तर्गत नवीन विचारों-भावों का भी उद्रेक हुआ।

उनके यात्रा-सम्बन्धी निबन्ध सूक्ष्म निरीक्षण-परीक्षणपूर्ण दृष्टि के परिचायक हैं। विविध स्थानों के रीति-रिवाज, बोलचाल, सामाजिक-धार्मिक मान्यताओं, आर्थिक स्थिति, प्राकृतिक सौन्दर्य आदि का उन्होंने यथातथ्य और रोचक भाषा-शैली में चित्रण किया। सरयूपार की यात्रा, मेंहदावल की यात्रा, लखनऊ की यात्रा, जबलपुर की यात्रा, हरिद्वार की यात्रा, बैजनाथ की यात्रा आदि उनके यात्रा-सम्बन्धी निबन्ध हैं।

5. जीवनचरितात्मक—भारतेन्दुजी अनेक धार्मिक, राजनीतिक एवं साहित्यिक व्यक्तित्वों से प्रभावित हुए थे। ऐसे महापुरुषों का जीवन-चरित्र प्रकाशित कर उनसे शिक्षा ग्रहण करने का सांकेतिक आग्रह भारतेन्दुजी ने प्रकट किया। उन्होंने विक्रम, कालिदास, शंकराचार्य, जयदेव, वल्लभाचार्य, सुकरात, नेपोलियन, राजाराम शास्त्री, लार्ड

मेयो, लार्ड लारेन्स, बीबी फातिमा, अली इमाम हसन, इमाम हुसैन आदि शीर्षकों से इन महान् विभूतियों का जीवन-चरित्र सरल-सुबोध भाषा-शैली में प्रस्तुत किया।

6. हास्य-व्यंग्यप्रधान—ऐसे निबन्धों से भारतेन्दु की जिन्दादिली और विनोदी प्रवृत्ति का परिचय प्राप्त होता है। उन्होंने समाज में व्याप्त कुरीतियों, अन्धविश्वासों, पाखण्डों तथा अंग्रेजी सरकार की कुटिल नीतियों पर तीखे और चुभते हुए व्यंग्य किये। ऐसे निबन्धों में उनके कटु यथार्थ चित्रण का उद्देश्य जन समाज को नयी चेतना के प्रकाश में नवीन जीवन-मूल्यों को अपनाने की प्रेरणा देना और आधुनिक भावबोध से परिचित कराना है। इस शीर्षक के अन्तर्गत निम्नलिखित निबन्ध आते हैं—स्त्री सेवा पद्धति, कंकड़ स्तोत्र, अंग्रेज स्तोत्र, मदिरास्तवराजः, पाँचवें पैगम्बर, मुशायरा, ईश्वर बड़ा विलक्षण है, कानून ताजिरात शौहर, लेवी प्राण लेवी, एक अद्भुत अपूर्व स्वप्न आदि।

7. साहित्यिक—नाटक, हिन्दी भाषा, सूरदास, जयदेव, सम्पादक के नाम पत्र, खुशी आदि उच्चकोटि के साहित्यिक निबन्ध हैं। 'नाटक' निबन्ध में उन्होंने प्राचीन भारतीय नाट्यशास्त्र तथा पाश्चात्य नाट्यकला के सिद्धान्तों का गम्भीर तात्त्विक अनुशीलन प्रस्तुत करते हुए विषय-वस्तु, चरित्र-चित्रण, वातावरण निर्माण, रस परिपाक आदि की दृष्टि से मौलिक स्थापनाएँ भी की हैं। 'सूरदास' और 'जयदेव' निबन्धों में साहित्यिक आलोचना के बीज विद्यमान हैं। 'सम्पादक के नाम पत्र' निबन्ध में भारतेन्दु ने अपने द्वारा प्रतिपादित चार रसों भक्ति, सख्य, वात्सल्य और आनन्द—की स्थापना के सम्बन्ध में पुष्ट तर्क और प्रमाण प्रस्तुत किये हैं। 'खुशी' उनका भावात्मक निबन्ध है, जिसमें भावों की गहनता और सूक्ष्मातिसूक्ष्म विचारों का सफल प्रकाशन गम्भीर पर रोचक ढंग से हुआ है।

8. अन्य—श्री सुधाकर पाण्डेय ने 'हिन्दी साहित्य का वृहत् इतिहास' में संगृहीत अपने 'निबन्ध' शीर्षक लेख में भारतेन्दु के कतिपय निबन्धों को रिपोर्ताज, रेखाचित्र, प्रहसनात्मक पद्धति पर, कला-सम्बन्धी शीर्षकों के अन्तर्गत रखा है। उनके अनुसार 'दिल्ली दरबार दर्पण' रिपोर्ताज शैली का सफल निबन्ध है। इसमें सन् 1877 में हुए दिल्ली दरबार का विस्तृत लेखा-जोखा चित्रात्मक शैली में प्रस्तुत किया गया है। 'एक कहानी : कुछ आप बीती कुछ जग बीती' भारतेन्दुजी का आत्मचरितात्मक रेखाचित्र है। यह रेखाचित्र उनके जीवन की अनेक महत्त्वपूर्ण घटनाओं पर प्रकाश डालता है। यह परिमार्जित और साफ-सुथरी भाषा-शैली में लिखा गया है।

भारतेन्दु के कला-सम्बन्धी निबन्धों में 'संगीत सार' और 'जातीय संगीत' उल्लेख्य हैं। संगीत कला पर भारतेन्दुजी का अच्छा अधिकार था। 'संगीतसार' निबन्ध में संगीत की उत्पत्ति, प्राचीन शास्त्रीय संगीत तथा अनेक आधुनिक राग-रागिनियों का विस्तृत

वर्णन है। निबन्ध में नृत्यकला की चर्चा भी आयी है। 'जातीय संगीत' में भारतेन्दु ने लोकगीतों तथा भारतीय शास्त्रीय संगीत का प्रचार-प्रसार करने तथा लोकप्रिय बनाने की अपील की है।

सबै जाति गोपाल की, वसन्त पूजा, जाति विवेकिनी सभा, स्वर्ग में विचार सभा का अधिवेशन आदि निबन्ध प्रहसनात्मक पद्धति पर लिखे गये हैं। पहले निबन्ध में तथाकथित पण्डों-पुरोहितों के मनमाने अत्याचारों एवं उनकी धनलिप्सा का व्यंग्यचित्र प्रस्तुत किया गया है। 'स्वर्ग में विचार सभा का अधिवेशन' अत्यन्त मनोरंजक निबन्ध है, जिसमें केशवचन्द सेन तथा स्वामी दयानन्द पर आक्षेप किये गये हैं।

भाषा—भारतेन्दुजी के आविर्भाव के समय गद्य की भाषा के सम्बन्ध में दो अतिवादी विचारधाराओं का संघर्ष विद्यमान था। भाषा-विवाद के एक पक्ष के नेता थे, राजा शिवप्रसाद 'सितारे हिन्द' जो हिन्दी में अरबी-फारसी के प्रचुर शब्दों के प्रयोग के हिमायती थे। दूसरी धारा के पोषक थे, राजा लक्ष्मण सिंह जो विशुद्ध संस्कृतनिष्ठ हिन्दी भाषा के प्रयोगकर्ता और प्रचारक थे। स्थिति चिन्त्य थी और यह निश्चित नहीं हो पा रहा था कि हिन्दी लेखकगण किस प्रकार की भाषा अपनायें। भारतेन्दु ने अनुभव किया कि उर्दूप्रधान भाषा और संस्कृत की तत्सम पदावली से बोझिल भाषा दोनों ही हिन्दी के अनुकूल नहीं हैं। भाषा के सम्बन्ध में ये दोनों ही अतिवादी धारणाएँ हैं। अतः इन दोनों का मध्यम स्वरूप ही लोकप्रिय और सर्वमान्य हो सकता है। डॉ० जगन्नाथप्रसाद शर्मा के अनुसार, "उनका विचार था कि ऐसी परिमार्जित और व्यवस्थित भाषा का निर्माण हो जो पठित समाज में प्रतिष्ठा प्राप्त कर आदर्श का स्थान ग्रहण कर सके। इस विचार से प्रेरित होकर भारतेन्दु जी इस कार्य के सम्पादन में आगे बढ़े और घोर उद्योग के पश्चात् अन्ततोगत्वा उन्होंने भाषा को व्यवस्थित रूप दे ही डाला। भारतेन्दु के इस अथक उद्योग के पुरस्कारस्वरूप यदि उन्हें गद्य भाषा-शैली का जन्मदाता कहें तो अनुचित न होगा।"

भाषा-सम्बन्धी विवाद दूर करने तथा भाषा को स्थिरता प्रदान करने की दृष्टि से भारतेन्दुजी ने 'हिन्दी भाषा' शीर्षक एक लेख लिखा। इस लेख से उनकी भाषा-नीति पर स्पष्ट प्रकाश पड़ता है। भारतेन्दुजी ने भाषा के तीन रूप माने हैं—घर में बोलने की भाषा, कविता की भाषा और गद्य की भाषा। उनके अनुसार घर में बोलने की भाषा का कोई निश्चित रूप नहीं होता। वह स्थान के अनुरूप बदलती रहती है। कविता के लिए उन्होंने ब्रजभाषा को निर्धारित किया। गद्य की भाषा के छः रूप उन्होंने बताये—(1) जिसमें संस्कृत के शब्द बहुत हैं। (2) जिसमें संस्कृत के शब्द थोड़े हैं। (3) जो शुद्ध हिन्दी है। (4) जिसमें किसी भाषा के शब्द मिलने का नियम नहीं है। (5) जिसमें फारसी शब्द विशेष हैं और (6) जिसमें अंग्रेजी शब्दों का भी प्रयोग हुआ है। भारतेन्दुजी

लिखते हैं—"हम इस स्थान पर विवाद नहीं किया चाहते कि कौन भाषा उत्तम है और वही लिखनी चाहिए पर हाँ मुझसे कोई अनुमति पूछे तो मैं यह कहूँगा कि नम्बर दो और तीन लिखने के योग्य हैं।" भारतेन्दुजी के निबन्धों में उपर्युक्त सभी छः प्रकार की भाषाएँ प्राप्त होती हैं पर दूसरे और तीसरे प्रकार की भाषा का अधिक प्रयोग उन्होंने किया।

भारतेन्दुजी के निबन्धों में भाषा के प्रायः तीन रूप दिखायी पड़ते हैं—संस्कृत गर्भित भाषा, उर्दू-फारसीप्रधान भाषा और चलती हुई बोलचाल की भाषा। पाण्डित्यपूर्ण और गम्भीर विचारों की अभिव्यक्ति के लिए भारतेन्दु ने संस्कृतगर्भित भाषा का प्रयोग किया है। 'नाटक' निबन्ध की भाषा का एक अंश उद्धृत है—"जिस नाटक की उत्तरोत्तर कार्य-प्रणाली संदर्शन करके दर्शक लोग पूर्व कार्य विस्मृत हो जाते हैं, वह नाटक कभी प्रशंसा-भाजन नहीं हो सकता। जिन लोगों ने केवल उत्तम-उत्तम वस्तु को चुनकर एकत्र किया है उनकी गुम्फित वस्तु की अपेक्षा जो उत्कृष्ट, मध्यम और अधम तीनों यथास्थान निर्वाचन करके प्रकृति की भावभंगी उत्तम रूप से चित्रित करने में समर्थ है वही काव्यमोही रसज्ञ मण्डल को अपूर्व आनन्द वितरण कर सकते हैं।" 'कंकड़ स्तोत्र' निबन्ध में भी कहीं-कहीं संस्कृतगर्भित और समासप्रधान भाषा का प्रयोग हुआ है, उदाहरणार्थ—"तुम्हारी हरित कपिश पिंगल लोहित कृष्ण शुभ्रादि नाना वर्ण शोभित, अतिशय रंजित, भल्लकुमेदमार्जित कुन्तावलि...।" 'मदिरास्तव' निबन्ध में भी ऐसी ही भाषा प्राप्त होती है—"हे सकलमादकसामग्रीशिरोरत्ने, हे कुलमर्यादा-संहारकारिणी, हे प्रेजुडिस विध्वंसिनौ, हे सर्वानंदसारभूते, हे मुख कज्जलावलेपके, हे पूर्वपुरुषसन्चितविद्याधनराजसम्पदर्कादिजन्य कठिन प्राप्त प्रतिष्ठासमूह सत्यानाशिनि...।"

उपर्युक्त भाषा के सर्वथा विपरीत उनकी भाषा का दूसरा रूप 'सितारे हिन्द' की भाषा का स्मरण दिलाता है। उनके कुछ, प्रायः प्रारम्भिक निबन्धों में उर्दू शैली के प्रति आग्रह दिखायी पड़ता है। 'खुशी' निबन्ध का एक स्थल है—"हरदिल ख्वाह आसूदगी को खुशी कह सकते हैं। याने जो हमारे दिल की ख्वाहिश हो वह कोशिश करने या इत्तिफाकियः बगैर कोशिश आवे तो हमको खुशी हासिल होती है। खुशी जिन्दगी के फल को कहते हैं। अगर खुशी नहीं है तो जिन्दगी हराम है।" ऐसी भाषा का दूसरा उदाहरण 'एक कहानी कुछ आपबीती कुछ जगबीती' में देखें—"मैं भी जवानी की उमंगों में चूर जमाने की ऊँच-नीच से बेखबर अपनी रसिकाई के नशे नें मस्त दुनिया के मुफ्तखोर सिफारशियों से घिरा हुआ अपनी तारीफ सुन रहा था।"

सामान्यतः भारतेन्दुजी ने चलती हुई बोलचाल की भाषा का ही प्रयोग किया है जो सरल, सुबोध होने के साथ-ही-साथ मुहावरेदार और प्रवाहपूर्ण है। भाषा के सम्बन्ध में

मध्यम मार्ग का अवलम्ब ग्रहण करने के कारण भारतेन्दुजी ने आम व्यवहार में आने वाले अरबी-फारसी के पर्याप्त शब्द प्रयोग किये साथ-ही, संस्कृत शब्दों के तद्भव रूपों को भी बिना हिचक अपनी भाषा में स्थान दिया। उनकी यह प्रतिनिधि भाषा व्यवस्थित तथा प्रवाहपूर्ण है। स्निग्धता और चलतापन होने के साथ-साथ भाषा में सफाई और आकर्षण शक्ति भी है। छोटे-छोटे वाक्य कसे हुए और भावाभिव्यक्ति में पूर्ण सक्षम हैं। उनके अधिकांश निबन्ध ऐसी ही भाषा में लिखे गये हैं। इस प्रतिनिधि भाषा के कुछ उदाहरण नीचे दिये जा रहे हैं–

''निश्चय रक्खें कि परमेश्वर को पाने का पथ केवल प्रेम है। और बातें चाहे धर्म की हों या लोक की, दोनों बेड़ी हैं। बिना शुद्ध प्रेम न लोक है न परलोक। जिस संसार में परमेश्वर ने उत्पन्न किया है, जिस जाति या कुटुम्ब से तुम्हारा सम्बन्ध है, जिस देश में हो उससे सहज सरल प्रेम करो, अपने परमपिता, परमगुरु, परमपूज्य परमात्मा प्रियतम को केवल प्रेम में ढूँढ़ो, बस और कोई साधन नहीं है।'' **–तदीय सर्वस्व**

'लड़कियों को भी पढ़ाइये किन्तु इस चाल से नहीं जैसे आजकल पढ़ायी जाती हैं जिससे उपकार के बदले बुराई होती है। ऐसी चाल से उनको शिक्षा दीजिये कि वह अपना देश और कुलधर्म सीखें। पति की भक्ति करें और लड़कों को सहज में शिक्षा दें।''

–भारतवर्षोन्नति कैसे हो सकती है

''वषा के कारण सब ओर हरियाली ही दृष्टि पड़ती है। मानो हरे गलीचे की यात्रियों को विश्राम हेतु बिछायत बिछी थी। एक ओर त्रिभुवन पावन श्री गंगाजी की पवित्र धार बहती है जो राजा भगीरथ की उज्ज्वल कीर्ति की लता-सी दीखती है। जल यहाँ का अत्यन्त शीतल है।''

–हरिद्वार

''सब जानकर लोग मिलकर एक बेर इस लुप्त हुए शास्त्र का भलीभाँति मन्थन करके इसकी एक सनियम उज्ज्वल परिपाटी बना डालें। नहीं तो यह शास्त्र कुछ दिनों में लोप हो जायगा। और हमारे हिन्दुस्तानी अमीरों को चाहिए कि वर-वधू के मुखचन्द्र की सुन्दरता पर ही इस विद्या की इतिश्री न करें, कुछ आगे भी बढ़ें।'' **–संगीतसार**

व्यंग्य भारतेन्दुजी की भाषा की सर्वाधिक उल्लेखनीय विशेषता है। विशुद्ध व्यंग्यात्मक निबन्ध तो भारतेन्दुजी ने लिखे ही हैं, उनके यात्रा-सम्बन्धी, सांस्कृतिक और साहित्यिक निबन्धों में भी व्यंग्य की छटा विद्यमान है। भाषा में हास्य और व्यंग्य का पुट देने का कार्य सर्वप्रथम भारतेन्दुजी ने ही किया। ऐसा कर उन्होंने भाषा में रोचकता, सजीवता और आत्मीयता का संचार किया है। व्यंग्य-विनोदपूर्ण निबन्धों की भाषा भावों के सर्वथा अनुरूप अनुगमन करती है।

हिन्दी में हास्यपरक साहित्य का विकास करने के ही उद्देश्य से सम्भवतः भारतेन्दुजी ने 'एक अद्भुत अपूर्व स्वप्न' नामक निबन्ध की रचना की थी। स्वप्न में

वे एक विद्यालय की स्थापना करते हैं, जिसके सम्बन्ध में लिखते हैं—''अब आप सज्जनों से यही प्रार्थना है कि आप अपने-अपने लड़कों को भेजें और व्यय आदि की कुछ चिन्ता न करें क्योंकि प्रथम तो हम किसी अध्यापक को मासिक देंगे नहीं और दिया भी तो अभी दस-पाँच वर्ष पीछे देखा जायगा। यदि हमको भोजन की श्रद्धा हुई तो भोजन का बँधान बाँध देंगे नहीं तो यह नियत कर देंगे कि जो पाठशाला-सम्बन्धी द्रव्य हो उसका वे सब मिलकर 'नास' लिया करें। अब रहे केवल पाठशाला के नियत किये हुए नियम सो आपको जल्दी सुनाये देता हूँ। शेष स्त्री-शिक्षा का विचार था वह आज रात को हम घर पूछ लें तब करेंगे।'' इसी निबन्ध का एक अन्य प्रसंग है, ''फिर पड़े-पड़े पुस्तक रचने की सूझी। किन्तु इस विचार में बड़े काँटे निकले क्योंकि बनने की देर न होगी कि कीट-क्रिटिक अभी से निगल जायँगे।''

भारतेन्दुजी के व्यंग्यात्मक निबन्ध देश-दशा तथा शासन-व्यवस्था पर कटु प्रहार हैं। ऐसे निबन्धों की भाषा बेजोड़ है। 'अंगरेज स्तोत्र' में अंग्रेज जाति के प्रति प्रत्यक्ष व्यंग्य करते हैं—''तुम इन्द्र हो—तुम्हारी सेना वज्र के समान है—इनकम टैक्स तुम्हारा कलंक है, तुम वायु हो—रेल तुम्हारी गति है।.....हे मानद ! तुम हमको टाइटिल दो, खिताब दो, हमको अपना प्रसाद दो, हम तुम्हें प्रणाम करते हैं।'' 'पाँचवें पैगम्बर' में भी स्थान-स्थान पर अँगरेजों पर व्यंग्य किया गया है—''मेरे तीन नाम हैं। मुख्य चूसा पैगम्बर, दूसरा प्रबल और तीसरा सुफेदा। तू आप अपनी रोशनी से जमाने को जलाकर काला करेगा। मैंने हाफ सिविलाइज्ड किया दुनिया को।'' व्यंग्य के सुन्दर उदाहरण 'कंकड़ स्तोत्र' में प्राप्त होते हैं—''कंकड़ देव को प्रणाम है, देव वही महादेव वही क्योंकि काशी के कंकड़ शिव शंकर के समान हैं।''

यात्रा-सम्बन्धी निबन्धों में भी अवसर के अनुरूप व्यंग्य विद्यमान है—''गाड़ी भी ऐसी टूटी-फूटी जैसे हिन्दुओं की किस्मत और हिम्मत।'' ''महानदियों ने मर्यादा ऐसी भंग कर दी और स्वतन्त्र स्त्रियों की भाँति उमड़ चली।'' ''अब तो तपस्या करके गोरी-गोरी कोख में जन्म लें तब संसार में सुख मिले।'' 'सरयूपार की यात्रा' निबन्ध में बनियों की अच्छी खबर भारतेन्दुजी ने ली है—''महज बहैसियत महाजन एक यहाँ हैं। वह टूटे खपड़े में बैठे थे। तारीफ यह सुना कि वे साल भर में दो बार कैद होते हैं क्योकि महाजन का जाल करना फर्ज है और उसको भी छिपाने का शऊर नहीं।''

मुहावरों एवं कहावतों के प्रयोग द्वारा भारतेन्दु ने निबन्धों की भाषा में शक्ति ला दी है। इससे उनकी कथनभंगिमा वक्र और चमत्कारपूर्ण हो गयी है। उनके द्वारा प्रयुक्त मुहावरों की संख्या अत्यधिक है। उल्लेखनीय यह है कि मुहावरों के प्रयोग में कहीं भी अभद्रता या अशिष्टता नहीं आने पायी है।

भारतेन्दु की निबन्ध-भाषा गद्य की आरम्भिक स्थिति की भाषा है अतः उसमें अनेक प्रकार के दोष होना स्वाभाविक है। वाक्य-गठन तथा विराम-चिह्नों के दोष तो प्रत्येक निबन्ध में सर्वत्र विद्यमान हैं। शब्दों की वर्तनीगत अशुद्धियों के साथ-ही-साथ भाषा में लिंग, वचन, क्रिया आदि के असंख्य दोष भी हैं। कृपा किया है, नाना देश में, उनके आत्मा का फल, किसी को हमारी डर है, जाती समय, रह गयी पाण्डित्य, जैसे अनेक उदाहरण बिखरे पड़े हैं। विद्यानुरागता, श्यामताई, अधीर जमना-जैसे अशुद्ध शब्द-रूप व्यवहृत हुए हैं। भाषा पण्डिताऊपन, ब्रजभाषापन तथा अवधीपन के प्रभाव से मुक्त नहीं है। भई, करके, हौ, बातैं, पुस्तकैं, क़हैंगे, सो-जैसे पर्याप्त प्रयोग हुए हैं। पर भाषा-सम्बन्धी ये दोष उस युग के प्रत्येक लेखक की रचनाओं में प्राप्त होते हैं। इन दोषों का कारण भाषा-सम्बन्धी लापरवाही तो है ही पर व्याकरण-सम्बन्धी नियमों का न होना भी एक प्रधान कारण है। पं० महावीरप्रसाद द्विवेदी के काल में ऐसे दोषों का परिमार्जन सम्भव हुआ।

शैली—भारतेन्दु ने हिन्दी में निबन्ध-लेखनकला का प्रवर्तन किया। अतः उनके काल में निबन्ध-लेखन-शैलियों के होने का प्रश्न ही नहीं। भारतेन्दुजी ने पहली बार विषय के अनुरूप विविध शैलियों का प्रयोग किया। भारतेन्दु की भाषा-शैली पर शोध करनेवाले विद्वान् डॉ० ब्रजकिशोर पाठक लिखते हैं—"भारतेन्दु ने अपनी गद्य रचनाओं में किसी एक विशिष्ट शैली का पक्ष नहीं लिया। वस्तुतः उन्होंने अपने निबन्धों में विषय, प्रकृति और नाटकीय पात्रों के चरित्र तथा मनःस्थिति के सन्दर्भ में स्वाभाविक एवं प्रकृत शैलियों के प्रयोग किये। अतः शैली-विशेष को भारतेन्दु की प्रतिनिधि भाषा-शैली नहीं मानना चाहिए।" वस्तुतः भारतेन्दुजी ने किसी भी प्रकार के आग्रह या बन्धन से मुक्त होकर पाठकों से निकटता एवं प्रत्यक्ष सम्बन्ध स्थापित करनेवाली विविध शैलियों का सहारा लिया।

भारतेन्दु के निबन्ध सामयिक परिस्थितियों की सहज उपज थे। गम्भीर उद्देश्य से प्रेरित होकर ही उन्होंने निबन्धों की रचना की थी। अपना उच्च सन्देश सम्प्रेषित करने के लक्ष्य से उन्होंने भाषा-शैली में दुरूहता या कृत्रिमता नहीं आने दी। सजीवता और व्यंग्य की प्रधानता उनकी शैली के उल्लेखनीय गुण हैं। मुहावरों और अलंकार-योजनाओं द्वारा उन्होंने अपनी शैली को सशक्त बनाया है। विभिन्न शब्दों के प्रयोग उन्होंने नये सन्दर्भों में नवीन अर्थ द्योतन के उद्देश्य से किये। वातावरण निर्माण करनेवाली शब्द ध्वनियों के विपुल प्रयोग उनकी शैली में दिखायी पड़ते हैं। चित्र प्रस्तुत कर देने की अद्भुत क्षमता उनकी शैली में है। विशेषणों, उद्धरणों एवं सूक्तियों के प्रयोग भी उनकी शैली की अभिव्यंजना शक्ति बढ़ाते हैं। कुछ प्रयोग द्रष्टव्य हैं—'इस धूमधाम में भी रेल कृष्णाभिसारिका-सी अपनी धुन में चली ही जाती थी।' 'निद्रा वधू का संयोग न भाग्य में लिखा था न हुआ।' 'परलोकगत सज्जनों की कीर्ति की भाँति सूर्यनारायण का प्रकाश

पिशुन मेघों के बाधाडम्बर से घिरा हुआ दिखायी पड़ने लगा।' 'हमारे हिन्दुस्तानी लोग तो रेलगाड़ी हैं।'

'भारतेन्दु साहित्य' नामक ग्रन्थ के लेखक श्री रामगोपाल सिंह चौहान ने भारतेन्दु के निबन्धों में प्राप्त कुल 12 शैलियों का उल्लेख किया है। वे शैलियाँ ये हैं—

1. गवेषणात्मक शैली, जो प्रायः पुरातत्त्व सम्बन्धी एवं ऐतिहासिक प्रकार के निबन्धों की शैली है। पर्याप्त अध्ययन एवं शोध द्वारा नितान्त नवीन विषयों एवं तथ्यों का उद्घाटन गवेषणात्मक शैली के विवेच्य हैं।

2. वर्णनात्मक शैली, जिसके अन्तर्गत प्रायः यात्रा-सम्बन्धी और जीवन-चरितात्मक निबन्ध आते हैं। 'गीष्म ऋतु' निबन्ध इस शैली का उत्कृष्ट उदाहरण है।

3. पत्र शैली, इसके अंतर्गत हरिद्वार की यात्रा-जैसे निबन्ध आते हैं।

4. स्तोत्र शैली, इस शैली में कंकड़ स्तोत्र, अंग्रेज स्तोत्र, मदिरा स्तोत्र आदि निबन्ध लिखे गये। इन निबन्धों का अर्थ-गर्भत्व व्यंग्य में है।

5. डायरी शैली, जिसमें उन्होंने अपने यात्रा-सम्बन्धी निबन्ध लिखे हैं।

6. स्वगत कथन की नाटकीय शैली, जिसमें 'पाँचवें पैगम्बर' जैसे निबन्ध लिखे गये।

7. कथा शैली, जिसमें 'स्वर्ग में विचार सभा' जैसे कथात्मक लेख लिखे गये।

8. स्केच शैली, जिसके अन्तर्गत 'लेवी प्राण लेवी' जैसा सुप्रसिद्ध निबन्ध लिखा गया है।

9. वार्तालाप शैली, जिसमें जाति विवेकिनी सभा और सबै जाति गोपाल की लेख लिखे गये हैं। इनमें पर्याप्त नाटकीयता है, यहाँ तक कि रंगमंचीय निर्देश तक दिये गये हैं।

10. जीवन चरितात्मक शैली, इसके अन्तर्गत महापुरुषों के जीवन-चरित्र लिखे गये।

11. आत्मकथात्मक शैली, जिसे कथा शैली भी कहा जा सकता है। इस शैली का उदाहरण 'एक कहानी : कुछ आपबीती कुछ जगबीती' है।

12. विवेचनात्मक शैली, यह विचारात्मक शैली का ही एक रूप है। इस शैली के निबन्धों में भावों और विचारों का समुचित सामंजस्य विद्यमान होता है। इसमें प्रतिपाद्य विषय से सम्बन्धित बुद्धिसंगत विचारों की अभिव्यंजना होती है। भारतेन्दुजी के साहित्यिक निबन्ध इसी शैली के अन्तर्गत आते हैं।

भारतेन्दु के निबन्धों की भाषा-शैली की स्वाभाविकता, समीचीनता तथा सशक्तता की भूरि-भूरि प्रशंसा समालोचकों ने की है। कुछ विद्वानों के मत यहाँ उद्धृत किये जाते हैं। प्रतिष्ठित आलोचक और निबन्धकार बाबू गुलाबराय ने लिखा है—''भारतेन्दुजी की

भाषा व्यवस्थित, व्यावहारिक, प्रवाहमय और समर्थ है। उसमें शिथिलता अथवा अस्वाभाविकता नहीं आने पायी।'' डॉ० हजारी प्रसाद द्विवेदी का मत है—''भारतेन्दु हरिश्चन्द्र ने और उनके सहयोगियों ने जिस प्रकार की भाषा में अपने लेख और निबन्ध लिखे, वह बहुत स्वाभाविक और भाव-प्रकाशन में सक्षम भाषा थी।'' डॉ० जगन्नाथ प्रसाद शर्मा भारतेन्दु की निबन्ध-भाषा का मूल्यांकन करते हुए लिखते हैं—''भाषा का संस्कार साहित्य का रूप खड़ा करने का सर्वोत्तम साधन था। इसको संघर्ष और अनिश्चितता के अन्धकार में से बाहर निकालकर लोक-क्षेत्र में स्थिर और व्यवस्थित रूप में स्थापित करने का सम्पूर्ण श्रेय भारतेन्दु को है।'' श्री जयनाथ नलिन लिखते हैं—''भाषा में मार्मिक अभिव्यंजना, विदग्ध वाग्मिता, सजीव अनेकरूपता और मनमोहक स्वच्छता मिलेगी।......भाषा में दुरूहता, दुर्बोधता, कृत्रिमता और समासात्मकता नहीं—वाक्य-योजना और भाव-प्रकाशन दोनों ही सरल।'' श्री सुधाकर पाण्डेय ने भारतेन्दु जी की भाषा-शैली के सम्बन्ध में लिखा है—''भारतेन्दु ने नाना भाषा-शैलियों का प्रयोग किया। इसका कारण भाव के अनुरूप भाषा का सिद्धान्त हो सकता है, किन्तु उनके निबन्धों का विश्लेषण सहज ही यह स्पष्ट कर देता है कि अहंकारजन्य सभी ढंग के भाषा—लेखन का प्रदर्शन भी भारतेन्दु के निबन्धों में है। मौज-मस्तीवाले अखण्ड फक्कड़ व्यक्ति की देन भी इसे स्वीकार किया जा सकता है।''

आधुनिकता के अग्रदूत भारतेन्दु की प्रतिभा और क्षमता का सर्वाधिक चमत्कार निबन्ध-रचना में ही दिखायी पड़ता है। मौलिक विचार-सम्पन्नता तथा चतुर्मुखी उन्नति की उत्कट अभिलाषा तो उनके निबन्धों से प्रकट ही हुई, हिन्दी भाषा के विकास तथा उसकी प्रतिष्ठा की दिशा में भी भारतेन्दु का स्तुत्य प्रयत्न अविस्मरणीय है। भारतेन्दु के निबन्धकार व्यक्तित्व की सफलता का मूल रहस्य है, उनका पाठकों से घनिष्ठ आत्मीयता स्थापित कर लेने में पूर्ण समर्थ होना। भारतेन्दु ने अपने युग के निबन्धकारों को तो प्रभावित किया ही, विषय तथा भाषा-शैली दोनों ही दृष्टियों से परवर्ती निबन्धकारों को भी ऋणी किया। बाद के निबन्धों में अति बौद्धिकता का समावेश हो जाने पर भारतेन्दु के निबन्धों की जिन्दादिली और व्यंग्यशीलता और भी अधिक याद आती है।

◆◆◆

बदरीनारायण चौधरी 'प्रेमघन'
(सन् 1855-1923)

भाषा-शैली की विलक्षणता के कारण प्रेमघनजी भारतेन्दुयुगीन निबन्धकारों में स्वतन्त्र और विशिष्ट स्थान रखते हैं। प्रेमघनजी मिर्जापुर से 'आनन्द कादम्बिनी' नामक मासिक और 'नागरी नीरद' नामक साप्ताहिक पत्रिका निकालते थे। प्रेमघनजी शान-शौकतपसन्द रईस तबीयत के व्यक्ति थे। नागरिकता और बनाव-शृंगार उनकी नस-नस में व्याप्त था। व्यक्तिगत जीवन की यही रईसी उनके निबन्धों में भी प्रतिबिम्बित हुई है। उपर्युक्त पत्रिकाओं का प्रकाशन उन्होंने अपने विचारों की कलात्मक अभिव्यक्ति तथा तज्जनित परितृप्ति के लिए ही किया था। इसी से इन पत्रिकाओं में अन्य लेखकों की रचनाएँ कभी-कभार ही स्थान पाती थीं।

प्रेमघनजी की साहित्य-सर्जना का उद्देश्य अन्य भारतेन्दुयुगीन साहित्यकारों से भिन्न था। भारतेन्दु, भट्ट, प्रतापनारायण मिश्र आदि साहित्यकार समाज, राष्ट्र, संस्कृति और स्वभाषा के प्रति समर्पित दिखायी पड़ते हैं। देश की चतुर्दिक् अव्यवस्था और दुर्दशा से वे अत्यन्त दुःखी थे और राष्ट्र के पतन के लिए उत्तरदायी व्यक्तियों-तत्त्वों के प्रति उनके मन में क्रोध भी था। उनकी कला जीवनसापेक्ष थी और उनका साहित्य सामान्य जन की भावनाओं का मूर्त स्वरूप था। साहित्यकार होने का विशिष्ट दायित्व-बोध उन्हें सदैव रहता था। कहना न होगा कि वे कोरे साहित्यकार नहीं प्रत्युत कट्टर देशभक्त, प्रगतिशील विचारक और आदर्श सामाजिक-राजनीतिक चिन्तक थे। इसके विपरीत प्रेमघनजी कलावादी साहित्यकार थे। नलिनजी के शब्दों में, "इनकी कला का आदर्श जन-जन का मनोरंजन नहीं, सामान्य समाज में प्रियता प्राप्त करना नहीं, शृंगार सदन में सजते रहना, अपने सौन्दर्य पर स्वयं मुग्ध होना और आराम से पड़े एक-आध वाग्विलासी के यहाँ पहुँच मन बहलाव कर आना। ऐसी भाषा जन-सम्पर्क में न आयगी, न उसमें प्राण होंगे न जीवन शक्ति। वह तो अपने विलास-भवन में ही मर जाएगी।" प्रेमधनजी की कला जनसामान्य से बहुत दूर है और विचारों में सामान्य व्यक्ति की भावनाओं का प्रतिबिम्ब नहीं है। विचारों और भावों से उदासीन भाषा और शैली को सजाना-सँवारना ही इनकी कला का लक्ष्य था।

निबन्ध-प्रकार—प्रेमघनजी के निबन्धों को वैयक्तिक, विचारात्मक, भावात्मक, वर्णनात्मक तथा आलोचनात्मक इन पाँच प्रकारों में विभाजित कर सकते हैं। बनारस

का बुढ़वा मंगल, समय, दिल्ली दरबार में, मित्र मण्डली के पार, प्रेमघनजी के सुप्रसिद्ध वैयक्तिक निबन्ध हैं। 'बनारस का बुढ़वा मंगल' में बनारस के महादेव के मेले का जीवित और रोचक वर्णन हुआ है। नौका-विहार की अलौकिक छटा का चित्रांकन मनोमुग्धकारी है। 'समय' निबन्ध भी व्यक्तित्वप्रधान है। इस निबन्ध में निष्कर्ष रूप में वे अपना सन्देश इन शब्दों में देते हैं—"बहुतेरे शारीरिक सजावट में ही अपना बहुत समय खोते हैं, घण्टों कपड़ा पहिनने, बाल बनाने में लग जाता है। पर इससे क्या सिद्धि होगी? ठोढ़ी चिकनी और बाल छल्लेदार बनेंगे? शरीर का स्वच्छ रखना स्पृहणीय है परन्तु क्या कभी अस्तबल में बँधा, जलेबी और महेला खाता चिकना सुन्दर घोड़ा घुड़दौड़ में जीता बचेगा? व सांसारिक सग्गड़ को डोलदार, भूसे से पेट भरनेवाले बैलों के समान खींच सकेगा?"

प्रेमघनजी विचारात्मक निबन्धों के सूत्रपातकर्त्ता कहे जाते हैं। नवीन वर्षारम्भ, हिन्दी भाषा का विकास, जन्मभूमि आदि उनके श्रेष्ठ विचारप्रधान निबन्ध हैं। 'नवीन वर्षारम्भ' निबन्ध की यह विचारधारा मनन योग्य है—"हाय, यह जो परोपकार महाव्रत वरंच लाखों आर्त्त मनुष्यों के जीवन रक्षा का जिसमें निज गाँठ से कौड़ी के व्यय का भी भय न था, वरंच केवल जनसाधारण से केवल कुछ शारीरिक श्रम का आनन्द पुण्य और यश का भागी होना, विरक्तों—जिस अर्थ में कि इस शब्द का प्रयोग आजकल होता है—का कार्य था।....कुम्भ के मेले में पहुँचकर जो सैकड़ों शंख और घड़ियाल बजाते, भाँति-भाँति की ध्वजा और पताका फहराते अपने सब मुसण्ट भाइयों को सदावर्त और अन्न सत्र खोलने का डंका बजाते, क्या उससे कोटि गुणा इस पुण्यकाल से प्राप्त होने पर आज वे कहीं एक मुट्ठी भी अन्न किसी भूख से मरनेवाले दीन-दुःखी को देते सुने जाते हैं? भला इसमें तो देश के अधिकांश निकम्मे लोग वा नगर के ठगनेवाले ही रहते। किन्तु क्या कोई भी पण्डितजी महाराज भी इस कार्य में भाग लेना तो दूर रहा, इस विषय में कहीं धर्मोपदेश देते भी सुने जाते हैं।"

प्रेमघनजी के भावात्मक निबन्ध काव्य-गुण सम्पन्न हैं। ऐसे निबन्ध लिखने में प्रेमघनजी को विशेष सिद्धहस्तता प्राप्त थी। 'उत्साह आलम्बन' नामक भावात्मक निबन्ध की कुछ पंक्तियाँ यहाँ उद्धृत हैं—'धन्य-धन्य उस परब्रह्म सच्चिदानन्द घन को कि जिसकी कृपावारि बिन्दु वर्षा से आनन्द प्रमत्त हो अचानक आज फिर यह मन मयूर उत्साह आलम्बन कर आनन्द कादम्बिनी के आनन्द विस्तार लालसा से थिरकने लगा और बिना किसी सोच-विचार के लेखनी चातक बन चहँकार चली कि मेरे प्यारे रसिकों, आओ आज के समागम में चिर वियोग दुःख को भूलें और बहुत दिनों से मानवती बैठी वार्ता-बधूटी के आरम्भ-घूँघट को खोल उसके आनन्द-मन्द स्मित का स्वास्थ्य अनुभव करें। कुछ अपनी बीती सुनायें और कुछ तुम्हें भी सुनाने का अवसर दें।"

प्रेमघनजी के वर्णनात्मक निबन्धों में भी काव्यात्मकता और कृत्रिमता है तथा बहुत ही लम्बे-लम्बे वाक्यों का प्रयोग हुआ है। 'परिपूर्ण पावस' नामक निबन्ध का एक वर्णनात्मक अंश यहाँ उद्धृत है—"सुन्दर हरित पत्रावलियों से भरित तरुगनों की सुहावनी लताएँ लिपट-लिपट मानो मुग्धयभंग मुखियों को अपनी प्रियतमाओं को अनुरागालिंगन की विधि बतलातीं। मुक्त पर्वतों के शृंगों के नीचे सुन्दरी दरा समूह से स्वच्छ, श्वेत जल-प्रवाह ने मानो पारा की धारा और बिल्लौर की ढार को तुच्छ कर युगल पार्श्व की हरी-भरी भूमि के कि जो हरेपन श्यामला की फलकदे अलक की शोभा लायी है, बीचोंबीच माँग-सी काढ़ मन माँग लिया और पत्थर की चट्टानों पर सुन्बुल अर्थात् हंसराज की जटाओं के बिखरी हुई लटों के लावण्य का लाना है।" फाल्गुन ऋतु वर्णन आदि प्रेमघनजी के वर्णनात्मक निबन्ध हैं।

प्रेमघनजी ने आलोचनात्मक निबन्ध भी लिखे। डॉ० जगन्नाथप्रसाद शर्मा का मत है कि इन निबन्धों से हम हिन्दी में समालोचनात्मक विवेचना का प्रारम्भ मान सकते हैं। इनके निबन्ध 'नेशनल कांग्रेस की दुर्दशा' में कांग्रेसी नेताओं की पारस्परिक फूट और वैमनस्य का आलोचनात्मक दृष्टि से विवेचन किया गया है।

भाषा-शैली—प्रेमघनजी ने संस्कृतगर्भित भाषा का प्रयोग किया, पर उन्हें ब्रज, उर्दू, फारसी तथा अंग्रेजी भाषाओं के शब्दों से कोई परहेज भी नहीं था। हिन्दी साहित्य सम्मेलन के कलकत्ता अधिवेशन में सभापति के पद से भाषण देते हुए उन्होंने अद्भुत भाषिक उदारता का परिचय दिया। उनकी स्पष्ट मान्यता थी कि हिन्दो लेखक को देश में प्रचलित अन्य देशी-विदेशी भाषाओं का ज्ञान अनिवार्य रूप से होना चाहिए—"हमारी भाषा में अच्छे ग्रन्थ न होने का कारण यही है कि हमारी भाषा की ऐसी दशा हो गयी है कि जब तक कोई संस्कृत, ब्रजभाषा, उर्दू, फारसी और अंग्रेजी भी न जाने, वह अच्छा लेखक नहीं हो सकता। क्योंकि जब तक संस्कृत और ब्रजभाषा न जानेगा सुन्दर शब्दों को न पावेगा और न प्राचीन संगठन शैली से अभिज्ञ होगा एवं प्रमाण और उद्धरणों के लाने से भी वंचित रहेगा। उर्दू के बिना मुहावरे ठीक न होंगे और भाषा भी प्रायः अशुद्ध होगी। क्योंकि आजकल की हमारी भाषा में बहुतेरे शब्द अरबी-फारसी के बिना आये न रहेंगे और उनका अशुद्ध प्रयोग जानकारों को असह्य होगा। अंग्रेजी अब सबसे अधिक आवश्यक हो गयी है। इसके बिना वर्तमान समय में कुछ कार्य ही नहीं चल सकता।"

अवसर और आवश्यकता के अनुकूल प्रेमघनजी ने संस्कृत तत्सम शब्दों के अतिरिक्त तद्भव शब्दों का पर्याप्त उपयोग किया है। उनके निबन्धों में ढकेल, कुलेल, सुहावनी, बाहुलता, अनहोनी, ठौर, भई, भया आदि तद्भव शब्द; खास, पसंद, चुस्त, अलफाज, राजी, लियाकत, दिलचस्प, मजमून, मिसिल, शागिर्द, बाजार, परदा आदि उर्दू के तथा स्पीच, कंजरवेटिव, लिबरल, सनलाइट, कोर्ट आदि अंग्रेजी के शब्द प्राप्त होते हैं।

प्रेमघनजी ने अत्यन्त कृत्रिम और अव्यावहारिक भाषा का प्रयोग किया। भाषा में विलक्षणता और चमत्कार उत्पन्न करने में प्रेमघनजी ने सारी शक्ति लगा दी। गद्य में भी अनुप्रास की छटा प्रदर्शित करने का उन्हें खास शौक था। उनकी दृष्टि में भाषा भावाभिव्यक्ति का माध्यम मात्र नहीं है, उसकी स्वतन्त्र सत्ता भी है। इसी से भाषा को सजाने-सँवारने में वे काफी जहमत उठाते थे। आचार्य शुक्ल ने प्रेमघनजी के सम्बन्ध में लिखा है—"वे गद्य-रचना को एक कला के रूप में ग्रहण करनेवाले-कलम की कारीगरी समझनेवाले-लेखक थे और कभी-कभी ऐसे पेचीदे मजमून बाँधते थे कि पाठक एक-एक डेढ़-डेढ़ कालम के लम्बे वाक्य में उलझा रह जाता था। अनुप्रास और अनूठे पद-विन्यास की ओर भी उनका ध्यान रहता था। किसी बात को साधारण ढंग से कह जाने को ही वे लिखना नहीं कहते थे। वे कोई लेख लिखकर कई बार जब तक उसका परिष्कार और मार्जन नहीं कर लेते थे तब तक छपने नहीं देते थे।"

बहुत लम्बे-लम्बे वाक्य लिखने की आदत प्रेमघनजी में थी। वाक्य का पूर्वापर सम्बन्ध ध्यान में रखना और मुख्य प्रसंग भूल न जाय इसका बराबर ख्याल रखना, पाठक के लिए एक चुनौती-भरी समस्या है। निम्नलिखित वाक्य उनके 'हिन्दी भाषा का विकास' निबन्ध का है, जिसमें लगभग 100 शब्द हैं—"निदाति उस देववाणी वा देवभाषा त्रिपथगा की इहलौकिक धारा वैदिक अपभ्रंश गंगोत्तरी से जो आर्य प्राकृत नाम्नी गंगा बही हो, जैसे सुरसरिता क्रमशः अनेक नाम और रूप धारण करती कोड़ियों नदी नद को अपने में लीन करती भारतभूमि के प्रधान भागों को उपजाऊ बनाती सैकड़ों शाखाओं में बँटकर समुद्र में जा मिली और जैसे गंगोत्तरी से चलकर प्रयाग तक जाह्नवी अपनी श्वेतधारा सुधार स्वादु सलिल के रूप और गुण को स्थिर रख सकी, किन्तु यमुना से मिलकर वर्ण में श्यामता और गुण में वातुलता आ चली, उसी प्रकार आर्य प्राकृत भी हिमालय से लेकर कुरुक्षेत्र तक आते अपने रूप और गुण को स्थिर रख सकी।"

प्रेमघनजी की भाषा में कहीं-कहीं मुहावरों के बड़े सुन्दर प्रयोग हुए हैं। हाथ धो बैठना, लोहे के चने चबाना, बावन तोले पाव रत्ती, तूती बोलना आदि मुहावरे यथा-अवसर प्रयुक्त हुए हैं। प्रेमघनजी की भाषा पर पण्डिताऊपन का अत्यधिक प्रभाव देखा जा सकता है। आन पड़ा, तौ भी, कराकर आदि प्रयोग पर्याप्त मात्रा में प्राप्त होते हैं। भई, भया जैसे पूर्वीपन के उदाहरण भी ढूँढ़े जा सकते हैं। कहने लग पड़े, हई नहीं आदि अप्रौढ़ और शिथिल प्रयोग भी प्रेमघनजी की भाषा में हैं। लिंग और वचन के प्रयोग में अक्सर प्रेमघनजी गलती कर गये हैं। विरामादि चिह्नों के प्रयोग में भी वे काफी असावधान दिखायी पड़ते हैं।

निबन्धों के विषय के अनुरूप प्रेमघनजी की शैली के प्रधानतः दो रूप—भावप्रधान और विचारप्रधान—दिखायी पड़ते हैं। भावप्रधान शैली काव्यात्मकता से पूर्ण है।

'मनोभाव आनन्द' निबन्ध का निम्नलिखित अंश उनकी प्रतिनिधि भावात्मक शैली का उदाहरण है—"जितने प्राणी इस भूलोक में हैं प्रायः सभी आनन्द के भूखे और प्यासे पाये जाते हैं। मनुष्य तो कहता है कि आनन्द वा मंगल की घड़ी कृपण विधि बड़े भाग्य से देता है। यद्यपि यह मन पपीहा-सा स्वाती के बूँद समान पूर्ण आनन्द की प्रार्थना वा याचना घनश्याम से अहर्निश किया करता है और यथासम्भव प्रयत्न करता है कि वह आनन्द और उल्लास के ऊँचे आसन पर सुमनस्थित हो जाय और इससे च्युत होने की विपत्ति को न देखे अथवा सदा आनन्द नदी के पुनीत कूलों पर विचरा करे।" 'जन्मभूमि' निबन्ध भावपूर्ण शैली में लिखा गया विचारप्रधान निबन्ध है। जननी जन्मभूमि के प्रति प्रेमघनजी के विचार कितने भावपूर्ण हैं—"वह कौन ऐसा आत्म-परायण है जो विदेश भ्रमण कर व्यथित गात हो अपनी प्रिय जन्मभूमि की ओर पद रक्खे तो स्वदेश स्नेह और अनुराग से न उछलने लगे। यदि ऐसा कोई है तो उसे आँख खोल देख लो, क्योंकि ऐसे नीच के विषय में कवि की लेखनी कभी उच्छ्वास नहीं लेती चाहे वह कैसा भी लक्ष्मीवान्, कीर्तिमान व उपाधियों से विभूषित क्यों न हो।.....गोल्डस्मिथ जब देशाटन करने को निकला था तब वह यह निश्चय करना चाहता था कि कौन-सा ऐसा देश है जो सर्वोत्कृष्ट, सर्वोत्तम, सर्वसम्पत्ति से सम्पन्न तथा सुखी है। परन्तु उसे यही कहना पड़ा—"जिस देश में जो रहता है उसकी आँख में उस देश से बढ़कर अन्य कोई देश नहीं।"

प्रेमघनजी के निबन्धों में देश, काल और समाज की भी अभिव्यक्ति हुई है। कभी-कभी बड़े अनुभव और ज्ञान की बातें भी उनके निबन्धों में स्थान पा जाती थीं, जैसे—"संसार में ऐसे बहुत-से मनुष्य हैं जो समय का उत्तम विभाग न कर जब जो जी चाहा करते हैं, जिसका फल यह होता है कि जितनी कार्यवाहियाँ उनकी होतीं, अधूरी रह जातीं।" "निर्दय काले कुटिल कराल काल ने संयोग पहुँचने पर कब किसे छुटकारा दिया है।"

प्रेमघनजी की अधिकांश पद-रचना मधुर और कोमल है। इनके कुछ वाक्य अनावश्यक लम्बाई, दुरूहता और अलंकार बोझिलता से मुक्त भी हैं। आचार्य शुक्ल ने प्रेमघनजी की भाषा-शैली के सम्बन्ध में लिखा है—"भाषा अनुप्रासमयी और चुहचुहाती हुई होने पर भी उसका पद-विन्यास व्यर्थ आडम्बर के रूप में नहीं होता था। उनके लेख अर्थगर्भित और सूक्ष्म विचारपूर्ण होते थे।" प्रेमघनजी भावों और विचारों के प्रति सतर्क रहनेवाले कलाकार थे। रचना-शैली की अलौकिकता और कलात्मकता के कारण वे हिन्दी निबन्ध-साहित्य में विशेष स्थान के अधिकारी हैं।

◆ ◆ ◆

प्रतापनारायण मिश्र
(सन् 1856-1894)

भट्टजी के समान ही पं० प्रतापनारायण मिश्र भी अर्थ-संकट एवं साधनहीनता का सामना करते हुए आजीवन साहित्य-सेवा में लगे रहे। साहित्यकार होने के साथ-साथ सामयिक जीवन से भी उनकी गहरी सम्पृक्तता थी। अनेक राजनीतिक-सामाजिक संस्थाओं के वे सक्रिय सदस्य रहे। यद्यपि मिश्रजी की प्रतिभा का विकास काव्य, नाटक, उपन्यास आदि विविध क्षेत्रों में दिखायी पड़ता है परन्तु निबन्धकार के रूप में उन्हें विशेष प्रसिद्धि मिली। फक्कड़पन, परिहासशीलता, स्वाधीनता, निश्छलता आदि तत्त्वों से मिश्रजी का व्यक्तित्व निर्मित हुआ था। हास्यविनोदप्रियता और खरापन उनके जन्मजात गुण थे। वे निर्भय, अक्खड़ और आडम्बरहीन सरल स्वभाव के व्यक्ति थे। उनके अलमस्त व्यक्तित्व की पूर्ण छाप उनके निबन्धों पर दिखायी पड़ती है। उनके वैयक्तिक निबन्ध पाठकों से पूर्ण और सहज आत्मीयता स्थापित कर लेने में सक्षम हैं।

मिश्रजी ने 15 मार्च, सन् 1883 को, होली के पुण्य अवसर पर कानपुर से 'ब्राह्मण' नामक मासिक पत्र निकालना प्रारम्भ किया। पत्रिका हास्य-व्यंग्यप्रधान थी। पत्रिका में मिश्रजी बराबर निबन्ध लिखते थे। अब तक मिश्रजी के निबन्धों के 4 संग्रह प्रकाशित हो चुके हैं—(1) निबन्ध-नवनीत (2) प्रताप-पीयूष (3) प्रताप समीक्षा तथा (4) प्रतापनारायण मिश्र ग्रन्थावली (प्रथम भाग)। मिश्रजी पर शोध करनेवाले विद्वान् डॉ० शान्तिप्रकाश वर्मा का विचार है कि मिश्रजी के बहुत-से निबन्ध अप्रकाशित हैं और अनेक अब अप्राप्य भी हैं। 'ब्राह्मण' में प्रकाशित मिश्रजी के निबन्ध ही उपलब्ध हैं। इन निबन्धों की कुल संख्या 276 है।

निबन्धों का वर्गीकरण—मिश्रजी ने नित्य प्रति के जीवन से सम्बन्धित सामान्य और सर्वपरिचित विषयों को आधार बनाकर निबन्ध लिखे। छोटे-छोटे विषयों पर सरल और चित्ताकर्षक शैली में उन्होंने निबन्ध रचे। बड़ी ही बेतकल्लुफी से उन्होंने अपने निष्कपट विचार पाठकों तक सम्प्रेषित किये। अति परिहासशीलता और सच बात कहने की उनकी आदत कभी-कभी शिष्टाचार और सभ्यता का उल्लंघन करती भी दिखायी पड़ती है। विषय की दृष्टि से मिश्रजी के निबन्धों के अग्रलिखित विभाग किये जा सकते हैं--

राजनीतिक—देश और जाति के प्रति उत्कट प्रेम-भावना मिश्रजी में कूट-कूटकर भरी हुई थी। जन-साधारण में राष्ट्रीय विचारों का उद्रेक करने के लक्ष्य से उन्होंने अनेक राजनीतिक निबन्ध लिखे। इनमें सरकार की नीतियों की कटु आलोचना और भर्त्सना भी खुले शब्दों में मिश्रजी ने की। देशोन्नति, समझदार की मौत है, भारत पर भगवान् की अच्छी ममता है, हम राजभक्त हैं, कांग्रेस की जय, पुलिस की निन्दा क्यों की जाती है, देशी कपड़ा, रूस और मूस, सोशल कान्फ्रेन्स, ग्रामों के साथ हमारा कर्त्तव्य, पंचायत आदि निबन्ध राजनीतिक निबन्धों की श्रेणी में आते हैं।

सामाजिक—मिश्रजी प्रगतिशील विचारों के थे। तत्कालीन समाज में व्याप्त कुरीतियों, मिथ्याडम्बरों, अन्धविश्वासों के विरुद्ध लेखनी चलाना उन्होंने युगधर्म और साहित्यकार का अनिवार्य दायित्व समझा। तत्कालीन सामाजिक दशा का यथातथ्य वर्णन करते हुए मिश्रजी ने उसमें सुधार लाने का सन्देश भी दिया। चुभनेवाली शैली में लिखे गये उनके सामाजिक निबन्धों में निम्नलिखित उल्लेख्य हैं—गुप्त ठग, बेकाम न बैठ कुछ काम किया कर, घूरे का लत्ता बीनें कनातन का डोल बाँधें, बस-बस होश में आइये, समझने की बात, बाल्य विवाह विषयक एक चीज, एक विचार, दुनिया अपने मतलब की है, मित्र कपटी भी बुरा नहीं होता, पढ़े-लिखों के लक्षण, जरा अब तो आँखें खोलिये, भलमनसी आदि।

धार्मिक—समाज में धर्म के नाम पर प्रचलित अनेक मत-मतान्तरों की भी अच्छी खबर मिश्रजी ने ली। विविध धार्मिक संस्थाओं के क्रिया-कलापों की भर्त्सना उन्होंने की और धार्मिक उदारता तथा समन्वयवादी दृष्टिकोण का परिचय दिया। गंगाजी, पादरी साहब का व्यर्थ प्रयत्न, धर्म और मत, बलि पर विश्वास, पुराण समझने की समझ चाहिए, दशावतार, गो रक्षा, नवपन्थी और सनातनचारी, प्रतिमा पूजन के द्वेषी देशहितैषी क्यों बनते हैं, प्रेम एवं परो धर्मः, कलि महँ केवल नाम प्रभाऊ, नास्तिक मतवादी अवश्य नर्क जायेंगे आदि निबन्ध धार्मिक निबन्धों की श्रेणी में आते हैं।

हास्य-व्यंग्यपरक—स्वभाव से मस्त और विनोदप्रिय होने के कारण गम्भीर विषय को भी सरल और रोचक बना देने की विलक्षण प्रतिभा मिश्रजी में थी। वैसे तो प्रत्येक निबन्ध में उनकी परिहासशीलता मुखरित है पर हृदयस्पर्शी व्यंग्यात्मक निबन्धों में कुछ विशेष उल्लेखनीय हैं, उदाहरणार्थ—हो ओ ओ ली है, किस पर्व में किसको बनि आती है, किस पर्व में किस पर आपत्ति आती है, मुच्छ, जवानी की सैर, छै। छै।। छै।।। मस्ती के बड़ आदि।

साहित्यिक—स्कूली शिक्षा अधिक न होने पर भी स्वाध्याय से मिश्रजी ने फारसी, उर्दू, बँगला और अंग्रेजी भाषाओं का पर्याप्त ज्ञान अर्जित किया था। शुद्ध साहित्यिक विषयों पर मिश्रजी ने कम ही निबन्ध लिखे। इन निबन्धों में भी उनकी व्यक्तिपरक

शैली और विनोदप्रियता की छाप दिखायी पड़ती है। विचारों की दुरूहता के स्थान पर भावों की सरलता इन निबन्धों में भी विद्यमान है। आल्हा आह्लाद, खड़ीबोली का पद्य, अपभ्रंश, उर्दू बीबी की पूँजी, एक सलाह, निबन्धों से उनके परिपक्व भाषिक और शास्त्रीय ज्ञान का परिचय प्राप्त होता है। भावों, मनोविकारों तथा अन्य सामान्य विषयों पर लिखे गये निबन्धों को भी साहित्यिक कोटि के अन्तर्गत रख सकते हैं। मिडिल क्लास, भौं, खुशामद, दाँत, एक लत, वृद्ध, धोखा, पेट, बात, स्वतन्त्रता, विश्वास, परीक्षा, उपाधि, मनोयोग, चिन्ता, काम, स्वार्थ, मारे का मारैं शाह मदार, न्याय आदि निबन्ध उत्कृष्ट निबन्धों के उदाहरण हैं। इन्हीं निबन्धों के कारण मिश्रजी हिन्दी निबन्ध साहित्य में उच्च स्थान के अधिकारी बन गये हैं और विशिष्ट शैलीकार के रूप में प्रतिष्ठित हुए हैं।

भाषा—भारतेन्दुयुगीन निबन्धकारों में भट्टजी और मिश्रजी ही प्रमुख हैं। भट्टजी विचारात्मक निबन्धों के जनक और मिश्रजी रंजनात्मक निबन्धों के सूत्रपातकर्त्ता हैं। रंजनात्मक निबन्धों में विषय प्रधान न होकर लेखक का व्यक्तित्व प्रधान होता है। आचार्य शुक्ल मानते हैं कि सच्चा निबन्ध निबन्धकार की व्यक्तिगत विशेषताओं से सम्पन्न होता है। इस दृष्टि से मिश्रजी सफलतम निबन्धकार सिद्ध होते हैं। वैयक्तिकता प्रधान निबन्धों में स्वाभाविकता, मौलिकता और सरसता-जैसे गुण विद्यमान होते हैं।

व्यक्तित्व की प्रधानता के कारण मिश्रजी के निबन्धों की भाषा स्वाभाविक एवं प्रभावपूर्ण है। उनका निर्बन्ध व्यक्तित्व भाषा की दृष्टि से भी नियम और सीमा में बँधा नहीं दिखायी पड़ता। भाषा के सम्बन्ध में अत्यधिक उदार दृष्टिकोण मिश्रजी का था। वे हिन्दी भाषा और साहित्य की उन्नति तथा उसकी लोकप्रियता चाहते थे। एक स्थान पर उन्होंने लिखा है कि हमारा धर्म, कर्म, संसार, परमार्थ, मान, प्रतिष्ठा सब-कुछ हिन्दी के ही साथ है। इसी भावना से प्रेरित होने के कारण मिश्रजी ने बड़ी साफ-सुथरी, रोचक और आकर्षक भाषा का प्रयोग किया। भाषा की दृष्टि से उनके योगदान का स्मरण करते हुए 'कानपुर के कवि' नामक पुस्तक के लेखक श्री लक्ष्मीकान्त त्रिपाठी ने लिखा है कि पं० प्रतापनारायण ने अपने युग का सफल प्रतिनिधित्व कर राष्ट्रभाषा हिन्दी और राष्ट्र को उज्ज्वल भविष्य की ओर अग्रसर किया। हिन्दी गद्य-भाषा को कृत्रिमता के गड्ढे से निकालकर उसे प्रौढ़, सुबोध, रोचक तथा सजीव बनाने का कार्य उन्होंने किया।

मिश्रजी के निबन्धों की भाषा सरल खड़ीबोली है। अवधी, ब्रज, उर्दू भाषाओं का भी पर्याप्त प्रभाव उनकी खड़ीबोली पर है। 'तिल' नामक निबन्ध उन्होंने विशुद्ध अवधी में लिखा है। निबन्ध का एक वाक्य उद्धृत है—"वाह रे तिल, जेह के बिना पितर पानी नाहीं पावत, देउतन का होमु नाहीं होत, तेहि कै बड़ाई मनई कइसे कई सकत हैं?"

'लत' निबन्ध ब्रजभाषा में लिखा गया है। इसका भी एक अंश देखें—"परमेश्वर को नाना प्रकार की सृष्टि रचने की लत है। उनको कछु प्रयोजन नाँय पै एक को बनावै हैं, एक को नसावै हैं। याई लत के मारे ज्ञानीन में जगतपिता, प्रेमीन में जगजीवन कहावै हैं।" मिश्रजी द्वारा उर्दू भाषा में भी कुछ निबन्धों के लेखन की सूचना प्राप्त होती है, पर वे निबन्ध उपलब्ध नहीं हैं।

मिश्रजी की खड़ीबोली हिन्दी में अनेक प्रकार के शब्द प्राप्त होते हैं। तत्सम, तद्भव, देशज, उर्दू, फारसी, अंग्रेजी आदि शब्द-प्रकार उनके निबन्धों में व्यवहृत हुए हैं। संस्कृत-पण्डित होने के कारण विशुद्ध तत्सम शब्दों—द्योतनार्थ, भ्रमात्मक, घृणास्पद, प्राङ्गगण, सहवर्ती, हृदयस्थ, निर्गत, करणीय कार्य—के प्रयोग की ओर उनकी प्रवृत्ति थी। विशेषणों के रूप में कहीं-कहीं संस्कृत पदावली भी उनके निबन्धों में मिल जाती है, यथा—"तो क्या हमारे यावदायकुलदिवाकर सूर्यवंसावतंस मेवाड़ देशाधिपति सरीखे सर्वसद्गुणालंकृत महाराणा तथा अन्यान्य आर्येन्द्रगण पीछे रह जायेंगे?" पर मिश्रजी ने कर्त्तव्यता, ऐक्यता, धरमाऔतार, रिष्ट-पुष्ट जैसे अशुद्ध तत्सम शब्दों का भी प्रयोग किया है। ब्रजभाषा तथा पूर्वीपन का पर्याप्त प्रभाव होने से उनकी भाषा में तद्भव शब्दों का बाहुल्य है। लगै, कहै, आवैगा, धमकावै, उपजाय आदि शब्द-प्रयोग ब्रजभाषा के प्रभाव-सूचक हैं। नौसिखिया, मूड़गोड़, पिनपिना, काहे, बनाव-बिगाड़, मेहरिया, हुआ, रींधना, घिन, ढिच्चर-ढिच्चर-जैसे शब्दों के प्रयोग के कारण मिश्रजी की भाषा में पूर्वीपन आ गया है। बैसवाड़ी शब्दों का प्रचुर प्रयोग उनकी भाषा में देखा जा सकता है। कुछ शब्द ये हैं—चिरौरी, अहिन, पाँव, बिरवै, अगुआ, बहेतू, निकरत, घटिहई, अक्किल आदि। उनकी भाषा में बहुत-से निरर्थक और फालतू शब्दों के भी प्रयोग हुए हैं, उदाहरणार्थ —अशुद्ध-फशुद्ध, जागना-जूगना, परीक्षा-वरीक्षा आदि। अरबी-फारसी के शब्दों में पोशाक, हुनर, अक्ल, तमाशा, तन्दुरुस्ती, दफ्तर, मर्जी, दुरुस्त, मुआफ, मुदर्रिस, इन्साफ आदि के प्रायः प्रयोग हुए हैं। हण्टर, कमीशन, एडीटर, इनडाइरेक्ट, नोन, सिविलाइज्ड लेडी, लव, नेचर, आर्टिकिल, पॉलिसी, एथारिटी, मेम्बर, मेमोरियल आदि बहुत-से अंग्रेजी शब्दों का भी प्रयोग उन्होंने निबन्धों में यथा अवसर किया है। अंग्रेजी की कुछ कहावतें, आल इज नाट गोल्ड दैट ग्लिटर्स, माइट इज राइट, नेसेसिटी इज द मदर ऑफ इन्वेन्शन भी रोमन लिपि में लिखकर मिश्रजी ने प्रयुक्त की हैं।

मिश्रजी की भाषा मे मुहावरों एवं कहावतों का बाहुल्य है। इनके प्रयोग से भाषा में चुस्ती और भाव-प्रकाशन-क्षमता आ गयी है। कहीं-कहीं वाक्य-दर-वाक्य मुहावरों से गुँथे हैं। कुछ निबन्धों के शीर्षक भी मुहावरों में हैं। मरे का मारैं शाह मदार, छाती ठोंकना, मट्ठी करना, कलई खुलना, बे सिर पैर की हाँकना, ज्ञान छाँटना, आपे से बाहर होना आदि मुहावरे उनकी भाषा में विद्यमान हैं। उनके निम्नलिखित गद्यांश में मुहावरों

की झड़ी-सी लगी दिखायी देती है—"डाकखाने अथवा तारघर के सहारे बात की बात में चाहे जहाँ की बात हो जान सकते हैं। इसके अतिरिक्त बात बनती है, बात बिगड़ती है,बात आ पड़ती है, बात जाती रहती है, बात जमती है, बात उखड़ती है, बात खुलती है, बात छिपती है, बात चलती है, बात अड़ती है। हमारे तुम्हारे सभी काम बात ही पर निर्भर हैं। 'बात ही हाथी पाइये बात ही हाथी पाँव।' बात ही से पराये अपने और अपने पराये हो जाते हैं।" प्राचीन कविताओं की पंक्तियाँ उद्धृत करने का मोह भी मिश्रजी में था—'नारि नारि सब एक हैं, जस मेहरि तस माय।', 'मूँदि गई आँखें तब लाखें केहि काम की', 'बँधे बछेड़ा कट्टर होइगे, बइठे ज्वान गये तोंदियाय,' 'गो गोचर जहँ लगि मन जाई, सो सब माया जानेहु भाई।"

मिश्रजी की भाषा का एक रूप अति सरल है, जिसमें कहावतों-मुहावरों का प्रचुर प्रयोग तथा व्यंग्यात्मकता है पर भाषा का दूसरा रूप पर्याप्त गम्भीर और परिमार्जित है। 'संलग्नता' नामक विचारात्मक निबन्ध की भाषा अत्यन्त संयत एवं गम्भीर है—"सत्संग के द्वारा बुद्धि प्रकाशित होने पर बहुत-से कर्त्तव्य आप-से-आप सूझने लगते हैं जिनमें से यदि दो-एक का भी भलीभाँति संग्रह-त्याग निर्वाहित हो जाय तो जीवन के साफल्य में बड़ी भारी सुविधा हो जाती है। किन्तु यह भी स्मरण रखना चाहिए कि ऐसे वृहत् कार्य सहज में नहीं होते। भले कामों के पूर्ण होने में अनेक अड़चनें तथा बुरे कर्मों की विपक्षता में भी बहुत-से प्रलोभन बाधा डालते हैं। दुष्प्रकृति के लोग बहुधा निष्कारण ही केवल अपने मनोविनोद के उद्देश्य से विरोध कर उठते हैं। आलस्य अथवा आत्मपक्ष के अनुरोध से बहुतेरे चिर परिचित मित्र भी विरोधी बन जाते हैं और ऐसी दशा में एक वा अनेक बार उद्योग की पूर्ण सफलता में अवरोध की सम्भावना हुआ करती है।" उनके अन्य निबन्ध 'मनोयोग' में भी पर्याप्त गम्भीर भाषा के दर्शन होते हैं—"शरीर के द्वारा जितने काम किये जाते हैं, उनमें मन का लगाव अवश्य रहता है। जिसमें मन प्रसन्न रहता है वही उत्तमता के साथ-साथ होते हैं और जो उसकी इच्छा के अनुकूल नहीं होते वह वास्तव में चाहे अच्छे कार्य भी हों किन्तु भली प्रकार पूर्ण रीति से सम्पादित नहीं होते, न उनका कर्त्ता ही यथोचित आनन्द लाभ करता है। इसी से लोगों ने कहा है कि मन शरीर रूपी नगर का राजा है और स्वभाव उसका चंचल है। यदि स्वच्छन्द रहे तो बहुधा कुत्सित ही मार्ग में धावा मार रहता है। यदि रोका न जाय तो कुछ काल में आलस्य और अकृत्य का व्यसन उत्पन्न करके जीवन को व्यर्थ एवं अनर्थपूर्ण कर देता है।"

मिश्रजी की भाषा में वे सारे दोष मिल जाते हैं जो अन्य भारतेन्दुयुगीन साहित्यकारों की भाषा में हैं। इनकी भाषा का रूप बड़ा अस्थिर दिखायी पड़ता है। भाषा के पण्डिताऊपन और पूर्वीपन की चर्चा ऊपर की जा चुकी है। विरामादि चिह्नों के अशुद्ध

प्रयोग मिश्रजी की भाषा को दुर्बल, शिथिल बनाते और भाव-व्यंजना में अव्यवस्था उत्पन्न करते दिखायी पड़ते हैं। भावों के समान मिश्रजी की भाषा भी उच्छृंखल और लापरवाह है। भाषा में स्खलन और घरूपन होने से साहित्यिकता पर आघात पहुँचता है। संस्कृत के उद्धरणों के भी अशुद्ध प्रयोग मिश्रजी ने किये। चमत्कारप्रियता के कारण कहीं-कहीं मिश्रजी की भाषा बहुत ही अस्वाभाविक हो गयी है—"इसी प्रकार सदैव नरो का विचार और भगवान् मदनारी (कामदेव नाशक शिव) का ध्यान रखो नहीं महा अनारी हो जाओगे।" कभी-कभी अलंकारों के मोह में पड़कर भी उन्होंने भाषा को शिथिल कर दिया है। मिश्रजी ने कहीं-कहीं बहुत अश्लील शब्दों के भी प्रयोग किये हैं। उनका मुँहफट होना कहीं-कहीं खटक गया है।

परन्तु श्री सुधाकर पाण्डेय के शब्दों में "मिश्रजी, भाषागत दोषों के रहते हुए भी ऐसे समर्थ निबन्धकार हैं जो जीवन और जगत् के सम्बन्ध में और चिन्तन, व्यंग्यारोप और व्यक्तित्व की संश्लिष्टता के कारण सतत सम्मान के अधिकारी हैं।" उनकी भाषा में ग्राम्यता का पुट है जो सरसता, तरलता और लोच उत्पन्न कर सकने में पूर्ण सक्षम है। ऐसी भाषा शीघ्र ही पाठक को अपनी ओर आकर्षित कर लेती है। ये भाषागत दोष भी कथन-भंगिमा में विलक्षण बाँकपन और आकर्षण उत्पन्न कर देते हैं। ग्रामीणता कहीं-कहीं गुण बन गयी है। सरलता, सुबोधता, स्वच्छन्दता और रोचकता मिश्रजी की भाषा के ऐसे गुण हैं जिनकी सदैव प्रशंसा की जायगी। उन्होंने सोद्देश्य लोकभाषा को अपनाया और उसका समुचित निर्वाह किया।

मिश्रजी की भाषा के सम्बन्ध में आचार्य शुक्ल का मत पूर्णतः उपयुक्त है—"उनकी भाषा बहुत ही स्वच्छन्द गति से बोलचाल की चपलता और भावभंगो लिये चलती है। हास्य-विनोद, उमंग में वह कभी-कभी मर्यादा का अतिक्रमण करती, पूर्वी कहावतों व मुहावरों की बौछार छोड़ती भी चलती है।" 'हिन्दी भाषा और साहित्य का विकास' पुस्तक में श्री अयोध्यासिंह उपाध्याय 'हरिऔध' मिश्रजी की भाषा पर मुग्ध होकर लिखते हैं—"अहा! भाषा हो तो ऐसी हो, क्या प्रवाह है! क्या लोच है! कैसी फड़कती और चलती भाषा है। दुःख है, यह भाषा पण्डितजी के साथ ही चली गयी, ऐसी भाषा लिखनेवाला कोई उत्पन्न नहीं हुआ। मुहावरेदार भाषा लिखने में जैसा भाव-विकास होता है, वैसा अन्य भाषा लिखने में नहीं। यदि होता भी है तो उतना प्रभावजनक नहीं होता। पण्डितजी की भाषा में अनेक शब्द अशुद्ध रूप में ही लिखे गये हैं, इसका कारण यह है कि उनको उस रूप में लिखा है, जैसा वे बोलचाल में हैं, चाहे जो हो परन्तु ऐसी भाषा लिखना टेढ़ी खीर है। सब ऐसी भाषा नहीं लिख सकते। यह गौरव पं० प्रतापनारायण मिश्र को हिन्दीवालों में और पं० रत्ननाथ को उर्दू लिखनेवालों में प्राप्त हुआ, अन्य को नहीं। आश्चर्य नहीं कि कोई दिन ऐसा आवे जिस दिन यह भाषा ही आदर्श मानी जावे।"

शैली—विषय और भाषा के समान ही मिश्रजी की शैली भी स्वच्छन्द थी। उनकी शैली पर भी उनके व्यक्तित्व की स्पष्ट छाप अंकित है। हास्य और विनोद का पुट उनके निबन्धों में आद्योपान्त विद्यमान है। मिश्रजी के व्यक्तिनिष्ठ निबन्ध उनके मनमौजी स्वच्छन्द व्यक्तित्व के अनुरूप हैं। श्री ठाकुरप्रसाद सिंह लिखते हैं—"जैसे बाजीगर एक-एक नाम लेकर झोली में से खिलौने निकालकर सामने रखता है वैसे ही मिश्रजी भिन्न-भिन्न स्थलों पर स्वयं अपना ही नाम बदलकर उपस्थित होते रहते हैं और इसका कारण यही है कि वे बराबर पाठक या श्रोता के एकदम पास रहना चाहते हैं। इसी से जीभ और रचना के बीच की दूरी हम बराबर घटते देखते हैं और अपनी शैली की पूर्णता के साथ वे वाणी को इतना शक्तिपूर्ण बना सके हैं कि वह जीभ की सारी सजीवता लेकर स्वयं मुखर बन गयी है।" मिश्रजी के निबन्धों में शैली के प्रधानतः चार रूप दिखायी पड़ते हैं—वर्णनात्मक, विचारात्मक, भावात्मक तथा हास्य-व्यंग्यपरक।

वर्णनात्मक—मिश्रजी की वर्णन-शैली बड़ी ही प्रभावपूर्ण है। अत्यन्त स्वाभाविकता और कुशलता के साथ वे विषय से परिचित कराना प्रारम्भ कर देते हैं। वर्णनों को रोचक बनाने के लिए मिश्रजी ने कल्पना का भी पर्याप्त सहारा लिया है। लघु-कथाओं एवं सरल घटनाओं को प्रसंगानुसार उद्धृत कर मिश्रजी ने विषय स्पष्ट करने के साथ-साथ विषय को रोचक भी बना दिया है। 'पक्ष' नामक निबन्ध का प्रारम्भ वर्णनात्मक शैली में रोचक ढंग से किया गया है—"यह दो अक्षर और तीन अर्थ का शब्द भी ऐसा उपयोगी है कि इसके बिना कोई काम ही नहीं चल सकता। यदि पक्षी के पक्ष जाते रहें तो उसका जीना भी भारी हो जाय। यदि महीने में कृष्णपक्ष और शुक्लपक्ष न हों तो ज्योतिषियों को गणित में बड़ी गड़बड़ी पड़े। यदि किसी का पक्ष करनेवाला कोई न हो तो वह एक पक्ष क्या एक क्षण भी सुख से नहीं बिता सकता।"

मिश्रजी की वर्णनात्मक शैली के निबन्धों की संख्या अत्यधिक है। साहित्यिक, राजनीतिक, सामाजिक, धार्मिक विषयों पर अनेक निबन्ध वर्णनात्मक शैली में लिखे गये। राजनीतिक विषयों पर लिखे गये निबन्धों में अंग्रेजों की कुटिल नीतियों का पर्दाफाश किया गया है। भारत के चतुर्मुखी पतन का कारण उन्होंने अँगरेज और अँगरेजी शासन को बताया। 'सबै सहायक सबल के कोउ न निबल सहाय' निबन्ध में उन्होंने भारतवासियों को उपयुक्त शिक्षा दी है—"हम आज पराधीन, सर्वसाधनहीन हैं। चाहो कर्म का फल कहो, चाहो ईश्वर की इच्छा समझो, चाहो जमाने की गरदिश मानो, हम दूसरों की आँख देखते हैं और दूसरे लोग जैसे होते हैं इतिहासवेत्ताओं से छिपा नहीं है। इससे हमें अँगरेजों के अत्याचार से रोना न चाहिए और यह शिक्षा भी न रखना चाहिए कि यह हमारी भलाई करने आये हैं।.....जब तक हम ऐसे ही बने रहेंगे जैसे आज हैं तब तक हमारा रोना व चिल्लाना किसी के दिल पर असर न करेगा।" मिश्रजी

के साहित्यिक विषयों पर लिखे निबन्ध भी विषयप्रधान न रहकर व्यक्तित्वप्रधान हो गये हैं। सामान्य विषय भी वर्णन-चातुर्य से प्रभावोत्पादक बन गया है। 'द' निबन्ध की कुछ पंक्तियाँ देखें—"हमारी और फारस भर की वर्णमाला भर में इससे अप्रिय, कर्णकटु और अस्निग्ध अक्षर हम तो जानते हैं और न होगा। हमारे नीति विशारद अँगरेज बहादुरों ने अपनी वर्णमाला में बहुत अच्छा किया जो नहीं रक्खा। नहीं तो उस देश के लोग भी देना सीख जाते और हमारी तरह निष्कंचन हो बैठते। वहाँ के चतुर लोगों ने बड़ी दूरदर्शिता करके इस अक्षर के ठौर पर डकार अर्थात् 'डी' रक्खा है, जिसका अर्थ ही डकार जाना अर्थात् यावत् संसार की लक्ष्मी जैसे बने वैसे हजम कर लेना।"

वर्णनात्मक शैली के अन्तर्गत मिश्रजी ने व्यास, उद्धरण, उपदेशात्मक और चित्रात्मक शैलियों की कुशल योजना की है। व्यास शैली में विस्तार और इतिवृत्तात्मकता होती है। उद्धरण शैली के अन्तर्गत मिश्रजी ने अनेक वाक्यांश उद्धृत कर अभिव्यक्ति में सक्षमता और कथन में विश्वसनीयता उत्पन्न की है। उपदेश देने का मोह मिश्रजी रोक नहीं पाते। विषय कुछ भी हो मिश्रजी बड़ी ही आत्मीयता से बुजुर्ग की भाँति बताने-समझाने लग जाते हैं। 'देशी कपड़ा' निबन्ध का एक अंश उद्धृत है—"हम और हमारे सहयोगीगण लिखते-लिखते हार गये कि देशोन्नति करो, पर यहाँवालों का सिद्धान्त है कि अपना भला हो देश चाहे चूल्हे में जाय।.....न चेतो तो तुमसे ज्यादा भकुआ कौन। नहीं-नहीं हम सबसे अधिक जो ऐसों को हितोपदेश करने में व्यर्थ जीवन खोते हैं।" 'भौं' निबन्ध में भी मिश्रजी की उपदेश-वृत्ति उभर आयी है—"यद्यपि हमारा धन, बल, भाषा इत्यादि सभी निर्जीव हो रहे हैं तो भी यदि हम परायी भौंहें ताकने की लत छोड़ दें, आपस में बातचीत में भौंहें चढ़ाना छोड़ दें, दृढ़ता से कटिबद्ध होके, वीरता से भौंहें तान के देशहित में सन्नद्ध हो जायँ, अपने देश में बनी वस्तुओं का, अपने धर्म का, अपनी भाषा का, अपने पूर्व-पुरुषों के रुजगार और व्यवहार का आदर करें तो परमेश्वर अवश्य हमारे उद्योग का फल दे !" चित्रात्मकता और काव्यात्मकता वृद्ध, दाँत आदि निबन्धों में दर्शनीय है :

विचारात्मक—स्वच्छन्द प्रकृति के और स्वभाव से गम्भीर न होने के कारण अधिक संख्या में विचारात्मक निबन्ध मिश्रजी न लिख सके। इस शैली के निबन्धों में बुद्धितत्त्व की प्रधानता होती है तथा विवेचन तर्कसम्मत होता है। मिश्रजी प्रतिभाशाली तो थे पर मनन और चिन्तन का धैर्य उनमें नहीं था। फिर भी संख्या में कम होते हुए भी उनके विचारात्मक शैली के निबन्ध उच्चकोटि के हैं। नास्तिक, ईश्वर की मूर्ति, शिवमूर्ति, मनोयोग, भ्रम है, हरि जैसे को तैसा है खड़ीबोली का पद्य, एक सलाह, श्रेष्ठ विचारात्मक निबन्ध हैं। श्री जयनाथ नलिन मिश्रजी के 'मनोयोग' और 'शिवमूर्ति' निबन्धों को इस शैली के प्रतिनिधि निबन्ध मानते हैं। उनके अनुसार इन निबन्धों में मिश्रजी भट्टजी

के समीप बैठते हैं—वही गम्भीरता, वही बात करने की सफाई, वही भाषा की सार्थकता है। इन निबन्धों की भाषा अधिक स्वच्छ, स्पष्ट और अभिव्यंजनापूर्ण है। इनमें मिश्रजी का विवेचक और मननशील चिन्तक रूप उभरा है। इनमें दार्शनिक गम्भीरता का पुट भी विद्यमान है।

मिश्रजी के विचार प्रगतिशील एवं वैज्ञानिक हैं। उन्होंने युग की मान्यताओं की जाँच-परख कर नवीन विचारों का पोषण-प्रतिपादन किया है। इस शैली के निबन्धों में पर्याप्त संयत और गम्भीर भी वे स्थान-स्थान पर दिखायी पड़ते हैं। विषय का क्रमबद्ध विवेचन उन्होंने किया है। 'छल' निबन्ध में धर्म की परिभाषा वे इन शब्दों में देते हैं—''धर्म वास्तव में परमानन्दमय परमात्मा एवं उनके भक्तों से प्रेम तथा संसार में क्षेम-स्थापन का नेम मात्र है।'' 'पौराणिक गूढ़ार्थ' निबन्ध में उनकी विचारात्मक शैली का अच्छा परिचय प्राप्त होता है—''जब आप हमारी मूर्तियों को वैदिक प्रमाणों से पाषाण बनावेंगे तब हम भी कह देंगे कि आप प्रेममय परमात्मा को तो मानते ही नहीं न उसका प्रेमानन्द प्राप्त करने में प्रयत्नवान् होते हैं, केवल शास्त्रार्थ नाधने के लिए 'परमेश्वर' नामक शब्द ठहरा रक्खा है। जो परमेश्वर अक्षरों का विकार मात्र है तथा जिसके विषय में श्री मारकण्डेयपुराण में लिखा है कि यदि इस उत्तर से आपको क्रोध आवे तो आप निराकार निर्विकार से हमें दण्ड दिलवाइये और हम अपने साकार दृश्यमान् भगवत् स्वरूप से सहायता लेकर उन्हीं के द्वारा कलापभंजन करके तत्क्षण अपने ईश्वर की महिमा दिखा देंगे।''

विचारात्मक शैली के निबन्धों में मिश्रजी ने तत्सम शब्दावली की सहायता से समासात्मक पद्धति से विवेचना की है। 'धर्म और मत' निबन्ध की ये पंक्तियाँ उदाहरणार्थ द्रष्टव्य हैं—''जो इनके रसास्वादन के अभ्यासी हैं तथा इन्हें परिमितबद्ध रखने, दास्य स्वीकार करने के स्थान पर मनोविनोद सम्पादन मात्र में इनकी सहायता समयानुसार ले लिया करते हैं वे कदापि पागल नहीं बनते वरंच पागलपन की जड़ अर्थात् मित्र की उद्विग्नता दूर करके अधिक सावधान और चातुर्यमान हो जाते हैं और बहुधा देश, काल, पात्र का विचार करके इन्हीं के द्वारा दूसरों को पागल बना के, हँस-खिला के मूड़ लेते हैं।'' तार्किक शैली में मिश्रजी को विशेष सफलता प्राप्त हुई है। उनके तर्क विश्वसनीय ही नहीं अकाट्य भी हैं। विचारों को प्रमाणित करने के लिए स्वयं अनेक प्रमाण, उद्धरण आ जाते हैं।

भावात्मक—भावात्मक शैली के निबन्धों में रागात्मकता और भावाभिव्यंजना की प्रधानता होती है। लेखक की कल्पनाओं और हृदयगत अनुभूतियों को इनमें विशेष स्थान प्राप्त होता है। इस शैली के निबन्धों में मिश्रजी की सहृदयता, निश्च्छलता, कोमलता तथा उदारता प्रतिबिम्बित हुयी है। भारतेन्दुजी की मृत्यु पर मिश्रजी के

शोक-सन्तप्त हृदय का भाव-विगलन दर्शनीय है—"हाय! हृदय विदीर्ण हुआ जाता है। आँसू रुकते ही नहीं हैं। हाय-हाय, सुनने से पहले ही हमारा निर्लज्ज शरीर क्यों न छूट गया। हाय पापी प्राण तुम क्यों न निकल गये। हाय इस अधम जीवन का अन्त क्यों न हो गया।....बस अब क्या है, अभागा भारत डूब जा। अरे अब तेरा कौन है? स्वामी दयानन्द चल बसे, छाती पर पत्थर धर लिया। केशव बाबू सिधार गये, रो धो कलेजा थाम लिया। यह दुःख नहीं सहा जाता। हाय अब क्या होगा? हाय, हम तो हन हमारे प्यारे राधाकृष्णदास को कौन समझावे? काशी ही नहीं अनाथ हुई, भारतमाता के कर्म में आग लग गयी। हाय देश-हितैषिता विधवा हो गयी। हाय, हम क्या करेंगे।" यह अंश प्रलाप शैली का उदाहरण है। यहाँ भावाधिक्य के कारण भावाभिव्यक्ति में असम्बद्धता तथा पुनरावृत्ति दिखायी पड़ती है। संयम तथा विचारशक्ति का अभाव है।

मनोयोग, स्वार्थ, चिन्ता, काम, निर्लिप्तता, आत्म-गौरव आदि निबन्ध विचारप्रधान होते हुए भी भावात्मक शैली में लिखे गये हैं। इनमें विवेचनात्मकता और बुद्धितत्त्व का प्रचुर संयोग है। भावात्मक निबन्धों में मिश्रजी का व्यक्तित्व स्पष्टतः प्रतिबिम्बत होता है। 'दीवाली में उपासना' नामक निबन्ध में भावप्रधानता चरम सीमा पर पहुँची दिखायी पड़ती है—"नाथ, जिन्होंने तुम्हारी अलौकिक लीला देखी है, तुम्हारे अकथनीय खेल देखे हैं, वे केवल तुम्हारे साथ हार जाने को अपने सर्वस्व दाँव पर लगा देंगे। उन्हें तो केवल तुम्हीं लुभा सकते हो। अहा! जगत् में चोर जुआरी और इससे बुरा कहलाकर भी तुम्हारे साथ तन, मन, धन सब हार बैठने में वह आनन्द है जिसके आगे त्रैलोक्य की जीत भी तुच्छ जँचती है। प्रभो, तुम्हारी सारी बातें अतर्क्य हैं। यद्यपि तुम सर्वोपरि, सर्वश्रेष्ठ हो पर हमारा विश्वास यही है कि तुम प्रेमियों के साथ प्रेमद्यूत में हार के, अपनी प्रभुता छोड़ के उनसे स्नेह करते हो।"

हास्य और व्यंग्यपरक—डॉ० वार्ष्णेय मिश्रजी के सम्बन्ध में लिखते हैं—"स्वभाव के अनुसार ही उन्होंने विषय-निर्वाचन किया है। उन्होंने यह प्रमाणित कर दिया है कि निबन्ध किसी भी विषय पर लिखा और साधारण विषय भी रोचक बनाया जा सकता है। लेखक के लिखने का ढंग भी ऐसा है मानो वह हमारे सामने साक्षात् बैठा सब-कुछ कह रहा हो। एक-एक शब्द से हम उसकी भंगिमाओं का चित्र अपने सामने चित्रित कर सकते हैं। विषय निरूपण करते हुए मिश्रजी नीरस, शुष्क और विस्तृत बातें नहीं रखते। वे विषय का कोई एक पक्ष लेकर सब प्रकार से उसमें साहित्यिक सौन्दर्य उत्पन्न कर उसके साथ पाठकों का रागात्मक सम्बन्ध स्थापित कर देते हैं। विषय प्रतिपादन शैली और भाषा के लाक्षणिक प्रयोगों द्वारा वे अवर्णनीय रसात्मकता की सृष्टि किये बिना नहीं रहते।" वस्तुतः निबन्धों में हास्य और व्यंग्य की प्रधानता के कारण ही निबन्ध साहित्य में विशिष्ट स्थान के अधिकारी मिश्रजी बन गये हैं। इस शैली में वे पाठकों से

बड़ी ही बेतकल्लुफी और सहज आत्मीयता के साथ बातें करने लग जाते हैं। डॉ० मोहन अवस्थी के शब्दों में, उनके निबन्धों में हमारा हमजोली लँगोटिया यार बोलता है। यह अंश देखें, क्या यहाँ लेखक और पाठक के बीच कोई दूरी है—"ले भला बताइये तो आप क्या हैं? आप कहते होंगे वाह आप तो आप ही हैं। यह कहाँ की आपदा आयी? यह भी कोई पूछने का ढंग है? पूछा होता कि आप कौन हैं, तो बतला देते कि हम आपके पत्र के पाठक हैं और आप 'ब्राह्मण' के सम्पादक हैं। अथवा पण्डितजी हैं। आप सेठजी हैं, आप लालाजी हैं, आप बाबू साहब हैं, आप मियाँ साहब, आप निरे साहब हैं। आप क्या हैं? यह तो प्रश्न की कोई रीति ही नहीं।"

मिश्रजी ने धर्म, समाज, राजनीति की संकीर्णताओं, दुर्बलताओं पर करारे व्यंग्य किये हैं। उनका उद्देश्य पाठकों का मनोरंजन करने के साथ-ही-साथ सुधार करना भी है। मिश्रजी की उदारता और हृदय की विशालता के कारण उनके व्यंग्य तीक्ष्ण और मर्मस्पर्शी होते हुए भी पीड़ा पहुँचानेवाले नहीं हैं। उन जैसी मुँहफट अभिव्यक्ति अन्यत्र कठिनाई से ही मिल पायेगी। एक स्थान पर लिखते हैं—"यार, बुरा मानो चाहे भला, पर कहेंगे वही जो तुम्हारे और सबके हित में हो। जब तक आचरण न सुधरेंगे तब तक यह सब भगतई और भलमनसी किसी काम की नहीं है।" तथाकथित देश-हितैषियों और समाज-सुधारकों को आड़े हाथों लेते हुए उन पर बड़ा ही कटु व्यंग्य मिश्रजी करते हैं—"घर की मेहरिया कहा नहीं मानती, चले हैं दुनिया भर को उपदेश देने। घर में एक गाय नहीं बाँधी जाती, गौरक्षिणी सभा स्थापित करेंगे। तन पर एक सूत देशी कपड़े का नहीं है, बने हैं देशहितैषी। साढ़े तीन हाथ का अपना शरीर है उसकी उन्नति नहीं कर सकते, देशोन्नति पर मरे जाते हैं—कहाँ तक कहिये, हमारे नौसिखिये भाइयों को 'माली खूजिया' का आजार हो गया। करते-धरते कुछ भी नहीं हैं, बकबक नाधे हैं।" सरकारी नीतियों की निडर होकर व्यंग्यपूर्ण भर्त्सना मिश्रजी ने की। सरकारी उपाधियों की महत्ता पर बड़े रोचक ढंग से एक स्थान पर उन्होंने प्रकाश डाला है। मिश्रजी सामान्य-से-सामान्य विषय में भी हास्य-व्यंग्य की सामग्री ढूँढ़ लेते थे। ब्राह्मण और धार्मिक नेतागण बार-बार उनके व्यंग्यवाण के शिकार हुए हैं।

मिश्रजी के कुछ निबन्धों में हास्य की छटा उनके मनमौजीपन के कारण दिखायी पड़ती है। ऐसे स्थलों पर व्यंग्य और कटूक्तियाँ नहीं सरसता और रस-सिक्तता दिखायी पड़ती है। 'मुच्छ' निबन्ध की कुछ पंक्तियाँ देखें—"लोग डाढ़ी को भी मर्द की पहचान बताते हैं। पर कहाँ ऊर्ध्वगामी केश और कहाँ अधोमार्गी मुच्छ के आगे सब तुच्छ है। यह न हो तो मुँह क्या सौहै। बहुतेरे रसिकमना वृद्धजन खिजाब लगा के मुँह काला करते हैं। पर नहीं समझते कि मुच्छ का यह भी रंग है जिसकी बदौलत गाँव भर नाती बन जाता है। बाजे मायाजालग्रस्त बुड्ढों को नाती से मुच्छें नुचवाते बड़ा सुख मिलता

है। पुपले-पुपले मुँह में तमाखू भरे हो हो हो हो अरे छोड़ भाई, कहते हुए कैसे 'पुलक प्रफुल्लित पूरित गाता' देख पड़ते हैं। कभी किसी बूढ़े कनौजिया को सेतुआ पीते देखा है? मुच्छों से उरौती चूती है, ह ह ह ह।'' 'धोखा', 'वृद्ध' आदि निबन्धों में मिश्रजी का सरस हास्य और विनोद अत्यन्त प्रभावपूर्ण बन पड़ा है। मिश्रजी ने लोकोक्तियों, मुहावरों, उद्धरणों, वक्रोक्तियों, ग्रामीण शब्दों के सहारे व्यंग्यात्मक शैली की सामर्थ्य और भाव-व्यंजना शक्ति में विलक्षण वृद्धि की है।

यथार्थ वर्णन के लोभ और अनाचारों से अत्यधिक खीझ उठने के कारण मिश्रजी का चित्रण कहीं-कहीं अश्लील और वीभत्स भी हो गया है। एक उदाहरण 'सम्झदार की मौत' निबन्ध का है—''सच है, 'सबसे भले हैं मूढ़, जिन्हें न व्यापै जगत गति।' मजे से परायी जमा गपक बैठना, रण्डिका देवी की चरण सेवा में तन, मन, धन से लिप्त रहना, खुशामदियों से गप मारा करना, जो कोई तिथि-त्योहार आ पड़े तो गंगा में चूतड़ धो आना, वहाँ भी राह पर परायी बहू-बेटियाँ ताकना, पर गंगापुत्र को चार पैसे देकर सेंतमेंत में धरममूरत धरमी औतार का खिताब पाना।''

मिश्रजी ने जन-साहित्य की रचना कर लोक-कल्याणकारी कार्य किया। उनके जीवन का उद्देश्य ही देशसेवा, समाजसेवा और साहित्यसेवा था। तत्कालीन देश, समाज की स्थिति का सच्चा प्रतिबिम्ब मिश्रजी के निबन्ध साहित्य में दिखायी पड़ता है। निबन्ध में सरसता और लोकानुरंजन की भावना का श्रीगणेश और प्रतिष्ठा मिश्रजी ने की। आलोचकों ने उन्हें अपने युग का सर्वश्रेष्ठ निबन्धकार स्वीकार किया है। उनका ऐतिहासिक महत्त्व तो है ही उनके विचार, उनकी अटूट लगन और उनका साहित्य आज के लिए भी अनुकरणीय और प्रेरक है। मिश्रजी को आलोचकों ने बड़े ही आदर से स्मरण किया है और भावाभिभूत होकर उनके कर्तृत्व के प्रति कृतज्ञता ज्ञापित की है। बाबू बालमुकुन्द गुप्त मिश्रजी के गद्य साहित्य की भूरि-भूरि प्रशंसा करते हुए लिखते हैं—''दूसरे लोग बहुत सोच-समझकर और बड़ी चेष्टा से जो खूबियाँ अपने गद्य में पैदा करते थे, वह प्रतापनारायण मिश्र को सामने पड़ी मिल जाती है।'' डॉ० जगन्नाथप्रसाद शर्मा का विचार है कि उनकी लेखनी के हँसमुख स्वभाव ने एक नवीन पाठक समुदाय उत्पन्न किया। साधारण विषय को सरल रूप में रखकर उन्होंने सुननेवालों का विश्वास अपनी ओर आकृष्ट किया। उनके छोटे-छोटे निबन्ध, निबन्ध के सुन्दर और आदर्श रूप हैं। मिश्रजी के क्रियाशील उद्योग से गद्य साहित्य परिपुष्ट हुआ। डॉ० रामविलास शर्मा के मतानुसार मिश्रजी के निबन्ध हिन्दी के लिए नयी चीज थे। रंजनात्मक निबन्धों के जनक और सम्राट् दोनों ही मिश्रजी हैं। प्रो० शिवनाथ के अनुसार मिश्रजी समस्त आत्मव्यंजक निबन्धकारों के प्रतिनिधि हैं। पं० प्रतापनारायण मिश्र : जीवन और साहित्य' ग्रन्थ के लेखक डॉ० सुरेशचन्द्र शुक्ल इस निष्कर्ष पर पहुँचे हैं—''मिश्रजी

ऐतिहासिकता के साथ ही अपनी विशिष्ट और निराली शैली के लिए सदैव स्मरण किये जायँगे। मिश्र जी का-सा प्राणवान् साहित्य हिन्दी में मिलना दुर्लभ है।'' श्री जयनाथ नलिन मिश्रजी की निबन्ध-कला के सम्बन्ध में लिखते हैं—''आत्मीयता, आकार-संकोच, भाषा का चटपटापन, उछलता उमंगभरा व्यक्तित्व, जवानी का फक्कड़पन और तेज, उक्ति चमत्कार और व्यंग्य की बौछार आदि विशेषताएँ मिश्रजी को शक्तिशाली निबन्धकार प्रमाणित करती हैं। अपने क्षेत्र में वह एकमात्र लेखक स्वयं हैं।'' मिश्रजी के साहित्य-शोधक डॉ० शान्तिप्रकाश वर्मा इन शब्दों में मिश्रजी का योगदान स्मरण करते हैं—''मिश्रजी देश-हितैषी, समाज-सुधारक और सदाचार प्रतिष्ठापक के व्यक्तित्व से सम्पन्न थे। अनेक दृष्टिकोणों की अभिव्यंजना उन्होंने साहित्य एवं गद्य के माध्यम से उसे सजीव और रोचक बनाकर विनोदात्मक शैली में की। उन्होंने देश और समाज को बहुत कुछ दिया है। हिन्दी साहित्य को भी दिया है और गद्य के स्वरूप तथा शैली-निर्माण में तो उनका योगदान इतना अधिक और महत्त्वपूर्ण है कि आज का कोई भी निबन्धकार उनकी देन को अस्वीकृत नहीं कर सकता।''

◆◆◆

महावीरप्रसाद द्विवेदी
(सन् 1864 - 1938)

आचार्य द्विवेदी युग-प्रवर्त्तक साहित्यकार थे। उनके आविर्भाव से साहित्यिक क्षेत्र में युगान्तर उपस्थित हुआ। उन्हीं की कठोर साधना के फल से हिन्दी को 'भारत भारती' का गौरव प्राप्त हुआ। हिन्दी गद्य-लेखन का कार्य तो भारतेन्दुयुग में ही प्रारम्भ हो गया था पर गद्य का समुचित परिष्कार और विस्तार द्विवेदीयुग में सम्भव हो सका। उन्नीसवीं शताब्दी के अन्त और बीसवीं शताब्दी के प्रारम्भिक काल, लगभग 25-30 वर्षों तक की साहित्यिक चेतना के नेता और नायक द्विवेदीजी ही रहे। सन् 1903 में 'सरस्वती' के सम्पादक के रूप में आचार्य द्विवेदी का साहित्यिक क्षेत्र में पदार्पण हुआ। डॉ० उदयभानु सिंह लिखते हैं–"जनवरी, 1903 ई० से द्विवेदीजी ने सम्पादन प्रारम्भ किया। पत्रिका के अंग-अंग में उनकी प्रतिभा की झलक दिखायी पड़ी। विषयों की अनेकरूपता, वस्तु-योजना, सम्पादकीय टिप्पणियों, पुस्तक-समीक्षा, चित्र-परिचय, साहित्य समाचार के व्यंग्य चित्रों, मनोरंजन सामग्री, बाल-वनितोपयोगी रचनाओं, प्रारम्भिक विषय-सूची, प्रूफ संशोधन और पर्यवेक्षण में सर्वत्र सम्पादन-कला-विशारद द्विवेदीजी का व्यक्तित्व चमक उठा।" सरस्वती के माध्यम से हिन्दी भाषा और साहित्य की अनन्य सेवा द्विवेदीजी ने की। भारतेन्दुयुगीन निबन्ध साहित्य में पर्याप्त विषय-वैविध्य होते हुए भी साहित्यिकता और समुचित विवेचना का अभाव दिखायी पड़ता है। इस अभाव की पूर्ति द्विवेदीयुग में द्विवेदीजी के शुभ प्रयत्नों से हुई। द्विवेदीजी ने भारतेन्दुकालीन भाषागत दोषों का सम्यक् परिहार किया और हिन्दी शब्दकोश में उल्लेखनीय अभिवृद्धि की। भाषा को पूर्ण व्यवस्थित स्वरूप प्रदान कर उन्होंने उसे निबन्ध लेखन के योग्य बनाया।

निबन्ध-परिचय–द्विवेदीजी बहुमुखी प्रतिभासम्पन्न साहित्यकार थे। सम्पादक और चिन्तक होने के साथ-ही-साथ वे भावुक कवि, सफल निबन्धकार, समालोचक, भाषाविद् और निष्ठावान् हिन्दी प्रचारक थे। द्विवेदीजी के साहित्यिक व्यक्तित्व का दूसरा पक्ष आचार्य का है। उन्होंने अपने प्रेरक व्यक्तित्व से अनेक महान् साहित्यकारों का निर्माण किया तथा उनकी प्रतिभा प्रकाशित की। निबन्धकार और आलोचक के रूप में द्विवेदीजी को सर्वाधिक प्रतिष्ठा मिली। निबन्ध साहित्य को विषय एवं शैली की दृष्टि से उन्होंने प्रौढ़ता प्रदान की।

स्वरूप की दृष्टि से आचार्य द्विवेदी के निबन्ध चार प्रकारों में वर्गीकृत किये जा सकते हैं। पहले प्रकार के निबन्ध वे हैं, जो विभिन्न पत्र-पत्रिकाओं विशेषकर 'सरस्वती' में प्रकाशित लेखों के रूप में हैं। दूसरे प्रकार के निबन्ध पुस्तकों की भूमिका के रूप में हैं अर्थात् ग्रन्थ और ग्रन्थकारों के परिचय के रूप में। तीसरे प्रकार के निबन्ध स्वतन्त्र संग्रहों के रूप में हैं और चौथे प्रकार के निबन्ध उनके विविध भाषण हैं।

द्विवेदीजी ने कुल मिलाकर लगभग 300 निबन्धों की रचना की थी। उनके अधिकांश निबन्ध पुस्तक रूप में प्रकाशित हो चुके हैं। रसज्ञ रंजन, लेखांजलि, संचयन, संकलन, अद्भुत आलाप, साहित्य सीकर, साहित्य सन्दर्भ, आलोचना समुच्चय, प्राचीन कवि और पण्डित, विचार-विमर्श, आलोचनांजलि आदि उनके निबन्ध संग्रह हैं। 'रसज्ञ रंजन' श्रेष्ठ साहित्यिक निबन्धों का संग्रह है। कवि कर्त्तव्य, कवि और कविता, कवि बनने के सापेक्ष साधन आदि सुप्रसिद्ध निबन्ध इस संग्रह में संगृहीत हैं। सन् 1923 में कानपुर में हिन्दी साहित्य सम्मेलन के स्वागताध्यक्ष पद से दिया गया उनका भाषण भी श्रेष्ठ आलोचनात्मक निबन्ध माना जाता है।

विषय की दृष्टि से पर्याप्त व्यापकता और विविधता द्विवेदीजी के निबन्धों में है। उन्होंने सामान्य तथा गम्भीर, शाश्वत तथा समसामयिक, सभी प्रकार के विषयों पर लेखनी चलायी। द्विवेदीजी ने सदैव पाठक वर्ग का ध्यान रखा है। 'महावीरप्रसाद द्विवेदी और उनका युग' नामक शोधकृति के लेखक डॉ० उदयभानु सिंह ने विषय की दृष्टि से द्विवेदीजी के निबन्धों के निम्नलिखित आठ वर्ग किये हैं—

1. साहित्यिक—द्विवेदीजी के साहित्यिक निबन्धों की, कवि-लेखक परिचय, ग्रन्थ परिचय, समालोचना, शास्त्रीय विवेचन, सामयिक साहित्यावलोकन आदि कोटियाँ निर्धारित की जा सकती हैं। ये निबन्ध युगीन परिवेश को देखते हुए बड़े महत्वपूर्ण प्रतीत होते हैं। इन निबन्धों से द्विवेदीजी की गहन अध्ययनशीलता एवं चिन्तनशीलता का परिचय प्राप्त होता है। कविवर लच्छीराम, पं० बलदेव प्रसाद मिश्र, पं० सत्यनारायण मिश्र, बाबू अरविन्द घोष, कविवर रवीन्द्रनाथ ठाकुर आदि निबन्ध परिचयात्मक निबन्ध हैं। हिन्दी नवरत्न, उर्दू शतक, महिष शतक की समीक्षा, निबन्ध पुस्तक, समीक्षाएँ हैं। साहित्य की महत्ता , कवि और कविता, नायिका भेद, हिन्दी नाटक, नाट्यशास्त्र, कवि बनने के लिए सापेक्ष साधन, आदि निबन्धों की गणना उच्चकोटि के साहित्यिक निबन्धों के अन्तर्गत की जाती है।

2. चरितप्रधान—द्विवेदीजी ने अनेक महत्त्वपूर्ण जीवन-चरित्रों को साहित्य में स्थान देकर उनके गौरव को अक्षुण्ण बनाने का प्रयत्न किया है। ये चरित्र ऐतिहासिक, पौराणिक, धार्मिक एवं साहित्यिक क्षेत्रों से चुने गये हैं। ऐसे निबन्धों के लेखन का उद्देश्य है, चरित्र-निर्माण, ज्ञान-वृद्धि एवं सांस्कृतिक चेतना का प्रसार। महात्मा बुद्ध,

श्री शंकराचार्य, भीष्म पितामह, शास्त्र विशारद जैनाचार्य श्री विजयधर्म सूरि, बौद्धाचार्य शीलभद्र, महारानी दुर्गावती, सवाई जयसिंह, गायनाचार्य पं० विष्णु दिगम्बर, महाराज ट्रावनकोर, मिर्जा गालिब, हर्बर्ट स्पेन्सर, सर हेनरी काटन, महाकवि होमर शीर्षक निबन्ध जीवनचरितात्मक हैं।

3. ऐतिहासिक तथा पुरातत्त्व विषयक—भारतीय शिल्पशास्त्र, विक्रमादित्य तथा उनके संवत् के विषय में नयी कल्पना, भारतवर्ष की सभ्यता की प्राचीनता, आर्यों की जन्मभूमि, सोमनाथ के मन्दिर की प्राचीनता, भारतवर्ष के पुराने खँडहर आदि निबन्ध उपर्युक्त कोटि के अन्तर्गत आते हैं। इस प्रकार के निबन्धों के दो स्वतन्त्र संग्रह भी 'प्राचीन चिह्न' और 'पुरावृत्त' नाम से प्रकाशित हुए हैं। इन निबन्धों में अतीत भारत के उज्ज्वल इतिहास की भव्य झाँकी दिखायी गयी है।

4. विज्ञान सम्बन्धी—ये निबन्ध ज्ञानवर्द्धन और साहित्य को समृद्ध करने के लक्ष्य से लिखे गये हैं। द्विवेदीजी ने पर्याप्त प्रयास किया कि इस प्रकार के निबन्धों में भी साहित्यिकता बनी रहे। मंगल ग्रह तक तार, रंगीन छायाचित्र, कुछ आधुनिक आविष्कार, प्राचीन भारत में रसायन विद्या, प्राचीन भारत के जहाज आदि निबन्ध इसी कोटि के हैं।

5. भूगोल सम्बन्धी—व्योम विहरण, उत्तरी ध्रुव की यात्रा, दक्षिणी ध्रुव की यात्रा, सौर जगत् की उत्पत्ति आदि भौगोलिक निबन्ध हैं।

6. उद्योग शिल्प सम्बन्धी—इन निबन्धों से लेखक के बहुमुखी ज्ञान तथा सजगता का परिचय मिलता है। खेती की बुरी दशा, हिन्दुस्तान का व्यापार, भारत में औद्योगिक शिक्षा जैसे निबन्ध इसी कोटि के हैं।

7. आध्यात्मिक—निरीश्वरवाद, आत्मा, ज्ञान, ईश्वर, आत्मा के अमरत्व का वैज्ञानिक प्रमाण, पुनर्जन्म का प्रत्यक्ष प्रमाण, सृष्टि-विचार, परमात्मा की परिभाषा, वैदिक देवता आदि निबन्ध द्विवेदीजी की भक्तिभावना, आध्यात्मिकता एवं जिज्ञासा-वृत्ति के परिचायक हैं।

8. भाषा और व्याकरण सम्बन्धी—द्विवेदीजी आजन्म भाषा के परिष्करण एवं परिमार्जन के कार्य में प्रवृत्त रहे। खड़ीबोली को व्यवस्थित एवं व्याकरणसम्मत रूप प्रदान करने की दिशा में उनके प्रयत्न सर्वविदित हैं। इसी लक्ष्य से उन्होंने भाषा और व्याकरण, शब्दार्थ विचार, अक्षर विज्ञान, हिन्दी नवरत्न आदि निबन्ध लिखे। संस्कृत भाषा से सम्बन्धित अनेक निबन्ध भी उन्होंने लिखे, जैसे-जर्मनी में संस्कृत भाषा का अध्ययन-अध्यापन, संस्कृत साहित्य विषयक विदेशियों की ग्रन्थ-रचना, संस्कृत साहित्य का महत्त्व, सर विलियम्स जोन्स ने संस्कृत कैसे सीखी, पुराने अँगरेज अधिकारियों के संस्कृत पढ़ने का फल आदि।

भाषा—खड़ीबोली गद्य का पर्याप्त विकास भारतेन्दुकाल में हुआ। पर उस काल में साहित्य-निर्माण का कार्य इतनी क्षिप्र गति से हो रहा था कि भाषा-शुद्धता और परिमार्जन की ओर साहित्यकारों का ध्यान अधिक नहीं आकर्षित हो सका। परिणामस्वरूप उस युग की भाषा अव्यवस्थित है और उसमें व्याकरणगत दोष पर्याप्त मात्रा में हैं। आचार्य द्विवेदी ने 'सरस्वती' के सम्पादक के रूप में सर्वप्रथम इस ओर लेखकों का ध्यान आकृष्ट कर निस्संकोच भाषादोष-निर्देश करने लगे। धीरे-धीरे उनके भगीरथ प्रयत्नों से भाषा-शुद्धता परिमार्जन की ओर अग्रसर हुई। भाषा-क्षेत्र से अराजकता समाप्त होने लगी और भाषा का स्वस्थ रूप सामने आया। दूसरों की भाषा सुधारने के साथ-साथ स्वयं भी द्विवेदीजी ने शब्द-चयन, पदरचना एवं वाक्य-विन्यास की दृष्टि से शुद्ध एवं व्याकरणसम्मत भाषा में लेखन प्रारम्भ किया। खड़ीबोली के परिमार्जन, संस्कार एवं परिष्कार का प्रधान श्रेय आचार्य द्विवेदी को ही प्राप्त है।

द्विवेदीजी ने अपने निबन्धों और लेखों में स्थान-स्थान पर अपने भाषा विषयक विचारों और नीतियों पर प्रकाश डाला है। उनके उदार विचार स्पष्टता से व्यक्त हुए हैं। उनका मत था कि हिन्दी एक जीवित भाषा है, उसे किसी सीमा में आबद्ध रखने में हानि होगी। वे भाषा की दृष्टि से मध्यम मार्ग के अनुयायी थे। 'हिन्दी की वर्तमान अवस्था' निबन्ध में वे लिखते हैं—''आजकल कुछ लेखक तो ऐसी हिन्दी लिखते हैं जिसमें संस्कृत शब्दों की प्रचुरता रहती है। कुछ संस्कृत, अंग्रेजी, अरबी, फारसी सभी भाषाओं के प्रचलित शब्दों के प्रयोग करते हैं। कुछ विदेशी शब्दों का बिल्कुल ही प्रयोग नहीं करते। ढूँढ-ढूँढ़कर ठेठ हिन्दी शब्द काम में लाते हैं। मेरी राय में शब्द चाहे जिस भाषा के हों, यदि वे प्रचलित शब्द हैं और सब कहीं बोलचाल में आते हैं तो उन्हें हिन्दी के शब्द-समूह से बाहर समझना भूल है। उनके प्रयोग से हिन्दी की कोई हानि नहीं, प्रत्युत लाभ है। अरबी-फारसी के सैकड़ों ऐसे शब्द हैं जिनको अपढ़ आदमी तक बोलते हैं। उनका बहिष्कार किसी प्रकार सम्भव नहीं।'' द्विवेदी जी भाषा में सरलता के पक्षपाती थे। उनकी स्पष्ट धारणा थी—''हिन्दी में यदि कुछ लिखना हो तो ऐसी भाषा लिखनी चाहिए जिसे केवल हिन्दी जाननेवाले भी सहज ही समझ जायँ। संस्कृत और अंग्रेजी से लदी हुई भाषा से पाण्डित्य भले ही प्रकट हो उससे ज्ञान और आनन्ददान का उद्देश्य अधिक नहीं सिद्ध हो सकता।'' द्विवेदीजी जन-साधारण की भाषा प्रयोग करने के पक्ष में थे। विदेशी शब्दों को मूल रूप में ही प्रयोग करने से वे सहमत नहीं थे, उनके अनुसार उन्हें इस रूप में ग्रहण करना चाहिए कि उनका विदेशीपन निकल जाय और वे हमारे व्याकरण के नियमों से अनुशासित हों।

द्विवेदीजी के प्रारम्भिक निबन्धों की भाषा में व्याकरण तथा शैली विषयक पर्याप्त अशुद्धियाँ मिलती हैं। बाबू बालमुकुन्द गुप्त ने उनकी भाषा में बहुत-सारे दोष निकाले

हैं। उसको उसके पिता के मरने का समाचार मिला, अपना हित साधन में, जाने को तुझे निषेध नहीं करता, इस काम को सम्पादन करता-जैसे अशुद्ध प्रयोग उनकी प्रारम्भिक भाषा में सरलता से मिल जाते हैं। वर्तनी सम्बन्धी असंख्य त्रुटियाँ भो प्रारम्भिक भाषा में हैं—समुझा, भ्रकुटी, प्राणीयों, चेष्ठा, विकालत, वस्तुतः, निरमाण आदि। उस समय की भाषा में पण्डिताऊपन और प्रादेशिक भाषाओं का प्रभाव भी दिखायी पड़ता है। मुहावरों के भी अशुद्ध प्रयोग मिल जायँगे। शब्द-चयन और वाक्य-विन्यास की दृष्टि से भद्दे प्रयोग भी देखे जा सकते हैं। उस समय की भाषा में शिथिलता, जटिलता तथा दुरूहता-जैसे दोष हैं परन्तु कालान्तर में उनकी अथक साधना तथा प्रतिभा से भाषा के इन दोषों का परिहार हुआ।

द्विवेदीजी के परवर्ती निबन्धों की भाषा स्वच्छ, परिष्कृत और व्याकरणसम्मत है। भाषा में पूर्ण अनुशासन दिखायी पड़ता है। शब्द-चयन और वाक्य-विन्यास दोनों ही दृष्टियों से परिपक्वता है। अवसर के अनुसार उन्होंने अनेक भाषाओं के शब्द इस्तेमाल किये। कद, बेखबर, बदौलत, खुशामद, खुशमिजाज, मौजूद, सादगी, सफर आदि सामान्य उर्दू शब्द भाषा में अत्यधिक हैं। इस्तेदाद, पस्त, तकदीर, पेशबन्दी, दारमदार, शाइस्तगी, जमात, तहम्मुल, मुस्तसना, मदाखिलत, नाहमवार, नेस्त, ख्यालात-जैसे फारसी-अरबी शब्द भी उनके निबन्धों में प्राप्त होते हैं। नेचुरल, पोएट्री, फुटनोट्स, पैराग्राफ, इमेजिनेशन, वर्स, सर्टीफिकेट आदि प्रचलित अंग्रेजी शब्द भी उनकी भाषा में आ गये हैं।

द्विवेदीजी की भाषा कहीं-कहीं संस्कृतबहुल अथवा अरबी-फारसीप्रधान हो गयी है। दोनों प्रकार के उदाहरण प्रस्तुत हैं—"मेरी इन उक्तियों में प्रयुक्त वर्णों में यदि कुछ भी माधुर्य हो तो उसी को मधुपर्क मानकर आपको अर्पण करता हूँ। विनीत वचनों को फूल समझकर आप पर चढ़ाता हूँ और नम्रशिर होकर प्रार्थना करता हूँ—'वन्दे भवन्तं भगवन् प्रसीद।'' "परन्तु मेरी दरख्वास्त नामंजूर हो गयी। काम ऐसे लोगों से पड़ गया जिन्होंने मेरी दलीलों की धज्जियाँ उड़ा दीं, मेरे बहस-मुबाहसे को जरा भी दाद नहीं दी। मेरी मिन्नत आरजू को धता बता दिया। मैं हार गया और आज यह हार का ही नतीजा है जो मैं आपके सामने हाजिर किया गया हूँ।"

द्विवेदीजी ने लम्बे-लम्बे शिथिल और असन्तुलित वाक्य लिखने का विरोध किया। उन्होंने स्वयं छोटे-छोटे, सीधे और सरल वाक्य प्रयुक्त किये। सरलतम शब्दों और लघु वाक्यों में गम्भीर विवेचना तथा गूढ़ विषयों तक की स्पष्ट अभिव्यंजना उनकी भाषा की विशेषता है। उनके वाक्यों में तारतम्य होने के साथ ही उपयुक्त प्रवाह भी है। शब्दों का ठीक स्थान पर प्रयोग करने में द्विवेदीजी कुशल थे। प्रभावोत्पादन के लिए कभी-कभी वे वाक्यों को अधूरा भी छोड़ देते थे, जैसे "इस पण्डित का नाम था

रामलोचन कवि भूषण। न स्त्री थी न सन्तति। हावड़ा के पास सलकिया में आप रहते थे। किसी से कुछ सरोकार न रखते थे। सबसे अलग रहते थे।''

द्विवेदीजी की भाषा में उपमा, उदाहरण, उत्प्रेक्षा आदि अलंकारों का प्रयोग भाषा की शक्ति और अर्थगौरव में अभिवृद्धि करता है। कुछ उदाहरण देखें—''सब तरह के भावों को प्रकट करने की योग्यता रखनेवाली और निर्दोष होने पर भी यदि कोई भाषा निज का साहित्य नहीं रखती तो वह रूपवती भिखारिणी की तरह कदापि आदरणीय नहीं हो सकती।'' ''कूप-मण्डूक भारत, तुम कब तक अन्धकार में पड़े रहोगे? प्रकाश में आने के लिए क्या तुम्हारे हृदय में कभी सदिच्छा नहीं जागृत होती? पक्षहीन पक्षी की तरह क्यों तुम्हें अपने पींजड़े से बाहर निकलने का साहस नहीं होता?'' उर्मिला के सम्बन्ध में आदिकवि की उदासीनता पर द्विवेदीजी की उपालम्भपूर्ण भाषा अत्यन्त स्वाभाविक, सशक्त और व्यंजक है—''सीता की बात तो जाने दीजिये। उनके और उनके जीवनाधार रामचन्द्र के चरित्र-चित्रण के लिए रामायण की रचना हुई है। माण्डवी और श्रुतिकीर्ति के विषय में कोई विशेषता नहीं। क्योंकि आग से भी अधिक संताप पैदा करनेवाला पति-वियोग उन्हें हुआ ही नहीं। रही बाल वियोगिनी उर्मिला, सो उसका चरित्र सर्वथा गेय और आलेख्य होने पर भी कवि ने उसके साथ अन्याय किया। मुने! इस देवी की इतनी उपेक्षा क्यों?'' 'आजकल के छायावादी कवि और कविता' निबन्ध का निम्नलिखित अंश द्विवेदीजी की संयत और प्रवाहपूर्ण भाषा का परिचायक है—''छायावादियों की रचना तो कभी-कभी समझ में भी नहीं आती। ये बहुधा बड़े ही विलक्षण छन्दों या वृत्तों का प्रयोग करते हैं। कोई चौपदे लिखते हैं कोई छःपदे! कोई ग्यारह पदे तो कोई तेरह पदे ! किसी की चार सतरें गज-गज भर लम्बी, तो दो सतरें दो ही अंगुल की! फिर ये लोग बेतुकी पद्यावली लिखने की बहुधा कृपा करते हैं। इस दशा में इनकी रचना एक अजीब गोरखधन्धा हो जाती है। न ये शास्त्र की आज्ञा के कायल, न ये पूर्ववर्ती कवियों की प्रणाली के अनुवर्ती, न ये सत्यालोचकों के परामर्श की परवाह करनेवाले। इनका मूल मन्त्र है—हम चुनी दीगरे नेस्त। इस हमादानी को दूर करने का क्या इलाज हो सकता है, कुछ समझ में नहीं आता।''

साहित्य को समृद्ध करने की अपेक्षा द्विवेदीजी का भाषा-परिष्कार और भाषा प्रचार कार्य अधिक महत्त्वपूर्ण है। वे वास्तविक अर्थों में आचार्य और मार्गदर्शक थे। डॉ० उदयभानु सिंह ने अपने शोधग्रन्थ में आचार्य द्विवेदी द्वारा 'सरस्वती' पत्रिका के माध्यम से विभिन्न लेखकों के रचना-दोषों के परिमार्जन के उदाहरण दिये हैं। लेखकों की रचनाओं से स्वर, व्यञ्जन, संज्ञा, सर्वनाम, क्रिया, विशेषण, विशेष्य, अव्यय, लिंग, वचन, कारक, सन्धि, समास, उपसर्ग, आकांक्षा सम्बन्धी, योग्यता सम्बन्धी, सन्निधि सम्बन्धी, वाक्य सम्बन्धी, प्रत्यक्ष-परोक्ष कथन सम्बन्धी, आदि सभी प्रकार के शब्दों-प्रयोगों में आवश्यकतानुसार उचित सुधार, परिष्कार कर द्विवेदीजी ने अपने आचार्यत्व की

प्रतिष्ठा की। उन्होंने लेखकों के मुहावरे प्रयोगों पर भी उचित रोक-टोक की। कठिन शब्दों के स्थान पर सरल शब्द रखने तथा अंग्रेजी, फारसी, अरबी के स्थानापन्न शब्दों की भी उन्होंने सुव्यवस्था दी।

आचार्य द्विवेदी के निबन्धों की भाषा के सम्बन्ध में कुछ प्रतिष्ठित आलोचकों के मत यहाँ एकत्र किये गये हैं। आचार्य शुक्ल लिखते हैं—"उनकी भाषा में न तो लल्लूलाल का ब्रजपन आने पाया, न मुन्शी सदासुखलाल का पाण्डित्यपन, न सदल मिश्र का पूर्वीपन, न राजा शिवप्रसाद का उर्दूपन और न राजा लक्ष्मण सिंह का खालिसपन और आगरापन। इतने पनों से एक साथ पीछा छुड़ाना भाषा के सम्बन्ध में बहुत ही परिष्कृत रुचि का परिचायक है।" डॉ० जगन्नाथप्रसाद शर्मा ने द्विवेदीजी की भाषा के सम्बन्ध में लिखा है—"द्विवेदीजी ने आधुनिक गद्य-रचना को एक स्थिर रूप दिया। उन्होंने उसका संस्कार किया, उसे भाषा और व्याकरण सम्बन्धी भूलों से निवृत्त कर विशुद्ध बनाया और मुहावरों का चलती भाषा में सुन्दरता से उपयोग कर उसमें बल का संचार किया। सारांश यह कि उन्होंने भाषा-शैली को एक नवीन रूप देने की पूर्ण चेष्टा की। उसको परिमार्जित, विशुद्ध एवं चमत्कारपूर्ण बनाकर भी व्यवहार-क्षेत्र के बाहर नहीं जाने दिया।" डॉ० श्रीकृष्ण लाल ने द्विवेदीजी की भाषा की सादगी, सरलता और उसमें निहित आत्मीयता तथा घरेलूपन की प्रशंसा की है—"यदि महावीरप्रसाद द्विवेदी को कोई बहुत ही कवितापूर्ण और गम्भीर बात भी कहनी पड़ती तो वे उसमें इस प्रकार का घरेलू वातावरण उपस्थित कर देते, इस प्रकार के संकेत और ध्वनि ले आते, बात को इस प्रकार घुमा-फिराकर कहते कि पाठक उसे बड़ी सरलता से समझ जाते और उसका पूरा आनन्द उठा पाते।" अन्त में श्री जयनाथ नलिन के विचार उद्धृत हैं—"भाषा अत्यन्त प्रभावशाली, स्वच्छ, गतिशील, चलती हुई, सार्थक और शक्तिसम्पन्न है। अभिव्यञ्जना की स्वाभाविक शक्ति उसमें है। वह भावों का प्रकाशन प्रसन्न सरलता से करती है, बोझ मानकर नहीं। अर्थ का दुराव द्विवेदीजी की भाषा में तलाश करने पर भी नहीं मिलता। इनकी भाषा के राजपथ पर चलते हुए पाठक अर्थ-फल का रस बराबर लेता चलता है। न वह ऊबड़खाबड़, न कठोर, न बुद्धि के पैर छीलनेवाली, न दुर्गम।"

शैली—आचार्य द्विवेदी के निबन्ध वर्णनात्मक, परिचयात्मक, व्यंग्यात्मक, भावात्मक, विवेचनात्मक, संलापात्मक, वक्तृतात्मक आदि अनेक शैलियों में लिखे गये हैं। किसी एक निश्चित शैली का प्रयोग और विकास नहीं दिखायी पड़ता। उनके निबन्धों की प्रधानतः चार शैलियाँ निश्चित की जा सकती हैं—आलोचनात्मक, व्यंग्यात्मक, भावात्मक और विचारात्मक। द्विवेदीजी की शैली सरल है। कठिन विषय को भी सरल रूप में रखने की उनकी प्रवृत्ति थी, जिससे कि साधारण समझवाले पाठक भी विषय भलीभाँति

समझ सकें। आचार्य शुक्ल उनकी सरल शैली के सम्बन्ध में लिखते हैं—''द्विवेदीजी के लेखों को पढ़ने से ऐसा जान पड़ता है कि लेखक बहुत मोटी अक्ल के पाठकों के लिए लिख रहा है। एक-एक सीधी बात कुछ हेर-फेर, कहीं-कहीं केवल शब्दों के ही—के साथ पाँच-छः तरह से पाँच-छः वाक्यों में कही हुई मिलती है। उनकी यही प्रवृत्ति उनकी गद्य-शैली निर्धारित करती है। उनके लेखों में छोटे-छोटे वाक्यों का प्रयोग अधिक मिलता है। नपे-तुले वाक्यों को कई बार कुछ हेर-फेर के साथ कहने का ढंग वही है जो वाद या संवाद में बहुत शांत होकर समझाने-बुझाने के काम में लाया जाता है। उनकी यह व्यास शैली विपक्षी को कायल करने के प्रयत्न में बड़े काम की है।'' द्विवेदीजी की इस सरल व्यास शैली का उदाहरण 'शिक्षा' शीर्षक निबन्ध से प्रस्तुत है—''आरोग्य रक्षा के नियम माँ-बाप को न मालूम रहने से उनके बाल-बच्चों को जो भोग भुगतने पड़ते हैं, उनकी जो दुर्गति होती है, उन पर जो आफतें आती हैं, उनका ठौर-ठिकाना नहीं। हजारों बच्चे तो माँ बाप की असावधानी और मूर्खता के कारण पैदा होते ही मर जाते हैं। जो बचते हैं, उनमें लाखों अशक्त, निर्बल और जन्मरोगी होते हैं। और करोड़ों ऐसे नीरोग और सबल नहीं होते जैसे होने चाहिए। अब इन सबको आप जोड़ डालिये तो आपको मालूम हो जायगा कि माँ बाप की नादानी के कारण सन्तति को कितनी हानि उठानी पड़ती है, कितना दुःख सहना पड़ता है।'' उपर्युक्त गद्यांश में एक ही बात को बार-बार दुहराकर पाठक को समझाने का प्रयत्न किया गया है।

आलोचनात्मक शैली—आलोचनात्मक शैली का प्रयोग अधिकतर द्विवेदीजी ने 'सरस्वती' के आलोचना स्तम्भ में किया है। इस स्तम्भ के अन्तर्गत लेखकों और पुस्तकों की समालोचनाएँ वे करते थे। इस शैली में गाम्भीर्य और प्रौढ़ता है। भाषा भी संयत और शिष्ट है। इस शैली में कहीं-कहीं व्यंग्य और हास-परिहास भी मिल जाता है तथा उपदेशात्मकता का पुट भी कहीं-कहीं विद्यमान है। उनकी आलोचनात्मक शैली का एक उदाहरण देखें—''इसी से किसी-किसी का ख्याल था कि यह भाषा देहली के बाजार ही की बदौलत बनी है। पर यह ख्याल ठीक नहीं। भाषा पहले से ही विद्यमान थी और उसका विशुद्ध रूप अब भी मेरठ प्रान्त में बोला जाता है। बात सिर्फ यह हुई कि मुसलमान जब यह भाषा बोलने लगे तब उन्होंने उसमें अरबी-फारसी के शब्द मिलाने शुरू कर दिये जैसे कि आजकल संस्कृत जाननेवाले हिन्दी बोलने में आवश्यकता से ज्यादा संस्कृत शब्द काम में लाते हैं।''

व्यंग्यात्मक शैली—यद्यपि द्विवेदीजी गम्भीर प्रकृति के व्यक्ति थे और उनके निबन्धों में हास्य नहीं के बराबर है पर युग के आचार्य और पथ-प्रदर्शक होने के कारण भूले-भटके साहित्यकारों को ठीक दिशा निर्देश करने के लिए उन्हें प्रायः व्यंग्य और परिहास का सहारा लेना पड़ता था। उन्होंने समाज, राजनीति, शिक्षा आदि पर भी अपने

निबन्धों में सरस व्यंग्य किये हैं। उनका व्यंग्य सोद्देश्य है। व्यंग्य में तीखेपन के साथ-साथ आवश्यक गम्भीरता भी विद्यमान है। यहाँ उनकी इस शैली के कुछ उदाहरण प्रस्तुत किये जा रहे हैं। 'कवि विवेचन के सापेक्ष सिद्धान्त' निबन्ध में द्विवेदीजी अपने समय के कवियों पर तीक्ष्ण व्यंग्य करते हैं–''आजकल हिन्दी के कवियों ने बड़ा जोर पकड़ा है। जिधर देखिये उधर कवि-ही-कवि। जहाँ देखिये वहाँ कविता-ही-कविता। कवि बनाने के कारखाने भी दिन-रात जारी हैं। कोई कहता है कि हमारे पिंगल के प्रचार से गाँव-गाँव में कवि हो सकते हैं। कोई कहता है हमारा काव्य-कल्पद्रुम पढ़ लेने से सैकड़ों कालिदास पैदा हो सकते हैं।''

व्यंग्यात्मक शैली में कहीं-कहीं भाषा की विलक्षण वक्रता और विदग्धता दिखायी पड़ती है। निम्नलिखित अवतरण में अंग्रेजी तथा फारसी शब्दों का प्रयोग कितना प्रभावकारी सिद्ध हुआ है–''समालोचना सरोवर के हंस, हमारे समालोचक महाशय ने हमारी तुलना एक विशेष जलपक्षी से की है। इस पक्षी को किनारे के कीचड़ में ही सब कुछ मिल जाता है। थैंक यू, जलपक्षियों के परीक्षक जुबाँदानी का कीचड़ उछालनेवाले वीर आपने कभी उस जलचर को भी देखा है जो भूख के मारे अपने हाथ, सिर, पैर और आत्मा तक को अपने शरीर के कोटर में छिपाकर पानी में गोता लगा जाता है।'' अपने ऊपर किये गये आक्षेपों के तीखे प्रत्युत्तर देने में और कभी-कभी दूसरों पर आक्षेप करने में द्विवेदीजी की शैली पूर्ण व्यंग्यात्मक हो गयी है। ऐसे अवसरों पर सार्थक हास्य की अवतारणा हुई है–''यद्यपि दूसरों की चीज को अपनी बतानेवालों की कमी नहीं तथापि यह बात खुले खजाने नहीं होती, लुक-छिप कर होती है। परन्तु हमें जानकर बहुत आश्चर्य हुआ कि अब भी कुछ सभ्य सज्जन ऐसे हैं जो पेट के कारण टका लेकर दूसरों के लिए कविता लिखते हैं और वे दूसरे सभ्य शिरोमणि उस कविता को अपने नाम से प्रकाशित करके, महाकवि होने की शाबासी और नेकनामी लूटते हैं।'' व्यंग्यात्मक शैली के निबन्धों की भाषा कभी-कभी मुहावरों के सार्थक उपयोग से अत्यन्त तीक्ष्ण हो गयी है–''म्युनिसिपैलिटी के चेयरमैन (जिसे अब कुछ लोग कुरसीमैन भी कहने लग गये हैं) श्रीमान् बूचाशाह हैं। बाप-दादों की कमाई का लाखों रुपया आपके घर भरा है। पढ़े-लिखे आप राम का नाम ही हैं। चेयरमैन आप सिर्फ इसलिए हुए हैं कि अपनी कारगुजारी गवर्नमेण्ट को दिखाकर रायबहादुर बन जायँ और खुशामदियों से आठ पहर चौंसठ घड़ी घिरे रहें। म्युनिसिपैलिटी का काम चाहे चले या न चले, आपकी बला से।'' कालिदास की समालोचना, कौटिल्य कुठार, भाषा और व्याकरण, म्युनिसिपैलिटी के कारनामें, किराये पर कवि, पुस्तकों का समर्पण, लेखों की चोरी, उदारता में तूफान आदि निबन्धों की शैली पूर्ण व्यंग्यात्मक है।

भावात्मक—कहीं-कहीं द्विवेदीजी के निबन्धों की शैली काव्यमयी और भावात्मक भी हो गयी है। मार्मिक प्रसंगों के अवसरों पर शैली में भावुकता के दर्शन होते हैं। ऐसी शैली में मधुर एवं कोमलकान्त पदावली का प्रयोग हुआ है। इस शैली में द्विवेदीजी के कवि-हृदय की अनुभूतियों की झलक मिलती है। भावात्मक शैली के अलंकृत गद्य का यह सुन्दर उदाहरण द्रष्टव्य है—"कविता कामिनी के कमनीय नगर में कालिदास का मेघदूत एक ऐसे भव्य भवन के सदृश है, जिसमें पद्य रूपी अमोल रत्न जड़े हुए हैं। ऐसे रत्न जिनका मोल ताजमहल में लगे हुए रत्नों से भी कहीं अधिक है। ईंट और पत्थर की इमारत पर जल का असर पड़ता है, आँधी तूफान से उसे हानि पहुँचती है, बिजली गिरने से वह नष्ट-भ्रष्ट हो सकती है, पर इस अलौकिक भवन पर इनमें से किसी का कुछ भी जोर नहीं चलता।" 'कवियों की उर्मिला विषयक उदासीनता' निबन्ध भावात्मक शैली का सुन्दर उदाहरण है। उपेक्षित उर्मिला के प्रति पाठकों के मन में सहानुभूति जाग्रत कर सकने में लेखक सफल होता है। इस निबन्ध की भाषा-शैली मार्मिक एवं करुणोत्पादक हैं। निबन्ध का एक अंश देखें—"लक्ष्मण ने भ्रातृ-स्नेह के कारण बड़े भाई का साथ दिया। उन्होंने राजपाट छोड़कर अपना शरीर रामचन्द्र को अर्पण किया, यह बहुत बड़ी बात थी। पर उर्मिला ने उससे भी बढ़कर आत्मोत्सर्ग किया। उसने अपनी आत्मा की अपेक्षा भी अधिक प्यारा पति राम-जानकी के लिए दे डाला और यह आत्मसुखोत्सर्ग उसने तब किया जब उसे ब्याहकर लाये हुए कुछ ही समय हुआ था। उसने अपने सांसारिक सुख के सबसे अच्छे अंश से हाथ धो डाला।" संस्कृत गद्य काव्य से प्रभावित 'नल का दुस्तर दूत कार्य' निबन्ध की शैली सुष्ठु एवं अलंकृत है। दण्डदेव का आत्मनिवेदन, गोपियों की भगवद्भक्ति आदि निबन्ध भी भावात्मक शैली के श्रेष्ठ उदाहरण हैं।

विचारात्मक—द्विवेदीजी ने स्वतन्त्र रूप से विविध विषयों पर विचारप्रधान निबन्ध भी लिखे। इस शैली के निबन्धों में चिन्तन और विवेचन का प्राधान्य है। इस शैली में निबन्ध-लेखन वस्तुतः द्विवेदीजी से ही प्रारम्भ हुआ। द्विवेदीजी ने साहित्यिक एवं साहित्येतर विषयों का गम्भीर अध्ययन-अनुशीलन कर उन पर विद्वत्तापूर्वक लेखनी चलायी। विचारात्मक शैली की भाषा प्राञ्जल है। अभिव्यक्ति में दुरूहता कहीं नहीं है। 'कवि और कविता' निबन्ध का निम्नलिखित अंश उनकी विचारात्मक शैली का पूर्ण प्रतिनिधित्व करता है—"यदि कविता का प्रधान धर्म मनोरंजकता और प्रभावोत्पादकता—उसमें न हो तो इसका होना निष्फल समझना चाहिए। पद्य के लिए काफिये वगैरह की जरूरत है, कविता के लिए नहीं। कविता के लिए तो ये बातें एक प्रकार से उलटी हानिकारक हैं। तुले हुए शब्दों में कविता करने और तुक, अनुप्रास आदि ढूँढ़ने से कवियों के विचार-स्वातन्त्र्य में बड़ी बाधा आती है।" अवश्य ही आचार्य शुक्ल के विचारात्मक निबन्धों की भाँति द्विवेदीजी के निबन्धों में 'गूढ़ गुम्फित विचार परम्परा' नहीं मिलती पर निबन्धों में गम्भीर चिन्तन-पद्धति की सर्वथा कमी नहीं

दिखायी पड़ती। द्विवेदीजी का 'साहित्य की महत्ता' नामक निबन्ध श्रेष्ठ विचारात्मक निबन्धों के अन्तर्गत गणनीय है। द्विवेदीजी के 'लोभ' और 'क्रोध' निबन्धों में इन्हीं शीर्षकों से शुक्लजी द्वारा लिखे गये निबन्धों के समान चिन्तन को उत्तेजित करने अथवा नवीन विचार-प्रणाली को जन्म देने की क्षमता तो नहीं है और न ही उनके निबन्धों-जैसी सूक्ष्मता, गहनता और गम्भीरता है परन्तु शैली की विवेचना-शक्ति तथा कार्य-कारण का समुचित सम्बन्ध-निर्वाह अवश्य दिखायी पड़ता है। इस शैली के निबन्धों में कुछ बड़ी ही व्यञ्जनापूर्ण सूक्तियाँ भी प्राप्त होती हैं, जैसे—सन्तोष नीरोगता का लक्षण है, लोभ बीमारी का लक्षण है, जब क्रोध रूपी आँधी आती है तब दूसरे की बात सुनायी नहीं पड़ती, आदि।

द्विवेदीजी के निबन्धों में वर्णनात्मक शैली भी उत्कृष्ट रूप में व्यवहृत हुई है। एक उदाहरण देखें—'शरत्काल है। धरातल पर धूल का नाम नहीं। मार्गरजोरहित है। नदियों का औद्धत्य जाता रहा है, वे कृश हो गयी हैं। सरोवर और सरिताएँ निर्मल जल से परिपूर्ण हैं। जलाशयों में कमल खिल रहे हैं, भूमिभाग काशांसुकों से शोभित है। वनोपवन हरे-भरे, हरे-हरे लोक पल्लवों से आच्छादित हैं। आकाश स्वच्छ है, कहीं बादल का लेश नहीं।.....''

द्विवेदीजी के निबन्धों की भाषा-शैली में अनेक कमियाँ और त्रुटियाँ भी आलोचकों को दिखायी पड़ी हैं। उनके प्रारम्भिक निबन्धों की भाषा-शैली तो अव्यवस्थित और अशुद्ध है ही, बाद के निबन्ध भी सर्वथा दोषमुक्त नहीं हैं। उनकी भाषा-शैती में सूक्ष्म विश्लेषण की शक्ति नहीं है, जिसके कारण साहित्यिक दृष्टि से कोई रचना उच्चकोटि का निबन्ध कहलाती है। आचार्य शुक्ल द्विवेदीजी के निबन्धों को निबन्ध न कहकर लेख कहते हैं। वे लिखते हैं—''इन लेखों में अधिकतर लेख बातों के संग्रह के रूप में ही हैं। भाषा के नूतन शक्ति चमत्कार के साथ नये-नये विचारों की उद्‌भावनावाले निबन्ध बहुत ही कम मिलते हैं।'' वे आगे लिखते हैं कि लेखक ने बहुत मोटी-मोटी बातें बहुत मोटे तौर पर मोटी अक्ल के पाठकों के लिए लिखी हैं। डॉ० जगन्नाथप्रसाद शर्मा द्विवेदीजी के निबन्धों में पुनरुक्तिदोष की ओर संकेत करते हैं—''हम यह भी देखते हैं कि इनकी रचना में स्थान-स्थान पर एक ही बात भिन्न-भिन्न शब्दों में बार-बार कही गयी है। इससे भाव तो स्पष्टतया बोधगम्य हो जाता है पर कभी-कभी एक प्रकार की विरक्ति-सी होने लगती है।'' श्री नलिन ने भी द्विवेदीजी की भाषा-शैलीगत अपरिपक्वता की ओर बार-बार संकेत किया है। वे लिखते हैं—''स्वाधीन चिन्तन, अनाभिभूत विचार, अछूती भावना जो निबन्ध की आन्तरिक स्वरूप शक्तियाँ हैं, इनके निबन्धों में कम ही मिलती हैं। उनमें संग्रह बोध की विविधता, जानकारी की बहुश्रुतता और पत्रकारिता की सूचना-सम्पन्नता ही अधिक है। लगता है आचार्य शिष्य-मण्डली को समझा रहा है।''

परन्तु द्विवेदीजी के निबन्धों में रचना-सम्बन्धी उपर्युक्त दोष मिलना नितान्त स्वाभाविक है। उस युग की परख आज के समय से नहीं की जा सकती। आचार्य शुक्ल या अन्य परवर्ती निबन्धकारों-जैसी सूक्ष्मता और गहराई की तलाश द्विवेदीजी के निबन्धों में करना असमीचीन है। द्विवेदीजी का महत्त्व वस्तुतः साहित्य स्रष्टा से अधिक सुधार कार्य करने और अनेकानेक साहित्यकारों को साहित्य-रचना की प्रेरणा प्रदान करने के कारण है। द्विवेदीजी ने युग-निर्माण-जैसा महत्त्वपूर्ण कार्य सम्पादित किया। उनके जीवन का लक्ष्य था, जनसमाज की सेवा और जनसमाज में सुसंस्कार एवं नैतिकता का संचार करना उनकी साहित्य-रचना का उद्देश्य था। हिन्दी के ज्ञान-भण्डार को समृद्ध करने की दृष्टि से उनका महत्त्व कम नहीं है, उन्होंने हिन्दी निबन्ध-विधा को आशातीत समृद्ध किया। विषय-व्यापकता, सुसम्बद्धता, गम्भीरता और बौद्धिकता-जैसे तत्त्वों का समावेश निबन्धों में कर उन्होंने भावी निबन्धकारों का पथ प्रदर्शन किया। सरल, स्पष्ट और अनलंकृत भाषा-शैली का प्रयोग ही उनकी विशिष्टता का कारण है।

विद्वान आलोचकों ने मुक्त कण्ठ से स्वीकार किया है कि हिन्दी साहित्य को द्विवेदीजी की देन अप्रतिम है। उनके सम्बन्ध में कुछ विद्वानों के मत ये हैं। डॉ० जगन्नाथप्रसाद शर्मा लिखते हैं—''महावीरप्रसाद द्विवेदी के कृतित्व और साहित्यिक देन का गुणानुवाद निरन्तर तब तक चलता रहेगा जब तक हिन्दी भाषा एवं साहित्य की चर्चा चल सकेगी। अपने गम्भीर व्यक्तित्व, चरित्र बल और एकान्तिक साहित्य-सेवा से उन्होंने हिन्दी साहित्य को नाना प्रकार से नव चेतना प्रदान की और उसका मार्ग-प्रदर्शन किया और उसे इस योग्य बनाया कि वह भारतीय अन्य भाषाओं और साहित्यों के समक्ष स्थान प्राप्त करने योग्य हो सके।'' डॉ० उदयभानु सिंह लिखते हैं—''द्विवेदीजी और उनकी सरस्वती की देन अप्रतिम है। उद्देश्य, रीति, शैली आदि सभी दृष्टियों से द्विवेदीजी तथा उनकी सम्पादित सरस्वती ने ठोस, उपयोगी और कलात्मक निबन्धों की रचना के साथ-ही-साथ अपने तथा परवर्ती युग के निबन्धों की आदर्श भूमिका प्रस्तुत की।'' डॉ0 श्यामसुन्दर दास जी का द्विवेदीजी के सम्बन्ध में मत है—''द्विवेदीजी ने किसी संस्था की स्थापना नहीं की परन्तु 'सरस्वती' की सहायता से उन्होंने भाषा के शिल्पी, विचारों के प्रचारक और साहित्य के शिक्षक, तीन-तीन संस्थाओं के संचालन का काम उठाया और पूरी सफलता के साथ उसका निर्वाह किया।'' श्री पदुमलाल पुन्नालाल बख्शी ने लिखा है—''यदि कोई मुझसे पूछे कि द्विवेदीजी ने क्या किया, तो मैं उसे समग्र आधुनिक साहित्य दिखाकर कह सकता हूँ कि यह सब उन्हीं की सेवा का फल है।....मेघ की तरह उन्होंने विश्व से ज्ञानराशि सञ्चित कर और उसकी वर्षा कर समग्र साहित्योद्यान को हरा-भरा कर दिया। वर्तमान साहित्य उन्हीं की साधना का सुफल है।''

◆◆◆

बालमुकुन्द गुप्त
(सन् 1865-1907)

बाबू बालमुकुन्द गुप्त भारतेन्दु और द्विवेदीयुग के बीच की कड़ी हैं। वे दोनों ही युगों की विशेषताओं से सम्पन्न हैं। उनके निबन्धों का प्राणतत्त्व भारतेन्दुकालीन और शरीर द्विवेदीकालीन है। हिन्दी में लिखना प्रारम्भ करने के पूर्व गुप्तजी उर्दू लेखक और कवि के रूप में पर्याप्त ख्याति प्राप्त कर चुके थे। उर्दू के पत्रों 'अखबारे चुनार' और 'कोहेन्दर' के सम्पादक के रूप में गुप्तजी अपनी प्रतिभा का परिचय दे चुके थे। मालवीयजी की प्रेरणा से गुप्तजी कालाकाँकर से निकलनेवाले 'हिन्दोस्थान' पत्र में सह-सम्पादक के रूप में हिन्दी-जगत् में आये। 'हिन्दी बंगवासी' और 'भारत मित्र' पत्रों का सम्पादन भी गुप्तजी ने किया। 'शिव शम्भु के चिट्ठे' तथा 'चिट्ठे और खत' गुप्तजी के व्यंग्यप्रधान सामाजिक-राजनीतिक निबन्धों के संग्रह हैं। गुप्तजी की अधिकांश निबन्ध रचनाओं का संग्रह 'बालमुकुन्द गुप्त निबन्धावली' शीर्षक से प्रकाशित हो चुका है।

निबन्ध-प्रकार—रचना-शिल्प की दृष्टि से गुप्तजी के निबन्ध व्यक्तिनिष्ठ अथवा वस्तुपरक निबन्ध परम्परा के अन्तर्गत आते हैं। पर उनके निबन्धों में विचारतत्त्व भी पर्याप्त मात्रा में है। वैयक्तिकता से सम्पन्न वस्तुपरक रचनाएँ भी गुप्तजी ने प्रस्तुत कीं। उनके वस्तुपरक निबन्ध—भाषा-सम्बन्धी, आलोचनात्मक और जीवन-चरितात्मक हैं। हम इन तीनों प्रकार के निबन्धों पर पृथक्-पृथक् विचार करेंगे।

भाषा-सम्बन्धी—हिन्दी भाषा की भूमिका, हिन्दी भाषा, ब्रजभाषा और उर्दू, हिन्दी में बिन्दी, हिन्दी की उन्नति, भारत की राष्ट्रभाषा, एक लिपि की जरूरत, देवनागरी अक्षर, हिन्दुस्तान में एकरस्मुलखत आदि उनके भाषा-सम्बन्धी निबन्ध हैं। गुप्तजी के युग में भाषा-सम्बन्धी बहुत विवाद चल रहा था। द्विवेदीयुग में भाषा के आदर्श स्वरूप निर्माणार्थ प्रयत्नकर्त्ताओं में गुप्तजी का योगदान महत्त्वपूर्ण है। गुप्तजी भाषा के शुद्ध और परिमार्जित स्वरूप के प्रति सदैव आग्रहशील रहे। द्विवेदीजी ने 'भाषा और व्याकरण' शीर्षक लेख समकालीन लेखकों की भाषा और व्याकरणगत त्रुटियों के निराकरण के लिए लिखा था, गुप्तजी ने उस लेख की कटु आलोचना की और द्विवेदीजी की भाषा-त्रुटियों पर आत्माराम के नाम से एक लेखमाला निकाली। द्विवेदीजी की रचनाओं से भाषा की त्रुटियाँ ढूँढ-ढूँढ़कर गुप्तजी ने उनका संशोधन प्रस्तुत किया। एक

उदाहरण यहाँ दिया जा रहा है। द्विवेदीजी ने लिखा था—"मन में जो भाव उदित होते हैं, वे भाषा की सहायता से दूसरों पर प्रकट किये जाते हैं।" इस वाक्य के सम्बन्ध में गुप्तजी लिखते हैं—"क्यों जनाब, भाषा की सहायता से मन के भाव दूसरों पर प्रकट किये जाते हैं या भाषा से? आप टाँगों की सहायता से चलते हैं या टाँगों से?....जो अपनी बोली जानते हैं वे इस वाक्य को इस तरह लिखते—"मन में जो भाव उठते हैं, वे भाषा से दूसरों को सुना दिये जाते हैं।"....द्विवेदीजी तरजमे से भाषा तैयार करते हैं, उसमें असलियत कहाँ? भाषापन कहाँ? तिस पर भी सबको सिखाने के लिए कमर कसकर खड़े हो गये हैं।"

'हिन्दी भाषा' निबन्ध में गुप्तजी ने हिन्दी भाषा का विकासक्रम प्रस्तुत किया है। इस निबन्ध के विचार क्रमबद्ध और दृष्टिकोण सन्तुलित तथा स्वस्थ है। 'भारत की राष्ट्रभाषा' निबन्ध में हिन्दी के स्वरूप, महत्त्व का मूल्यांकन राष्ट्रीय सन्दर्भ में किया गया है। उनकी स्पष्ट मान्यता है "जब भाषाएँ एक ही अक्षरों में एक ही पत्र में छपेंगी तो धीरे-धीरे वे बहुत मिल-जुल जायँगी।"

समीक्षात्मक—गुप्तजी के दूसरे प्रकार के निबन्ध समीक्षात्मक हैं। हिन्दी में आलोचना, अश्रुमती नाटक, तुलसी सुधाकर, प्रवासी की आलोचना, तारा उपन्यास, गुलशने हिन्द, कविता पर कविता, शेष का अर्थ, तेईसवाँ वर्ष निबन्ध विशेष उल्लेख्य हैं। गुप्तजी युगीन साहित्यिक गतिविधियों से पूर्ण परिचित और निष्पक्ष आलोचक के समस्त गुणों से युक्त थे। उनके समय तक आलोचना की दिशा और स्वरूप निश्चित नहीं हो सका था। वे लिखते हैं-"आलोचना की रीति अभी हिन्दी में भलीभाँति जारी नहीं हुई है। और न लोग इसकी आवश्यकता को ही ठीक समझते हैं। इससे लोग आलोचना देखकर घबरा जाते और बहुत को बहुत अप्रिय लगती है। यहाँ तक कि जो लोग स्वयं इस मैदान में कदम बढ़ाते हैं, अपनी आलोचना होते देख वही तुर्शरू हो जाते हैं।"

गुप्तजी ने 'अश्रुमती नाटक' और 'तारा' उपन्यास की कटु आलोचना की। उन्होंने हरिऔध कृत 'अधखिला फूल' रचना की भाषागत अस्वाभाविकता और त्रुटियों की ओर संकेत इसी शीर्षक से निबन्ध लिखकर किया। 'हिन्दी आलोचना' शीर्षक निबन्ध में गुप्तजी ने यह लिखते हुए भी कि आलोचना में व्यक्तिगत ईर्ष्या-द्वेष को स्थान नहीं मिलना चाहिए, उन्होंने द्विवेदीजी के प्रति प्रतिद्वन्द्विता और स्पर्द्धावश कुछ अशोभनीय बातें लिख दी हैं। द्विवेदीजी ने 'सरस्वती' में गुप्तजी को प्रत्युत्तर देते हुए लिखा कि ईर्ष्या-द्वेष से जिनका जी जल रहा है, उन्हें बृहस्पति के बाप की बातों में भी पूर्वापर विरोध और सन्दिग्ध भाव दिखायी पड़ेगा। इस प्रत्युत्तर का पुनः उत्तर देने के लिए गुप्तजी ने 'ईर्ष्या-द्वेष' नामक निबन्ध में लिखा—"इसका अर्थ यह है कि पं० महावीरप्रसाद द्विवेदी के भाषा और व्याकरणवाले लेख की जिन लोगों ने प्रशंसा लिख भेजी, वह तो पढ़े-लिखे और अच्छे हैं, परन्तु जिन लोगों ने उसके दोष दिखाये, वे

'ज्ञानलवदुर्विदग्ध' हैं। मारे द्वेष के पण्डितजी पर उनका जी जल रहा है इससे वह लोग पं० महावीरप्रसाद द्विवेदी तो क्या बृहस्पति के बाप के बाप की बातों को भी टेढ़ो-मेढ़ी और सन्दिग्ध बता सकते हैं।''

कतिपय आलोचनात्मक निबन्धों में गुप्तजी ने सूक्ष्म-अन्वेषिणी दृष्टि का परिचय दिया है। गुप्तजी नये लेखकों के प्रति सदय थे, उन्हें उत्साहित करने के लिए नयी कृतियों पर भी वे लिखते रहते थे। 'कविता पर कविता' शीर्षक निबन्ध में गुप्तजी ने कवि सुशीलजी की अनेक रचनाओं को, जो श्रीधर पाठक की कविता की नकल थी, भरपूर निन्दा की। उन्होंने लिखा-''हमने देखा कि सुशीलजी की दोनों पुस्तकें पाठकजी की पुस्तकों की सही नकल के सिवाय कुछ नहीं हैं। नकल क्या एक बात की है? रंग में, ढंग में, छन्द में, सब में नकल-ही-नकल मौजूद है।....यदि न्याय से देखा जाय तो सुशीलजी ने अच्छे कवियों के करने योग्य काम नहीं किया।'' सद्प्रवृत्तिवर्द्धक साहित्य को ही वास्तविक साहित्य गुप्तजी मानते थे। उनकी स्पष्ट मान्यता थी कि साहित्य मानसिक विलास या उपभोग की वस्तु नहीं है।

जीवन-चरितात्मक—गुप्तजी के तीसरे प्रकार के निबन्ध जीवन-चरित सम्बन्धी हैं। इतिहास के प्रसिद्ध पात्रों पर, अकबर बादशाह, टोडरमल, शाइस्ता खाँ आदि शीर्षकों से गुप्तजी ने अनेक निबन्ध लिखे। साहित्यिक व्यक्तियों के जीवन-चरित भी उन्होंने लिखे। उनमें से कुछ ये हैं—पण्डित प्रतापनारायण मिश्र, मुंशी देवीप्रसाद, अम्बिकादत्त व्यास, हर्बर्ट स्पेन्सर, मैक्समूलर, शेख सादी। जीवन-चरितात्मक निबन्ध लघु आकार में सीधी-सादी भाषा-शैली में हैं। निबन्धों में सम्बन्धित चरित्रों के जीवन एवं व्यक्तित्व को प्रामाणिक रूप में उपस्थित करने के साथ-साथ उनके व्यक्तित्व के वे पक्ष भी उजागर किये गये हैं, जिन्होंने उनकी रचनाशीलता को प्रभावित किया है। 'अम्बिकादत्त व्यास' निबन्ध में भाषा और भावों की कलात्मकता दर्शनीय है—''भाषा का अद्वितीय सुवक्ता अब नहीं है। वह वक्तृता के मिस मोहनी मन्त्र फूँकनेवाला अब नहीं है। जो दस साल की उमर से साहित्य संसार में उदित होकर अपनी अपार ज्योति फैला रहा था, वह प्रतिभाशाली साहित्याचार्य अब इस संसार में नहीं हैं। आज भारत रत्नविहीन है, साहित्य आचार्यविहीन है, शास्त्र व्यासविहीन है, सनातन हिन्दू धर्म अम्बिकादत्तविहीन है। आज भारत की वह चीज लुट गयी है, जिसका फिर प्राप्त होना कठिन है।''

व्यक्तिनिष्ठ निबन्ध—गुप्तजी के व्यक्तिनिष्ठ निबन्ध तरल भावुकता और व्यंग्य-विनोदपूर्ण भाषा-शैली के कारण अमर हैं। इन निबन्धों का प्रकाशन समय-समय पर सामयिक पत्रिकाओं में होता रहता था। गुप्तजी के सच्चे निबन्धकार का स्वरूप-दर्शन 'शिव शम्भु के चिट्ठे', और 'चिट्ठे और खत' निबन्ध-संग्रहों में होता है। लेखक भँगेड़ी

है, वह भंग पीकर लार्ड कर्जन तथा अँगरेजी शासन के दमनकारी, अत्याचारपूर्ण कार्य-कलापों का स्मरण करता है। निबन्धकार भारतीय जनता की सामाजिक-आर्थिक दशा का चित्रण भी करता चलता है। भंग की तरंग में लेखक की विचारधारा और कल्पनाशक्ति बहुआयामी हो उठती है। भारतीय जीवन के दैन्य-दारिद्र्य तथा अंग्रेजों के कुकृत्य दोनों की ओर निबन्धकार की दृष्टि रहती है। भारतीय पराधीनता की दुःखद कहानी कहते हुए निबन्धकार भारतीय जनता को नव-जागरण का सन्देश भी देता है। भारतीयों के विपत्तिग्रस्त और कारुणिक जीवन का गतिमय, दुःखद चित्र 'एक दुराशा' निबन्ध में प्रस्तुत है—"यदि किसी दिन शिव शम्भु शर्मा के साथ माई लार्ड नगर की दशा देखने चलते तो वह देखते कि इस महानगर की लाखों प्रजा भेड़ों और सुअरों की भाँति सड़े गन्दे झोपड़ों में पड़ी लोटती है। उनके आस-पास सड़ी बदबू और मैले सड़े पानी के नाले बहते हैं। कीचड़ और कूड़े के ढेर चारों ओर लगे हुए हैं! उनके शरीर पर मैले-कुचैले फटे-पुराने चीथड़े लिपटे हुए हैं। उनमें से बहुतों को आजीवन पेटभर अन्न और शरीर ढाँकने को कपड़ा नहीं मिलता। जाड़ों में सर्दी से अकड़कर रह जाते हैं और गर्मी में सड़कों पर घूमते तथा जहाँ-तहाँ पड़े मिलते हैं। बरसात में सड़े-सीले घरों में भीगे पड़े रहते हैं। सारांश यह कि हरेक ऋतु की तीव्रता में सबसे आगे मृत्यु के पथ का वही अनुगमन करते हैं। मौत ही एक है, जो उनकी दशा पर दया करके जल्द जल्द उन्हें जीवनरूपी रोग के कष्ट से छुड़ाती है।"

लॉर्ड कर्जन पर असंख्य विषभरे व्यंग्यबाण गुप्तजी ने बरसाये हैं। एक स्थान पर उन्हें सम्बोधित कर लिखते हैं—"आपने, माई लॉर्ड ! जब से भारत में पधारे हैं, बुलबुलों का स्वप्न ही देखा है या सचमुच कोई करने योग्य काम भी किया है। खाली अपना ख्याल ही पूरा किया है या यहाँ की प्रजा के लिए भी कुछ कर्त्तव्य पालन किया....आप बारम्बार अपने दो-एक तुम-तराक भरे कार्यों का वर्णन करते हैं। एक विक्टोरिया मेमोरियल हाल दूसरा दिल्ली दरबार। पर जरा विचारिये तो यह दोनों काम शो हुये या ड्यूटी।" कर्जन की शिक्षा-पद्धति पर व्यंग्य करते हुए लिखते हैं—"पर सुना है कि अबके विद्या का उद्धार श्रीमान् जरूर करेंगे। उपकार का बदला देना महत पुरुषों का काम है। विद्या ने आपको धनी किया है इससे आप विद्या को धनी किया चाहते हैं।. ...अब गरीब न पढ़ सकेंगे, इससे धनी पढ़ें न पढ़ें उनकी निन्दा न होगी। इस तरह लार्ड कर्जन की कृपा उन्हें बेपढ़े भी शिक्षित कर देगी।" लार्ड कर्जन पर व्यंग्य का एक अन्य सशक्त उदाहरण देखें—"आपके हुक्म की तेजी तिब्बत के पहाड़ों की बरफ को पिघलाती है, फारस की खाड़ी का जल सुखाती है, काबुल के पहाड़ों को नर्म करती है, जल, स्थल, वायु और आकाश मण्डल में सर्वत्र आपकी विजय है। इस धराधाम में अब अँगरेजी प्रताप के आगे कोई उँगली उठानेवाला नहीं है। इस देश में एक महाप्रतापी राजा का वर्णन इस प्रकार किया जाता था कि इन्द्र उसके यहाँ जल भरता था, पवन

उसके यहाँ चक्की चलाता था, चाँद-सूरज उसके यहाँ रोशनी करते थे, इत्यादि। पर अँगरेजी प्रताप उससे भी बढ़ गया। समुद्र अँगरेजी राज्य का मल्लाह है, पहाड़ों की उपत्यकाएँ बैठने के लिए कुर्सी-मूढ़े। बिजली कल चलानेवाली दासी।'' यहाँ अँगरेजी राज्य को रावण राज्य से भी अत्याचारी और भयावह बताया गया है।

देश-दुर्दशा चित्रण के साथ ही गुप्तजी प्राचीन गौरव-स्मरण और आज भी भारतीयों में सुप्त अलौकिक गुणों का गरिमामय वर्णन भी यथा अवसर करते हैं। लिखते हैं-''आप जैसे उच्च श्रेणी के विद्वान् के जी में यह बात कैसे समायी कि भारतवासी बहुत-से काम करने के योग्य नहीं और उनको आपके सजातीय ही कर सकते हैं।.... श्रम में, बुद्धि में, विद्या में, काम में, सहिष्णुता में, वक्तृता में, किसी बात में इस देश के निवासी संसार के किसी जाति के आदमियों से पीछे रहनेवाले नहीं हैं।''

स्वदेश-प्रेम और राष्ट्रीयता की प्रखर भावना गुप्तजी के इन व्यक्तिपरक निबन्धों में व्यक्त हुई हैं। 'आशीर्वाद' निबन्ध में उन्होंने लिखा है-''इस देश के सिवा हमारा कहीं ठिकाना नहीं। रहें इसी देश में चाहे जेल में चाहे घर में। जब तक जियें और जब प्राण निकल जायँ तो यहीं की पवित्र मट्टी में मिल जायँ।'' अँगरेजों के अमानुषिक कार्यों तथा देशभक्तों को जेलों में ठूँसे जाने का उग्र विरोध करते हुए गुप्तजी जेल जानेवालों की तुलना श्रीकृष्ण भगवान् से करते हैं। निम्नलिखित पंक्तियों में गुप्तजी ने देश-हित की उत्कट कामना करते हुए भारतवासियों को ओजस्वी सन्देश दिया है–''सब भारतवासी शोक सन्ताप भूलकर प्रार्थना के लिए हाथ उठायें कि शीघ्र वह दिन आवे जब एक भी भारतवासी चोरी, डकैती, दुष्टता, व्यभिचार, हत्या, लूट-खसोट, जाल आदि दोषों के लिए जेल न जायँ। जायँ तो देश और जाति की प्रीति और शुभ चिन्ता के लिए, दीनों और पददलित निर्बलों को सबलों के अत्याचार से बचाने के लिए, हाकिमों को उनकी भूलों और हार्दिक दुर्बलता से सावधान करने के लिए और सरकार को सुमन्त्रणा देने के लिए। यदि हमारे राज्य और शासक हमारे सत्य और स्पष्ट भाषण और हृदय की स्वच्छता को भी दोष समझें और हमें उसके लिए जेल भेजें तो वही जेल हमें ईश्वर की कृपा समझकर स्वीकार करनी चाहिए।''

व्यक्तिपरक निबन्धों में गुप्तजी का भावप्रधान व्यक्तित्व प्रकाशित हुआ है। इनमें व्यंग्योक्तियों एवं कटूक्तियों की विलक्षण छटा दर्शनीय है। गुप्तजी की अभिव्यक्ति प्रणाली एवं कथन-भंगिमा इन निबन्धों में चरम कलात्मक उत्कर्ष पर पहुँची दिखायी पड़ती है। व्याजस्तुति, प्रतीक, लक्षणा आदि अनेक विधियों के सहारे गुप्तजी अपने विचार एवं भाव सहज ही सम्प्रेषित कर देने में सक्षम है। आवेगों की गतिशीलता पाठकों को भी अपने साथ बहा ले चलने में समर्थ है।

भाषा–भाषा-प्रयोग की दृष्टि ने गुप्तजी भारतेन्दु के पूर्ण अनुयायी प्रतीत होते हैं।

भाषा की दृष्टि से उदार होने के कारण उनके निबन्धों में न संस्कृतनिष्ठ पदावली का बाहुल्य है और न ही उर्दू-फारसी के शब्दों की ही बहुतायत। उर्दू से हिन्दी में आने के कारण उनकी भाषा में प्रवाह और चुस्ती है। अनेक पत्रों का सम्पादन कर लेने के कारण व्यावहारिक और चलती भाषा लिखने का अच्छा अभ्यास गुप्तजी को था। प्रवाहमयता और धारावाहिकता गुप्तजी की भाषा के विशेष गुण हैं।

गुप्तजी साधारण बोलचाल की भाषा प्रयोग करने के हिमायती थे पर ढूँढ़ने पर उनके लेखन में स्थान-स्थान पर संस्कृतनिष्ठ और उर्दू-फारसीप्रधान भाषा के दर्शन भी होते हैं। परिनिष्ठित पदावली का एक उदाहरण है—"बहुत काल पश्चात् आप-सा पुरुष भारत के भाग्य का विधाता हुआ है। एक पण्डित, विचारवान् और आडम्बररहित सज्जन को अपना अफसर होते देख अपने भाग्य को अचल-अटल और कभी टस से मस न होनेवाला, आपके कथनानुसार Settled Fact समझने पर भी आडम्बरशून्य भोले-भाले भारतवासी हर्षित हुए थे।" उर्दू-फारसी मिश्रित पदावली का उदाहरण देखें—"मालूम होता है कि तुम्हें इल्म तवारीख से बहुत कम मस है। मेरी हुकूमत के वक्त की एक नेकनामी बंगाल की तवारीख में ऐसी मौजूद है, जिसकी नजीर तुम्हारी नजीर में कहीं भी नहीं मिलेगी। मैंने बंगाल के दारुस्सलतनत ढाके में एक रुपये के आठ मन चावल बिकवाये हैं।"

गुप्तजी के निम्नलिखित वाक्य उनकी भाषा-नीति और मान्यता पर स्पष्ट प्रकाश डालते हैं—"हमारे लिये इस समय वही हिन्दी अधिक उपकारी है जिसे हिन्दी बोलनेवाले तो समझ ही सकें उनके सिवा उन प्रान्तों के लोग भी उसे कुछ-न-कुछ समझ सकें जिनमें वह नही बोली जाती। हिन्दी में संस्कृत के सरल शब्द अवश्य ही अधिक होने चाहिए। इससे हमारी मूलभाषा संस्कृत का उपकार होगा और गुजराती, मराठी, बंगाली आदि भी हमारी भाषा को समझने योग्य होंगे।" डॉ० नत्थन सिंह का विचार है कि वे हिन्दी को सर्वदेशीय और सार्वजनिक प्रयोग की भाषा बनाने के लिए संस्कृत से नये शब्द ग्रहण करने के पक्ष में थे, जिससे भाषा के क्षेत्र में अन्तरप्रान्तीय अभेदमूलकता बनी रहे।

उन्होंने संस्कृत भाषा के तद्भव रूप को ही अधिक ग्रहण किया क्योंकि लिखते समय सदैव उनका ध्यान जन-साधारण की ओर रहता था। उन्होंने अरबी-फारसी के साथ ही अंग्रेजी शब्दों का प्रयोग भी पर्याप्त किया। 'आधुनिक हिन्दी गद्य और गद्यकार' पुस्तक के लेखक डॉ० जेकब पी० जार्ज के शब्दों में, 'गुप्तजी ऐसी भाषा के समर्थक थे जिसमें उर्दूवाले अरबी-फारसी के भेद का परित्याग कर हिन्दी की ओर झुके हों और हिन्दीवाले संस्कृत की तत्समता का मोह छोड़कर उर्दू की ओर प्रवृत्त हुए हों। दोनों वर्गों की इस समन्वयात्मक प्रवृत्ति से जिस भाषा का प्रणयन होता है वही देश की

प्रसिद्ध, सर्वप्रिय और प्रवाहप्राप्त भाषा हो सकती है। गुप्तजी ने इसी भाषा की वकालत की थी।''

लोकोक्तियों और मुहावरों के प्रयोग में गुप्तजी अत्यन्त कुशल थे। प्रत्येक पैराग्राफ में प्रयुक्त अनेक मुहावरे भाषा को नयी अर्थवत्ता प्रदान करने में सक्षम हैं। अन्य प्रान्तों की भाषाओं के मुहावरों का भी उन्होंने सफलतापूर्वक प्रयोग किया। हक्का-बक्का होना, उड़न छू होना, नाक में नकेल डालना, सिक्का जमाना, खराद पर चढ़ना, डंका बजाना, हाथ की पुतली होना, सफाया कर देना-जैसे सुप्रचलित मुहावरों ने उनकी सक्षम भाषा को और भी शक्तिसम्पन्न बना दिया है।

वाक्य-विन्यास के सम्बन्ध में गुप्तजी की अपनी मान्यता थी। वाक्यों में कर्त्ता, क्रिया और कर्म का परित्याग साधारणतः व्याकरण-विरुद्ध माना जाता है पर गुप्तजी इसे दोष नहीं मानते थे। उनका मत था कि मुहावरेदार भाषा लिखते समय प्रायः कर्त्ता, क्रिया, कर्म का लोप हो जाता है और भाषा में एक विलक्षण सौन्दर्य की सृष्टि होती है। गुप्तजी की वाक्य-रचना के सम्बन्ध में डॉ० शंकरदयाल चौऋषि का मत है-'गुप्तजी के वाक्य साधारणतः छोटे और सबल होते हैं। वाक्य-विन्यास में कृत्रिमता नहीं आ सकी है। हाँ, कहीं-कहीं वाक्य-विन्यास में व्यतिरेक उत्पन्न करके उन्होंने शैली में नवीनता का सूत्रपात किया है। कलात्मक दृष्टि से उन्होंने पुनरुक्ति को भी स्थान दिया है। उनकी पुनरुक्तियाँ उनकी सिद्धहस्तता ही प्रकट करती हैं और कलाकार के स्पर्श से दोष गुण हो गया है। इससे भाषा में शक्ति और दृढ़ता आ गयी है।''

भाषा-सम्बन्धी अशुद्ध प्रयोगों को लेकर महावीरप्रसाद द्विवेदी और गुप्तजी में काफी नोक-झोंक होती रहती थी। गुप्तजी बराबर द्विवेदीजी की भाषा में दोष निकाला करते थे, पर स्वयं गुप्तजी की भाषा सर्वथा दोषरहित नहीं होती थी। उनकी भाषा में अनेक प्रकार के दोष मिल जाते हैं। बहुवचन वे के स्थान पर सर्वत्र गुप्तजी ने वह का ही प्रयोग किया है। वाक्यों के दोषों के कुछ उदाहरण ये हैं—लेख लिखने में उन्हीं नियमों का पालन हो जो काशी नागरी प्रचारिणी सभा ने सर्व सम्मानिति से निश्चय किया है, इण्ट्रेन्स तक पढ़े थे, आप विद्या को धनी किया चाहते हैं, विक्रम अशोक अकबर के यह भूमि साथ नहीं गयी, आदि। इनकी भाषा पर ब्रजभाषा वाक्य-गठन पद्धति का भी पर्याप्त प्रभाव दिखायी पड़ता है, उदाहरण देखें—''आप विद्या को धनी किया चाहते हैं, आपका विज्ञापन देखकर मुझे चेष्टा हुई, आदि। युग की अराजकता और अव्यवस्था के प्रभाव से गुप्तजी की भाषा भी मुक्त नहीं है।

फिर भी हिन्दी भाषा के आदर्श और व्यावहारिक स्वरूप-निर्माण में गुप्तजी का योगदान महत्त्वपूर्ण है। उनकी भाषा की सरसता और रोचकता बेजोड़ है। उन्होंने बोलचाल के शब्दों को संस्कृत के व्यावहारिक शब्दों के साथ मिलाकर और उर्दू के

स्वाभाविक चमत्कार एवं मुहावरों का पुट देकर अत्यन्त स्वाभाविक और प्रेषणीय भाषा का निर्माण और व्यवहार किया। जन-जीवन की भाषा की नैसर्गिक विकास-स्थिति उनके निबन्धों में दिखायी पड़ती है। गुप्तजी की भाषा के सम्बन्ध में कतिपय आलोचकों के मत उद्धरणीय हैं। आचार्य रामचन्द्र शुक्ल लिखते हैं—"गुप्तजी की भाषा बड़ी चलती, सजीव और विनोदपूर्ण होती थी। किसी प्रकार का विषय हो, गुप्तजी की लेखनी उस पर विनोद का रंग चढ़ा देती थी।" डॉ० श्यामसुन्दर दास लिखते हैं—'इनके सब लेख प्रभावजनक होते थे। इनकी भाषा बड़ी ही सरल और मनोहर होती थी।" बाबू गुलाबराय इन्हें प्रवाहमयी भाषा लिखनेवाला उत्तम निबन्धकार मानते हैं। डॉ० जगन्नाथप्रसाद शर्मा ने गुप्तजी की भाषा की प्रशंसा इन शब्दों में की है—"वास्तव में गुप्तजी की भाषा प्रौढ़ रूप की प्रतिनिधि है। उच्च विचारों को इस प्रकार छोटे-छोटे वाक्यों में और इतनी सरलता से व्यक्त करना टेढ़ी खीर है।" डॉ० रामविलास शर्मा ने भी लिखा है—"वे शब्दों के अनुपम पारखी थे। हिन्दी के साधारण शब्द उनके वाक्यों में नयी अभिव्यञ्जना शक्ति से दीप्त हो उठते थे।......गुप्तजी की भाषा को देखकर विद्वान् कह सकते हैं, इसमें क्या है? इसे तो कोई भी लिख सकता है। लेकिन विद्वानों के ग्रन्थों में ढूँढ़िये तो दो वाक्य ऐसे न मिलेंगे जो गुप्तजी के वाक्यों से टक्कर ले सकें।"

शैली—सरलता और व्यंग्यात्मकता गुप्तजी की शैली के प्रधान गुण हैं। विषय के समान उनकी शैली भी अति सरल है। स्पष्टता और सुबोधता उनके प्रत्येक वाक्य में है। समाचार-पत्रों से सम्बद्ध रहने के कारण वे जन-भावना के पर्याप्त निकट थे और इसी से आडम्बरहीन, स्वाभाविक और सीधी-सादी भाषा-शैली का प्रयोग उन्होंने किया। लम्बे मजमून बाँधने या अस्वाभाविक ढंग से घुमा-फिराकर बात कहने की आदत उनमें नहीं थी। उनकी सरल शैली का एक उदाहरण देखें—"सरकार ने भी कविवचन सुधा की सौ कापियाँ खरीदी थीं। जब तक उक्त पत्र पाक्षिक होकर राजनीति सम्बन्धी और दूसरे लेख स्वाधीन भाव से लिखने लगा तो बड़ा आन्दोलन मचा। यद्यपि दानियों में बाबू हरिश्चन्द्र की प्रतिष्ठा थी, वह आनरेरी मजिस्ट्रेट नियुक्त किये गये थे तथापि वह निडर होकर लिखते रहे और सर्वसाधारण में उनके पत्र का आदर होने लगा। यद्यपि हिन्दी भाषा के प्रेमी उस समय बहुत कम थे तो भी हरिश्चन्द्र के ललित लेखों ने लोगों के जी में ऐसी जगह कर ली थी कि कविवचन सुधा के हर नम्बर के लिए लोगों को टकटकी लगाये रखना पड़ता था।" कथन के सुसम्बद्ध क्रम एवं सरल भाषा तथा वाक्य-योजना के सुन्दर उदाहरण उनके निबन्धों में उपलब्ध हैं—"वर्तमान हिन्दी भाषा की जन्मभूमि दिल्ली है। वहाँ ब्रजभाषा से वह उत्पन्न हुई और वहीं उसका नाम हिन्दी रखा गया। आरम्भ में उसका नाम रेखता पड़ा था। बहुत दिनों यही नाम रहा, कुछ और

दिनों पीछे इसका नाम उर्दू हुआ। अब फारसी वेश में अपना उर्दू नाम ज्यों-का-त्यों बना हुआ रखकर देवनागरी वस्त्रों में हिन्दी भाषा कहलाती है।''

गुप्तजी की शैली में सरसता और व्यंग्य का अद्‌भुत मेल है। हास्य और व्यंग्य उनकी शैली के सहजात लक्षण हैं। उनकी विनोदप्रियता और मस्ती सर्वत्र व्याप्त है। उनके व्यंग्य प्रहार करने और चोट पहुँचाने में पूर्णतः सक्षम हैं। अनेक कथाओं तथा उपमानों से गुप्तजी ने व्यंग्य की तीक्ष्णता बढ़ा दी है। आचार्य द्विवेदी पर उनके द्वारा की गयी चोटों से हिन्दी-जगत् अपरिचित नहीं। भाषा की 'अनस्थिरता' से दुःखी द्विवेदीजी के सम्बन्ध में गुप्तजी लिखते हैं—''द्विवेदीजी घबराते हैं कि हिन्दी भाषा में एक भी सर्वमान्य व्याकरण अभी तक नहीं बना। इससे पचास साल की पुरानी भाषा आजकल की भाषा से नहीं मिलती तथा एक अखबार की हिन्दी दूसरे की हिन्दी से नहीं मिलती।.... श्रीमान् की यह घबराहट उस देहातन की घबराहट से कम नही है जो एक दिन शहर में सूत बदलने चली गयी थी, वहाँ जाकर उसने देखा कि पचासों गाड़ियाँ रुई से भरी सामने से आ रही हैं। देखकर बेचारी को चक्कर आ गया। काँपकर गिर गयी और कहने लगी हाय, हाय! इतनी रुई को कौन कातेगा? उस बेचारी बुढ़िया को ज्वर हो गया कि सब रुई उसे ही कातनी पड़ेगी। उसी तरह हमारे द्विवेदी महाराज को भ्रम हुआ है कि पचास साल पहले की हिन्दी से आज की हिन्दी नहीं मिलती है तब सौ साल के बाद क्या होगा।''

'मेले का ऊँट' निबन्ध में मारवाड़ियों पर व्यंग्य शैली में मीठे प्रहार कर गुप्तजी ने पाठकों को विस्मित-पुलकित कर दिया है। ऊँट प्रतीकार्थ रखता है जिसका सफल निर्वाह पूरे निबन्ध में हुआ है। इस व्यंग्य निबन्ध का एक अंश उद्धृत है—''मेरी बलबलाहट उनके कानों को इतनी सुरीली लगती थी कि तुम्हारे बगीचे में तुम्हारे गवैयों, तुम्हारी पसन्द की बीबियों के स्वर भी तुम्हें इतने अच्छे न लगते होंगे। मेरे गले के घण्टों का शब्द उनको सब बाजों से प्यारा लगता था। फोग के जंगल में मुझे चरते देख वह उतने ही प्रसन्न होते थे जितने तुम अपने सजे बगीचे में भंग पीकर और ताश खेलकर।'' एक अन्य निबन्ध में बुलबुल का प्रयोग प्रतीकवत् हुआ है, जिसमें जगत् की नश्वरता का प्रतिपादन सांकेतिक कथन-शैली के माध्यम से किया गया है।

गुप्तजी ने सामाजिक-राजनीतिक समस्याओं का चित्रण करते समय व्यंग्यात्मक शैली का ही सहारा लिया है। कर्जन पर उन्होंने सरल शैली में गम्भीर और कठोर आघात किये हैं। भूमिका बाँधकर अन्योक्तियों के सहारे कलात्मक व्यंग्याभिव्यक्ति गुप्तजी ने की है—''एक बार एक छोटा-सा लड़का अपनी सौतेली माता से खाने को रोटी माँग रहा था। सौतेली माँ कुछ काम में लगी थी, लड़के के चिल्लाने से तंग होकर उसने उसे एक बहुत ऊँचे ताक में बिठा दिया। बेचारा भूख और रोटी दोनों को भूल

नीचे उतार लेने के लिए रो-रोकर प्रार्थना करने लगा क्योंकि उसे ऊँचे ताक से गिरकर मरने का भय हो रहा था। इतने में उस लड़के का पिता आ गया। उसने पिता से बहुत गिड़गिड़ाकर नीचे उतार लेने की प्रार्थना की। पर सौतेली माँ ने पति को डाँटकर कहा कि खबरदार, इस शरीर लड़के को वहीं टँगे रहने दो, इसने मुझे बड़ा दिक किया है। उस बालक की-सी दशा इस समय देश की प्रजा की है। श्रीमान् से वह इस समय ताक से नीचे उतार लेने की प्रार्थना करती है, रोटी नहीं माँगती। जो अत्याचार उस पर श्रीमान के पधारने से कुछ दिन पहले से प्रारम्भ हुआ है उसे दूर रखने के लिए गिड़गिड़ाती है, रोटी नहीं माँगती। बस इतने ही में श्रीमान् प्रजा को प्रसन्न कर सकते हैं। सुनाम पाने को बहुत ही अच्छा अवसर है, यदि श्रीमान् को उसकी कुछ परवाह हो।'' उपर्युक्त पंक्तियों में भारतीय जनता की निरीहता, बेचारगी और बेबसी का करुण चित्र है, साथ ही अँगरेज़ों की कुटिल दमनपूर्ण अत्याचारी नीति का पर्दाफाश भी किया गया है। पददलित भारतीय जनता के साथ अँगरेजों का सौतेला व्यवहार उपर्युक्त कथा के माध्यम से भलीभाँति अभिव्यक्त हुआ है।

'वैसराय का कर्त्तव्य' नामक निबन्ध में गुप्तजी ने तत्कालीन शासन-व्यवस्था की आलोचना की है। वायसराय को सम्बोधित कर निबन्ध में लिखते हैं—''माई लार्ड, आपने इस देश में फिर पदार्पण किया इससे यह भूमि कृतार्थ हुई। विद्वान्, बुद्धिमान् और विचारशील पुरुषों के चरण जिस भूमि पर पड़ते हैं, वह तीर्थ बन जाती है। आप में उक्त तीन गुणों के सिवा चौथा गुण राजशक्ति का है। अतः आपके श्रीचरण स्पर्श से भारतभूमि तीर्थ से भी बढ़कर कुछ बन गयी है।'' निबन्ध में माई लार्ड की वक्तृता शक्ति की भूरि-भूरि प्रशंसा करते हुए उनकी तुलना युधिष्ठिर से कर व्यंग्याश्रित हास्य की सर्जना की गयी है।

गुप्तजी की शैली आवश्यकता के अनुरूप भावात्मक, चित्रात्मक, विचारात्मक आदि रूप ग्रहण करती चलती है। गुप्तजी का कवि-व्यक्तित्व कहीं-कहीं उनके निबन्धों में उभर आया है। ऐसे स्थल गद्यकाव्य का आनन्द देते हैं। भावप्रधान शैली का एक उदाहरण यह है—''काशी में उदासी छायी हुई है। बिहार शोक से विह्वल है। भारतवर्ष की शिक्षित मण्डली के मुखों की कान्ति मलीन हो रही है। आरा, छपरा और बाँकीपुर की विद्वज्जन मण्डली की आँखें डबडबायी हुई हैं। हिन्दी साहित्य की फूली फुलवारी पर पाला पड़ गया। भाषा-कविता की खिली वाटिका में ओले गिर गये। जिनकी वह दिव्यमूर्ति देखते थे, आज वह भारतरत्न, साहित्याचार्य, पण्डितवर, अम्बिकादत्त व्यास इस संसार में नहीं रहे।''

परिनिष्ठत भाषा-शैली में गुप्तजी ने आलोचनात्मक निबन्ध भी लिखे। इस शैली के निबन्धों में भी सरलता और व्यंग्यात्मकता विद्यमान है—''एक सज्जन देवीप्रसाद

शुक्ल नामधारी ने 'श्री वेंकटेश्वर समाचार' में पदार्पण किया। यह भी द्विवेदीजी का ही डंका बजाने आये हैं। लेख के प्रारम्भ में ही गीदड़ों और शेरों का लेख लिखकर उनके महत्त्व और अपने शिष्टाचार का परिचय देने आये हैं। द्विवेदीजी की सब भूलों को जेवर समझकर उनकी गठरी अपने साथ लिये फिरते हैं।''

गुप्तजी के निबन्धों की शैली में चित्रमयता, संवेदन-सम्पृक्तता और विलक्षण गत्यात्मकता दिखायी पड़ती है। 'आशीर्वाद' निबन्ध में भाषा-शैली की प्रौढ़ता और चित्रात्मकता दर्शनीय है–''तीसरे पहर का समय था। दिन जल्दी-जल्दी ढल रहा था और सामने से सन्ध्या फुर्ती के साथ पाँव बढ़ाये चली आती थी। शर्मा महाराज बूटी की धुन में लगे हुए थे। सिल-बट्टे से भंग रगड़ी जा रही थी। मिर्च-मसाला साफ हो रहा था। बादाम-इलायची के छिलके उतारे जा रहे थे। नागपुरी नारंगियाँ छील-छीलकर रस निकाला जाता था। इतने में देखा कि बादल उमड़ रहे हैं। इतने में वायु का वेग बढ़ा, चीलें नीचे उतर रही हैं, तबीयत भुरभुरा उठी। इधर भंग, उधर घटा। बहार में बहार। इतने में वायु का वेग बढ़ा, चीलें अदृश्य हुईं; अँधेरा छाया, बूँदे गिरने लगीं। साथ ही तड़-तड़ धड़-धड़ होने लगी, देखा ओले गिर रहे हैं। ओले थमे, कुछ वर्षा हुई, बूटी तैयार हुई, बमभोला कहकर शर्माजी ने एक लोटा भर चढ़ायी। ठीक उसी समय लाल डिग्गी पर बड़े लाट मिण्टो ने बंगदेश के भूतपूर्व लॉट डबर्न की मूर्ति खोली।''

गुप्तजी अपने समय के क्रियाशील चिन्तक और जागरूक विचारक थे। परिपक्व भाषा-शैली में लिखे गये उनके निबन्धों में वैचारिक चिन्तन का उच्च धरातल उपलब्ध होता है। वे यथार्थवादी निबन्ध-प्रणाली के सूत्रपातकर्त्ता कहे जा सकते हैं। स्पष्ट कथन प्रणाली, व्यंग्यपूर्ण शैली तथा व्यञ्जक भाषा के सहारे गुप्तजी पाठकों से सहज नैकट्य और तादात्म्य स्थापित कर लेते हैं। गुप्तजी सार्वजनिक गद्य शैली के निर्माता हैं। शैलीकार की दृष्टि से आलोचक उन्हें प्रेमचन्द के समकक्ष मानते हैं। डॉ० लक्ष्मीसागर वार्ष्णेय 'हिन्दी गद्य की प्रवृत्तियाँ' पुस्तक की भूमिका में लिखते हैं–''इस युग के ही क्या, हिन्दी के समूचे निबन्ध साहित्य के सर्वोत्कृष्ट निर्माता बालमुकुन्द गुप्त हैं।'' डॉ० शिवदान सिंह चौहान ने भी उन्हें गद्य शैली के निर्माताओं में अन्यतम माना है। डॉ० नत्थन सिंह अपने शोध-ग्रन्थ में गुप्तजी के सम्बन्ध में लिखते हैं–''हिन्दी की सरल एवं चलती शैली के सृजक के रूप में गुप्तजी युग-विधायक लेखक के रूप में प्रतिष्ठा पाने योग्य हैं। उन्होंने हिन्दी को जितना गतिशील, समयोपयोगी और सर्वमान्य बनाया उतना कार्य इस दिशा में दूसरे लेखकों से न हो सका।'' डॉ० शंकरदयाल चौऋषि ने अपने शोध-ग्रन्थ में गुप्तजी को भारतेन्दु के बराबर का साहित्यिक नेता और पथ-प्रदर्शक सिद्ध किया है।

◆◆◆

श्यामसुन्दर दास
(सन् 1875-1945)

हिन्दी गद्य-निर्माताओं में डॉ० श्यामसुन्दर दास का विशिष्ट स्थान है। वे सफल अध्यापक, सम्पादक, भाषाविज्ञानवेत्ता और हिन्दी के अनन्य सेवक थे। बाबू श्यामसुन्दर दासजी के ही अथक प्रयत्नों के परिणामस्वरूप हिन्दी भाषा और साहित्य विश्वविद्यालयों की उच्च कक्षाओं में पढ़ाये जाने के योग्य बना। साहित्यशास्त्र पर हिन्दी में कोई भी प्रामाणिक ग्रन्थ न होने का बहुत बड़ा अभाव उन्होंने 'साहित्यालोचन' और 'रूपक रहस्य' पुस्तकें लिखकर पूरा किया। ये ग्रन्थ साहित्य और उसके अंगों की तटस्थ ऐतिहासिक तथा वास्तविक व्याख्या के प्रारम्भिक प्रयत्न हैं। ऊँची कक्षा में पढ़ाने योग्य अन्य विषयों पर भी सामग्री का संकलन और सम्पादन कर उन्होंने अनेक पाठ्य-ग्रन्थ प्रस्तुत किये। भाषाविज्ञान, भाषा-रहस्य, हिन्दी-भाषा, ग्रन्थ लिखकर बाबू साहब ने हिन्दी भाषा के वैज्ञानिक अध्ययन की सम्भावनाएँ प्रस्तुत कीं। नागरी प्रचारिणी सभा के माध्यम से बाबूजी ने हिन्दी के प्रचार-प्रसार का महत्त्वपूर्ण कार्य किया। द्विवेदीजी से पहले सन् 1900 से 1903 तक 'सरस्वती' पत्रिका का सम्पादन भी बाबूजी ने किया था। इस प्रकार शोध, सम्पादन, ग्रन्थ-निर्माण, सैद्धान्तिक समीक्षा की शुरुआत आदि अनेक दृष्टियों से श्यामसुन्दर दास के प्रयत्न अविस्मरणीय हैं। डॉ० जगन्नाथप्रसाद शर्मा के शब्दों में, ''सन् 1900 से 1935 के भीतर बाबू साहब ने जिस प्रकार का सम्मानित स्वावलम्बन, साहित्यिक साधना और हिन्दी के प्रति एकनिष्ठता का भाव दिखाया वह अद्वितीय था।''

डॉ० श्यामसुन्दर दास के पूर्व सामयिक घटनाओं, देश, समाज, राजनीति से सम्बन्धित स्थूल विषयों पर वर्णनात्मक पद्धति से निबन्धों की रचना भारतेन्दु-काल में हुई थी। अब तक व्यक्तिव्यञ्जक निबन्ध ही लिखे गये थे। बाबूजी ने विचारपूर्ण साहित्यिक लेख और निबन्ध लिखकर हिन्दी को उच्च शिक्षा के योग्य गरिमा और महत्त्व प्रदान किया। इनके अधिकांश निबन्ध साहित्यिक और भाषा-विषयक हैं। उन्होंने निबन्ध-लेखन को गम्भीरतापूर्वक ग्रहण किया। 'साहित्यालोचन' में बाबूजी ने अपने निबन्ध-सम्बन्धी विचार प्रकट किये हैं। उन्होंने मान्तेन के निबन्धों और विचारों को निबन्ध-कला का आदर्श माना है। मान्तेन को ही उन्होंने निबन्ध-कला का आविष्कर्त्ता भी माना है। बेकन, स्टील, एडीसन, जानसन, हैजलिट, इमरसन, रस्किन आदि की निबन्ध-कला पर भी इस ग्रन्थ में विचार किया गया है। बाबू साहब के

मतानुसार वैयक्तिक अनुभूति की अभिव्यञ्जना ही सच्चे निबन्ध का लक्षण है उनके अनुसार, बौद्धिक और तार्किक विश्लेषण की अपेक्षा आत्मीयतापूर्ण व्यक्तिगत अभिव्यक्ति की प्रधानता निबन्ध में होनी चाहिए। इसीलिए प्रतापनारायण मिश्र-जैसे निबन्धकारों को उन्होंने प्रतिष्ठा दी।

निबन्ध परिचय—बाबू साहब ने निबन्ध-लेखन प्रायः उच्चस्तर के विद्यार्थियों को ध्यान में रखकर किया, इसी से उनके निबन्धों में पाण्डित्य और ज्ञान-गाम्भीर्य दिखायी पड़ता है। शैक्षणिक वातावरण के अति निकट होने के कारण उनके निबन्ध बौद्धिक हो गये हैं, जिनमें उनके वैयक्तिक एवं संकलित विचारों-सिद्धान्तों का विवेचन हुआ है। बाबूजी ने लगभग 40 शुद्ध निबन्ध लिखे। उनकी अनेक पुस्तकों से एकत्र कर 'गद्य कुसुमावली' नाम से एक निबन्ध-संग्रह प्रकाशित हुआ था, जिसमें कुल 8 निबन्ध संगृहीत थे। वे ये हैं—1. ललित कलाएँ और काव्य (1922), 2. कविता की कसौटी (1922), 3. शैली का महत्त्व (1923), 4. भाषा और भाषण (1923), 5. हिन्दी का विकास (1924), 6. समाज और साहित्य (1915), 7. चन्द बरदायी (1911) 8. गोस्वामी तुलसीदास (1924)। वस्तुतः बाबू साहब के अनेक ग्रन्थ निबन्धों के संग्रह ही हैं।

बाबूजी के प्रारम्भिक निबन्ध वर्णनात्मक एवं विवरणात्मक हैं। इनमें शाक्यवंशीय गौतम बुद्ध, फतेहपुर सीकरी, दिल्ली दरबार, सैयद अली विलग्रामी, रामकृष्ण गोपाल भण्डारकर, जमशेद जी टाटा, जन्तुओं की सृष्टि, महारानी विक्टोरिया, व्यायाम आदि हैं। बाबूजी के बाद के निबन्ध विचारात्मक हैं। इन निबन्धों पर उनके विस्तृत और गम्भीर ज्ञान तथा आलोचनात्मक प्रतिभा का प्रभाव देखा जा सकता है। इस कोटि के निबन्धों में 'गद्य कुसुमावली' में संगृहीत आठ निबन्धों के अतिरिक्त रामावत सम्प्रदाय, आधुनिक हिन्दी गद्य के आदि आचार्य, हिन्दी साहित्य का वीरगाथा काव्य, बालकाण्ड का नया जन्म, देवनागरी और हिन्दुस्तानी, भारतीय नाट्यशास्त्र, भारतीय साहित्य की विशेषताएँ, हमारे साहित्योदय की प्राचीन गाथा, कर्त्तव्य और सत्यता आदि निबन्ध गणनीय हैं। इनमें उनके अध्ययन, संकलन-क्षमता तथा समालोचक व्यक्तित्व का दर्शन होता है। इनसे बाबू साहब की चिन्तनशीलता का परिचय भी प्राप्त होता है। 'हिन्दी गद्य साहित्य' पुस्तक के लेखक डॉ० हीरालाल दीक्षित बाबू साहब के परवर्ती निबन्धों के सम्बन्ध में लिखते हैं—"बाबू साहब के विचारात्मक निबन्धों का लिखना सन् 1923 के बाद से प्रारम्भ हुआ। इस समय तक तो उनका दृष्टिकोण परिपक्व हो चुका था, दूसरे उनकी गति में भी मन्थरता आ गयी थी। विस्तृत एवं व्यापक अध्ययन, साहित्यिक नेतृत्व तथा गुरुतर दायित्व के फलस्वरूप उनकी विचारणा एवं अनुभूति में गरिमा तथा गम्भीरता का आविर्भाव हो चुका था। उनका स्वर भी अब आधिकारिक हो

गया था और हिन्दी साहित्य के बीच तो उनकी छाप लगने मात्र से प्रामाणिकता का आभास होने लगा था।''

भाषा—बाबू श्यामसुन्दर दास भाषा की शुद्धता, परिष्कृति एवं तत्समप्रधानता के पक्षधर थे। उनका निश्चित मत था कि साहित्यिक भाषा को संस्कृतनिष्ठ शब्दावली से पूर्ण होना चाहिए। आचार्य महावीरप्रसाद द्विवेदी साहित्य की भाषा और बोलचाल की भाषा में विशेष अन्तर नहीं मानते थे। पर डॉ० साहब दोनों में स्पष्ट अन्तर मानते थे। शब्दों के प्रयोग के सम्बन्ध में उनका मत था—''शब्द-प्रयोग की दृष्टि से सबसे पहला स्थान शुद्ध हिन्दी के शब्दों को, उसके पीछे संस्कृत के सुगम और प्रचलित शब्दों को, और सबसे पीछे संस्कृत के अप्रचलित शब्दों को स्थान दिया जाय। फारसी आदि विदेशी भाषाओं के कठिन शब्दों का प्रयोग कदापि न हो।'' बाबू जी ने गम्भीर विषयों को लेकर ही साहित्य-सृजन किया था। अतः संस्कृतनिष्ठ साहित्यिक भाषा की ओर उनका झुकाव स्वाभाविक था। विश्वविद्यालय के प्राध्यापक और गम्भीर आलोचक के उपयुक्त भाषा का ही प्रयोग बाबूजी ने किया। बाबूजी की संस्कृतनिष्ठ पदावली कहीं भी दुर्बोध, क्लिष्ट अथवा जटिल नहीं है। उनकी तत्सम शब्दावली से पूर्ण प्रतिनिधि भाषा का उदाहरण 'साहित्य और समाज' निबन्ध में देखें—''सामाजिक मस्तिष्क अपने पोषण के लिए जो भाव-सामग्री निकालकर समाज को सौंपता है, उसके सञ्चित भण्डार का नाम साहित्य है। अतः किसी जाति के साहित्य को हम उस जाति की सामाजिक शक्ति या सभ्यता का निर्देशक कह सकते हैं। वह उसका प्रतिरूप, प्रतिच्छाया, प्रतिबिम्ब कहला सकता है। जैसी उसकी सामाजिक अवस्था होगी वैसा ही उसका साहित्य होगा।''

बाबूजी अन्य भाषाओं के शब्द-प्रयोग के कट्टर विरोधी नहीं थे। सामान्य व्यवहार में आनेवाले अन्य भाषाओं के तथा तद्‌भव शब्द उन्होंने अपने निबन्धों में प्रयुक्त किये। पर अन्य भाषा के शब्द-ग्रहण के सम्बन्ध में उनकी मान्यता यह थी—''जब हम विदेशी भावों के साथ विदेशी शब्दों को ग्रहण करें तो उन्हें ऐसा बना लें कि उनमें से विदेशीपन निकल जाय और वे हमारे अपने होकर हमारे व्याकरण के नियमों से अनुशासित हों। जब तक उनके पूर्व उच्चारण को जीवित रखकर अपने उनके पूर्व रूप, रंग, आकार-प्रकार को स्थायी बनाये रहेंगे तब तक वे हमारे अपने न होंगे और हमें उनको स्वीकार करने में सदा खटक तथा अड़चन होगी। हमारे लिये यह आवश्यक है कि उन्हें अपने शब्दकुल में पूर्णतया सम्मिलित करके बिल्कुल अपना बना लें। हमारी शक्ति, हमारी भाषा की शक्ति इसी में है कि हम उन्हें अपने रंग में रँगकर ऐसा बना लें कि फिर उनमें विदेशीपन की झलक भी न रह जाय।'' उन्होंने फारसी शब्दों का प्रयोग कर उनके नुक्तों आदि का सर्वथा बहिष्कार किया और उनका उच्चारण भी

उन्होंने हिन्दी प्रवृत्ति के अनुकूल किया। उनके द्वारा प्रयुक्त अरबी-फारसी शब्द अत्यन्त अल्प हैं, उनमें से कुछ शब्द ये हैं—जान-माल, नमूना, इज्जत, असली, अकल, पेश, इशारा, तमाशा, हरामी, मौज, खूब, सदी, हुस्न, बदौलत आदि। अंग्रेजी शब्दों का उन्होंने सर्वथा बहिष्कार किया है। गिने-चुने वे ही शब्द आ पाये हैं जिनके पर्याय हिन्दी में नहीं हैं और जो पूरी तरह जीवन में घुल-मिल गये हैं। कुछ शब्द ये हैं—कोट, पैण्ट, फैशन, पालिश, टेबिल आदि। बाबूजी ने सामान्य व्यवहार में आनेवाले तद्भव शब्द, जैसे-छीना-झपटी, लहलहाना, लूटपाट, पढ़े-बेपढ़े, अक्खड़, ऊट-पटांग, अटपटा आदि का भी यत्र-तत्र प्रयोग किया है। आज लौं, दिक्क, बखेड़ा, लागा जैसे ग्रामीण शब्द भी उनकी भाषा में दिखायी पड़ जाते हैं। उन्होंने कुछ संस्कृत शब्दों का हिन्दीकरण भी किया। संस्कृत के नियमानुसार धर्म्म, कर्म्म, कर्त्तव्य के बदले धर्म कर्म कर्तव्य लिखना ही उन्होंने उचित समझा। हिन्दी वर्णमाला के पञ्चम वर्ण के स्थान पर अनुस्वार का प्रयोग वे हिन्दी की प्रकृति के अनुकूल समझते थे।

बाबूजी के निबन्धों में अधिकतर छोटे-छोटे प्रवाहपूर्ण वाक्यों का ही प्रयोग मिलता है। वाक्य-विन्यास के सम्बन्ध में उनका सिद्धान्त था—''जो विषय जटिल अथवा दुर्बोध हों उनके लिए छोटे-छोटे प्रवाहपूर्ण वाक्यों का प्रयोग वाञ्छनोय है। सरल और सुबोध विषयों के लिए यदि वाक्य अपेक्षाकृत कुछ बड़े भी हों तो उनसे उतनी हानि नहीं होती।'' बाबूजी के विषय अधिकतर गम्भीर और जटिल ही रहे इस कारण उन्होंने छोटे-छोटे वाक्य ही प्रयोग किये। अर्थ की स्पष्टता की ओर उनका ध्यान सदैव रहता था। वे स्वयं लिखते हैं—''अधिक अच्छा वाक्य वह होता है, जिसमें तब तक अर्थ स्पष्ट नहीं होता, जब तक वह वाक्य समाप्त नहीं हो जाता।''

सरल, स्पष्ट, सन्तुलित वाक्य-योजना का एक उदाहरण उनके निबन्ध 'गोस्वामी तुलसीदास' से द्रष्टव्य है—''यह एक साधारण नियम है कि साहित्य के विकास की परम्परा क्रमबद्ध होती है। एक काल के कवियों को यदि हम फलस्वरूप मान लें तो उनके पूर्ववर्ती ग्रन्थकारों को फूलस्वरूप मानना पड़ेगा। फिर ये फूलस्वरूप ग्रन्थकार समय-समय पर अपने पूर्ववर्ती ग्रन्थकारों के फलस्वरूप और उत्तरवर्ती ग्रन्थकारों के फूलस्वरूप होंगे। इस प्रकार यह क्रम सदा चलता जायगा और समस्त साहित्य एक कड़ी के समान होगा, जिसकी भिन्न-भिन्न कड़ियाँ उस साहित्य के काव्यकार होंगे। इस सिद्धान्त को सामने रखकर यदि हम तुलसीदास के सम्बन्ध में विचार करते हैं तो हमें पूर्ववर्ती काव्यकारों की कृतियाँ क्रमशः विकसित रूप में तुलसीदास में तो दीख पड़ती हैं, पर उनके पश्चात् विकास आगे बढ़ता हुआ नहीं जान पड़ता। ऐसा भास होने लगा है कि तुलसीदासजी में हिन्दी साहित्य का पूर्ण विकास सम्पन्न हो गया और उसके अनन्तर फिर क्रमोन्नत विकास की परम्परा बन्द हो गयी तथा उसकी प्रगति ह्रास की

ओर उन्मुख हुई। सच बात तो यह है कि गोस्वामी तुलसीदास में हिन्दी कविता की सर्वतोन्मुखी उन्नति हुई। वह उनकी कृतियों में चरमसीमा तक पहुँच गयी। उसके आगे फिर कुछ करने को नहीं रह गया।''

कहीं-कहीं बाबूजी ने बहुत लम्बे वाक्यों का भी प्रयोग किया है। उदाहरणार्थ-कविता की परिभाषा करते हुए वे लिखते हैं–''कविता उन मूल और आदिम मनोवृत्तियों का व्यवसाय है, जो सजीव सृष्टि के बीच सुख-दुःख की अनुभूति के विरूप परिणाम द्वारा अत्यन्त प्राचीन काल में प्रकट हुईं और मनुष्य जाति आदिकाल से जिनके सूत्र से शेष सृष्टि के साथ तादात्म्य का अनुभव करती चली आयी है।'' इसी प्रकार एक स्थान पर साहित्य की परिभाषा प्रस्तुत करते समय वाक्य अटपटे और उलझे हुए से प्रतीत होते हैं, वाक्यों में शिथिलता है तथा शब्द-योजना भी संगत नहीं है–''पुस्तकों द्वारा दूसरों का जो ज्ञान मुझे प्राप्त होता है और जो अधिक काल तक मानव हृदय पर अपना प्रभाव जमाये रहता है, उसी की गणना हम काव्य या साहित्य में करते हैं। साहित्य से हमारा अभिप्राय उस ज्ञान समुदाय से है जिसे साहित्यशास्त्रियों ने साहित्य-सीमा के भीतर माना है।''

बाबूजी के प्रारम्भिक निबन्धों में वाक्य-सम्बन्धी अनेक त्रुटियाँ दिखायी पड़ती हैं। भाव-प्रकाशन-पद्धति भद्दी और कुरुचिपूर्ण है। उनके कुछ वाक्य देखें–पृथ्वीनाथजी के बाद योगकाव्य की रचना बन्द हो गयी, सो पता नहीं; चन्द्रशेखर वाजपेयी नामक कवि ने संवत् 1890 के लगभग 'हमीर हठ' नामक एक वीरगाथा लिखी और वह अवश्य उल्लेखनीय है; 'नानापुराणनिगमागमसम्मत' रामचरितमानस लिखने की बात अन्यथा नहीं है, सत्य है।

श्यामसुन्दर दासजी ने अपने विचारों की पुष्टि के लिए निबन्धों में संस्कृत और हिन्दी साहित्यकारों के उद्धरण भी स्थान-स्थान पर दिये हैं। कहीं-कहीं पूरा श्लोक या कविता ही उद्धृत कर दी गयी है। इन उद्धरणों का कहीं-कहीं बड़ा ही सार्थक उपयोग हुआ है, इससे भाषा सशक्त और शैली प्रभावपूर्ण हो गयी है, उदाहरणार्थ–''ये सभी सम्बन्ध भावना रहस्यात्मक हैं क्योंकि लौकिक अर्थ में तो परमात्मा, पिता, माता, प्रिया, प्रियतम आदि कुछ भी नहीं। ऐसे ही कहीं ''वे दिन कब आवेंगे, जा कारण हम देह धरी है मिलिबो अंग लगाइ' कहकर परमात्मा से जीवात्मा के वियुक्त होने और कहीं 'मोको कहाँ ढूँढ़े बन्दे मैं तो तेरे पास' कहकर दोनों के मिल जाने आदि का सन्त कवियों ने बड़े ही रहस्यात्मक ढंग से वर्णन किया है।'' बाबू साहब का विचार था कि मुहावरों की प्रचुरता भाषा को कठिन और भावों को जटिल बनाती है। उनके निबन्धों में बहुत ही कम मुहावरे प्राप्त होते हैं। छोटे मुँह बड़ी बात, लोहा लेना, लकीर पीटना, आकाश पाताल का अन्तर-जैसे अति प्रचलित मुहावरे ही उनकी भाषा में आ पाये हैं। पर यह

उनकी भाषा की विशेषता नहीं कमजोरी है। उनकी भाषा में व्यंग्य भी ढूँढ़े नहीं मिलता।

बाबू साहब ने सर्वत्र भाषा को सरल और बोधगम्य बनाने की चेष्टा की है। उनकी भाषा में शुक्लजी की भाषा-जैसा गाम्भीर्य, प्राञ्जलता, परिष्कार और अर्थ-वैभव तो नहीं प्राप्त होता पर भाषा की स्थिरता और विशुद्धता के हिमायती होने के कारण वे अविस्मरणीय रहेंगे। उनकी भाषा के सम्बन्ध में कुछ विद्वानों के मत यहाँ संकलित हैं। डॉ० जगन्नाथप्रसाद शर्मा लिखते हैं—''उनकी रचनाओं में वाक्य-योजना और शब्दों के स्थापन में स्वराघात का सौन्दर्य दिखायी देता है। उनके वाक्यों के किसी शब्द अथवा अंश-विशेष पर एक विशेष प्रकार का बल स्थापित रहता है जो कथन में वह सौन्दर्य उत्पन्न करता है जो सामान्यतः किसी भाषण में मिलता है।'' श्री रामनाथ पाण्डेय ने लिखा है—''उनकी भाषा व्यावहारिक, सरल और सहज है, उसमें प्रवाह है, प्रभाव है तथा गम्भीर, नवीन और दुर्बोध विचारों को अभिव्यक्ति देने की क्षमता है।''

बाबूजी की स्वाभाविक, प्रवाहयुक्त तथा सशक्त निबन्ध-भाषा के दो उदाहरण यहाँ प्रस्तुत किये जा रहे हैं, ये उदाहरण उनकी भाषा का सम्यक् प्रतिनिधित्व करते हैं—''समस्त भारतीय साहित्य की सबसे बड़ी विशेषता इसके मूल में स्थित सनन्वय की भावना है। इसकी यह विशेषता इतनी प्रमुख तथा मार्मिक है कि केवल इसी बल पर संसार के अन्य साहित्यों के सामने यह अपनी मौलिकता का पताका फहरा सकती है और अपने स्वतन्त्र अस्तित्व की सार्थकता प्रमाणित कर सकती है। जिस प्रकार धार्मिक क्षेत्र में भारतवर्ष के ज्ञान, भक्ति तथा कर्म समन्वय की प्रसिद्धि है तथा जिस प्रकार वर्ण एवं आश्रम चतुष्टय के निरूपण द्वारा इस देश में सामाजिक समन्वय का सफल प्रयास हुआ है, ठीक उसी प्रकार साहित्य तथा अन्यान्य कलाओं में भी भारतीय प्रवृत्ति समन्वय की ओर रही है।'' ''जितनी रचनाएँ हैं सब अपने रचयिता के हृदय और मस्तिष्क से ही उत्पन्न होती हैं। उनका रचयिता उनके प्रत्येक पृष्ठ में अदृश्य रूप से व्याप्त रहता है। उसके प्राण, उसका जीवन, उसका सर्वस्व, जिसके कारण उसकी महत्ता है, उसमें सर्वत्र पाया जाता है। अतएव किसी ग्रन्थ को पूरी तरह समझने के लिए हमें पहले उसके रचयिता से परिचित होना चाहिए। रचना का महत्त्व रचयिता के महत्त्व ही के कारण होता है क्योंकि रचयिता की छाप उसकी रचना में सर्वत्र दिखायी पड़ती है। सच्चा प्रतिभाशाली लेखक पुराने-से-पुराने पिष्टपेषित विषय को भी इस ढंग से अपने पाठकों के सम्मुख उपस्थित कर सकता है कि उसमें मौलिकता और नवीनता झलकने लगती है। उसमें विचारों की उत्तमता तथा नवीनता के साथ ही विषय-प्रतिपादन की शैली में भी अनोखापन दिखायी देने लगता है। इन्हीं कारणों से ऐसी रचना मन को मुग्ध कर देती है।''

शैली—भाषा के समान ही डॉक्टर श्यामसुन्दर दास की शैली भी सरल और सुबोध है। उनके निबन्धों में शैली के दो रूप दिखायी देते हैं—व्याख्यात्मक और विवेचनात्मक। बाबूजी अध्यापक थे अतः अध्यापक के समान उनमें समझाने की, व्याख्यात्मकता की प्रवृत्ति दिखायी पड़ती है। उनकी शैली में भाषण-जैसा प्रवाह, धारावाहिकता और सहज गति है। सारांश यह है कि, इससे स्पष्ट होता है कि, अर्थात्, अस्तु, अतएव-जैसे शब्दों द्वारा उन्होंने अपनी बात को बार-बार समझाने का प्रयत्न किया है। एक ही बात को अनेक वाक्यों में दुहराने की प्रवृत्ति के कारण उनकी शैली में पुनरुक्ति दोष आ गया है। उदाहरणार्थ 'समाज और साहित्य' निबन्ध का यह अंश देखें—"प्राकृतिक स्थिति के अनुकूल जिसकी जिस विषय की ओर विशेष प्रवृत्ति रही, उस पर उसी की उत्तेजना का अधिक प्रभाव पड़ा। अन्त में प्रकृति देवी ने जैसा कार्य देखा, वैसा ही फल दिया। जिसने जिस अवयव से कार्य लिया, उसके उसी अवयव की पुष्टि और वृद्धि हुई। सारांश यह है कि आवश्यकतानुसार उनके रहन-सहन, भाव-विचार सब में परिवर्तन हो चला। जो सामाजिक जीवन पहले था वह अब न रहा। अब उसका रूप ही बदल गया। अब नये विधान आ उपस्थित हुए। नयी आवश्यकताओं ने कई चीजों के बनाने के उपाय निकाले। जब किसी चीज की आवश्यकता आ उपस्थित होती है तब मस्तिष्क को उस कठिनता को हल करने के लिए कष्ट देना पड़ता है।"

वस्तुतः बाबू साहब को भाषाविज्ञान, साहित्यशास्त्र-जैसे गम्भीर विषयों पर लिखना था अतः हिन्दी पाठक को जो अब तक इन विषयों से अपरिचित था, सहज बोधगम्य बनाने के लिए ही उन्हें व्याख्यात्मक शैली का सहारा लेना पड़ा था। उनके अधिकांश निबन्ध क्लास नोट्स हैं। बाबूजी की व्याख्यात्मक शैली की एक विशेषता यह है कि वे विषय स्पष्ट करने के उद्देश्य से विवरणों और उदाहरणों का सहारा लेते हैं। तुलना, उदाहरण, निष्कर्ष, विवेचन आदि पद्धतियों के सहारे वे गम्भीर और जटिल विषय को भी स्पष्ट करने का सफल प्रयत्न करते हैं। इस प्रकार का एक उदाहरण यहाँ देखें—"उस पुरातन काल की बात जाने दीजिये जब यूनानी अभिनेता बैलगाड़ियों में बैठकर अभिनय करने निकलते थे, अथवा जुलूस निकालकर अश्लील दृश्यों का प्रदर्शन करते थे। अभी तीन सौ वर्ष पहले तक—शेक्सपीयर के समय तक—नकाबपोश पात्र रंगमंच पर आकर अपना बेढंगा रूप दिखाया करते थे। परदे उठाने और गिराने का ऐसा ढंग प्रचलित था कि अभिनय में स्वाभाविकता आ ही नहीं सकती थी।"

बाबूजी की विवेचनात्मक शैली भी सुस्पष्ट है। उनकी शैली में भावों का नहीं विवेचन का ही प्राधान्य है। इस शैली के वाक्य लम्बे और क्लिष्ट हैं, पर अबोधगम्य नहीं। वाक्य श्रृंखलाबद्ध और भावधारा अखण्ड-अविच्छिन्न है। उनकी विवेचनात्मक शैली का उदाहरण यहाँ निबन्धों के दो स्थलों से प्रस्तुत है—"यह बात स्पष्ट है कि

मानव समाज की उन्नति उस समाज में अन्तर्भूत व्यक्तियों के सहयोग और साहचर्य से होती है। पर इस सहयोग-साहचर्य का साफल्य तभी सम्भव है जब परस्पर भावों या विचारों के विनिमय का साधन उपस्थित हो। भाषा इसी के लिए मूल साधन है और इसी की सहायता से मानव-जीवन की उन्नति हो सकती है। अतएव भाषा का समाज की उन्नति के साथ बड़ा घनिष्ठ सम्बन्ध है। यहाँ तक कि एक के बिना दूसरे का अस्तित्व ही सम्भव नहीं।'' ''प्रकृति के रम्य रूपों से तल्लीनता की जो अनुभूति होती है उसका उपयोग कविगण कभी-कभी रहस्यवादी भावनाओं के सञ्चार में भी करते हैं। यह अखण्ड भूमण्डल तथा असंख्य ग्रह, उपग्रह, रवि, शशि अथवा जल, वायु, अग्नि, आकाश कितने रहस्यमय तथा अज्ञेय हैं। इनकी सृष्टि, सञ्चालन आदि के सम्बन्ध में दार्शनिकों अथवा वैज्ञानिकों ने जिन तत्त्वों का निरूपण किया है, वे ज्ञानगम्य तथा बुद्धिगम्य होने के कारण नीरस तथा शुष्क हैं। काव्य-जगत् में इतनी नीरसता तथा शुष्कता से काम नहीं चल सकता अतः कविगण बुद्धिवाद के चक्कर में न पड़कर व्यक्त प्रकृति के नाना रूपों में एक अव्यक्त किन्तु सजीव सत्ता का साक्षात्कार कर उससे भावमग्न होते हैं। इसे हम प्रकृति-सम्बन्धी रहस्यवाद कह सकते हैं और व्यापक रहस्यवाद का एक अंग मान सकते हैं। प्रकृति के विविध रूपों में विविध भावनाओं के उद्रेक की क्षमता होती है, परन्तु रहस्यवादी कवियों को अधिकतर उसके मधुर स्वरूप से प्रयोजन होता है क्योंकि भावावेश के लिए प्रकृति के मनोहर रूपों की जितनी उपयोगिता है, उतनी दूसरे रूपों की नहीं होती।''

बाबूजी की विवेचनात्मक शैली में विचारों की प्रधानता तो है पर विचार प्रतिपादन के लिए जिस तार्किकता और गम्भीर व्याख्या की आवश्यकता होती है, उसकी कमी दिखायी पड़ती है। श्री रामनाथ पाण्डेय के शब्दों में, ''संस्कृत के साहित्यशास्त्रियों और पाश्चात्य समीक्षकों के मतों-मान्यताओं को उन्होंने यथासाध्य सरल बनाकर प्रस्तुत करने का प्रयास किया है किन्तु जहाँ व्याख्या और विवेचन के गम्भीर स्थल आये हैं वहाँ या तो उन्होंने ज्यों-का-त्यों अनुवाद करके रख दिया है या कतराकर निकल गये हैं। इसीलिए जहाँ उनमें उलझन के स्थल विरल हैं वहीं शुक्ल-जैसी मननशीलता और तल में बैठकर तत्त्व और समाधान ढूँढ़ने की सूक्ष्म अन्तर्दृष्टि भी नहीं है। यहाँ भी उनका कक्षाध्यापक का रूप ही प्रधान रहता है और उनकी व्याख्या एक निश्चित उद्देश्य और निश्चित परिधिवाले अध्यापक की कक्षा व्याख्या से आगे नहीं जा पाती।''

शैली का अलंकृत स्वरूप भी कहीं-कहीं बाबूजी के निबन्धों में दिखायी पड़ता है। यह शैली सरल और मधुर है। अनुप्रास अलंकार की छटा इस वाक्य में देखें—''भारत की शस्य श्यामला भूमि में जो निसर्ग सिद्ध सुषमा है उससे भारतीय कवियों का चिरकाल से अनुराग रहा है।'' अलंकारों के प्रयोग से शैली में सौष्ठव आ गया है। कुछ

उदाहरण देखें—"यह बालिका, जो गल्प कहलाती है, उपन्यास की औरस जात है, किन्तु कुछ समय से वह अपने पितृगृह में निवास नहीं करती। इसने नवीन कुल की मर्यादा ग्रहण कर ली है।" "देश की अवस्था उस समय उस श्रान्त और नशे में बेहोश धनवान् पथिक की-सी थी जो बिना किसी प्रबल आघात के जाग नहीं सकता और जागने पर अपने को ठगा हुआ, लुटा हुआ, क्लान्त और परवश पाता है। फिर अपनी बेबसी को स्वीकार वह घबराहट, बेचैनी और व्यथा से पागल होकर छटपटाता और अपने प्रयत्न को विफल पाता है।" अधोलिखित अवतरण में रूपक के सहारे हिन्दी साहित्य का प्रारम्भिक इतिहास अत्यन्त स्पष्ट और कलात्मक रूप में प्रस्तुत किया गया है—"इस साहित्य का इतिहास एक बड़ी नदी के प्रवाह के समान है जिसकी धारा उद्‌गम स्थान में बहुत छोटी होती है पर आगे बढ़कर और छोटे-छोटे टीलों या पहाड़ियों के बीच में पड़ जाने पर वह अनेक धाराओं में बहने लगती है। बीच-बीच में दूसरी छोटी-छोटी नदियाँ कहीं तो आपस में दोनों का सम्बन्ध करा देती हैं और कहीं कोई धारा प्रबल वेग से बहने लगती है और कोई मन्द गति से। कहीं खनिज पदार्थों के संसर्ग से किसी धारा का जल गुणकारी हो जाता है और कहीं दूसरी धारा के गँदले पानी या दूषित वस्तुओं के मिश्रण से उसका जल अपेय हो जाता है।"

भावोन्मेष या हार्दिक उल्लास के कारण बाबूजी को शैली कहीं-कहीं काव्यमय भी हो गयी है। निम्नलिखित पंक्तियों में प्रभावात्मक काव्यात्मकता द्रष्टव्य है—"मानव-जीवन में संगीत की महत्ता सबको स्वीकार होगी। मन्द-मन्द वायु के सञ्चार, पक्षियों के कलरव, झरनों की कल-कल ध्वनि, पत्तों के मर-मर स्वर, नदियों के प्रवाह, यहाँ तक कि समुद्र गर्जन भी संगीत है जिससे मनुष्य की आत्मा को सन्तोष और आनन्द प्राप्त होता है।"

बाबूजी की शैली की सर्वाधिक उल्लेखनीय विशेषता यही है कि इसमें कठिन और दुरूह विषयों को भी सरलता और स्पष्टता से व्यक्त किया गया है। पर उन्हीं के समकालीन आचार्य शुक्ल की शैली में जो कसावट, प्रवाह और गम्भीर विश्लेषणात्मक क्षमता है वह बाबूजी की शैली में नहीं। भाषा की दृष्टि से कट्टर होने, मुहावरों-कहावतों के प्रति उदासीन होने तथा व्यंग्य-विनोद का समावेश न होने के कारण उनकी शैली शुष्क और बेजान प्रतीत होती है। बाबूजी की शैली के सम्बन्ध में श्री जयनाथ नलिन के विचार सर्वथा उपयुक्त हैं—"बाबूजी की शैली में बहाव तो है, सरसता, तरलता या आत्मीयता नहीं। बहाव भी तीव्र नहीं, रेंगता-सा। रूखापन उसमें एक सर्वमान्य शिकायत है। बोझिल इतनी अधिक तो नहीं कि उसमें अरुचिकर दुरूहता आ जाय, पढ़ते हुए मन उकताये या बचकर भागने को सोचे, पर स्फूर्ति और सक्रियता का अभाव उसमें खटकता है। साथ ही उसमें अर्थ-विस्तार और शब्द-संकोच की बेहद कमी है।

अल्पतम शब्दों में अधिकतम बात कहने की शक्ति इनकी शैली में नहीं। शब्दों का बहुत अधिक फैलाव है, बार-बार दुहराने की प्रवृत्ति ने इसे और भी ढीला और बिखरा हुआ बना दिया है। सघनता, सूक्ष्मता और कसाव उसमें नहीं।''

आलोचकों ने बाबू साहब को साहित्यिक संग्रहकार और व्याख्याकार कहकर सम्बोधित किया है। वस्तुतः उनकी कृतियों में मौलिक चिन्तन प्रायः नहीं मिलता। आचार्य शुक्ल उन पर हल्का-सा व्यंग्य करते हुए अपने इतिहास-ग्रन्थ में लिखते हैं कि बाबू साहब ने बड़ा भारी काम लेखकों के लिए सामग्री प्रस्तुत करने का किया है। पर बाबू श्यामसुन्दर दासजी ने बड़ी विनम्रता से यह स्वीकार किया है कि मेरे ग्रन्थ दूसरे उच्चकोटि के ग्रन्थों के निचोड़ हैं, मैंने अनेक स्थानों से प्राप्त सामग्री को सजाने, विषय को प्रतिपादित करने तथा उसे हिन्दी भाषा में व्यञ्जित करने में ही अपनी बुद्धि का उपयोग किया है। उन्होंने कभी भी अपनी कृतियों की मौलिकता का दावा नहीं किया। वस्तुतः विश्वविद्यालयों में एम० ए०, बी० ए० के छात्रों को भाषाविज्ञान, साहित्यालोचन-जैसे अब तक अपरिचित विषयों को पढ़ाने के लिए ही उन्होंने आधार ग्रन्थों के रूप में अनेक पुस्तकों का निर्माण किया था, इसलिए विषय से सम्बद्ध मूल्यवान् सामग्री उन्हें जहाँ भी प्राप्त हुई, एकत्र कर ली। श्यामसुन्दर दासजी का महत्त्व इसलिए है कि उन्होंने हिन्दी में वैज्ञानिक पद्धति के लेखन का श्रीगणेश किया। हिन्दी भाषा को सुव्यवस्थित करने की दृष्टि से भी उनका महत्त्व अत्यधिक है। वे हिन्दी के समर्थ लेखक और आलोचक थे। उन्हीं के प्रारम्भिक प्रयत्न और प्रेरणा से हिन्दी में वैज्ञानिक पद्धति पर आलोचनात्मक ग्रन्थों की रचना का कार्य तीव्र गति से आगे बढ़ा। श्री सद्गुरुशरण अवस्थी बाबू साहब के कृतित्व के सम्बन्ध में लिखते हैं—''आपकी रचनाओं में नवयुग का प्रतिनिधित्व है। भाषा की प्रौढ़ता और उद्भावना शक्ति का यथेष्ट परिचय विषय के प्रतिपादन में ही मिलता है।......द्विवेदीजी ने जिस प्रकार भाषा को समीचीनता का जामा पहनाया, श्यामसुंदर दास ने उसी प्रकार हिन्दी में व्यापकता का सृजन कर नये विषयों को साहित्य में जन्म दिया तथा अपने निजी लिखने के ढंग में उन विषयों का सम्यक् निदर्शन किया।'' डॉ० जगन्नाथप्रसाद शर्मा हिन्दी गद्य के युग-निर्माताओं में बाबूजी को महत्त्वपूर्ण स्थान देते हैं, वे लिखते हैं—''अपने जीवन के पचास वर्षों में उन्होंने साहित्य और भाषा के विविध अवयवों का ऐसा संवर्द्धन किया कि आज उन्हें जिस गति और शक्ति की आवश्यकता पड़ रही है, उसे वे योग्यतापूर्वक अंगीकार करने में सर्वथा सफल हैं।''

◆◆◆

सरदार पूर्णसिंह
(सन् 1881-1931)

सरदार पूर्णसिंह परम भावुक, आध्यात्मिक शक्तिसम्पन्न, आधुनिक और प्रगतिशील विचारों के पूर्ण मानवतावादी विभूति थे। उनकी दृष्टि, वाणी और रहन-सहन से दया तथा प्रेम की वर्षा होती थी। स्वामी रामतीर्थ का गहरा प्रभाव पूर्णसिंह पर पड़ा था। उनके व्यक्तित्व पर जन्मभूमि की प्राकृतिक सुषमा तथा माता की सहृदयता और स्नेह का भी पर्याप्त प्रभाव पड़ा था। जापान की कलात्मक कमनीयता और वहाँ के निवासियों की अटूट देशभक्ति ने भी पूर्णसिंह के व्यक्तित्व को प्रभावित किया था। पूर्णसिंह की रचनाओं से उनका निश्च्छल, भावुक, धर्मप्राण और सरल व्यक्तित्व छलकता दिखायी पड़ता है।

पूर्णसिंह के साहित्यिक जीवन का प्रारम्भ 'The Thundering Dawn' नामक अंग्रेजी पत्र के सम्पादक के रूप में होता है। पूर्णसिंहजी की रचनाएँ अँग्रेजी, पंजाबी तथा हिन्दी में उपलब्ध हैं। उनकी अंग्रेजी पुस्तकों की संख्या 15 और पंजाबी की 7 हैं। हिन्दी में उन्होंने बहुत ही कम लिखा है। केवल 6 निबन्ध उन्होंने लिखे। पर इन्हीं के बल पर हिन्दी निबन्ध साहित्य में उन्होंने गौरवपूर्ण स्थान बना लिया है। उनके निबन्ध ये हैं—1. सच्ची वीरता, 2. कन्यादान, 3. पवित्रता, 4. आचरण की सभ्यता, 5. मजदूरी और प्रेम, 6. अमेरिका का मस्त योगी वाल्ट ह्विटमैन। उनके निबन्धों का संग्रह 'सरदार पूर्णसिंह के निबन्ध' नाम से प्रकाशित हो चुका है। सरदारजी के सभी निबन्ध 'सरस्वती' पत्रिका में सन् 1909 से 1913 के बीच प्रकाशित हुए थे। सरदारजी के निबन्धकार व्यक्तित्व की प्रतिष्ठापना करने में तीन ही निबन्ध—आचरण की सभ्यता, मजदूरी और प्रेम तथा सच्ची वीरता—पर्याप्त हैं।

सरदारजी के सभी निबन्ध भावात्मक हैं। भावात्मक निबन्धों में विचारों के प्रतिपादन की अपेक्षा भावों की अभिव्यञ्जना की प्रधानता होती है। भाव व्यक्ति के अन्तर्तम का विशेष धर्म है। पर बुद्धि से अनुशासित और युक्तिसंगत भाव ही सम्मान के अधिकारी होते हैं। इन भावों की अभिव्यक्ति का उद्देश्य होता है,, पाठक या श्रोता में भावोद्रेक और रस-सञ्चार कर उसके मन और बुद्धि का परिष्कार करना। विषय से सम्बन्धित भावोद्गारों के प्रकाशन में तल्लीन होना ही लेखक की सफलता का रहस्य है। विषय से सम्बद्ध भाव ही स्वाभाविक एवं कलात्मक अभिव्यक्ति प्राप्त कर सकते हैं।

पूर्णसिंहजी की निबन्ध-शैली और निबन्धों की विशेषताओं का अध्ययन करने के

पूर्व उनके निबन्धों के विषय से परिचित हो जाना आवश्यक है। यहाँ पूर्णसिंहजी के निबन्धों का संक्षिप्त परिचय प्रस्तुत किया जा रहा है।

1. सच्ची वीरता—यह निबन्ध जनवरी, 1909 में 'सरस्वती' में प्रकाशित हुआ था। निबन्ध में लेखक ने सच्चे वीर के लक्षण बताये हैं। केवल शारीरिक शक्तिसम्पन्न उत्साही व्यक्ति ही वीर नहीं माना जा सकता प्रत्युत सच्चा वीर वह है जिसके हृदय में दया, परोपकार, त्याग, करुणा, सात्त्विकता, लोक-कल्याण की भावना तथा देशभक्ति विद्यमान है। जिसमें आत्मिक एवं दैवी गुणों का समुचित विकास सम्भव हो सका है, वही वस्तुतः वीर है। लेखक के कथनानुसार सच्चे वीर धीर, गम्भीर और आजाद होते हैं। उनके मन की गम्भीरता और शान्ति समुद्र की तरह विशाल और गहरी अथवा आकाश की तरह स्थिर और अचल होती है। लेखक के अनुसार, ऐसे वीरों का उद्भव कभी-कभी ही होता है। ऐसे दैवी वीरों का निर्माण करना मनुष्य के बस की बात नहीं। ये तो देवदार के वृक्ष की तरह स्वयं उत्पन्न होकर शक्तिसम्पन्न बनते हैं। ऐसी विभूतियों का गुणानुवाद कर सांसारिक व्यक्ति धन्य होते हैं।

लेखक ने ईसा, हजरत मुहम्मद, मन्सूर, बुद्ध, मीराबाई, पादरी लूथर, फ्लोरेन्स नाइटिंगल, शंकराचार्य, रणजीत सिंह आदि के जीवनों से विभिन्न उदाहरण देकर उन्हें सच्चा वीर बताया है। निबन्ध के अन्त में झूठे नाम और यश के पीछे भागनेवालों की भर्त्सना करते हुये लेखक ने उन्हें सच्चाई की चट्टान पर दृढ़ता से खड़े होने का सन्देश दिया है।

2. कन्यादान—इस निबन्ध का प्रकाशन अक्टूबर, 1909 में हुआ था। निबन्ध में लेखक ने हिन्दू विवाह-पद्धति का विशद विवेचन करते हुए उसे यूरोपीय विवाह-पद्धति से श्रेष्ठ सिद्ध किया है। लेखक ने भारतवर्ष में कन्यादान की भावना का मूलोद्घाटन करते हुए उसकी पारिवारिक, सामाजिक और नैतिक उपादेयता पर प्रकाश डाला है। हमारे यहाँ विवाह मात्र सामाजिक समझौता नहीं प्रत्युत धार्मिक अनुष्ठान और आध्यात्मिक कृत्य है। कन्यादान की रीति में कन्या अपना सर्वस्व अपने पति पर न्यौछावर कर देती है और उसी के सुख में, आनन्द में, सुखानुभूति करती है। वह अपने पति से पूर्णतः एकाकार हो जाती है, हृदय की सम्पूर्ण भावनाओं का पूर्ण समर्पण कर देती है। पूर्णसिंह कन्यादान-पद्धति की पवित्रता और अलौकिकता का भावपूर्ण वर्णन इन शब्दों में करते हैं—"पिता और माता ने अपने नयनों से गंगाजल लेकर अपने अंगों को धोया और मेंहदी रँगी पुत्री को उसके पति के हवाले कर दिया। ज्यों ही उस कन्या का हाथ अपने पति के हाथ पर पड़ा त्यों ही उस देवी की समाधि खुली। देवी और देवताओं ने भी पति-पत्नी के सिर पर हाथ रखकर अटल सुहाग का आशीर्वाद दिया। देवलोक में खुशी हुई। मातृलोक का यज्ञ पूरा हुआ। चन्द्रमा और तारागण, ध्रुव और सप्तर्षि इसके गवाह

हुये। मानो ब्रह्मा ने स्वयं आकर इस संयोग को जोड़ा।" अन्त में लेखक ने भारतवासियों को उपदेश दिया है कि वे आधुनिक सभ्यता की झूठी चकाचौंध में पड़कर प्राचीन रीति-रिवाजों की अवहेलना की प्रवृत्ति छोड़ें और अपनी संस्कृति के उदात्त तत्त्वों को ग्रहण करने का यत्न करें।

3. पवित्रता—इस निबन्ध का प्रकाशन-काल जनवरी, 1910 है। यह निबन्ध अधूरा है, उत्तरार्द्ध अप्रकाशित रह गया है। यह अधूरा निबन्ध भी बहुत लम्बा है, 30 पृष्ठों का। निबन्ध में लेखक के हृदय की पवित्रता का प्रकाशन हुआ है। उनके अनुसार संसार का कण-कण परमात्मा की पवित्र ज्योति से प्रकाशित है। ब्रह्मकान्ति जीवधारियों, प्राकृतिक उपादानों एवं समस्त चर-अचर पदार्थों में फैली हुई है। इस कान्ति का साक्षात्कार एवं अनुभूति वही कर सकता है जिसके हृदय में पवित्रता का प्रकाश है। लेखक पवित्रता की चर्चा करते-करते भारत की महिमामयी भूमि का विस्मय-विमुग्ध वर्णन करने लगता है। पवित्रता का चिन्तन करते हुए लेखक ने 27 शीर्षकों में पवित्रता का स्वरूप विश्लेषित किया है। वह प्राकृतिक सुषमा, गंगातट, सूर्योदय, अपनी बहन के चित्र, सीता और लक्ष्मण के चित्र, नल-दमयन्ती के चित्र, मीराबाई, सिद्धार्थ, रामकृष्ण परमहंस आदि के चित्रों में पवित्र ब्रह्मकान्ति का दर्शन कर अभिभूत हो उठता है। लेखक ने पवित्रता का स्वरूपांकन वैराग्य, दान, तप, ब्रह्मज्ञान, धर्म आदि के सन्दर्भ में भावपूर्ण शैली में किया है। लेखक ने पवित्रता का सम्बन्ध सरल, निश्छल, प्रेमपूर्ण जीवन से जोड़ा है। जब तक हमारे हृदय के समस्त विकार, वासनाएँ और कल्मष दूर नहीं हो जाते, हम पवित्रता की दिव्यानुभूति से वञ्चित ही रहते हैं।

4. आचरण की सभ्यता—मार्च, 1912 में यह निबन्ध प्रकाशित हुआ था। लेखक के अनुसार सभ्य आचरण का महत्त्व विद्या, कला, साहित्य, धन, राज्य आदि की अपेक्षा कई गुना अधिक है। लेखक ने सभ्य आचरण की अनेक परिभाषाएँ देते हुए पवित्र आचरणवाले व्यक्ति के लक्षण बताये हैं। मनुष्य को सभ्याचरण की प्राप्ति अनवरत साधना के पश्चात् ही हो सकती है। सभ्य आचरण नामक विभूति की प्राप्ति ईश्वरीय कृपा के बिना असम्भव है। संसार के कोलाहल से दूर रहकर शान्त भाव से अहर्निश प्रयत्न करनेवाला सदाचारी साधक ही आचरण की सभ्यता प्राप्त कर सकता है। लेखक के अनुसार आचरण की सभ्यता प्राप्त कर लेने पर जीवन में दैवी उल्लास, सुख और आनन्द की सृष्टि होती है। निबन्ध के अन्त में लेखक ने भारतवर्ष की बहुमुखी उन्नति के लिए आचरण की सभ्यता नितान्त आवश्यक बतायी है। हम भारतवासी स्व-कर्त्तव्यपालन तथा कठोर श्रम करके ही उच्चादर्शों की प्राप्ति कर सकते हैं। केवल अतीत स्मरण अथवा कल्पना-लोक में विचरण करते रहने पर हमारा उद्धार न हो सकेगा।

5. मजदूरी और प्रेम—यह निबन्ध सितम्बर, 1912 में प्रकाश में आया। यह उच्चकोटि का भावात्मक निबन्ध है। लेखक ने निबन्ध में शारीरिक श्रम को ही सच्ची तपस्या और कृषक, माली, गड़ेरिया आदि श्रमिकों को सर्वश्रेष्ठ धार्मिक विभूति बताया है। लेखक की स्पष्ट मान्यता है कि दार्शनिकों, कवियों अथवा कलाकारों की तुलना में मेहनतकश मजदूर श्रेष्ठ हैं। लेखक ने जापान सरीखे देशों, जहाँ मेहनतकश इन्सान का सम्मान है, की भूरि-भूरि प्रशंसा की है। उसके अनुसार शारीरिक श्रम का मूल्य चुकाया ही नहीं जा सकता, उसे तो केवल हृदय के शुद्ध और अलौकिक प्रेम से परखा जा सकता है। पूर्णसिंह के शब्दों में सच्चा आस्तिक वही है, जो मजदूरों से प्रेम करता है, उनके प्रति श्रद्धा रखता है। लेखक ने कलों-मशीनों के दुष्प्रभाव की चर्चा भी निबन्ध में की है। वह मजदूरी को जीवन का चरम लक्ष्य मानता है—"आओ, यदि हो सके तो टोकरी उठाकर कुदाली हाथ में लें, मिट्टी खोदें और अपने हाथ से उसके प्याले बनावें। फिर एक-एक प्याला घर-घर में, कुटिया में रख आवें और सब लोग उसी में मजदूरी का प्रेमामृत पान करें।"

6. अमेरिका का मस्त योगी वाल्ट ह्विटमैन—इसका प्रकाशन-काल मई, 1913 है। यह निबन्ध आकार की दृष्टि से लघु है, केवल 5 पृष्ठों का। निबन्ध में, अमेरिकी भौतिकतावाद के विरोधी तथा भारतीय ब्रह्मवाद के प्रशंसक, स्वच्छन्द कवि ह्विटमैन के व्यक्तित्व की कुछ रेखाएँ उभारी गयी हैं। ह्विटमैन का व्यक्तित्व सरदारजी को अपने आदर्शों के अनुरूप प्रतीत हुआ है। उसके चरित्र की पवित्रता, निश्छलता, स्वाधीनता पर लेखक मुग्ध प्रतीत होता है। ह्विटमैन के जीवन्त काव्य का संक्षिप्त परिचय भी लेखक ने कुशलता से प्रस्तुत किया है।

पूर्णसिंह की विचारधारा—सरदारजी के निबन्धों में उनका विस्तृत जीवनानुभव, सूक्ष्म पर्यवेक्षण शक्ति और प्रगतिशील दृष्टिकोण व्यक्त हुआ है। पूर्णसिंह साहित्य-कला का उपयोग जीवन के लिए ही समझते थे। सच्ची लोक-कल्याण कामना उनके हृदय में कूट-कूटकर भरी हुई थी। अपने आदर्श स्वामी रामतीर्थ की तरह वे भी भारतवासियों की दुर्दशा से दुःखी और क्षुब्ध थे। वे भारतीयों के हृदय में त्याग, उदारता, कर्त्तव्य परायणता आदि वृत्तियों का उद्रेक कर उन्हें सुखी-समृद्ध बनाना चाहते थे। डॉ० हरवंशलाल शर्मा ने पूर्णसिंह के निबन्धों को सामाजिक निबन्धों की संज्ञा देते हुए लिखा है—"विषय की दृष्टि से पूर्णसिंह के निबन्ध सामाजिक कहे जा सकते हैं। किन्तु यहाँ सामाजिक शब्द का प्रयोग इसके वर्तमान अति प्रचलित अर्थ में नहीं है, हमारे कहने का आशय है कि इनके निबंधों में लोक-मंगल की भावना कूट-कूटकर भरी हुई है। सच्ची वीरता और पवित्रता-जैसे चारित्रिक निबन्ध भी व्यष्टि की अपेक्षा समष्टि को ही दृष्टिकोण में रखकर लिखे गये हैं। उनमें सरदार साहब का व्यापक दृष्टिकोण आद्यन्त

समाया हुआ मिलेगा। वे जाति, धर्म, देश आदि की संकीर्ण भावनाओं से बहुत ऊपर थे। उनका हृदय प्रेम का स्रोत था। मानवता के ये पुजारी थे, बाह्य आडम्बर से ये घृणा करते थे और सन्त कवियों की तरह निर्भीक होकर पाखण्ड पर कटाक्ष करते थे।"

वस्तुतः जितने पवित्र सरदारजी स्वयं व्यक्तिगत जीवन में थे उतना ही वे सम्पूर्ण भारतवासियों को बना देना चाहते थे। सरदारजी का जीवनोद्देश्य था, मानवता की सेवा और आदर्श था सरल सामान्य मानव का निर्माण। वे लिखते हैं—"जब हम मनुष्य बन जायँगे तब तो तलवार भी, ढाल भी, जप भी, तप भी, ब्रह्मचर्य भी, वैराग्य भी, सब-के-सब हमारे हाथ के कंकणों की तरह शोभायमान होंगे और गुणकारक होंगे। इस वास्ते बनो पहले साधारण मनुष्य, जीते-जागते मनुष्य, हँसते-खेलते मनुष्य, नहाये-धोये मनुष्य, प्राकृतिक मनुष्य, हल चलानेवाले, पसीना बहानेवाले, जान गँवानेवाले, सच्चे कपटरहित, दरिद्रतारहित, प्रेम से भीगे हुए, अग्नि से सूखे हुए मनुष्य।"

कर्मठता और श्रम पर बहुत बल सरदारजी ने दिया। भारतवासियों को स्वप्नलोक से उतरकर ठोस जमीन पर पैर रखने की सलाह उन्होंने दी—"तारागणों को देखते-देखते भारतवर्ष अब समुद्र में गिरा कि गिरा एक कदम और, और धम से नीचे! कारण इसका यही है कि वह अब तक अटूट स्वप्न देखता रहा है और निश्चय करता रहा है कि मैं रोटी के बिना जी सकता हूँ, हवा में पद्मासन जमा कर सकता हूँ। इस प्रकार के स्वप्न देखता रहा पर अब तक संसार ही की न राम ही की दृष्टि में इसका एक भी वचन सिद्ध हुआ। अब तक भी इसकी निद्रा न खुली हो तो बेधड़क शंख फूँक दो। कूच का घड़ियाल बजा दो ! कह दो भारतवासियों का इस असार संसार से कूच हुआ।" पूर्णसिंह ने भारतीयों के चारित्रिक पतन का बार-बार उल्लेख किया है। वे नारी को पूर्ण स्वतन्त्रता और समानता प्रदान करने के हिमायती थे। नारी को तिरस्कारपूर्ण दृष्टि से देखनेवालों की उन्होंने भर्त्सना की है। भारतीयों के वायवीय जीवन-दर्शन पर स्थान-स्थान पर कटु प्रहार करते हुए सरदारजी ने आक्रोश व्यक्त किया है। भारतीयों की झूठी आध्यात्मिकता पर भी उन्होंने तीखे व्यंग्य किये हैं। लेखक का सुनिश्चित और सुचिन्तित मत है कि शारीरिक श्रम और अध्यात्म के सामञ्जस्य से निर्मित जीवन-दर्शन ही भारतीयों के लिए श्रेयस्कर हो सकता है।

भाषा—पंजाबी भाषा-भाषी होते हुए भी सरदार पूर्णसिंह का हिन्दी भाषा पर असाधारण अधिकार दिखायी पड़ता है। विषय, अवसर, वातावरण के अनुरूप भावों को उपयुक्त भाषा में ढालने की पूर्ण सामर्थ्य सरदारजी में थी। उनका भाषा-सम्बन्धी दृष्टिकोण अत्यन्त व्यापक और उदार था। भावाभिव्यक्ति के लिए जिस भाषा के शब्द को उन्होंने उपयुक्त समझा, स्वच्छन्दतापूर्वक प्रयोग किया। संस्कृत के तत्सम तथा तद्भव, देशज और अरबी-फारसी, अंग्रेजी सभी के शब्द उन्होंने निबन्धों में ग्रहण

किये। काफिर, मोमिन, बदहज्मी, नुस्खा, दीदार, मयस्सर, बर्फानी, पर्दानशीन, कुदरत, तरोताजा, कलाम, गुस्ताखी, शिकस्त, शाहंशाह, जमाना, बुजदिली, गर्क, जायल आदि अरबी-फारसी-उर्दू शब्द निबन्धों में पर्याप्त संख्या में प्रयुक्त हुए हैं। मार्च, ड्राइंगहाल, हीरो, सरेण्डर, क्रूसेड्स, चेरीफ्लावर आदि अँगरेजी शब्द भी यथावसर बेहिचक प्रयुक्त हुए हैं। उर्दू के शेरों तथा अंग्रेजी साहित्य के बहुत-से उद्धरण सरदारजी ने प्रयोग किये। उन्होंने विशुद्ध तत्सम शब्दों, ज्योतिष्मती, उन्मदिष्णु, शान्तिप्रदायिनी, हृदयस्थ, समाधिस्थ, नभोमण्डल, औदार्य आदि को भी ग्रहण किया। चोंचला, चण्डूल, फलाँग, गोता जैसे देशी शब्द भी निबन्धों में आ गये हैं। कहावतों और मुहावरों के प्रचुर प्रयोग से सरदार की भाषा सशक्त बन गयी है। खाक छानना, समा बाँधना, निद्रा खुलना, हलचल में डाल देना, कमर बाँधना, तिनके की तरह उड़ जाना-जैसे सामान्य बोलचाल में आ जानेवाले मुहावरे उनके प्रत्येक निबन्ध में हैं। मुहावरों के कुशल प्रयोग से भाषा की शक्ति बढ़ जाने का एक उदाहरण द्रष्टव्य है—"हर बार दिखावा और नाम की खातिर छाती ठोंककर आगे बढ़ना और फिर पीछे हटना परले दरजे की बुजदिली है। वीर तो यह समझता है कि मनुष्य का जीवन एक जरा सी चीज है और वह सिर्फ एक बार के लिए काफी है, मानो इस बन्दूक में एक ही गोली है।"

पूर्णसिंहजी का वाक्य-विन्यास आवश्यकता के अनुरूप कभी छोटा और कभी लम्बा हो जाता है। जहाँ सीधा-सादा वर्णन है, वहाँ वाक्य छोटे, सरल, स्पष्ट और बोधगम्य हैं, उदाहरणार्थ—"एक दफे एक राजा जंगल में शिकार खेलते-खेलते रास्ता भूल गया। उसके साथी पीछे रह गये। घोड़ा उसका मर गया। बन्दूक हाथ में रह गयी। रात का समय आ पहुँचा। देश बर्फानी, रास्ते पहाड़ी। पानी बरस रहा है। रात अँधेरी है। ओले पड़ रहे हैं। ठण्डी हवा हड्डी तक को हिला रही है।...." परन्तु कभी-कभी जब सरदारजी गम्भीर विवेचना करने लगे हैं, अथवा अति भावुक हो उठे हैं, वहाँ वाक्य लम्बे-लम्बे, जटिल और दुरूह हो गये हैं, उदाहरण देखें—"आचरण के विकास के लिए नाना प्रकार की सामग्री का जो संसार सम्भूत शारीरिक, प्राकृतिक, मानसिक और आध्यात्मिक जीवन में वर्तमान हैं, उन सबका क्या एक पुरुष और क्या एक जाति के आचरण के विकास के साधनों के सम्बन्ध में विचार करना होगा।"

"मानसोत्पन्न शरद् ऋतु से क्लेशातुर हुए पुरुष इसकी सुगन्धमय अटल बसन्त के ऋतु के आनन्द का पान करते हैं।"

आलंकारिकता और विरोधाभास ये दो उल्लेखनीय गुण पूर्णसिंह की भाषा में हैं। उपमा, उदाहरण, उत्प्रेक्षा आदि अलंकारों के प्रयोग से उनकी भाषा में स्फूर्ति और चमत्कार आ गया है। भावात्मकता के साथ-साथ लाक्षणिकता का सन्निवेश उनकी भाषा में हुआ है, जैसे—"वह वीर क्या जो टीन के बर्तन की तरह झट गरम और झट

ठण्डा हो जाता है। सदियों नीचे आग जलती रहे तो भी शायद ही वीर गरम हो और हजारों वर्ष बर्फ उस पर जमती रहे तो भी क्या मजाल जो उसकी वाणी तक ठण्डी हो। उसे खुद गरम और सर्द होने से क्या मतलब।'' विरोधाभास प्रस्तुत करने में सरदारजी को महारत हासिल था—''वीर में कायर और कायर में वीर सीता है। राजा में फकीर छिपा है और राजा फकीर में। पापी में महात्मा और महात्मा पापी में डूबा हुआ है। बड़े-से-बड़े पण्डित में मूर्ख छिपा है और बड़े-से-बड़े मूर्ख में पण्डित।'' अपने विचारों और भावों को कहीं-कहीं सरदारजी बड़े रहस्यमय ढंग से व्यक्त करते हैं। नाद करता हुआ भी मौन है, मौन व्याख्यान, हृदय की नाड़ी में सुन्दरता पिरो देता है-जैसे वाक्यांश मणियों की तरह निबन्धों में गुँथे हैं।

व्यंग्यात्मक वाक्यों के प्रयोग से पूर्णसिंहजी की भाषा में वक्रता और निखार आ गया है। व्यंग्य में चुटीलापन होने के साथ-साथ गम्भीरता भी है। उनके कुछ व्यंग्यपूर्ण वाक्य देखें—'आजकल भारतवर्ष में परोपकार का बुखार फैल रहा है।' 'पुस्तकों या अखबारों के पढ़ने से या विद्वानों के व्याख्यानों को सुनने से तो बस ड्राइंगहाल के वीर पैदा होते हैं।' 'यह वह आम का पेड़ नहीं है जिसको मदारी एक क्षण में तुम्हारी आँखों में धूल झोंककर अपनी हथेली पर जमा दे।' आदि। आचार्य शुक्ल की तरह बहुत-से सूत्रात्मक वाक्य भी सरदारजी के निबन्धों में प्राप्त होते हैं। इन सूत्रात्मक वाक्यों में गहन भाव गाम्भीर्य है। 'प्रेम की भाषा शब्द-रहित है' 'आचरण का विकास जीवन का परमोद्देश्य है' 'आचरण की सभ्यतामय भाषा सदा मौन रहती है', 'अरब के रेगिस्तान में बारूद की तरह आग लग गयी'-जैसे सूत्र वाक्य भाषा की समाहार सामर्थ्य के उत्कृष्ट उदाहरण हैं।

सरदारजी के भावात्मक निबन्धों की भाषा अत्यन्त प्रभावोत्पादक एवं प्रवाहपूर्ण है। उनकी भाषा सर्वत्र अवसर एवं भावों के अनुरूप है। आलंकारिक, सरल, रोचक तथा हृदयग्राही भाषा-प्रयोग के कारण वे अत्यन्त सरलता से पाठक के साथ तादात्म्य स्थापित कर लेते हैं। भाषा की काव्यात्मकता तथा लाक्षणिक भंगिमा के कारण उनका महत्त्व अक्षुण्ण रहेगा। उनकी प्रतिनिधि चमत्कारपूर्ण भाषा का उदाहरण देने के लिए यहाँ दो स्थल उद्धृत किये जा रहे हैं—''प्रभाव शब्द का नहीं पड़ता—प्रभाव तो सदाचरण का पड़ता है। साधारण उपदेश तो हर गिरजे, हर मठ और हर मस्जिद में होते हैं, परन्तु उनका प्रभाव हम पर तभी पड़ता है जब गिरजे का पादरी स्वयं ईसा होता है, मन्दिर का पुजारी स्वयं ब्रह्मर्षि होता है—मस्जिद का मुल्ला स्वयं पैगम्बर और रसूल होता है।'' ''यदि एक ब्राह्मण किसी डूबती कन्या की रक्षा के लिए चाहे वह कन्या किसी जाति की हो, किसी मनुष्य की हो, किसी देश की हो, अपने-आप को गंगा में फेंककर—चाहे फिर उसके प्राण यह काम करने में रहें या जायँ, तो इस कार्य के प्रेरक आचरण की मौनमयी भाषा किस देश में, किस जाति में कौन नहीं समझ सकता।''

पूर्णसिंह की भाषा में कतिपय त्रुटियाँ भी मिल जाती हैं। कहीं-कहीं उनकी अतिशय भावुकता के कारण भाषा भावों का अनुगमन नहीं कर पायी है फलतः अर्थ अस्पष्ट ही रह गया है। भाषा में दुरूहता के साथ-साथ अस्वाभाविकता भी स्थान-स्थान पर मिलती है। विभक्तियों की भरमार ने भाषा में शिथिलता उत्पन्न कर दी है और प्रवाह रुक-सा गया है। ऐसा एक उदाहरण यह है–"उन सबका जाति के आचरण के विकास के साधनों के सम्बन्ध में विचार करना होगा।" डॉ० हरवंशलाल शर्मा ने भाषा और व्याकरण-सम्बन्धी स्खलन के भी अनेक उदाहरण दिये हैं। एक स्थान पर पूर्णसिंह लिखते हैं–'इसी की उपस्थिति से मन और हृदय की ऋतु बदल जाते हैं।' यहाँ होना चाहिए था 'ऋतु बदल जाती है।' 'आचरणों के अद्‌भुत पवित्रता' के स्थान पर उन्हें 'की अद्‌भुत पवित्रता' लिखना था। सक्ता, जिस्में, रमझम-जैसी वर्तनी सम्बन्धी त्रुटियाँ भी निबन्धों में प्राप्त होती हैं।

भाषा की अनेक विशेषताओं के समक्ष उपर्युक्त प्रकार की त्रुटियाँ प्रायः नगण्य हैं। पूर्णसिंह की भाषा के सम्बन्ध में बाबू गुलाबराय का मत पूर्णतः संगत और उपयुक्त है–"इतने मिश्रण के बाद भी भाषा की विशुद्धता की रक्षा हो सकी है और एक साहित्यिक सौष्ठव और अर्थवत्ता उसमें विद्यमान है। लक्षणा और व्यञ्जना शक्तियों के सहयोग से उनकी भाषा में सूक्ष्म भाव तथा गम्भीर विचारों के प्रकाशन की अपूर्व शक्ति आ गयी है। उनकी भाषा शक्तिसम्पन्न, अर्थगर्भ, सरस, सजीव, स्निग्ध, प्रवाहयुक्त और व्यावहारिक है। मिश्रित भाषा का प्रयोग करते हुए भी उसकी विशुद्धता का उन्होंने ध्यान रखा है। भाषा-व्यवहार में उन्होंने लापरवाही बिल्कुल नहीं बरती। वे सदैव सजग तथा सावधान रहे हैं। मुहावरों का अनुकूल प्रयोग भी उनकी भाषा में काफी मिलता है।" श्री जयनाथ नलिन पूर्णसिंह की भाषा के समक्ष आश्चर्यचकित दिखायी पड़ते हैं–"भाषा पर पूर्णसिंह का मैत्रीपूर्ण असाधारण अधिकार है। लगता है शब्दों के नगीनों की मुट्‌ठी भरी बिखरा दी है। वे स्वयं अपने स्थान पर जा सजे। कभी काव्यमय, कोमल, मधुर, स्निग्ध, भावुकताभरी धारा उमड़ती चलती है, कभी जोश आवेग की तीव्र धारा बह निकलती है। विषय, अवसर, वातावरण के अनुसार भाषा में स्वाभाविक विविधरूपता आ जाती है।"

शैली–सरदार पूर्णसिंह की निबन्ध-शैली उनके व्यक्तित्व के अनुरूप सरल और आडम्बरहीन है। उन्होंने अपने पाठकों से सीधे और जी खोलकर बात की है। निबन्धों पर उनके व्यक्तित्व की स्पष्ट छाप अंकित है। एक आलोचक के शब्दों में "हर निबन्ध में पूर्णसिंह का प्राणवान् व्यक्तित्व उछला पड़ता है। उनके हृदय का स्पन्दन बजता है। उनकी भावुकता बेताबी से छलकती है। शैली के रूप में व्यक्तित्व का प्रकाशन बड़ी बात नहीं, यह अनेक निबन्धकारों में हो सकता है। व्यक्तित्व उभरता है, पृथक् निर्मल

भावाभिव्यक्ति, स्वाधीन विचार-प्रकाशन और सानुरोध ममता में, यही व्यक्तित्व अध्यापकजी के निबन्धों में मिलेगा।" निबन्धों में उनका सजीव व्यक्तित्व प्रेम की मस्ती के साथ अवगुण्ठनहीन होकर व्यक्त हुआ है।

पूर्णसिंहजी के प्रायः सभी निबन्ध भावात्मक शैली में लिखे गये हैं। गुलाबरायजी के शब्दों में, "सभी निबन्धों की शैली कम-अधिक भावुकता के साथ प्रायः एक-जैसी ही है। इस शैली पर लाक्षणिकता, प्रतीकात्मकता, आलंकारिकता, विशेषण-विशेष्य के विरोधाभास, व्यंग्यात्मकता और व्यक्तित्व की गहरी छाप अंकित है।" आलोचकों ने पूर्णसिंह की भावात्मक शैली के सम्भाषण शैली, प्रलाप शैली, लाक्षणिक शैली, ओजपूर्ण शैली आदि भेद किये हैं। सम्भाषण शैली के अन्तर्गत लेखक, पाठक से स्वानुभूति का वर्णन अति परिचित मित्र की भाँति करता है। पूर्णसिंह सीधे-सादे शब्दों में प्रश्नों की झड़ी-सी लगाकर प्रतिकूल विचारधारावाले व्यक्ति को भी पराभूत करते प्रतीत होते हैं—"गेरुये वस्त्रों की पूजा क्यों करते हो? गिरजे की घण्टी क्यों सुनते हो? रविवार क्यों मनाते हो? पाँच वक्त की नमाज क्यों पढ़ते हो? त्रिकाल सन्ध्या क्यों करते हो? मजदूर के अनाथ नयन, अनाथ आत्मा और अनाश्रित जीवन की बोली सीखो। फिर देखोगे कि तुम्हारा यही साधारण जीवन ईश्वरीय भजन हो गया।"

भावना की उच्चतम स्थिति में भावात्मक शैली प्रलापपूर्ण हो गयी है। वाक्य-विन्यास बिखर गया है और भाव की वेगवती धारा में पाठक भी बह गया है। 'पवित्रता' निबन्ध की शैली आवेग शैली का सच्चा प्रतिनिधित्व करती है। निबन्ध का वातावरण पाठक की मन-बुद्धि को बाँध रखने में पूर्ण सक्षम है। उदाहरण देखें—"मनुष्य जन्म सफल हुआ। जय ! जय ! जय ! भक्त की जिह्वा बन्द हो गयी। बाहु पसार जा मिला। कुछ न बोल सका। कुछ न बोला, ब्रह्मकान्ति में लीन हो गया। उसके सितार के तार टूट गये। नारद की वीणा चुप हो गयी। कृष्ण की बाँसुरी थम गयी। ध्रुव का शंख गिर पड़ा। शिव का डमरू बन्द हो गया।"

लाक्षणिकता इनकी भावात्मक शैली का प्राण है। भावातिशयता के कारण शैली में आलंकारिता एवं वक्रता का समुचित सन्निवेश हुआ है। 'पवित्रता' निबन्ध का एक अंश द्रष्टव्य है—"हल चलाता-चलाता किसान रह गया। बकरी भैंसे चराता हुआ वह और कोई भी उसी तरह लीन हुआ। जूते गाँठता-गाँठता और कोई दे मरा। भोग-विलास की चीजें पास पड़ी हैं। ऊँचे महलों से निकल सुनहरी पलँगों से गिर वह रेत में कौन लोट गया। सिर के ताज उतार नंगे सिर नंगे पाँव यह अलख कौन जगाता फिरता है? मोर मुकुट उतार यह सिर पर काँटे धरे वह शूल की नंगी धार पर वह मीठी नींद कौन-सा राम लाड़ला सोता है? तारों की तरह कभी मैं टूटा और कभी तू टूटा। कभी इसकी बारी और कभी उसकी बारी आयी। मीराबाई ब्रह्मकान्ति का अमूल्य चिह्न हो गयी।"

सरदारजी के भावात्मक निबन्धों में विलक्षण ओजपूर्ण शैली के दर्शन होते हैं। इस शैली में वाक्य-विन्यास और शब्द-चयन पूर्णतः उपयुक्त हैं। 'आचरण की सभ्यता' का यह स्थल देखें—"मेरे खेतों में अन्न उग रहा है, मेरा घर अन्न से भरा है, बिस्तर के लिए मुझे एक कमली काफी है, कमर के लिए लँगोटी और सिर के लिए एक टोपी बस है। हाथ-पाँव मेरे बलवान् हैं, शरीर मेरा आरोग्य है, भूख खूब लगती है, बाजरा और मकई, छाछ और दही, दूध और मक्खन मुझे और मेरे बच्चों को खाने के लिए मिल जाता है। क्या इस किसान की सादगी और सच्चाई में वह मिठास नहीं जिसकी प्राप्ति के लिए भिन्न-भिन्न धर्म-सम्प्रदाय लम्बी-चौड़ी और चिकनी-चुपड़ी बातों द्वारा शिक्षा दिया करते हैं।"

पूर्णसिंह के निबन्धों में कुछ स्थानों पर व्यंग्यात्मक शैली प्रधान हो गयी है। मानव समाज के दोषों-दूषणों का उद्‌धाटन करते समय उन्होंने सर्वथा सक्षम व्यंग्यपूर्ण शैली का सहारा लिया है। पश्चिमी देशों में वैवाहिक जीवन की अस्थिरता के कारण बताते हुए वहाँ की झूठी आजादी पर व्यंग्य करते हुए पूर्णसिंह 'कन्यादान' निबन्ध में लिखते हैं—"आजकल पश्चिमी देशों में झूठी और जाहिरी शारीरिक आजादी के खयाल ने कन्यादान की आध्यात्मिक बुनियाद को तोड़ दिया है। कन्यादान की रीति जरूर प्रचलित है परन्तु वास्तव में उस रीति में मानों प्राण ही नहीं। कोई अखबार खोलकर देखो, उन देशों में पति और पत्नी के झगड़े वकीलों द्वारा जजों के सामने तै होते हैं। और जज की मेज पर विवाद को सोने की अँगूठियाँ, काँच के छल्लों की तरह द्वेष के पत्थरों से टूटती हैं। गिरजे में कल के बने हुए जोड़े आज टूटे और आज के बने जोड़े कल टूटे।" भारतवासियों की अकर्मण्यता एवं उनकी झूठी शान पर सरदारजी ने व्यंग्य किये हैं। भारतीयों की स्वप्नजीवी प्रवृत्ति पर खीझकर एक स्थान पर लिखते हैं—"भारतवासियों ने एक प्रकार की पुड़िया और गोली बनायी है जिसको खाते ही चन्द्रमा पर चढ़ जाता है, ज्ञान हो जाता है। वह हो पास तो और कुछ दरकार नहीं होता। ओ जगतवालो ! बड़ी जारी ईजाद हुई है—छोड़ दो अपनी पदार्थ विद्या, जाने दो यह रेल, यह जहाज, नये-नये उड़नखटोले, हवा में तैरनेवाली लोहे की जंजीरें। प्रकृति की क्यों छान-बीन कर रहे हो? इससे क्या लाभ? ऋषीकेश में वह अमूल्य गोली बिकती है और सिर्फ दो चपाती के दाम, जिस गोली के खाने से सारे जन्म कट जाते हैं, सब पाश टूट जाते हैं और जीवन्मुक्त होकर सारे संसार को अपनी ऊँगलियों पर नचा सकोगे।"

भावात्मक और व्यंग्यात्मक शैलियों के अतिरिक्त सरदारजी के निबन्धों में कहीं-कहीं वर्णनात्मक और विवेचनात्मक शैली का प्रयोग भी दिखायी पड़ता है। वर्णनात्मक शैली के अन्तर्गत छोटे-छोटे वाक्यों में पूर्वापर सम्बन्ध का ध्यान रखते हुए रोचक और सरस वर्णनात्मकता प्रस्तुत की गयी है। विवेचनात्मक शैली का प्रयोग गम्भीर एवं चिन्तनप्रधान विषयों के प्रतिपादन में किया जाता है। पर पूर्णसिंहजी की विवेचनात्मक शैली भी भावप्रधान है न कि विचारप्रधान।

अन्त में निबन्ध साहित्य में पूर्णसिंह का महत्त्व प्रतिपादित करनेवाले दो-तीन आलोचकों के मत उद्धृत किये जा रहे हैं। आचार्य शुक्ल ने अपने इतिहास में उनके निबन्धों के सम्बन्ध में लिखा है—"उनमें विचारों और भावों को एक अनूठे ढंग से मिश्रित करनेवाली एक नयी शैली मिलती है। उनकी लाक्षणिकता हिन्दी गद्य साहित्य में एक नयी चीज थी।....भाषा और भाव की एक नयी विभूति उन्होंने सामने रखी।" डॉ० श्यामसुन्दर दास का विचार है—"इन लेखों की शैली भावप्रधान है। इनमें लाक्षणिकता के द्वारा उनकी भाषा की शक्ति और भावों की विभूति की अत्यन्त मनोहर छटा दीख पड़ती है। इस नयी शैली के प्रवर्त्तक प्रोफेसर पूर्णसिंह थे। अभी तक उनकी समकक्षता करने की ओर किसी की वृत्ति नहीं दीख पड़ती।....हिन्दी निबन्ध में वे एक विशेष स्थान के अधिकारी हैं।" द्विवेदीयुगीन हिन्दी गद्यशैलियों पर शोध करनेवाले विद्वान् डॉ० शंकरदयाल चौऋषि सरदारजी के सम्बन्ध में लिखते हैं, "निस्सन्देह पूर्णसिंहजी ने हिन्दी में बहुत कम लिखा है, पर जो लिखा है कमाल का लिखा है। वे थोड़ा बोलते हैं पर जोर से बोलते हैं और पते की बोलते हैं। साज-सज्जा उनका इष्ट न था, स्वाभाविकता ही उनका ध्येय था। उनकी भाषा हृदय का उद्घोष है और उसे हृदय को ही लक्ष्य करके लिखा गया है। अतः उन्होंने व्याकरण तथा कोश की कारा से अपनी भाषा को मुक्त रखा है। द्विवेदी-युग में लयात्मक गद्य का सर्वाधिक सफल प्रयोग इनके निबन्धों में हुआ है।"

◆◆◆

रामचन्द्र शुक्ल
(सन् 1884-1941)

आचार्य शुक्ल उच्चकोटि के निबन्धकार और शैलीनिर्माता, सुधी आलोचक, सफल इतिहास लेखक, भावुक कवि, समर्थ अनुवादक, कुशल सम्पादक और योग्य अध्यापक थे। शुक्लजी की बहुमुखी प्रतिभा का प्रकाशन विविध साहित्यिक क्षेत्रों में हुआ। उन्होंने विविध विधाओं का पुष्ट विकास किया। पर शुक्लजी का विशेष महत्त्व उनके निबन्धों और आलोचनात्मक ग्रन्थों के कारण है। उनकी विवेचन और विश्लेषण शैली की अप्रतिमता के कारण उनके निबन्धकार और आलोचक व्यक्तित्व ने उनके द्वारा प्रसूत अन्य साहित्यिक अंगों की ओर से हमारा ध्यान ही हटा दिया है।

यहाँ शुक्लजी के निबन्धों पर ही विचार करना अभीष्ट है। हम सर्वप्रथन शुक्लजी के निबन्ध के स्वरूप और लक्षण सम्बन्धी विचारों की विवेचना करेंगे। अपने सुप्रसिद्ध ग्रन्थ 'हिन्दी साहित्य का इतिहास' में आचार्य शुक्ल इन शब्दों में निबन्ध की परिभाषा देते हुए उसका स्वरूप-विश्लेषण करते हैं—''आधुनिक पाश्चात्य लक्षणों के अनुसार निबन्ध उसी को कहना चाहिए जिसमें व्यक्तित्व अर्थात् व्यक्तिगत विशेषता हो।.... व्यक्तिगत विशेषता का यह मतलब नहीं कि उसके प्रदर्शन के लिए विचारों की शृंखला रखी ही न जाय या जान-बूझकर जगह-जगह से तोड़ दी जाय, भावों की विचित्रता दिखाने के लिए ऐसी अर्थ-योजना की जाय जो उनकी अनुभूति के प्रकृत या लोकमान्य स्वरूप से कोई सम्बन्ध ही न रखे अथवा भाषा से सरकसवालों की-सी कसरतें या हठयोगियों के-से आसन कराये जायँ जिनका लक्ष्य तमाशा दिखाने के सिवा और कुछ न हो।......तत्त्वचिन्तक या दार्शनिक केवल अपने व्यापक सिद्धान्तों के प्रतिपादन के लिए उपयोगी कुछ सम्बन्ध-सूत्रों को पकड़कर किसी ओर सीधा चलता है और बीच के ब्यौरों में कहीं नहीं फँसता पर निबन्ध लेखक अपने मन की प्रवृत्ति के अनुसार स्वच्छन्द गति से इधर-उधर फूटी हुई सूत्र-शाखाओं पर विचरता चलता है। यही उसकी अर्थ-सम्बन्धी व्यक्तिगत विशेषता है।'' शुक्लजी ने निबन्ध में दो तत्त्वों की अनिवार्यता बतायी—व्यक्तित्व की पूर्ण झलक होना तथा उसका आदि से अन्त तक सुसंगठित होना।

आचार्य शुक्ल के अनुसार निबन्ध में विचार-शृंखला सुगठित और सुस्पष्ट होनी चाहिए। विचारात्मक निबन्धों के सम्बन्ध में शुक्लजी लिखते हैं—''शुद्ध विचारात्मक निबन्धों का चरम उत्कर्ष वहीं कहा जा सकता है जहाँ एक-एक पैराग्राफ में विचार

दबा-दबाकर कसे गये हों और एक-एक वाक्य किसी सम्बद्ध विचारखण्ड के लिए हो।" उनके अनुसार सच्चा विचारात्मक निबन्ध वही है जिसमें विचारों की गूढ़ गुम्फित परम्परा पाठक की बुद्धि को उत्तेजित कर नयी विचार-पद्धति की ओर दौड़ा सके। शुक्लजी के अनुसार उत्कृष्ट कोटि के निबन्ध वे हैं जिनकी असाधारण शैली या गहन विचारधारा पाठकों को मानसिक श्रमसाध्य नूतन उपलब्धि के रूप में जान पड़े। निबन्ध जैसी गम्भीर विधा में भावात्मकता का प्राधान्य शुक्लजी को स्वीकार्य न था। उनके अनुसार इससे घोर विचार-शैथिल्य और बुद्धि का आलस्य फैलने की आशंका है। जिन विषयों के निरूपण में सूक्ष्म और सुव्यवस्थित विचार-परम्परा अपेक्षित है, उन्हें भी इस हवाई शैली पर हवा बताना ठीक नहीं होगा। इस प्रकार शुक्लजी विचारप्रधान निबन्धों को ही सच्चा निबन्ध मानते हैं और इसमें व्यक्तित्व की प्रधानता, गम्भीर विषय-वस्तु, बुद्धि और भाव का समुचित संयोग, सुस्पष्ट अर्थ-सृष्टि, वैचारिक एकसूत्रता आदि तत्त्वों की अनिवार्यता प्रतिपादित करते हैं। इस कसौटी पर शुक्लजी के निबन्ध पूरी तरह खरे उतरते हैं। उनके निबन्धों में उपर्युक्त समस्त तत्त्वों का कुशल संयोजन है।

निबन्ध-परिचय—आचार्य शुक्ल के निबन्धों का संग्रह 'चिन्तामणि भाग एक' और 'चिन्तामणि भाग दो' नाम से प्रकाशित हुआ है। चिन्तामणि से पहले 'विचार-वीथी' नाम से शुक्लजी के कुछ निबन्धों का संग्रह सन् 1930 में प्रकाशित हुआ था। बाद में 'चिन्तामणि भाग एक' में इस संग्रह के निबन्ध सम्मिलित कर लिये गये। भाग एक में मनोविकार, साहित्य-सिद्धान्त और साहित्य-समीक्षा-सम्बन्धी कुल 17 निबन्ध संगृहीत हैं। भाग दो में तीन विस्तृत निबन्ध हैं—काव्य में प्राकृतिक दृश्य, काव्य में रहस्यवाद और काव्य में अभिव्यञ्जनावाद। इन निबन्धों को श्री जयनाथ नलिन आलोचनात्मक प्रबन्ध नाम देते हैं। शुक्लजी की समीक्षात्मक कृतियों में भी आलोचनापरक साहित्यिक निबन्ध संकलित हैं। 'त्रिवेणी' पुस्तक में सूर, तुलसी और जायसी पर विस्तृत आलोचनात्मक निबन्ध हैं। 'रस मीमांसा' के लेखों को भी कुछ समीक्षकों ने स्वतन्त्र निबन्धों की संज्ञा प्रदान की है।

भावों या मनोविकारों पर लिखे गये निबन्धों की संख्या 10 है, इनके शीर्षक ये हैं—भाव या मनोविकार, उत्साह, श्रद्धा-भक्ति, करुणा, लज्जा और ग्लानि, लोभ और प्रीति, घृणा, ईर्ष्या, भय और क्रोध। सैद्धान्तिक समीक्षा-सम्बन्धी 4 निबन्ध ये हैं—कविता क्या है, काव्य में लोकमंगल की साधनावस्था, साधारणीकरण और व्यक्ति वैचित्र्यवाद तथा रसात्मक बोध के विविध स्वरूप। व्यावहारिक साहित्य-समीक्षा-सम्बन्धी निबन्ध 3 हैं—भारतेन्दु हरिश्चन्द्र, तुलसी का भक्तिमार्ग और मानस की धर्मभूमि।

मनोविकार-सम्बन्धी निबन्ध—मनोविकार-सम्बन्धी निबन्ध शुक्लजी की अनुपम देन है। शुक्लजी के पहले भट्ट, प्रतापनारायण मिश्र, माधवप्रसाद मिश्र, महावीर प्रसाद

द्विवेदी आदि निबन्धकारों ने आत्मनिर्भरता, मनोयोग, धृति, क्षमा, क्रोध, लोभ आदि शीर्षकों से मनोविकार-सम्बन्धी कतिपय निबन्ध लिखे थे पर इसमें वैज्ञानिक-मनोवैज्ञानिक विवेचन के स्थान पर वर्णनात्मकता तथा शिक्षात्मकता अथवा नैतिकता का ही दृष्टिकोण प्रधान था। प्रथम बार आचार्य शुक्ल ने तर्कमय चिन्तन के साथ मनोविकार-सम्बन्धी निबन्ध लिखे। अंग्रेजी में बेकन ने भी मनोविकारों पर कुछ लघु निबन्ध लिखे थे पर वे शुक्लजी के निबन्धों की तुलना में हल्के और फीके मालूम होते हैं।

शुक्लजी ने निबन्धों में मौलिक चिन्तन व्यक्त किया है। भारतीय काव्यशास्त्र और पाश्चात्य साहित्यशास्त्र दोनों में से किसी का भी अनुकरण शुक्लजी ने नहीं किया। शुक्लजी ने सर्वप्रथम मनोविकारों की परिभाषा सूत्र रूप में देकर अपने ज्ञान और विस्तृत अनुभव के सहारे उनकी व्याख्या की है और अन्त में समुचित निष्कर्ष प्रस्तुत किया है।

सूत्र वाक्यों में भावों-मनोविकारों की युक्तियुक्त परिभाषा के कुछ उदाहरण द्रष्टव्य हैं—'वैर क्रोध का अचार या मुरब्बा है।' 'साहसपूर्ण आनन्द की उमंग का नाम उत्साह है।' 'श्रद्धा महत्त्व की आनन्दपूर्ण स्वीकृति के साथ-साथ पूज्य बुद्धि का सञ्चार है।' 'श्रद्धा और प्रेम के योग का नाम भक्ति है।' 'आशंका अनिश्चयात्मक वृत्ति है।' आदि। व्याख्या करते समय जहाँ वे अपने अनुभवों को उत्साह या झुँझलाहट के साथ कहते जाते हैं, वहीं विश्लेषण के बुद्धिपथ पर हृदयपक्ष का सन्निवेश क्षणिक विश्राम प्राप्त कर लेता है और इस प्रकार शुक्लजी का पूर्ण व्यक्तित्व स्वयमेव उजागर हो उठता है। हृदय पक्ष के समुचित और यथावसर प्रकाशन के कारण इन मनोविकार-सम्बन्धी निबन्धों में सम्भावित नीरसता और शुष्कता नहीं रह पायी है। शुक्लजी स्वयं लिखते हैं—"इस पुस्तक में मेरी अन्तर्यात्रा में पड़नेवाले कुछ प्रदेश हैं। यात्रा के लिए निकलती रही है बुद्धि पर हृदय को भी साथ लेकर। अपना रास्ता निकालती हुई बुद्धि जहाँ कहीं मार्मिक या भावाकर्षक स्थलों पर पहुँचती है वहाँ हृदय थोड़ा-बहुत रमता और अपनी प्रवृत्ति के अनुसार कुछ कहता गया है। इस प्रकार यात्रा के श्रम का परिहार होता रहा है। बुद्धि पक्ष पर हृदय भी अपने लिये कुछ-न-कुछ पाता रहा है।"

आचार्य शुक्ल ने मनोविकारों के दो वर्ग माने हैं—प्रेष्य और अप्रेष्य। "प्रेष्य वे हैं जो एक हृदय में पहले के प्रति उत्पन्न होकर दूसरे हृदय में भी पहले के प्रति उत्पन्न हो सकते हैं। जैसे घृणा, क्रोध, प्रेम इत्यादि। अप्रेष्य मनोविकार जिनके प्रति उत्पन्न होते हैं उनके हृदय में यदि करेंगे तो सदा दूसरे भावों की सृष्टि करेंगे। इनके अन्तर्गत भय, दया, ईर्ष्या आदि हैं। प्रेष्य मनोविकार सजातीय संयोग पाकर बहुत जल्दी बढ़ते हैं।" शुक्लजी ने भावों और मनोविकारों में अन्तर भी प्रदर्शित किया है। भाववृत्तियों में तीव्रता कम, स्थायित्व अधिक होता है इसके विपरीत मनोविकार तीव्र, क्षणिक पर

गतिमय होते हैं। आचार्यजी ने परस्पर मिलते-जुलते भावों का बारीक अन्तर भी कुशलता से उद्घाटित किया है।

बाबू गुलाबराय ने शुक्लजी के इन मनोविकार-सम्बन्धी निबन्धों की निम्नलिखित विशेषताएँ बतायी हैं—1. ये मनोवैज्ञानिक होते हुए भी अपने लक्ष्य में आचार-सम्बन्धी हैं। इनमें उस लोकसंग्रह और लोकमंगल की भावना निहित है, जिसके कारण आचार्य शुक्ल ने गोस्वामी तुलसीदास को अपना आदर्श कवि माना। 2. इनमें शुक्लजी की विश्लेषण बुद्धि का पूरा-पूरा परिचय प्राप्त होता है। 3. इनमें जो तथ्य प्रतिपादित किये गये हैं उनको जीवन और साहित्य दोनों से प्रमाणित किया गया है तथा उनका मूलाधार सर्वथा भारतीय है। 4. इन निबन्धों में प्रतिपादित तथ्य ही अधिकांश में उनकी व्यावहारिक आलोचना के आधार बने हैं। इस प्रकार उनके मनोवैज्ञानिक और साहित्यिक निबन्धों के बीच एक अपूर्व अन्विति बैठ जाती है। 5. इन निबन्धों पर शुक्लजी के व्यक्तित्व की पूरी-पूरी छाप है। बुद्धि की प्रधानता होते हुए भी इनमें हृदय का स्पन्दन है।

शुक्लजी भावों या मनोविकारों को समस्त मानवीय क्रिया-कलापों का प्रवर्त्तक मानते हैं। इसलिए उन्होंने इन्हें निबन्धों का विषय बनाया। शुक्लजी भावों को परम पवित्र मानते हैं। साहित्यकार का दायित्व है कि वह भावों का समुचित-स्वाभाविक चित्रण कर उनका परिष्कार भी करे। उनकी दृष्टि में मनोविकारों के दमन का उपदेश देना उचित नहीं है—"नीतिज्ञों और धार्मिकों का मनोविकारों को दूर करने का उपदेश घोर पाखण्ड है। इस विषय में कवियों का प्रयत्न ही सच्चा है जो मनोविकारों पर सान ही नहीं चढ़ाते बल्कि उन्हें परिमार्जित करते हुए सृष्टि के पदार्थों के साथ उनके उपयुक्त सम्बन्ध-निर्वाह पर जोर देते हैं।" शुक्लजी प्रकृत भावों के परिष्करण और उनके सदुपयोग पर बल देते हैं। भावहीन व्यक्ति मृतक तुल्य है, मनोविकारों का क्षय व्यक्तित्व की हत्या के सदृश है।

सैद्धान्तिक समीक्षा-सम्बन्धी निबन्ध—शुक्ल के सैद्धान्तिक समीक्षा-सम्बन्धी चार निबन्धों के नाम ऊपर दिये गये हैं। 'कविता क्या है' निबन्ध में लेखक ने 'कला कला के लिए' सिद्धान्त से अरुचि प्रकट करते हुए 'सत्यं शिवं सुन्दरम्' की भावना व्यक्त की है। शुक्लजी ने हृदय की मुक्तावस्था की साधना के लिए प्रयुक्त वाणी को कविता की संज्ञा दी है तथा कविता के सम्यक् सृष्टि-प्रसार, कविता और सूक्ति, कविता और व्यवहार, कविता और मनुष्यता की उच्चभूमि, कविता और कल्पना, कविता और मनोरंजन, कविता और सौन्दर्य, कविता और चमत्कारवाद, कविता और भाषा तथा कविता और अलंकार का सम्बन्ध स्पष्ट किया है। 'रसात्मक बोध के विविध स्वरूप' निबन्ध में शुक्लजी ने लिखा है कि प्रत्येक सुन्दर वस्तु में यह क्षमता होती है कि वह हमें रसमग्न कर देती है। प्रत्यक्ष, स्मृति और कल्पित-इन तीनों रूप-विधानों द्वारा

रसमग्नता की स्थिति प्राप्त की जाती है। इन तीनों ही रूप-विधानों में भावों को जागृत करने की शक्ति होती है। इस निबन्ध में शुक्लजी ने कवि केशवदास की शुष्कता पर प्रहार किया है। 'साधारणीकरण और व्यक्ति-वैचित्र्यवाद' में लेखक स्थापना करता है कि काव्य में वर्णित सुख-दुःख मात्र कवि का ही न रहकर समष्टि का बन जाता है और तभी काव्य या साहित्य को व्यापकता और स्थायित्व प्राप्त होता है। व्यक्ति-वैचित्र्य का प्रदर्शन व्यापक भावना का प्रतिबिम्ब नहीं है और इसी से उसे स्थायित्व भी प्राप्त नहीं हो सकता। व्यक्ति-वैचित्र्यवाद को साधारणीकरण और रस-सृष्टि में बाधक बताया गया है। लेखक ने साहित्य में विविध वादों के बढ़ते हुए प्रभाव पर भी चिन्ता प्रकट की है। अन्त में शुक्लजी ने भारतीय काव्य-दृष्टि, जो भिन्न-भिन्न विशेषों के भीतर से सामान्य के उद्‌घाटन की ओर रही है, की चर्चा करते हुए इस सिद्धान्त की प्रासंगिकता और समीचीनता की स्थापना की है। 'काव्य में लोकमंगल की साधनावस्था' निबन्ध में शुक्लजी ने आनन्दाभिव्यक्ति के प्रकारों के आधार पर काव्य को दो भागों में बाँटा है—1. आनन्द की साधनावस्था या प्रयत्न पक्ष को लेकर चलनेवाले और 2. आनन्द की सिद्धावस्था या उपभोग पक्ष को लेकर चलनेवाले। शुक्लजी के अनुसार उपर्युक्त दोनों पक्षों का समुचित सामञ्जस्य कर दोनों को साथ लेकर चलनेवाला कवि ही वास्तविक अर्थ में कवि है। वस्तुतः कष्टों में भी आनन्द की आभा अस्पष्ट रूप में छिपी रहती है और यथासमय प्रखर शक्ति के साथ प्रकट होकर लोक-मंगलकारी और लोकरंजक रूप में अपना प्रकाश फैलाती है। चन्दबरदायी, तुलसी, जायसी आदि कवियों ने जीवन की विविध परिस्थितियों में, विपरीत परिस्थितियों में भी सौन्दर्य का ही दर्शन किया है, इसी से वे उत्कृष्ट कोटि के कवि माने जाते हैं। शुक्लजी के अनुसार करुणा और प्रेम, इन दो भावों में लोकमंगल का विधान रहता है। केवल प्रेमभाव की कोमल व्यञ्जना में ही कला का उत्कर्ष नहीं दिखायी पड़ता प्रत्युत क्रोध आदि उग्र और प्रचण्ड भावों के विधान में भी यदि उनकी तह में करुण भाव अव्यक्त रूप में स्थित हो; तो पूर्ण सौन्दर्य का साक्षात्कार होता है।

व्यावहारिक समीक्षा-सम्बन्धी निबन्ध—'चिन्तामणि भाग एक' में व्यावहारिक समीक्षा से सम्बन्धित तीन निबन्ध हैं। 'भारतेन्दु हरिश्चन्द्र' निबन्ध में भारतेन्दुजी के नवीन साहित्यिक युग निर्माणात्मक कार्यों पर प्रकाश डाला गया है। शुक्लजी के मतानुसार प्राचीनता और नवीनता का सुन्दर सामञ्जस्य भारतेन्दु की कला में है। भारतेन्दुजी के प्रकृति-चित्रणों से शुक्लजी सन्तुष्ट नहीं हैं। 'तुलसी का भक्तिमार्ग' में शुक्लजी ने तुलसी के कवित्व के प्रति पूर्ण श्रद्धा व्यक्त की है। लेखक ने सिद्ध किया है कि भक्ति का आनन्द ही तलसी के लिए सब-कुछ है, भक्ति ही तुलसी के लिए रस विशेष है। भक्ति का मूल तत्त्व, महात्त्वानुभूति तुलसी में पर्याप्त मात्रा में विद्यमान है।

आचार्य शुक्ल ने शील, शक्ति और सौन्दर्य का दर्शन तुलसी और उनके उपास्य राम में किया है तथा स्वयं भी उपर्युक्त तत्त्वों की समुचित प्रतिष्ठा करनी चाही है। 'मानस की धर्मभूमि' लघु प्रबन्ध है, जिसमें शुक्ल ने 'मानस' के आलोचकों को उत्तर दिया है। डॉ० रामलाल सिंह ने आचार्य शुक्ल के इन व्यावहारिक समीक्षा-सम्बन्धी निबन्धों के बारे में लिखा है, ''शुक्लजी अपने इन निबन्धों में शास्त्रीय तथा शाश्वत कोटि के विषयों को लेकर भी अपने युग की सामाजिक, राजनीतिक, आर्थिक, शैक्षणिक, धार्मिक तथा साहित्यिक समस्याओं पर व्यंग्य रूप में आलोचना करना नहीं भूले हैं, साथ ही उनका सुझाव भी संकेत रूप में देते गये हैं।''

'चिन्तामणि भाग दो' के तीनों निबन्ध समीक्षापरक हैं। 'काव्य में प्राकृतिक दृश्य' निबन्ध 50 पृष्ठ लम्बा है। इस निबन्ध में शुक्लजी ने भारतीय और यूरोपीय कवियों की कविताओं से प्रकृति-वर्णन के उत्कृष्ट उदाहरण प्रस्तुत करते हुए स्वयं प्रकृति के प्रति विलक्षण प्रेम और रागात्मक सम्बन्ध व्यक्त किया है। उनके अनुसार कवि की सच्ची संवेदना केवल भव्य दृश्यों के प्रति ही नहीं अपितु साधारण दृश्यों के प्रति भी जाग पड़ती है और साधारण वस्तु का चित्रण भी वह इस नवीनता के साथ करता है कि सामान्य पाठक भी उसमें रस पा लेता है। आचार्य शुक्ल ने प्राकृतिक दृश्यों को आलम्बन रूप में ग्रहण करने पर बल दिया है। वाल्मीकि, कालिदास आदि ने इसी रूप में प्रकृति को ग्रहण किया है। शुक्लजी ने प्रकृति-वर्णन में बिम्ब-पद्धति पर भी बल दिया। अतिशयोक्तिपूर्ण अशक्त वाक्यों में काव्यत्व समझनेवालों की बुद्धि को शुक्लजी ने अपरिष्कृत कहा है। 'काव्य में रहस्यवाद' निबन्ध 120 पृष्ठों का है। निबन्ध तत्कालीन हिन्दी कविता में रहस्यवाद के बढ़ते हुए प्रभाव को लक्ष्य करके लिखा गया है। शुक्लजी का मत है कि आधुनिक रहस्यवादियों में ब्रह्म की सत्तानुभूति का अभाव है ''अतः जिस तथ्य का ज्ञान नहीं, जिसकी अनुभूति से कभी हृदय स्पन्दित नहीं हुआ, उसकी व्यञ्जना का आडम्बर रचकर दूसरों का समय नष्ट करने का किसी को अधिकार नहीं है। जो कोई यह कहे कि अज्ञात और अव्यक्त की अनुभूति से हम मतवाले हो रहे हैं, उसे काव्य-क्षेत्र से निकलकर मतवालों के बीच अपना हाव-भाव और नृत्य दिखाना चाहिए।'' मध्ययुगीन रहस्यवादी कविताएँ अनुभवप्रसूत थीं, पर आज की रहस्यवादी कविताएँ वाद को सामने रखकर लिखी गयी 'मजाक' हैं। इनमें बुद्धितत्त्व की प्रधानता है, आत्मानुभूति नहीं के बराबर है। 'काव्य में अभिव्यञ्जनावाद' शुक्लजी का, चौंतीसवें हिन्दी साहित्य सम्मेलन, इन्दौर में साहित्य-परिषद् के सभापति की हैसियत से दिया गया भाषण है। इस निबन्ध में काव्य के साथ ही नाटक, उपन्यास, निबन्ध और साहित्यालोचन पर भी विचार किया गया है। लेख में क्रोंचे के अभिव्यञ्जनावाद और उनके मत 'कला कला के लिए' की आलोचना की गयी है। आचार्य शुक्ल ने गद्यकाव्य के विकास को उपयोगी नहीं माना, क्योंकि इससे प्रकृत गद्य की गति कुंठित हो जाती है।

भाषा—भाषा का प्रौढ़तम स्वरूप शुक्लजी के निबन्धों में प्राप्त होता है। उनकी भाषा भावों को व्यक्त करने में सर्वथा सक्षम है। उनकी भाषा का झुकाव तत्समता की ओर अधिक है पर तद्भव और विदेशी शब्दों को भी उन्होंने स्वतन्त्रतापूर्वक अपनाया है। अरबी-फारसी शब्दों के सम्बन्ध में उनकी मान्यता है, ''जो शब्द लोगों की जबान पर नाचा करते हैं उन्हें एकदम छोड़ देना भाषा की संचित शक्ति को घटाना है। हँसी-मजाक के लिए कुछ अरबी-फारसी के चलते शब्द भी कभी-कभी कितना काम देते हैं, यह हम लोग बराबर देखते हैं।''

उपर्युक्त स्थलों पर तादाद, साफ, इमारत, खारिज, कवायद, गिरफ्तार, हिसाब, हाजिर, हकीकत, गनीमत, खुशामद, महफिल, फेहरिस्त, दास्तान, इश्क, शर्त, कद्रदानी, सिफारश, जबरदस्त आदि अरबी-फारसी शब्दों का उन्होंने व्यवहार किया है। इन शब्दों को ग्रहण करते समय उनका विदेशीपन दूर करने के सिद्धान्त पर शुक्लजी का विश्वास नहीं था कि इसी से शमः परवानः को उन्होंने इसी रूप में न कि शमा परवाना रूप में व्यवहृत किया।

शुक्लजी के निबन्धों में यत्र-तत्र अंग्रेजी के शब्द भी मिलते हैं। लेक्चर, फैशन, हैट, कैप, कोट, क्लोरोफार्म, गवर्नमण्ट आदि अति प्रचलित अंग्रेजी शब्द उनके निबन्धों में पाये जाते हैं। शुक्लजी का विश्वास था कि भाषा में शब्दों का अपना विशिष्ट अर्थ होता है। अनूदित भाषा में मूलभाषा का ठीक भाव आ पाना बहुत कठिन होता है। इसी से जहाँ भी अंग्रेजी के शब्दों का हिन्दी रूपान्तरण उन्होंने किया है, कोष्ठकों में मूल अंग्रेजी शब्द भी दे दिया है। अंग्रेजी शब्दों के हिन्दी पर्याय प्रस्तुत कर उन्होंने हिन्दी भाषा के शब्दकोश में उल्लेखनीय वृद्धि की है। कुछ ऐसे शब्द ये हैं—प्रभाववाद (Impressionism), अभिव्यञ्जनावाद (Expressionism), चेतन (Conscious), अन्तः संज्ञा (Sub-concious), काव्यगत सत्य (Poetic Truth), प्रतिवर्तन (Reaction), चित्र (Image), स्थिर (Static), स्वयं ज्ञान प्रकाश (Intution), गत्यात्मक (Dynamic), घनत्व (Intensity), प्रसंग गर्भत्व (Allusiveness), इतिवृत्तात्मक (Matter of Fact) आदि।

शुक्लजी ने तद्भव और देशज शब्दों के भी पर्याप्त मात्रा में प्रयोग किये। उनकी मान्यता थी कि भाषा का सम्बन्ध किसी भी देश के जातीय जीवन से होता है। लोकभाषा में प्राणों की शक्ति निहित होती है। जब पण्डितों की भाषा शक्तिहीन हो जाती है तब शिष्ट सम्प्रदाय लोकभाषाओं का सहारा लेकर भाषा में नवीन प्रागों का सञ्चार करता है। छेड़छाड़, चटपट, सेंतमेत, धड़ाधड़, घिन, गड़बड़झाला, खुल्लमखुल्ला, खेवा, बेखटके, चटक-मटक, अटकलपच्चू, फेरफार आदि देशज शब्दों के सावधान प्रयोग ने उनकी भाषा में चार चाँद लगा दिये हैं।

मुहावरों-कहावतों का पर्याप्त प्रयोग शुक्लजी ने भाषा को प्रवाहपूर्ण बनाने के लिए किया है। बगलें झाँकना, कलेजे पर पत्थर रखना, छोटे मुँह बड़ी बात करना, गड़े मुर्दे उखाड़ना, नशा हिरन होना जैसे प्रचलित मुहावरे उनकी भाषा में हैं। मुहावरों के कुशल प्रयोग का एक उदाहरण देखें—"जिसके साथ हमने कोई बुराई की होती है उसे देखते ही हमारी क्या दशा होती है। चेष्टाएँ मन्द पड़ जाती हैं, हमारे ऊपर घड़ों पानी पड़ जाता है, हम गड़ जाते हैं या चाहते हैं कि धरती फट जाती और उसमें हम समा जाते।" शुक्लजी ने वाक्यों के बीच में प्रसिद्ध कवियों की पंक्तियों का उपयोग कर अपने कथन को विश्वसनीय बना दिया है और विषय को भी भलीभाँति स्पष्ट कर दिया है। 'सुनत जनक आगमन हरखेउ अवध समाज' 'गरहिं गलानि कुटिल कैकेई', 'नाते सबै राम के मनियत सुहृद सुसेव्य जहाँ लौं' आदि काव्यांश यथाअवसर प्रयुक्त हुए हैं।

शुक्ल जी की वाक्य-योजना सुगठित है। वाक्य-नियोजन-पद्धति भी शब्द-चयन की भाँति पूर्ण वैज्ञानिक है। वाक्यों में प्रयुक्त एक भी शब्द चाहे वह जिस भाषा या प्रकार का हो, आसानी से इधर-उधर नहीं किया जा सकता। वाक्यों में अर्थ ठूस-ठूसकर भरा गया है। वाक्यों में सर्वत्र पूर्वापर सम्बन्ध निहित है, जिससे विचार-शृंखला परस्पर जुड़ी हुई है। 'क्रोध' नामक निबन्ध का यह अंश सुनिश्चित वाक्य-योजना का अनुपम आदर्श है, क्या एक भी वाक्य अपने स्थान से हटाया जा सकता है और हटाने पर क्या विचार-शृंखला अटूट रह पायेगी—"दण्ड कोप का ही एक विधान है। राजदण्ड राजकोप है, राजकोप लोककोप और लोककोप धर्मकोप है। राजकोप धर्मकोप से जहाँ एकदम भिन्न दिखायी पड़े, वहाँ उसे राजकोप न समझकर कुछ विशेष मनुष्यों का क्रोध समझना चाहिए। ऐसा कोप राजकोप के महत्त्व और पवित्रता का अधिकारी नहीं हो सकता। उसका सम्मान जनता अपने लिये आवश्यक नहीं समझ सकती।"

शुक्लजी के वाक्य छोटे भी हैं, बड़े-बड़े भी। सूत्र रूप में छोटे वाक्य प्रयुक्त हुए हैं। तुलना और उदाहरण के स्थलों पर भी वाक्य छोटे ही हैं। शुक्लजी के लम्बे वाक्यों में भी सन्तुलन, संगठन और सम्बद्धता निरन्तर बनी रहती है। प्रभावोत्पादन के लिए कभी-कभी शुक्लजी ने वाक्यों को अपूर्ण भी छोड़ दिया है, जैसे "बोती बिसारनेवाले आगे की सुध रखने का दावा किया करें, परिणाम अशान्ति के अतिरिक्त और कुछ नहीं।" निर्देश चिह्नों के प्रयोग में भी शुक्लजी की कुशलता व्यक्त हुई है।

भाषा का चमत्कार या कारीगरी दिखाना शुक्लजी का अभीष्ट नहीं था। वे तो भाषा को भावाभिव्यक्ति का साधन मानते थे पर उनकी भाषा में सामान्यतः प्रचलित अलंकारों और बिम्बों का भी यत्र-तत्र आश्रय लिया गया है। विचारों का मूर्त स्वरूप अंकित करने के उद्देश्य से, सादृश्य-कथन, सामासिक शब्दावली और अनुप्रास, रूपक आदि का आलंकारिक प्रयोग भी उन्होंने किया है। अनुप्रास के प्रयोग से ध्वनिचित्र

अंकित करने के प्रयास का एक उदाहरण 'कविता क्या है?' निबन्ध से प्रस्तुत है—''पर्वत की ऊँची चोटियों में विशालता और भव्यता का, वात विलोड़ित जल-प्रपात में क्षोभ और आकुलता का, विकीर्ण घनखण्ड मण्डित, रश्मि रञ्जित सान्ध्य दिगञ्चल से चमत्कारपूर्ण सौन्दर्य का, ताप से झिलमिलाती धरा पर धूल झोंकते हुए अन्धड़ के प्रचण्ड झोंकों से उग्रता और उच्छृंखलता का, बिजली की कँपानेवाली कड़क और ज्वालामुखी के ज्वलन्त स्फोट में भीषणता का आभास मिलता है।'' रूपक द्वारा मूर्त-योजना का एक अन्य उदाहरण देखें—''जिसे शक्ति सौन्दर्य की यह झलक मिल गयी, उसके हृदय में सच्चे वीर होने की अभिलाषा जीवन भर के लिए जम गयी।'' इस प्रकार शुक्लजी ने भाषा के सांकेतिक और बिम्ब विधायक दोनों धर्मों का अवलम्ब ग्रहण किया।

शुक्लजी की भाषा चाहे तत्सम शब्दावली से पूर्ण हो चाहे साधारण व्यवहार के शब्दों से निर्मित हो, उसमें विलक्षण वक्रता और अर्थ-शक्तिसम्पन्नता है। भाषा की सजीवता, रवानगी, मुहावरेदानी और विरोधाभास द्वारा अर्थ-सिद्धिसम्पन्नता के कुछ उदाहरण देखें—'कुछ हाथ थामनेवाले और मुँह लटकानेवाले भी निकल सकते हैं' 'हमीं हम वाले तुम भी नहीं सहते, तुम्हीं तुम की क्या बात है' 'यदि हम जान-पहचान करने में बुद्धिमानी से काम लेंगे तो हमें बराबर अनजान रहना पड़ेगा' 'अभिमानी स्वयं अन्धा होकर दूसरों की आँखें भी फोड़ता है' 'हम बुरे हैं दूसरे के कान में पड़ते ही इसका अर्थ उलट जाता है।''

वस्तुतः शुक्लजी भावानुकूल भाषा-प्रयोग के हिमायती थे। कवि पद्माकर की भाषा का जो स्वरूप शुक्लजी ने विवेचित किया है, प्रायः वही स्वरूप शुक्ल जी की भाषा का भी है। शुक्लजी का यह कथन उनकी अपनी भाषा के बारे में कहा गया प्रतीत होता है—''भाषा की सब प्रकार की शक्तियों पर इन कवि का अधिकार दिखायी पड़ता है। कहीं तो इनकी भाषा स्निग्ध मधुर पदावली द्वारा एक साथ सजीव भावभरी मूर्ति खड़ी करती है, कहीं भाव या रस की धारा बहाती है, कहीं अनुप्रासों की मीलित झंकार उत्पन्न करती है, कहीं वीर दर्प से क्षुब्ध वाहिनी के समान अकड़ती और झड़कती हुई चलती है और कहीं प्रशांत सरोवर के समान स्थिर और गम्भीर होकर मनुष्य जीवन की विश्रान्ति की छाया दिखाती है। सारांश यह कि उनकी भाषा में अनेकरूपता है, जो एक बड़े कवि में होनी चाहिए।'' भाषा की यही अनेकरूपता शुक्लजी के निबन्धों में भी प्राप्त होती है।

शुक्लजी की भाषा के सम्बन्ध में दो-तीन विद्वानों के मत यहाँ संकलित किये गये हैं। श्री जयनाथ नलिन ने अपने आलोचनात्मक ग्रन्थ 'आचार्य रामचन्द्र शुक्ल' में लिखा है—''शुक्लजी की भाषा प्रसंगानुकूल अर्थ साधन में विलक्षण सिद्ध है। सूक्ष्मतम

विचाराभिव्यक्ति के लिए अत्यन्त संश्लिष्ट और अल्पतम शब्द-योजना, गहनतम चिन्तन के लिए निश्चित परिभाषा-सम्पन्नता, अनुभूति या भाव-बिम्बना के लिए काव्यमय, नादपूर्ण रंगीन शब्दावली, अपेक्षित वातावरण चित्रण के लिए हाट-बाट, घर-घाट के स्थानीय शब्दों का चुनाव, अन्तर और बारीकी दिखाने के लिए पृथक्-पृथक् छाया प्रकाश का विधान, व्यंग्य-हास्य लिखने में व्यञ्जनात्मक, श्लेषप्रधान चुभीले कसाव-जड़ाव, अन्यत्र दुर्लभ हैं।" प्रोफेसर मोहनलाल लिखते हैं—"शुक्लजी की भाषा में प्रबल अभिव्यञ्जना शक्ति है। विचारों की संघटित योजना के कारण उसमें एक प्रकार का कसाव है जो उसे प्रभावशाली बनाये रखता है। समग्र दृष्टि से इस भाषा में गम्भीरता और शालीनता है, इसमें विषयानुकूल रमणीयता और लालित्य भी है।"

शैली—आचार्य शुक्ल के निबन्ध विषयप्रधान अवश्य हैं पर उनमें उनके व्यक्तित्व की स्पष्ट छाप अंकित है। निबन्ध-शैली पर भी उनके व्यक्तित्व की पूर्ण छाप है। गम्भीर-से-गम्भीर विवेचन में भी शुक्लजी का सक्षम और प्राणवान् व्यक्तित्व उभर आया है। शुक्लजी का निबन्ध साहित्य उनके गहन अध्ययन-चिन्तन का प्रतिफल है और उसमें उनका गुरु गम्भीर व्यक्तित्व प्रकाशित होता है पर 'बुद्धि पथ पर हृदय भी अपने लिये कुछ-न-कुछ पाता रहा है' और वहाँ शुक्लजी की भावुकता छलक उठी है। शुक्लजी की यह शिकायत कि "ऐसे प्रकृत निबन्ध जिनमें विचार-प्रवाह के बीच लेखक के व्यक्तिगत वाग्वैचित्र्य तथा उसके हृदय के भावों की अच्छी झलक हो अभी हिन्दी में कम देखने में आ रहे हैं" स्वयं अपनी निबन्ध-रचना के पश्चात् दूर हो गयी होगी। श्री नलिन लिखते हैं—"व्यक्तित्व निबन्ध की रीढ़ है, शैली शक्ति' यह सच्चाई शुक्लजी के निबन्धों में है। 'शैली ही व्यक्तित्व है' को लेकर ही इनका व्यक्तित्व निबन्धों में सर्वव्यापी नहीं, इसी रूप में केवल नहीं उभरता; इससे भी अधिक विस्तृत, विशाल और गहन रूप में आता है। उनका प्राणवान् व्यक्तित्व अनेक रूपों को समेट अपना स्वरूप संघटित करता है। कभी गहन गम्भीर स्वाधीन चिन्तन बन पाठक को प्रभावित करते हुए मिलता है, कभी सूक्ष्म विवेचन और पर्यवेक्षण के रूप में अभिभूत करते हुए। कहीं वह विचारों के सतर्क गुम्फित प्रकाशन में उभरता है, कहीं भावनाओं की भीड़ में मुग्ध और रोमांचित होते हुए चमकता है, कहीं वह अपने अनुभवों में जीवन और जगत् के निचोड़ रखते हुए पाया जाता है, कहीं सिद्धान्त-निरूपण और विश्लेषण करते हुए।"

निबन्धों में शुक्लजी का मस्तिष्क और हृदय, व्यक्तित्व के दोनों पक्ष उद्घाटित हुए हैं। हृदय की छाप प्राकृतिक सौन्दर्य-चित्रण में, हास्य-व्यंग्य की मीठी चुटकियाँ लेने में तथा लोकरक्षा के निमित्त क्षात्र धर्म का प्रतिपादन करनेवाली ओजमयी भाषा में स्पष्टतः परिलक्षित है। इसके अतिरिक्त विषय के अनुरूप उनका व्यक्तित्व स्वतन्त्र रूप से भी अभिव्यक्त हुआ है। कुछ उदाहरण देखें—"बसन्त आ गया था। महुए चारों ओर टपक

रहे थे। मेरे मुँह से निकला 'महुए की कैसी महक आ रही है' इस पर लखनवी महाशय ने चट मुझे रोककर कहा—'यहाँ महुए-सहुए का नाम न लीजिए, लोग देहाती समझेंगे।'' ''मेरे विचार में तो सदा सत्य बोलना, बड़ों का कहना मानना, ये नियम के अन्तर्गत हैं, शील या सद्भाव के अन्तर्गत नहीं।''

शुक्लजी के निबन्धों में विचारों की प्रधानता है और उनकी शैली विवेचनात्मक है। उनके निबन्धों में गम्भीर वैचारिक चिन्तन भरा है। विचारों की सघनता तथा तर्कपूर्ण मौलिक विवेचन उनके प्रत्येक निबन्ध में प्राप्त होता है। शुक्लजी का प्रधान क्षेत्र बौद्धिक है और उनके निबन्धों में 'विचारों की गूढ़ गुम्फित परम्परा' का चरमोत्कर्ष दिखायी पड़ता है। गम्भीर विवेचन के क्षेत्र को ही अपनाकर शुक्लजी ने विवेचनात्मक शैली को परिपुष्ट किया। शुक्लजी के विचार बुद्धि की कसौटी पर कसे हुए हैं। उनके विवेचन में कहीं भी अस्पष्टता नहीं है, सर्वत्र विचारों की सुसम्बद्ध योजना है। 'भाव या मनोविकार' निबन्ध का प्रारम्भ कितने कुशल और सुसम्बद्ध ढंग से किया गया है—''अनुभूति के द्वन्द्व से ही प्राणी के जीवन का आरम्भ होता है। उच्च प्राणी मनुष्य भी केवल एक जोड़ी अनुभूति लेकर इस संसार में आता है। बच्चे के छोटे-से हृदय में पहले केवल सुख और दुःख की सामान्य अनुभूति भर के लिए जगह होती है। पेट का भरा या खाली रहना ही ऐसी अनुभूति के लिए पर्याप्त होता है। जीवन के प्रारम्भ में इन्हीं दोनों के चिह्न, हँसना और रोना, देखे जाते हैं। पर ये अनुभूतियाँ बिल्कुल सामान्य रूप में रहती हैं, विशेष विषय की ओर विशेष-विशेष रूपों में ज्ञानपूर्वक उन्मुख नहीं होतीं।''

'आधुनिक हिन्दी गद्य और गद्यकार' पुस्तक के लेखक डॉ० जेकब पी० जार्ज शुक्लजी की विवेचनात्मक निबन्ध-शैली को स्पष्ट करते हुए लिखते हैं—''उन्होंने विवेचनात्मक शैली को अपनी समस्त खूबियों के साथ अपनाया है। निगमन, आगमन, व्याख्यात्मक, विश्लेषणात्मक, तर्कप्रधान, तुलनात्मक, गवेषणात्मक, निर्णयात्मक आदि सभी रूप उसमें विद्यमान हैं। अपनी इस शैली को नयी जान देने के लिए, नवीन गरिमा और स्फूर्ति प्रदान करने के लिए भावात्मक, हास्यात्मक, व्यंग्यात्मक, अलंकृत सभी प्रकार की शैलियाँ उनके इशारे पर स्वयं आ उपस्थित हो जाती हैं। साथ ही रह-रहकर अभिव्यक्ति की वर्णनात्मक, विवरणात्मक और वार्तालापात्मक शैलियाँ भी अपना समस्त बल समेटकर शुक्लजी की लेखनी के द्वारा आविर्भूत हो जाती हैं।''

विषय को स्पष्ट और बोधगम्य बनाने के लिए शुक्लजी ने आगमन और निगमन दोनों शैलियों को अपनाया है। उन्होंने अपनी बात को समझाकर, उदाहरण, तुलना, व्याख्या आदि के सहारे स्पष्ट किया है। अन्त में सारांश यह है, तात्पर्य यह कि, अब विचारना यह चाहिए, इससे सिद्ध हुआ कि, ऊपर कहा जा चुका है कि, इससे स्पष्ट

होता है कि आदि प्रारम्भिक पदों द्वारा ऊपर कही बात को पुनः सूत्र रूप में रख दिया है। आगमन शैली के अन्तर्गत लेखक पहले विषय की व्याख्या करता है और अन्त में सम्पूर्ण विवेचन का सारांश थोड़े शब्दों में रख देता है। निगमन शैली के अन्तर्गत लेखक प्रारम्भ में ही एक ठोस सिद्धान्त वाक्य बनाकर रखता है और आगे उसका क्रमिक विस्तार और सांगोपांग व्याख्या प्रस्तुत करता है। 'क्रोध' नामक निबन्ध का पहला और दूसरा पैराग्राफ क्रमशः निगमन और आगमन शैली के सुन्दर उदाहरण हैं। निगमन शैली का उदाहरण पहला पैराग्राफ देखें–"क्रोध दुःख के चेतन कारण के साक्षात्कार या अनुमान से उत्पन्न होता है। साक्षात्कार के समय दुःख और उसके कारण के सम्बन्ध का परिज्ञान आवश्यक है। तीन-चार महीने के बच्चे को कोई हाथ उठाकर मार दे, तो उसने हाथ उठाते तो देखा है पर अपनी पीड़ा और उस हाथ उठाने से क्या सम्बन्ध है, यह वह नहीं जानता है। अतः वह केवल रोकर अपना दुःख मात्र प्रकट कर देता है। दुःख के कारण की स्पष्ट धारणा के बिना क्रोध का उदय नहीं होता। दुःख के सज्ञान कारण पर प्रबल प्रभाव डालने में प्रवृत्त करनेवाला मनोविकार होने के कारण क्रोध का आविर्भाव बहुत पहले देखा जाता है। शिशु अपनी माता की आकृति से परिचित हो जाने पर ज्यों ही वह जान जाता है कि दूध इसी से मिलता है, भूखा होने पर वह उसे देखते ही अपने रोने में कुछ क्रोध का आभास देने लगता है।"

आगमन शैली का उदाहरण निबन्ध का दूसरा पैराग्राफ है–"सामाजिक जीवन में क्रोध की जरूरत बराबर पड़ती है। यदि क्रोध न हो तो मनुष्य दूसरों के द्वारा पहुँचाये जानेवाले बहुत-से कष्टों की चिर निवृत्ति का उपाय ही न कर सके। कोई मनुष्य किसी दुष्ट के नित्य दो-चार प्रहार सहता है। यदि उसमें क्रोध का विकास नहीं हुआ है तो वह केवल आह-ऊह करेगा जिसका उस दुष्ट पर कोई प्रभाव नहीं। उस दुष्ट के हृदय में विवेक, दया आदि उत्पन्न करने में बहुत समय लगेगा। संसार किसी को इतना समय ऐसे छोटे-छोटे कामों के लिए नहीं दे सकता। भयभीत होकर भी प्राणी अपनी रक्षा कभी-कभी कर लेता है; पर समाज में इस प्रकार प्राप्त दुःख-निवृत्ति चिरस्थायिनी नहीं होती। हमारे कहने का अभिप्राय यह नहीं है कि क्रोध के समय क्रोध करनेवाले के मन में सदा भावी कष्ट से बचने का उद्‌देश्य रहा करता है। कहने का तात्पर्य केवल इतना ही है कि चेतन सृष्टि के भीतर क्रोध का विधान इसीलिए है।"

सूत्रात्मक शैली में शुक्लजी की प्रतिभा, तर्कबुद्धि और गागर में सागर भरने की कला का पूर्ण उन्मेष दिखायी पड़ता है। इन सूत्रवाक्यों में गम्भीर और व्यापक अर्थ निहित है। वैर क्रोध का अचार या मुरब्बा है, भक्ति धर्म की रसात्मक अनुभूति है, साहसपूर्ण आनन्द की उमंग का नाम उत्साह है, ईर्ष्या सामाजिक जीवन की कृत्रिमता से उत्पन्न एक विष है, ग्लानि अन्तःकरण की शुद्धि का एक विधान है, नाद सौन्दर्य

से कविता की आयु बढ़ती है-जैसे वाक्य जगमगाते रत्नों की तरह निबन्धों में जड़े हुए हैं। तुलना के द्वारा विषय को स्पष्ट करने के लिए भी शुक्लजी ने सूत्रवाक्यों का सफल विधान किया है। कुछ उदाहरण देखें–"यदि प्रेम स्वप्न है तो श्रद्धा जागरण है, लोभ सामान्योन्मुख होता है और प्रेम विशेषोन्मुख, वैर का आधार व्यक्तिगत होता है घृणा का सार्वजनिक, ईर्ष्या व्यक्तिगत होती है और स्पर्द्धा वस्तुगत, प्रेम में घनत्व अधिक है और श्रद्धा में विस्तार, दुःख की श्रेणी में प्रवृत्ति के विचार से करुणा का उल्टा क्रोध है, दुःख के वर्ग में जो स्थान भय का है आनन्द वर्ग में वही उत्साह का है।"

शुक्लजी के निबन्धों में प्रधानतः 4 प्रकार की शैलियों का प्रयोग दिखायी पड़ता है–समीक्षात्मक, गवेषणात्मक, भावात्मक और हास्य-व्यंग्यप्रधान शैली। हम इन शैलियों का स्वरूप उदाहरणों द्वारा प्रदर्शित करने का यत्न करेंगे।

1. समीक्षात्मक शैली–आचार्य शुक्ल साहित्यिक समीक्षा-शैली के जन्मदाता माने जाते हैं। पाश्चात्य और भारतीय साहित्यशास्त्र का गम्भीर अध्ययन-अनुशीलन उनकी समीक्षाओं से प्रकट होता है। उनकी समीक्षात्मक शैली वैज्ञानिक और मनोवैज्ञानिक भावभूमि पर आधृत है। उनकी आलोचनाएँ सर्वमान्य सिद्धान्तों पर आधारित सर्वथा विश्वसनीय हैं। शुक्लजी की समालोचनात्मक प्रतिभा का मूल्यांकन करते हुए श्री नन्ददुलारे वाजपेयी ने लिखा है-"हिन्दी समीक्षा को शास्त्रीय और वैज्ञानिक भूमि पर प्रतिष्ठित करने में शुक्लजी ने युग प्रवर्तन का कार्य किया, वह हिन्दी के इतिहास में सदैव स्मरणीय रहेगा।"

शुक्लजी की समीक्षा शैली के दो रूप हैं–सैद्धान्तिक समीक्षा और व्यावहारिक समीक्षा। समीक्षात्मक शैली में छोटे-छोटे वाक्यों में विषय का उपयुक्त स्पष्टीकरण किया गया है। इस शैली में प्रभावात्मकता का पूर्ण उत्कर्ष दिखायी पड़ता है, उदाहरणार्थ–"यदि सौन्दर्य है तो प्रफुल्लता, शक्ति है तो प्रणति, शील है तो हर्ष-पुलक, गुण है तो आदर, पाप है तो घृणा, अत्याचार है तो क्रोध, अलौकिकता है तो विस्मय, आनन्दोत्सव है तो उल्लास, उपकार है तो कृतज्ञता, महत्त्व है तो दीनता।" महाकवि तुलसीदास के सम्पूर्ण कृतित्व की सम्यक् आलोचना करने के बाद शुक्लजी उनका महत्त्व इन शब्दों में प्रतिपादित करते हैं–"उनकी वाणी के प्रभाव से आज भी हिन्दू भक्त अवसर के अनुसार सौन्दर्य पर मुग्ध होता है, महत्त्व पर श्रद्धा रखता है, शील की ओर प्रवृत्त होता है, सन्मार्ग पर पैर रखता है, विपत्ति में धैर्य धारण करता है, कठिन कर्म में उत्साहित होता है, दया से आर्द्र होता है, बुराई पर ग्लानि करता है, शिष्टता का अवलम्बन करता है और मानव-जीवन के महत्त्व का अनुभव करता है।" समालोचना क्षेत्र में आज भी शुक्लजी का स्थान सर्वोच्च है।

2. गवेषणात्मक–इस शैली में विचारों की दुरूहता और भावों की गहनता दिखायी पड़ती है। जहाँ नवीन विषयों या विचारों का उद्घाटन शुक्लजी करने लगते हैं

वहाँ इसी शैली का सहारा लेते हैं। इस शैली में शब्द-विन्यास क्लिष्ट और वाक्य-विन्यास भी जटिल है। शुक्लजी की इस शैली के कारण उनके निबन्धों पर क्लिष्टता का आरोप किया गया है और उन्हें समझना लोहे के चने चबाना बताया गया है। वस्तुतः परिष्कृत अभिरुचि के विद्वान् पाठकों के लिए ही यह शैली बोधगम्य है। इस शैली का एक उदाहरण देखें—"गति की यही नित्यता जगत की नित्यता है। सौन्दर्य अमंगल वास्तव में पर्याप्त है। कला पक्ष से देखने में जो सौन्दर्य है वही धर्म पक्ष से देखने में मंगल है।" शुक्लजी की गवेषणात्मक शैली कहीं-कहीं समासात्मकता के भार से आक्रान्त है—"जो केवल प्रफुल्ल-प्रसून-प्रसाद के सौरभ-सञ्चार, मकरन्द-लोलुप मधुर-गुञ्जार, कोकिल-कूजित-निकुञ्ज और शीतल-स्पर्श सुख-समीर इत्यादि की ही चर्चा किया करते हैं, वे विषयी का भोगलिप्सु हैं। इसी प्रकार जो केवल मुक्ताभास हिम-बिन्दु-मण्डित, मरकताभ-शाद्वल-जाल, अत्यन्त विशाल गिरि-शिखर से गिरते हुए जल-प्रपात के गम्भीर गर्व से उठी हुई सीकर-निहारिका के बीच विविध वर्ण स्फुरण की विशालता, भव्यता और विचित्रता में ही अपने हृदय के लिए कुछ पाते हैं, वे तमाशबीन हैं, सच्चे भावुक या सहृदय नहीं।"

3. भावात्मक शैली—अनेक स्थलों पर शुक्ल जी की भावुकता छलकती दिखायी देती है। शुक्लजी हृदय से कवि ही थे। मार्मिक स्थलों पर पहुँचते ही विचारों की बोझिलता दूर हो जाती है और भावात्मक सुषमा की स्निग्ध शीतलता हृदय में रस-वृष्टि करने लगती है। शुक्लजी की भावात्मक शैली के प्रधानतः तीन रूप दिखायी पड़ते हैं—1. जहाँ धन्य, अहा, देखने योग्य आदि शब्दों के द्वारा लेखक अपना हार्दिक उल्लास व्यक्त करता है। 2. जहाँ लेखक भावविभोर दिखायी पड़ता है। और 3. जहाँ भावोद्रेक और भाव-प्रवणता फूट पड़ती है। इस प्रकार पहली स्थिति में भावुकता या तरलता आत्मोल्लास के लिए रहती है, दूसरी स्थिति में उसे आत्मविभोरता प्राप्त होती है और तीसरी स्थिति में व्यक्तित्व उसमें आत्मसात् हो जाता है।

भावात्मक शैली के कुछ स्थल उदाहरणस्वरूप प्रस्तुत हैं—"धन्य है गृहस्थ जीवन में धर्मलोकस्वरूप रामचरित और धन्य हैं उस आलोक को घर-घर पहुँचानेवाले तुलसीदास।" "इस मिलन (राम और भरत) से संघटित उत्कर्ष की दिव्य प्रभा देखने योग्य है। यह झाँकी अपूर्व है। 'भायप भगति' से भरे भरत नंगे पाँव राम को मनाने जा रहे हैं।" प्राकृतिक दृश्यों से शुक्लजी का अनन्य लगाव था। प्रकृति-वर्णनों में शुक्लजी का कवि-हृदय बिम्बित हुआ है—"सौन्दर्य का दर्शन मनुष्य मनुष्य ही में नहीं करता, प्रत्युत पल्लव गुम्फित पुष्पहार में, पक्षियों के पक्षजाल में, सिन्दूराभ सान्ध्य-दिगञ्चल के हिरण्य-मेखला-मण्डित घन खण्ड में, तुषारावृत्त तुंग-गिरि शिखर में, चन्द्रकिरण से झिलमिलातें निर्झर में और न जाने कितनी वस्तुओं में वह सौन्दर्य की झलक पाता है।"

प्राकृतिक सौन्दर्याकर्षण का उल्लास 'लोभ और प्रीति' निबन्ध में भी व्यक्त हुआ है–''यदि देशप्रेम के लिए हृदय में जगह करनी है तो देश के स्वरूप से परिचित और अभ्यस्त हो जाओ। बाहर निकलो तो आँखें खोलकर देखो कि खेत कैसे लहलहा रहे हैं, नाले नदियों के बीच कैसे बह रहे हैं, टेसू के फूलों से वनस्पति कैसी लाल हो रही है, चौपायों के झुण्ड चरते हैं, चरवाहे तान लड़ा रहे हैं, अमराइयों के बीच गाँव झाँक रहे हैं।''

4. हास्य-व्यंग्यप्रधान शैली–श्री जयनाथ नलिन लिखते हैं–''हृदय की चुटकी लेनेवाली युक्तियाँ और गुदगुदानेवाले रिमार्क जगह-जगह पड़नेवाले विश्राम-कुञ्ज हैं। मन-मस्तिष्क को सहलानेवाला रिलीफ है, थकी घड़ियों में एक आसरा है।'' ''इस व्यंग्य में न हल्का विनोद मिलेगा, न छिछला मजाक, अर्थगर्भित हास्य और चुटीला व्यंग्य ही अधिक है। कभी-कभी तो यह इतना चुटीला और तीक्ष्ण है कि एक तीर में शिकार की शक्ति की परख समाप्त।'' शुक्लजी के व्यंग्य दो प्रकार के हैं–छोटे और बड़े। कहीं व्यंग्य केवल एक वाक्य में और कभी-कभी केवल एक मार्के के शब्द के कारण उत्पन्न किया गया है और कभी-कभी शुक्लजी ने विस्तारपूर्वक व्यंग्यात्मक पदावली का प्रयोग किया है। शुक्लजी के कुछ मार्मिक व्यंग्य वाक्य देखें–'चौबे जी पेटभर भोजन के ऊपर भी पेड़े पर हाथ फेरते हैं।' 'एक बेवकूफी करने में लोग संकोच नहीं करते, और सब बातों में करते हैं।' 'जैसे कपियों का स्वभाव तुलसीदास ने रुख तोड़ना बताया है वैसे ही कवियों का स्वभाव शब्द तोड़ना-मरोड़ना हो गया था।' 'मोटे आदमियो! तुम जरा से दुबले हो जाते, अन्देशे से ही सही, तो न जाने कितनी टटरियों पर मांस चढ़ जाता।' 'हवा से लड़नेवाली स्त्रियाँ देखी नहीं तो कम-से-कम सुनी तो बहुतों ने होंगी, चाहे उनकी जिन्दादिली की कद्र न की हो।' 'यदि कटाक्ष से उँगली कटने का डर है तो तरकारी चीरने या फल काटने के लिए हँसिया, छुरी आदि की कोई जरूरत न होनी चाहिए।' 'आजकल सार्वजनिक उद्योगों की बड़ी धूम रहा करती है और बहुत से लोग निराहार परोपकार व्रत करते सुने गये हैं।' 'वाग्वीर आजकल बड़ी-बड़ी सभाओं के मंचों से लेकर स्त्रियों के उठाये हुए पारिवारिक प्रपञ्चों तक में पाये जाते हैं और काफी तादाद में।' इंशा अल्ला खाँ की भाषा का विवेचन करते हुए शुक्लजी की विनोदप्रियता उभर आयी है–''अपनी कहानी का आरम्भ ही उन्होंने इस ढंग से किया है जैसे लखनऊ के भाँड़ घोड़ा कुदाते हुए महफिल में आते हैं।''

कुछ निबन्धों में कहीं-कहीं पृष्ठ-दर-पृष्ठ व्यंग्यात्मक शैली ही प्रयुक्त हुई है। 'लोभ और प्रीति' निबन्ध इसका उदाहरण है। निबन्ध में व्यंग्य शैली का विस्तार और विलक्षण सुसम्बद्धता दर्शनीय है–''लोभियों का दमन योगियों के दमन से किसी प्रकार कम नहीं होता। लोभ के बल से वे काम और क्रोध को जीतते हैं, सुख की वासना का त्याग करते हैं, मान-अपमान में समान भाव रखते हैं। अब और चाहिए क्या? जिससे

वह कुछ पाने की आशा रखते हैं वह यदि उन्हें दस गालियाँ भी देता है तो उनकी आकृति पर न रोष का कोई चिह्न प्रकट होता है और न मन में ग्लानि होती है। न उन्हें मक्खी चूसने में घृणा होती है और न रक्त चूसने में दया। सुन्दर-से-सुन्दर रूप को देखकर वे अपनी एक कौड़ी भी नहीं भूलते। करुण-से-करुण स्वर सुनकर वे अपना एक पैसा भी किसी के यहाँ नहीं छोड़ते। तुच्छ-से-तुच्छ व्यक्ति के सामने हाथ फैलाने में वे लज्जित नहीं होते। क्रोध, दया, घृणा, लज्जा आदि करने से क्या मिलता है कि वे करने जायँ। जिस बात से उन्हें कुछ मिलता ही नहीं जबकि उसके लिए उनके मन के किसी कोने में जगह नहीं होती तब जिस बात से पास का कुछ जाता है, वह बात उन्हें कैसी लगती होगी; यह यों ही समझा जा सकता है। जिस बात में कुछ लगे वह उनके किसी काम की नहीं—चाहे वह कष्ट निवारण हो या सुख प्राप्ति, धर्म हो या न्याय। वे शरीर सुखाते हैं, अच्छे भोजन, अच्छे वस्त्र आदि की आकांक्षा नहीं करते; लोभ के अंकुश से अपनी सम्पूर्ण इन्द्रियों को वश में रखते हैं। लोभियों ! तुम्हारा अक्रोध, तुम्हारा इन्द्रिय निग्रह, तुम्हारी मानापमान समता, तुम्हारा तप अनुकरणीय है; तुम्हारी निष्ठुरता, तुम्हारी निर्लज्जता, तुम्हारा अविवेक, तुम्हारा अन्याय विगर्हणीय है। तुम धन्य हो! तुम्हें धिक्कार है !!"

हिन्दी निबन्धकारों और शैलीकारों में शुक्लजी का स्थान सर्वश्रेष्ठ है। विवेचनात्मक शैली के क्षेत्र में वे अप्रतिम और अतुलनीय हैं। सभी दृष्टियों से शुक्लजी सफल शैलीकार सिद्ध होते हैं; प्रभाव, चमत्कार, सौष्ठव, कौशल, सौन्दर्य, सभी-कुछ उनकी शैली में है। भाषा-शैली की पूर्ण शक्ति का विकास उनके निबन्धों में हुआ। सम्बद्ध विचार-योजना के कारण उनकी शैली कसी हुई और गुम्फित है। अभिव्यक्ति की स्पष्टता और स्वच्छता का संघटन उनकी शैली की उल्लेखनीय विशेषता है। डॉ० जगन्नाथप्रसाद शर्मा ने शुक्लजी की शैली के सम्बन्ध में लिखा है—"शुक्लजी की भाषा-शैली की समस्त और सांगोपांग विवेचना उपस्थित करते हुए आज तक की हिन्दी गद्यशैली की विविध भंगिमाओं और विधानों का पूरा विवरण दे दिया जा सकता है। यह इतने बड़े महत्त्व की बात है जो किसी एक साहित्यकार के लिए सामान्यतः सम्भव नहीं।....विश्व साहित्य जब हमसे हिन्दी शैलीकार की माँग करेगा तो बिना किसी हिचक हम शुक्लजी को ला उपस्थित कर सकते हैं। उनका नाम चिर शाश्वत और हिन्दी के लिए गर्व का है।"

शुक्ल जी के निबन्धकार रूप के प्रति समस्त हिन्दी आलोचकों ने पूर्ण आदर प्रकट किया है और हिन्दी निबन्ध साहित्य में उनका सर्वश्रेष्ठ स्थान बताते हुए उनकी गणना विश्व के इने-गिने निबन्धकारों में की है। निस्सन्देह वे अपराजेय, अद्वितीय और

अप्रतिम निबन्धकार हैं। डॉ० लक्ष्मीसागर वार्ष्णेय 'हिन्दी गद्य की प्रवृत्तियाँ' पुस्तक की भूमिका में लिखते हैं कि शुक्लजी के निबन्ध हिन्दी-साहित्य की अमूल्य सम्पत्ति हैं। श्री जयचन्द राय ने लिखा है—''निबन्धों का इतना सुगठित रूप, विचारों का ऐसा गूढ़ गुम्फित विन्यास, पूर्वापर वाक्यों का ऐसा जनक-जन्य सम्बन्ध, पाठकों का श्रम परिहार करनेवाले व्यंग्य-विनोद का ऐसा रसात्मक विनियोग और शब्द तथा अर्थ परम्परा को ध्यान में रखते हुए हिन्दी गद्य का ऐसा सुष्ठु प्रयोग हमारे साहित्य में अन्यत्र दुर्लभ है।'' श्री जयनाथ नलिन के शब्दों में, ''शुक्लजी का एक-एक निबन्ध हिन्दी गद्यशैली के विकास की शानदार मंजिल है, एक-एक पैरा प्रगति और प्रौढ़ता के पथ पर बढ़ता हुआ पग, एक-एक पंक्ति गम्भीर चिन्तन की सांस और एक-एक शब्द अभिव्यञ्जना का चित्र।''

◆◆◆

गुलाबराय
(सन् 1887-1963)

विज्ञापनबाजी और गुटबाजी से दूर रहते हुए बाबू गुलाबरायजी, 50 वर्ष से भी अधिक समय तक समर्पित भाव से साहित्य-साधना में लगे रहे। साहित्य के प्रकाण्ड विद्वान् होने के साथ-ही-साथ दर्शन, तर्कशास्त्र, मनोविज्ञान विषयों के भी वे प्रतिष्ठित विद्वान् थे। साहित्य की विविध विधाओं में लिखने के साथ ही उन्होंने राजनीति, धर्म, विज्ञान आदि विभिन्न विषयों पर भी लेखनी चलायी। हिन्दी साहित्य की सेवा उन्होंने सम्पादक, पत्रकार तथा अध्यापक रूपों में भी की। अनेक वर्षों तक आगरा से निकलनेवाले साहित्यिक पत्र 'साहित्य-सन्देश' का आपने सम्पादन किया। हिन्दी के आलोचकों और विचारकों में आपका विशिष्ट स्थान है। आलोचना के सैद्धान्तिक और व्यावहारिक दोनों पक्षों को आपने समृद्ध किया।

"निबन्ध वह गद्य रचना है, जिसमें एक सीमित आकार के भीतर किसी विषय का वर्णन या प्रतिपादन एक विशेष निजीपन, स्वच्छन्दता, सौष्ठव और सजीवता साथ ही आवश्यक संगति और सम्बद्धता के साथ किया गया हो।" यह बाबूजी की निबन्ध की सर्वमान्य परिभाषा है। उनके निबन्ध उनकी इस परिभाषा की कसौटी पर पूरी तरह खरे उतरते हैं। उनकी प्रतिभा का पूर्ण विकास और शैली का चरमोत्कर्ष हमें उनके निबन्धों में दिखायी पड़ता है। बाबूजी द्विवेदीयुगीन निबन्धकारों में विशिष्ट स्थान के अधिकारी थे, शुक्लयुगीन निबन्धकारों में अग्रगण्य थे तथा उसके बाद भी निबन्ध साहित्य और निबन्धकारों के प्रेरणा-स्रोत बने रहे। उनकी गणना शुक्लयुगीन निबन्धकारों में होती है क्योंकि वही काल उनकी निबन्ध-रचना का प्रमुख काल रहा है। बाबूजी के निबन्धों में अध्ययन और विचारधारा की विविधता, विभिन्नता और विशिष्टता परिलक्षित होती है। रूप-विधान एवं शिल्प की दृष्टि से भी पर्याप्त वैविध्य एवं व्यापकता इनके निबन्ध साहित्य में प्राप्त होती है।

निबन्ध-परिचय—बाबूजी के निबन्धों के कुल 17 संग्रह हैं। प्रकाशन-वर्ष के साथ उन संग्रहों के नाम ये हैं—1. फिर निराशा क्यों (1918), 2. मैत्रीधर्म (1926), 3. ठेलुआ क्लब (1928), 4. प्रबन्ध प्रभाकर (1934), 5. विज्ञान विनोद (1937), 6. जीवन पथ (1948), 7. आत्म निर्णय (1950), 8. मन की बातें (1954), 9. मेरे निबन्ध (1955), 10. कुछ उथले कुछ गहरे (1956), 11. विद्यार्थी जीवन (1956), 12. मेरी असफलताएँ (1957), 13. अध्ययन और आस्वाद (1957), 14. राष्ट्रीयता (1961),

15. जीवन रश्मियाँ (1962), 16. भारतीय संस्कृति की रूपरेखा (1962), 17. सांस्कृतिक जीवन (1962)।

'बाबू गुलाबराय स्मृति ग्रन्थ' में प्रकाशित लेख 'हिन्दी का निबन्ध साहित्य और बाबूजी के निबन्ध' में श्री रघुवीरशरण व्यथित ने गुलाबरायजी के सम्पूर्ण निबन्ध साहित्य को समीक्षात्मक, विचारात्मक, मनोवैज्ञानिक, भावात्मक तथा हास्य-व्यंग्यात्मक, इन पाँच भागों में वर्गीकृत किया है। डॉ० देवेन्द्र कुमार जैन ने भी बाबूजी के निबन्धों को प्रायः इसी प्रकार वर्गीकृत किया है।

1. समीक्षात्मक—बाबूजी के समीक्षात्मक निबन्ध दो प्रकार के हैं—सैद्धान्तिक समीक्षा-सम्बन्धी और व्यावहारिक समीक्षा-सम्बन्धी। सिद्धान्त प्रतिपादक निबन्धों के तीन वर्ग हैं—1. जिनमें सिद्धान्त प्रतिपादन शास्त्रीय ढंग से किया गया है, जैसे रस और मनोविज्ञान, अभिव्यञ्जनावाद एवं कलावाद, सत्यं-शिवं-सुन्दरम्, साहित्य के मूल्य आदि निबन्ध। 2. दूसरा वर्ग वह है, जिसमें काव्यशास्त्र को आधार मानकर विषय का प्रतिपादन किया गया है। इस प्रकार के निबन्धों में मौलिकता और वैचारिक गाम्भीर्य नहीं दिखायी पड़ता। कवि समय, सञ्चारी भावों की संगति, भारतीय आलोचना-पद्धति, काव्येषु नाटकं रम्यं आदि निबन्ध इस कोटि के अन्तर्गत आते हैं। 3. तीसरा वर्ग वह है जिसमें बाबूजी ने लोकनिष्ठ भावना का साहित्यिक शैली में निरूपण किया है। इसमें ललित कलाओं में काव्य का स्थान, काव्यकला और चित्रकला, एको रसः करुण एव, उपन्यास के अध्ययन से हानि-लाभ निबन्ध आते हैं।

व्यावहारिक समीक्षा-सम्बन्धी निबन्धों में भावपक्ष तथा कलापक्ष का सुन्दर समन्वय बाबूजी ने उपस्थित किया है। इन निबन्धों में व्याख्यान पद्धति के दर्शन होते हैं। व्यावहारिक समीक्षा-सम्बन्धी निबन्धों की संख्या सौ से भी ऊपर है। कुछ विशेष निबन्ध ये हैं—वीर कवि चन्दबरदायी, सन्त कवि महात्मा कबीर, आचार्य कवि केशवदास, रसिक कवि बिहारीलाल, राष्ट्रकवि मैथिलीशरण गुप्त, छायावाद, रहस्यवाद, हिन्दी काव्य की वर्तमान स्थिति, सूर की भक्ति-भावना, रामचन्द्रिका का प्रबन्ध निर्वाह, सेनापति, भारतेन्दु, हिन्दी के हास्य लेखक बालमुकुन्द गुप्त, द्विवेदी के काव्य-सम्बन्धी विचार, शुक्ल की विचार समन्विति, चिन्तामणि के निबन्ध आदि।

2. विचारात्मक—'फिर निराशा क्यों' 'कुछ उथले कुछ गहरे' संग्रहों के अधिकांश निबन्ध विचारात्मक हैं। 'फिर निराशा क्यों' संग्रह के निबन्धों में विचारात्मक निबन्धों के दोनों प्रकार—1. शुद्ध विचारात्मक, जिनमें बाबूजी के संस्कार, दर्शन और अन्तःप्रेरणाओं से सम्बन्धित निबन्ध आते हैं और 2. विचारात्मक तथा भावात्मक, जिनमें दोनों का समञ्जित रूप लक्षित होता है—प्राप्त होते हैं। पहले प्रकार के निबन्धों में, मनुष्य की मुख्यता, सत्ता सागर, समष्टि-व्यष्टि, हमारा कर्त्तव्य और हमारी कठिनाइयाँ, पुनीत पापी,

भूल, कर्मयोग का मोक्ष, संघर्ष और विफलता निबन्ध विशेष उल्लेखनीय हैं। दूसरे प्रकार में, फिर निराशा क्यों, सौन्दर्योपासना, कुरूपता, अपूर्णता की पूर्णता, हमारा नेता कौन उल्लेखनीय निबन्ध हैं। प्रथम प्रकार के निबन्धों का सृजन जीवन की व्यावहारिक मनोभूमि को दृष्टि में रखकर किया गया है। इनमें दार्शनिक विश्लेषण भी है और हास-परिहास का पुट भी विद्यमान है। परन्तु बुद्धि को उत्तेजित करनेवाली प्रक्रिया और बिम्ब-विधान का अभाव है। दूसरे प्रकार के निबन्धों में विश्लेषण, वैचारिक मौलिकता, वैयक्तिक तत्त्व, समन्वयात्मक निष्कर्षिणी दृष्टि, सुसंगठित काव्यात्मक प्राञ्जल भाषा और शैली का उपयोग हुआ है।

3. मनोवैज्ञानिक—बाबूजी के अधिकांश मनोवैज्ञानिक निबन्ध 'मन की बातें' संग्रह में संकलित हैं। इन निबन्धों में व्यक्ति के आचरण, व्यवहार, अनुभूतियों आदि पर वैज्ञानिक ढंग से विचार किया गया है। इस प्रकार के निबन्धों में प्रतिपाद्य विषय के साथ प्रतिपाद्य शैली का भी महत्त्व होता है। मनोवैज्ञानिक केवल सिद्धान्त पक्ष का ठोस विवरण प्रस्तुत करता है पर निबन्धकार सिद्धान्त और व्यवहार दोनों पक्षों पर सन्तुलित विचार प्रस्तुत करता है। वह अपने विचारों को विशेष रूप से सरल और सरस बनाकर प्रभावव्यञ्जक रूप में उपस्थित करता है तथा विश्लेषण और व्याख्या पर दृष्टि केन्द्रित रखता है। बाबूजी के शुद्ध मनोवैज्ञानिक निबन्ध ये हैं—अँधेरी कोठरी, भावना ग्रन्थियाँ, हीन ग्रन्थि आदि। मनोविज्ञान पर आधारित निबन्धों में प्रभुत्व कामना, प्रदर्शन, आन्तरिक संघर्ष व अन्तर्द्वन्द्व, कानों सुनी, भेड़िया धसान आदि आते हैं। मनोविज्ञान पर आधारित निबन्धों में निबन्धकार ने मनोविश्लेषण कर विविध समस्याओं की तह में जाने का प्रयत्न किया है। इन निबन्धों में निष्कर्ष रूप में उन्होंने मानव मन की विविध भावनाओं का विधिवत् और साहित्यिक अध्ययन किया है। शुद्ध मनोविज्ञान की भूमि पर लिखे गये निबन्धों में भी बाबूजी की प्रतिभा के सहज दर्शन होते हैं। इस वर्ग के कुछ निबन्ध विषयप्रधान भी हैं, जैसे—मनोविश्लेषणशास्त्र में प्रमुख सम्प्रदाय, फ्रायड की कामवासना, स्वप्न संसार, नित्य की भूलें, हम हँसते क्यों हैं, भयात्मक मानसिक जीवन।

4. भावात्मक—बाबूजी के भावात्मक निबन्धों की संख्या अल्प है। कुछ प्रमुख भावात्मक निबन्ध ये हैं—विश्व-प्रेम और विश्व-सेवा, भक्ति की रीति निराली है, चिर वसन्त, स्वयम्भू सुधारकों का सुधार, दुःख। ये निबन्ध भावात्मक होते हुए भी रसात्मक नहीं हो पाये हैं। वैचारिकता का भी क्षीण तन्तु इनमें विद्यमान है अतः पाठक की चेतना उद्‌बुद्ध होकर इनमें रमती नहीं। विशिष्ट कथन-भंगिमा भी इन निबन्धों में नहीं है।

5. वैयक्तिक—वैयक्तिक निबन्ध ही बाबूजी की प्रसिद्धि के कारण हैं। इनमें उनका व्यक्तिगत दुःख, पीड़ा, अवसाद, विषमता आदि का अभिव्यक्तीकरण है। उनकी व्यक्तिगत कुण्ठाओं, न्यूनताओं का भी इनमें उद्‌घाटन हुआ है। ये आत्मिक अनुभूति

से संसिक्त हैं। इन निबन्धों में उनकी स्वान्तः सुखाय प्रवृत्ति अधिक मुखरित हुई है। इन निबन्धों में साहित्यिकता, संवेदन, दार्शनिक संस्कार, हास्य-व्यंग्य तथा आत्मीयता के संस्पर्श की प्रविधि और प्रारूप प्राप्त होते हैं। 'मेरी असफलताएँ' में संकलित प्रायः सभी निबन्ध वैयक्तिक ही कहे जायँगे। कुछ महत्त्वपूर्ण वैयक्तिक निबन्ध ये हैं—बालस्तावत क्रीड़ासक्तः, मार्शल ला, उसे न भूलूँगा, नमो गुरु देवेभ्यो, सेवा के पथ पर, सैर का मूल्य, पट-परिवर्तन, मेरा मकान, हानि-लाभ का लेखा-जोखा, नर से नारायण, खट्टे अंगूर, आधी छोड़ एक को धावै, श्रीरामजी प्रीत्यर्थ, शैल शिखर पर, ठोक पीटकर, लेखकराज, हाथ झारि के चले जुआरी, मेरी दैनिकी का एक पृष्ठ, शरीर व्याधि मन्दिरम्, प्रभु जी मेरे अवगुन चित न धरौ, चोरी-कला के रूप में, कम्पोजीटर स्तोत्र, सत्तरवीं वर्षगाँठ पर, आत्मनिर्णय आदि। बाबू गुलाबरायजी के इन वैयक्तिक या ललित निबन्धों के सम्बन्ध में डॉ० संसारचन्द्र लिखते हैं—"बाबू गुलाबराय के ललित निबन्ध अनुभूति की प्राण चेतना से सुतरां समन्वित हैं। इनमें लेखक की आत्मा का उन्मुक्त उल्लास है जो शालीन हास्य और गहरे व्यंग्य के रूप में प्रस्फुटित हुआ है। इनमें लेखक के अनुभूत्यात्मक विकास और सृजन प्रतिभा की ऐसी उदात्त परिणतियाँ हैं जिनके पीछे सृजन की उद्दाम प्रेरणा और स्वान्तः सुखाय तथा बहुजन हिताय की भावना कार्यान्वित रहती है।"

6. हास्य-व्यंग्यात्मक—'ठलुआ क्लब' संग्रह में हास्य-व्यंग्यपरक निबन्ध हैं। इनमें अनेक व्यक्तियों के रेखाचित्र हैं। कुछ रेखाचित्र हैं—मधुमेही लेखक की आत्मकथा, बेकार वकील, विज्ञापन युग का सफल नवयुवक, निराश कर्मचारी, प्रेमी वैज्ञानिक। 'कुछ उथले कुछ गहरे' संग्रह में संकलित साँवलिया बीजवाला, जीवन रश्मि, मेरे जीवन को सफल बनानेवाला निबन्ध इसी प्रकार के हैं। उपर्युक्त निबन्धों के अतिरिक्त मेरे नापिताचार्य, सिद्धान्ती, आलसी भक्त, आफत का मारा दार्शनिक, तुलसी के जीवन पर नया प्रकाश, सम्पादकराज, जय उलूकराज, अक्कल बड़ी कि भैंस, पृथ्वी पर कल्पवृक्ष, बस आपकी शुभ सम्मति की कसर है, सीमावर्ती चोर, भारतीय लेखक और मधुमेह, हस्ताक्षर या ब्रह्माक्षर, शीर्षकहीन लेख, आदि व्यंग्यपरक निबन्ध हैं।

बाबूजी अपने इन निबन्धों के बारे में लिखते हैं—"हास्य बहुत नुकीला और सोद्देश्य तो नहीं है, परन्तु कहीं-कहीं व्यंग्य के छींटे अवश्य हैं।...ये निबन्ध अधिकतर शुद्ध विनोद के रूप में जीवन की ऊब दूर करने को लिखे गये हैं।"

डॉ० इन्द्रपाल सिंह 'इन्द्र' बाबूजी के इन हास्य-व्यंग्यपूर्ण निबन्धों के सम्बन्ध में लिखते हैं—"बाबूजी का हास्य अत्यन्त शालीन तथा संयमित है। उन्होंने कुरुचिपूर्ण हास्य की अवतारणा कहीं नहीं की। उनके व्यंग्य तो जीवन की गम्भीर अनुभूतियों से पूर्ण तथा प्रेरणादायक हैं। हिन्दी साहित्य में उन जैसा हास्य-व्यंग्यपूर्ण साहित्य सृजन करनेवाला दूसरा दृष्टिगत नहीं होता।"

भाषा—बाबू गुलाबरायजी के निबन्धों में भाषा के दो रूप दिखायी पड़ते हैं— 1. गम्भीर एवं उच्चस्तरीय परिष्कृत हिन्दी भाषा तथा 2. सरल एवं व्यावहारिक भाषा। साहित्य-समीक्षा, सिद्धान्त-प्रतिपादन, समाज-दर्शन, मनोविज्ञान विषयों के विवेचन में भाषा गम्भीर एवं तत्सम शब्दावली से पूर्ण है। अन्य सामान्य विषयों के प्रतिपादन की भाषा सरल बोलचाल की है। बाबूजी की भाषा सर्वत्र स्पष्ट, सजीव और बोधगम्य है। गम्भीर-से-गम्भीर विषय का प्रतिपादन करने की शक्ति भाषा में है। प्रवाह तथा तरलता होने के कारण भाषा में दुरूहता या क्लिष्टता नहीं आने पायी है।

बाबूजी की भाषा तत्सम-बहुला है पर अन्य भाषाओं के शब्दों को बहिष्कृत करने के पक्ष में वे नहीं थे। उनकी शब्द गरिमा वैविध्यपूर्ण है। तत्सम शब्दावली से पूर्ण भाषा का स्वरूप देखें—"वृहदारण्य, चन्द्रज्योत्स्ना, धौल-धवल यमुनापुलिन, चन्दन-चोवा से सुवासित शीतल-मन्द-समीर, वंशी निनाद, हासोल्लास ये सब मिलकर प्रेम की अभिव्यक्ति में योग देते हैं।" स्थली-पुलाक न्यायेन, ईति-भीति, आपाद मस्तक, सूचीभेद्य, अधिष्ठान, अकौशलोक्षेपक, विरूपाक्ष जैसे संस्कृत के क्लिष्ट शब्दों के प्रयोग भी इन्होंने किये हैं।

रूपात्मकता बाबूजी की भाषा का एक उल्लेखनीय गुण है। रूपचित्र-योजना करने में वे सिद्धहस्त हैं—"जब हम कोकिल के कल-कूजन में, भ्रमरावलि के मधुर गुञ्जार में, मछली के स्वच्छ गम्भीर जल में उछलकर विद्युल्लता की-सी चपलता दिखाने में, मदोन्मत्त गजराज की मदभरी चाल में, सिंहनी की क्षीण कटि में, मृगशावक के चञ्चल और कातर नेत्रों में, कमल और सिरीष पुष्पों की कोमलता में, रम्भा स्तम्भों की स्निग्धता में, शरदिन्दु की सुधारूपी शीतलता में, आकाश की निष्कलंक नीलिमा में, विविध समीर की अनूठी इठलान और रजतमय शरच्चन्द्रिका की मृदुल मुस्कान में, स्त्री और पुरुषों की अलौकिक सुन्दरता को आदर्श उपमान-उपभेद रूप में स्थिर कर प्रेमास्पद वस्तु के मनोहर रूप की प्रशंसा करते हैं, उस समय हम अपनी सौन्दर्योपासना में संसार की एकता का परिचय देने लग जाते हैं।"

उपर्युक्त प्रकार की भाषा के उदाहरण उनके निबन्धों में कहीं-कहीं ही मिलते हैं, अधिकतर बाबूजी की भाषा सरल और सामान्य व्यवहार की है। साधारण पाठक भी उसे सरलता से ग्रहण कर सकता है। ऐसी भाषा के उदाहरण ये हैं—"बद अच्छा, बदनाम बुरा। कवि, लेखक और दार्शनिक प्रायः इस बात के लिए बदनाम हैं कि वे कल्पना के आकाश में बिहार करते हैं, उनके पैर जमीन पर रहें किन्तु निगाह आसमान की ओर रहती है और झोपड़ियों में रहकर भी ख्वाब महलों का देखते रहते हैं।" "एक बार सोते से उठने पर एक साथ यह निर्णय नहीं कर सका था कि मैं राजा की मण्डी स्टेशन पर सोया था या वैश्य बोर्डिंग में। सड़क पर खड़े हुए सड़क के ऐंजिन में लगी हुई लाल रोशनी ने यह भ्रम उत्पन्न कर दिया था। सुबह अपने भ्रम को मैंने अपने एक मित्र से कह दिया था। उन्होंने न जाने क्या-क्या गढ़ डाला।"

बाबूजी का शब्द-चयन विषयानुरूप है। भाषा में अरबी, फारसी, अंग्रेजी शब्दों का यत्र-तत्र प्रयोग हुआ है। उनके द्वारा प्रयुक्त कुछ अरबी-फारसी के शब्द ये हैं—शगल, मसौदा, सराबोर, किफायतशारी, तनज्जुल, पेश्तर, दुश्वार, तमाशा, नमूना, हराम, पेचीदा, खिलाफ, वफादारी, मौजूद, गुलाम, शौकिया, दास्तान, बादशाह, शामिल, माफी, काफूर, अलमस्ती, मुश्किल, खुशामद, नौबत, ख्वाब आदि। उनकी उर्दूप्रधान भाषा का एक उदाहरण देखें—"पक्की जमीन से दीवारें सात फीट ऊपर आ गयी हैं। हाथी डुबान नहीं तो मुझ ऐसे शर्मदार पस्तकद और पस्तहिम्मत मनुष्य डुबान तो नींव गहरी हो गयी है। अशरफुलमखलूकात हाथी से किस बात में कम हूँ।"

टाइप, आउट आफ आर्डर, टेस्ट, पेशेण्ट, टेरिटोरियल फोर्स, प्रोफेसर, एजेण्ट, प्रास्पेक्टस आदि अंग्रेजी शब्द भी निबन्धों में हैं। शुक्लजी के समान बाबूजी भी स्पष्टता के उद्देश्य से कुछ हिन्दी शब्दों के साथ कोष्ठकों में अंग्रेजी शब्द भी रख देते थे, जैसे—कुशलक्षेम (welfare centre), सामूहिक मन (Group mind), प्रतीकात्मक (Symbolic), अभिव्यञ्जनावाद (Expressionism), बोध (Concept), प्रतिभा (Genious), उन्नयन (Sublimation), सृजनात्मक (Productive), स्नायु उत्तेजना (Nervous excitement), प्रत्यक्ष (Preception), अन्योक्ति (Allegory), इतिवृत्तात्मक (Matter of fact), पुनरुत्थान काल (Renaissance), रेचन (Catharsis) आदि। उन्होंने कहीं-कहीं अंग्रेजी से उद्धरण भी दिये हैं, जैसे A thing of beauty is joy for ever, charity begins at home, live and let live. वाक्यों में अंग्रेजी शब्दों के प्रयोग कहीं-कहीं बहुत प्रभावकारी बन गये हैं—'यह पलायनवाद जीवन की फिलासफी के रूप में ग्रहण किया जाय तो इतना बुरा नहीं। लज्जा वासना की अतिशयता के ऊपर एक आवश्यक ब्रेक का भी काम करती है।

बोलचाल के अनेक शब्द भी निबन्धों में आ गये हैं, जैसे-फेरफार, मापजोख, अता-पता, लेखा-जोखा, ताना-बाना, घुलमिल, झनझनाहट, लहलहाहट, करारा, खरी-खोटी, आन-बान-शान आदि।

बाबूजी के वाक्य-विन्यास में स्पष्टता, स्वाभाविकता और सौष्ठव है। वाक्य-योजना पूर्ण सुगठित है। इनके अधिकांश वाक्य सरल, छोटे और सुबोध हैं। उदाहरणार्थ "जिमीदार गुलछर्रे उड़ते हैं और असली अन्नदाता गरीब किसान स्वयं भूखे रहते हैं, इसी कारण समाज में विषमता है, द्वेष है और है गृह कलह।" "वह स्वयं जो कुछ देखता है, सुनता है, सोचता और समझता है, इसी को वह निबन्धों में व्यक्त करता है। निबन्धों में वह अपने को ही प्रकट करता है। निबन्ध उसकी अपनी रचना है, उसका अपना प्रयास है, उसकी अपनी चेष्टा है, उसकी अपनी वस्तु है।" पर कहीं-कहीं लम्बे और जटिल वाक्यों का प्रयोग भी निबन्धों में देखा जा सकता है—"एक दूसरे दार्शनिक महाशय के सम्बन्ध में कहा गया है कि एक बार उनको स्टेशन जाते हुए भ्रम हो गया

कि वे अपनी घड़ी नहीं लाये और घर लौटकर घड़ी लाने के लिए बड़ी व्यग्रता के साथ वे जेब से घड़ी निकालकर देखने लगे कि इतना समय है कि नहीं कि घर से घड़ी ले आयें, बगल में लड़का, शहर में ढिंढोरा।''

लोकोक्तियों-कहावतों का अनुकूल प्रयोग बाबूजी ने किया। इनके द्वारा प्रयुक्त कुछ मुहावरे ये हैं—बाछें खिलना, लोहे के चने चबाना, खैर मनाना, सोने में सुगन्ध, गूँगे का गुड़, पत्थर की लकीर आदि। प्रयुक्त कहावतों और लोकोक्तियों के कुछ उदाहरण ये हैं—नौ नगद न तेरह उधार, जान बची लाखों पाये, ऊँट के मुँह में जीरा, जिसका खाना उसका गाना, जादू वह जो सिर चढ़ बोले, धोबी का कुत्ता न घर का न घाट का, जंगल में मोर नाचा किसने देखा आदि। मुहावरों के प्रयोग से कहीं-कहीं बाबूजी की भाषा में चमत्कार आ गया है उदाहरणार्थ—''कहाँ साधारणीकरण और अभिव्यंजनावाद की चर्चा और कहाँ भुस का भाव। भुस खरीदकर मुझे भी गधे के पीछे-पीछे चलना पड़ता है, जैसे बहुत-से लोग अक्ल के पीछे लाठी लेकर चलते हैं।'' ''यदि वे लट्ठमार कोरा उपदेश देते तो शायद वे किसी षड्यन्त्र के चक्कर में पड़कर जान से भी हाथ धो बैठते।''

विचारों को स्पष्ट करने तथा उनकी पुष्टि करने के लिए बाबूजी ने सन्दर्भों-उद्धरणों को भी निबन्धों में पर्याप्त स्थान दिया है। संस्कृत, हिन्दी, अंग्रेजी, उर्दू आदि भाषाओं के उद्धरण उनके निबन्धों में पर्याप्त संख्या में प्राप्त होते हैं। कुछ उदाहरण देखें—''कविकुलगुरु कालिदास की 'एकोहि दोषो गुण सन्निपाते निमज्जतीन्दोः किरणेष्विवांकः' वाली बड़ों-बड़ों की कलंकमोचिनी उक्ति के आधार पर मैं बस अवगुण की उपेक्षा कर देता हूँ और निस्संकोच उससे कह देता हूँ—हमसे तुमको बहुत हैं, तुमसे हमको नाहिं।'' ''ऐसे अवसर आये जब 'अश्वत्थामा हतो नरो वा कुञ्जरो वा' का-सा युधिष्ठिरी सत्य का प्रयोग करना पड़ा।'' ''वसुधैव कुटुम्बकम वाले सिद्धान्त के उपासक 'देशकाल नविच्छिन्न' आत्मावाले मेरे मित्र को ऐसी अरुचिकर प्रतीत हुई जैसे महात्मा सूरदास को—हरि विमुखन को संग।'' ''इसमें 'क्वचिदन्यतोपि क्या अधिकांशतः अन्यतोपि है, किन्तु थोड़ा-बहुत अपना भी है। पराया माल अपनानेवालों की भाँति 'अयं निजः परो वेति' की लघुचेतसां गणना को छोड़कर सारी सामग्री को सुपाच्य बनाकर मैं अपने विद्यार्थियों को भेंट करता हूँ।''

शैली—वर्ण्य विषय के अनुरूप बाबूजी की शैली विविध रूप धारण करती चलती है। पर सर्वत्र उनकी शैली उनके व्यक्तित्व के अनुरूप सरल और स्पष्ट है। गुलाबरायजी लिखते हैं—''इन निबन्धों में जीवन और जगत से प्राप्त अनुभूतियाँ हैं और उन पर मेरी शैली और उसमें व्यक्त होनेवाले व्यक्तित्व की छाप है।'' सुबोधता, प्रसादात्मकता, व्याख्यात्मकता आदि गुण बाबूजी की शैली में दर्शनीय हैं।''

गूढ़-से-गूढ़ और जटिल-से-जटिल विषय का प्रतिपादन भी बाबूजी अत्यन्त सुबोध शैली में करते हैं। विचारों का उलझाव और चिन्तन की गूढ़ता गम्भीर-से-गम्भीर विषय प्रतिपादन में भी नहीं दिखायी पड़ती। काव्यशास्त्रीय विषयों की गुत्थियों को भी उन्होंने सरल-सहज ढंग से सुलझाकर सुबोध बना दिया है। 'कुरूपता' निबन्ध की कुछ पंक्तियाँ देखें—निबन्ध की शैली पर्याप्त गम्भीर और विचारप्रधान होते हुए भी क्लिष्ट नहीं है—"सत्ता सागर में दोनों की ही स्थिति है। दोनों ही एक तारतम्य में बँधे हुए हैं। दोनों ही एक दूसरे में परिणत होते हैं। फिर कुरूपता घृणा का विषय क्यों? रूपहीन वस्तु से तभी तक घृणा है, जब तक हम अपनी आत्मा को संकुचित बनाये हुए बैठे हैं। सुन्दर वस्तु को भी हम इसी कारण सुन्दर कहते हैं कि उसमें हम अपने आदर्शों की झलक देखते हैं। आत्मा के सुविस्तृत और औदार्यपूर्ण हो जाने पर सुन्दर और असुन्दर दोनों ही समान प्रिय बन जाते हैं। कोई माता अपने पुत्र को कुरूपवान नहीं कहती। इसका यही कारण है कि अपने पुत्र में अपने-आपको ही देखती है। जब हम सारे संसार में अपने आपको ही देखेंगे, तब हमको कुरूपवान् भी रूपवान् दिखायी देगा।"

उनके निबन्ध प्रसाद गुण सम्पन्न हैं। उनमें व्यर्थ का शब्दाडम्बर और वाग्जाल नहीं है। कथन में स्वच्छता है। रस के सम्बन्ध में लिखते समय उनकी शैली में प्रसाद गुण का समावेश देखें—"उसमें प्रवाह है, गति है और जीवन की सरलता है। वह कवि के हिमगिरि से विशाल और रत्नाकर से विस्तृत और गम्भीर हृदय स्रोत से निःसृत होकर कृति के रूप में प्रवाहित होता हुआ पाठक के हृदय को आप्लावित करता है। इसी से वह रस (जल के अर्थ में) अपना नाम सार्थक करता है। आस्वाद्य होने के कारण वह रसना के रस की भी धर्मता सम्पादित करने में समर्थ रहता है। म्लान और विश्रमाण हृदयों को सञ्जीवनी शक्ति प्रदान कर आयुर्वेदिक रस के गुणों को भी वह अपनाता है। काव्य का सार होने के कारण उसमें फलों के रस की भी अभिव्यक्ति है। रस, अर्थात् आनन्द तो उसका निजी रूप है, वह रमणीयता का चरम लक्ष्य है और अर्थ की अर्थ-स्वरूपा ध्वनि का भी विश्राम स्थल है। इस लिए वह परमार्थ है, स्वयं प्रकाशमय, चिन्मन, अखण्ड ब्रह्मानन्द सहोदर है, 'रसो वै सः' ।"

डॉ० देवेन्द्र कुमार जैन बाबूजी की शैली के प्रधानतः 4 रूप बताते हैं—तार्किक, समन्वयात्मक, व्याख्यात्मक और गवेषणात्मक। पर इनके अतिरिक्त शैली के भावात्मक, विचारात्मक, आत्मव्यञ्जक, सूत्रात्मक, आलोचनात्मक, प्रश्नात्मक, उद्धरणात्मक आदि रूप भी निबन्धों में प्राप्त होते हैं।

व्यंग्यात्मक शैली का सफल प्रयोग गुलाबरायजी ने किया। उनके हास्य मृदु और सरल हैं तथा व्यंग्य पर्याप्त मर्मभेदी। आलोचकों पर किये गये व्यंग्य के दो उदाहरण देखें—"चोरी छिपाने के लिए भी बड़ा कौशल चाहिए, विशेषकर आज के साहित्यिक

संसार में जबकि समालोचक कीट लेखक के अन्तस्थल में प्रवेश करके उसकी अनजान में की हुई चोरी का पता लगा लेते हैं। कहाँ रंगभूमि और कहाँ वेनिटी फेयर।'' ''बुढ़िया के टपके की भाँति समालोचक भी कोई भयंकर जन्तु है, जिसके भय से बड़े-बड़े सरस्वतीपुत्र अपने कान खड़े कर लेते हैं।'' नयी कहानियों के बारे में बाबूजी एक स्थान पर लिखते हैं—'वे प्रति मास नई सामग्री उपस्थित कर पाठकों के मनोरञ्जन तथा ज्ञान-वृद्धि का साधन बनती हैं। और गृह-कक्ष में, रेल के सफर में, कभी-कभी स्कूल-कालेजों के खाली घण्टों में अथवा अध्यापक की आँख बचाकर भरे घण्टों में भी कम-से-कम पीछे की बेंचों पर मन बहलाव करनेवाले वार्तालाप कुशल मित्र का काम देती हैं।'' बाबूजी के कुछ व्यंग्यात्मक वाक्य बड़े ही अर्थगर्भित हैं, जैसे—''लक्षणा अभिधा को दीवालिये से साहूकार बना देती है, किन्तु उसे व्यञ्जना के बैंक का ही सहारा लेना पड़ता है।'' बाबूजी का हास्य-व्यंग्य सदैव शिष्ट ही है। उसमें किसी को पीड़ित करने की भावना भी नहीं है। डॉ० विजयेन्द्र स्नातक का मत इस सम्बन्ध में पूर्ण उपयुक्त है—''मैंने इन निबन्धों में शिष्ट हास्य का जैसा प्राणवान् रूप पाया वैसा हिन्दी के हास्य-व्यंग्य लेखकों में कम ही है। लेखक ने अपने व्यक्तित्व के सबल पक्ष को आहत कर दुर्बल पक्ष को अनाहत करने का प्रयास किया है।''

बाबूजी की शैली व्याख्यात्मक है और उनकी पद्धति व्यास-पद्धति है। उनके निबन्धों में बिखरे हुए सूत्र-वाक्यों में भी अर्थ-स्पष्टता, विचार-सम्पुष्टता तथा युक्तियुक्तता विद्यमान है। ऐसे कुछ उदाहरण ये हैं—''हारा मनुष्य अत्याचारी और विजेता पर व्यंग्य करके अपनी श्रेष्ठता स्थापित कर मन शान्त कर लेता है।'' ''प्रायः बहुत से व्यक्तियों को अपनी काम-वासना की तृप्ति में आंशिक सफलता भी नहीं प्राप्त होती।'' ''अभिव्यञ्जनावाद और साधारणीकरण से देश का कल्याण नहीं होता है।'' ''समाज का दोष तो होता ही है किन्तु जो लोग उसके साथ समझौता नहीं कर सकते हैं, उनको उसका कारण अपने में ही खोजना चाहिए। कहीं हीनता-भाव तो काम नहीं कर रहा है। कारण का जान लेना भी एक प्रकार का इलाज है।''

बाबूजी के निबन्धों की शैली में प्रवाहात्मकता का भी भरपूर समावेश है। उनकी व्यक्तिपरक या आत्मव्यञ्जक शैली में विचित्र प्रवाह और गतिशीलता है। कुछ उदाहरण देखें—''फाउण्टेनपेन, छड़ी, छाता और टोपी खो जाना तो साधारण बात है, मैं ओवरकोट खो चुका हूँ। नहीं भूला हूँ तो दो चीजें—एक अपने को और दूसरा अपना चश्मा।'' मैं स्वयं बेवकूफ बना हूँ; बनाया बहुत कम गया, क्योंकि मुझमें अधिक महत्त्वाकांक्षा नहीं। वे लोग अधिक बेवकूफ बनते हैं जिनमें महत्त्वाकांक्षा की मात्रा कुछ अधिक होती है। मुझे बेवकूफ होने का गर्व तो नहीं है, किन्तु उसकी लज्जा भी नहीं है क्योंकि मैं धूर्त नही हूँ।''

बाबू गुलाबरायजी के वस्तुपरक और व्यक्तिपरक दोनों प्रकार के निबन्ध हिन्दी निबन्ध साहित्य में विशिष्ट महत्त्व रखते हैं। निबन्ध को यदि आत्माभिव्यक्ति का साधन माना जाय तो उनके निबन्धों की समकक्षता करनेवाला दूसरा निबन्धकार हिन्दी में नहीं दिखायी पड़ता। उनके निबन्ध विशाल और व्यापक अध्ययन, सूक्ष्म अनुशीलन, भावपूर्ण सहृदयता तथा सन्तुलित दृष्टिकोण के परिचायक हैं। डॉ० अम्बाप्रसाद सुमन ने गुलाबरायजी की तुलना मौन्तेन से की है—"मौन्तेन की निबन्ध-शैली अंग्रेजी में जो स्थान रखती है, ठीक वही स्थान हिन्दी साहित्य में बाबू गुलाबरायजी की भाषा-शैली का है।" डॉ० दीनदयाल गुप्त बाबूजी के निबन्धों के सम्बन्ध में लिखते हैं—"विषय तथा प्रतिपादन शैली; दोनों दृष्टियों से वे एक उच्चकोटि के निबन्धकार थे। लगभग 50 वर्षों तक वे अपनी सफल लेखनी द्वारा साहित्य, समाज तथा देश की सेवा करते रहे। हिन्दी के वर्तमान काल के निबन्धकारों में गुलाबराय एक प्रमुख लेखक के रूप में चिरस्मृत रहेंगे।" डॉ० देवेन्द्रकुमार जैन ने बाबूजी के निबन्ध साहित्य का मूल्यांकन करते हुए अपने शोध-ग्रन्थ में लिखा है—"बाबू गुलाबराय का निबन्धों के प्रतिपादन के वैशिष्ट्य में अपना एक विशेष स्थान है। विषय परिमाण की दृष्टि से उनका निबन्ध वैविध्य प्रत्येक क्षेत्र में प्रतिफलित हुआ है। जीवन के स्थूल-से-स्थूल और गम्भीर-से-गम्भीर विषयों का वर्णन कर उन्होंने अपनी वैयक्तिक विशेषताओं, मौलिक चिन्तनाओं और शैलीगत मान्यताओं के आधार पर एक विशिष्ट स्थान बना लिया है, इसमें सन्देह के लिए अवकाश नहीं।"

◆◆◆

शिवपूजन सहाय
(सन् 1893-1963)

सरल, सात्विक और विनम्र बाबू शिवपूजन सहाय का प्रमुख प्रदेय पत्रकारिता के क्षेत्र में है। पत्र-पत्रिकाओं के माध्यम से ही साहित्य-जगत् में आपका पदार्पण हुआ। आपके आरम्भिक लेख शिक्षा, मनोरंजन, पाटलिपुत्र आदि पत्रिकाओं में प्रकाशित हुए। सहायजी बहुत-सी पत्रिकाओं से घनिष्ठ रूप में सम्बद्ध रहे। सन् 1921-22 में आरा से निकलने-वाली पत्रिका 'मारवाड़ी सुधार' का आपने सम्पादन किया। कलकत्ता के सुप्रसिद्ध साहित्यिक संगठन 'मतवाला मण्डल' के आप सदस्य रहे। कुछ काल के लिए आदर्श, उपन्यास तरंग तथा समन्वय आदि पत्रों में भी आपने कार्य किया। सन् 1925 में तत्कालीन प्रतिष्ठित पत्रिका 'माधुरी' का आपने सम्पादन किया। भागलपुर से निकलनेवाली पत्रिका 'गंगा' के सम्पादक-मण्डल में भी आप रहे। काशी से प्रकाशित साहित्यिक पाक्षिक 'जागरण' के सम्पादक के रूप में आपने विशेष ख्याति अर्जित की। मासिक बालपत्र 'बालक' का सम्पादन भी कुछ काल तक आपने किया। स्वतन्त्रता के पश्चात् सहायजी बिहार राष्ट्रभाषा परिषद् के सञ्चालक तथा बिहार हिन्दी साहित्य सम्मेलन द्वारा प्रकाशित 'साहित्य' नामक शोध-समीक्षाप्रधान त्रैमासिक पत्र के सम्पादक रहे।

शिवपूजन-रचनावली—शिवपूजन सहाय विशुद्ध गद्यकार थे। उन्होंने लगभग तीन हजार पृष्ठ गद्य लिखा है। उनका अधिकांश लेखन विभिन्न पत्र-पत्रिकाओं के सम्पादकीय लेखों के रूप में है। ये लेख निबन्ध की ही परिधि में आते हैं। ये साहित्यिक, राजनीतिक, सामाजिक, ऐतिहासिक, धार्मिक आदि विभिन्न विषयगत हैं। पुस्तक रूप में शिवजी की कुछ ही कृतियाँ प्रकाशित हुई हैं। बिहार राष्ट्रभाषा परिषद् ने उनकी समस्त रचनाओं का संकलन और प्रकाशन 'शिवपूजन-रचनावली' नाम से 4 खण्डों में किया है।

खण्ड 1 में सहायजी की तीन पुस्तकें सम्मिलित की गयी हैं—**1. बिहार का विहार**—जिसमें प्राचीन बिहार प्रान्त का ऐतिहासिक, प्राकृतिक और भौगोलिक परिचय अनेक निबन्धों में प्रस्तुत किया गया है। ये निबन्ध एक-दूसरे से सम्बद्ध होते हुए भी स्वयं में पूर्ण और स्वतन्त्र भी हैं। **2. विभूति**—जिसमें 16 ललित कहानियाँ संगृहीत हैं। **3. देहाती दुनिया**—जिसमें ठेठ देहात के परिवेश का औपन्यासिक चित्रण किया गया है।

खण्ड 2 में छोटी-छोटी 10 पुस्तकें संगृहीत हैं। श्री शिवपूजन सहाय के शब्दों में, ''भीष्म, अर्जुन और ग्राम-सुधार को छोड़कर सभी पुस्तकें लेख-संग्रह हैं।'' अर्थात् अन्य 7 पुस्तकें निबन्ध-रचना के अन्तर्गत सम्मिलित की जा सकती हैं। ये सात पुस्तकें हैं–**1. दो घड़ी**-इसमें मैं हज्जाम हूँ, एक अद्‌भुत कवि, विजय की तरंग आदि 14 निबन्ध हैं। **2. माँ के सपूत**–इस कृति में अभिमन्यु, लवकुश, राममूर्ति, सैण्डो, डेविड गैरिक आदि 8 महापुरुषों का जीवन-चरित्र स्वतन्त्र निबन्धों में प्रस्तुत किया गया है। **3. अन्नपूर्णा के मन्दिर में**–हमारे उपेक्षित गाँव, बेचारे अनाथ, ग्रामपंचायत का नाटक आदि शीर्षकों से ग्रामदशा पर आधारित 18 निबन्ध इस पुस्तक में हैं। **4. महिला महत्त्व**–राधा, परदा प्रणाली, विधवा विवाह समस्या आदि स्त्री समस्याधारित 14 निबन्ध इस रचना में हैं। **5. बालोद्यान**–इसमें 16 बालोपयोगी निबन्ध हैं। कुछ प्रमुख ये हैं–किशोर, विनय, धनुषभंग आदि। **6. साहित्यिक भाषणावली**–हिन्दी की व्यापकता, हिन्दी साहित्य का अभ्युदय और उत्कर्ष, साहित्य और विज्ञान का सम्बन्ध, यह संसार भी एक पुस्तकालय है, आदि अनेक साहित्यिक-सांस्कृतिक संस्थाओं में दिये गये 11 साहित्यिक भाषण इस कृति में संकलित किये गये हैं। **7. आदर्श चरित्र**–इसमें कुल 4 चरित्र-निर्माण-सम्बन्धी निबन्ध हैं।

'शिवपूजन-रचनावली' खण्ड 3 में 127 विशिष्ट साहित्यिक लेखों-निबन्धों का संग्रह किया गया है। ये निबन्ध शिवजी को हिन्दी निबन्ध साहित्य में प्रतिष्ठित करते हैं। संगृहीत निबन्ध साहित्यिक, भाषा-सम्बन्धी, शास्त्रीय, मनोविकारों से सम्बन्धित, वर्तमान समस्याओं से सम्बन्धित आदि विविध प्रकार के हैं। इन निबन्धों का वर्गीकरण हम विभिन्न शीर्षको में कर सकते हैं–**1. साहित्यिक**–तुलसीदास का पवित्र सौन्दर्य वर्णन, हिन्दी में हास्यरस, हिन्दी साहित्य में व्यंग्य-विनोद, तुलसी की रामभक्ति, प्रसादजी की भविष्यवाणी, हिन्दी के दैनिक पत्र, कविता कौमुदी आदि। **2. भाषा-सम्बन्धी और शास्त्रीय**–हिन्दी और हिन्दुस्तानी, नाटक, साहित्य, साहित्य चर्चा आदि। **3. मनोवैज्ञानिक**–सन्तोष, धैर्य, औदार्य, परोपकार, प्रेम और सेवा आदि। **4. उपदेश प्रधान**–सन्तोष, समय का सदुपयोग, एकता, उचित उपदेश, सन्मार्ग आदि। **5. धार्मिक**–रामभक्ति, श्रीकृष्ण की मुस्कान, अदृश्य के चरणों में आदि। **6. राजनीतिक सामाजिक**-हित की बात, देश का ध्यान, स्वतन्त्रता से कोई उत्साह नहीं, क्रान्ति का अमर सन्देश, स्वतन्त्रता की मनोवृत्ति, सर्वोदय दिवस, प्रजातन्त्र और साहित्य आदि। **7. व्यक्तिपरक या ललित**-सुधा, माधुरी, चुम्बन, आलिंगन, बसन्त की शिक्षा, अरे आनन्द, कुछ अनमोल आँसू, प्रवासी भवन आदि।

खण्ड 4 में सहायजी द्वारा रचित जीवनियों, संस्मरणों और सम्पादकीय लेखों का संकलन किया गया है। रामकृष्ण परमहंस, विवेकानन्द, कुँवर सिंह, रवीन्द्र, राजेन्द्र बाबू,

जवाहरलाल नेहरू, अनुग्रह नारायण सिंह, लतीफ हुसैन, भारतेन्दु, किशोरीलाल गोस्वामी, श्यामसुन्दर दास, रामावतार शर्मा, बदरीनाथ भट्ट, प्रेमघन, प्रसाद आदि 313 विशिष्ट व्यक्तियों की जीवनियाँ और संस्मरण सहायजी ने रोचक भाषा-शैली में प्रस्तुत किये हैं।

सम्पादकीय लेखों के अन्तर्गत मारवाड़ी सुधार, मासिक गंगा, पाक्षिक जागरण, मासिक हिमालय, त्रैमासिक साहित्य आदि पत्रिकाओं में लिखे गये कुल 341 सम्पादकीय लेख या निबन्ध संगृहीत हैं। सन् 1920 से 1959 के बीच लिखे गये इन सम्पादकीयों में अत्यधिक विषय-वैविध्य और व्यापकता है।

भाषा—बाबू शिवपूजन सहाय भाषा के जादूगर माने जाते हैं। द्विवेदीयुगीन भाषागत समस्त विशेषताएँ शिवजी के निबन्धों में मिल जायँगी। संस्कृत के अगाध शब्द-भण्डार से उन्होंने तत्सम शब्द ग्रहण कर निबन्धों का कलेवर श्रीवृद्ध किया है। विविध भाषाओं के शब्दों को ग्रहण करते हुए भी भाषा की आत्मा उन्होंने शुद्ध रखी है। उन्होंने हिन्दी के शब्द-भण्डार की वृद्धि विदेशी शब्दों को ग्रहण करके की है। और ऐसा कर भाषा की पाचनशक्ति का भी विकास किया है। भाषा की स्वरूप-रक्षा में शिवजी निरन्तर दत्तचित्त दिखायी पड़ते हैं। उनकी भाषा साहित्यिक गुणों से सम्पन्न है। भाषा व्याकरणसम्मत और नियमबद्ध है तथा उसमें सूक्ष्मातिसूक्ष्म भाव-प्रकाशन की क्षमता विद्यमान है।

लिखने की भाषा में भाषण की-सी ओजस्विनी शक्ति भरने का कार्य शिवजी ने किया। डॉ० जगन्नाथप्रसाद शर्मा लिखते हैं कि उनकी भाषा पर वक्तृता शैली की छाप सर्वत्र है। आर्यसमाज तथा असहयोग आदि राष्ट्रीय आन्दोलन के व्यापक प्रचार के कारण उस समय स्थान-स्थान पर सभाएँ-वक्तृताएँ आयोजित की जाती थीं। तत्कालीन समाज में आवेश, उग्रता, रूढ़िगत विचारों का खण्डन-जैसी प्रवृत्तियाँ विद्यमान थीं। कथन को प्रभावशाली बनाने के लिए कठोर और उग्र शब्दों का प्रयोग भाषणकर्त्ता करते थे। वस्तु-प्रतिपादन शैली में, वाद-विवाद तथा विवरण उपस्थित करने में सर्वत्र तेजस्विता-निर्भीकता दिखायी पड़ती है। साधारण विषय का प्रतिपादन भी बड़े जोर-शोर से किया जाता था। इन्हीं सबके सामूहिक प्रभाव के परिणामस्वरूप तत्कालीन साहित्य और समाज से घनिष्ठ रूप में सम्बद्ध होने के कारण शिवपूजनजी की भाषा में भी प्रखरता, तीव्रता और भाषण-जैसी तेजस्विता है।

शिवजी की भाषा के प्रधानतः दो रूप हैं—दीर्घ समासयुक्त पदावलीवाली सानुप्रासिक भाषा और चलती हुई मुहावरायुक्त भाषा। दोनों प्रकार की भाषाओं में विशुद्धता का विचार है। अनुप्रासयुक्त भाषा से उन्हें विशेष मोह रहा है। पर ऐसी भाषा अधिकतर कृत्रिम, प्रयासलब्ध तथा नीरस हो गयी है। इस प्रकार की भाषा का एक उदाहरण यह

है—'सौन्दर्यगरिमामय-मुखारविन्द, मल्लिका-वल्लरी-वितानों, अलि-अवलि-केलि-लीला, मंजुलमंजरि-कलित, तरुवर की शाखाओं पर शान से तानकर तीर मारनेवाली कोयल, पल्लवावगुण्ठन में मुँह छिपाये बैठी हुई उस अनुरूपा सुन्दरी को देख रही थी। शीतल-सुरभित-समीर-विलुलित-अलकावली तीर डोल-डोल रस घोल जाता था। चञ्चल-पवन अञ्चल पर लोट-पोटकर अपनी विकलता बताता था। धीरे-धीरे कुञ्चित-कुन्तलराशि नितम्बावरोहण करती हुई आपाद लटक रही थी। यद्यपि निराभरण शरीर पर केवल एक वस्त्र ही शेष था तथापि वह शैवाल-जल-जटित सुन्दर सरोजिनी-सी मन मोहती थी।''

शिवजी के निबन्धों की भाषा में कहीं-कहीं पद्यात्मक तुकान्तता के भी दर्शन होते हैं, उदाहरणार्थ—''सतीत्व रक्षा के लिए जरा-जर्जर जटायु ने अपनी जान तक गँवायी जरूर, लेकिन उसने जो कीर्ति कमायी और बड़ाई पायी, सो आज तक किसी कवि की कल्पना में नहीं समायी।'' यह पद्यात्मक तुकान्तता कहीं-कहीं अत्यन्त अस्वाभाविक और हास्यास्पद हो गयी है—''यह संसार असार है, ऐसा वेदान्तियों का विचार है। उनके लिए ईश्वर भी निराकार है किन्तु हमारे साहित्य-संसार का ईश्वर साकार है। हम लोगों के लिए करुणावतार या लीलावतार है। उनके लिए शृंगार दुराचार है, हम लोगों के लिए गले का हार है, अलंकार है। उधर ओंकार का आधार है, इधर नन्दकुमार का आधार है, बड़ा ही विचित्र व्यापार है।''

पर सर्वत्र ऐसी ही अनुपयुक्त और बोझिल भाषा निबन्धों में नहीं है। विषयानुकूल, उपयुक्त भाषा के उदाहरण भी विरल नहीं हैं। तत्समशब्दयुक्त अलंकारमयी भाषा कहीं-कहीं शिवजी की भाषा-शक्ति का सुन्दर उदाहरण प्रस्तुत करती है—'जिस मेवाड़ की मान-मर्यादा बनाने के लिए हमारी माताओं ने अपनी गोद के लाखों लाल लुटा दिये हैं, उसी मेवाड़ की गौरवान्वित गद्दी को शोभित करनेवाले राणा हम्मीर और राणा संग्राम तथा हिन्दू कुलप्रताप का वंशधर क्या राज्यनाश के भय से,जंगल में भटकने-फिरने की शंका से शरण में आयी हुई एक अबला को आत्मघात करने का अवसर देगा। यदि ऐसा होगा तो उसी दिन वीररक्ताभिषिक्त मेवाड़ भूमि रसातल में पैठ जायगी, सूर्य चक्कर खाकर डूब जायगा, भूमण्डल तूफान से घिरे हुए जहाज की तरह डगमगा उठेगा, तारे एक-से-एक टकराकर चूर्ण हो जायँगे, समुद्र अपनी मर्यादा छोड़कर भूलोक को डुबो देगा, चाँद से चिनगारियाँ बरसने लगेंगी और अरावली का हृदय भीषण ज्वालामुखी के विस्फोट से एकाएक फट पड़ेगा।''

शिवजी की अन्य प्रकार की भाषा चलती हुई बामुहावरा है। चलतापन का विचार होने के कारण ऐसी भाषा में अनेक भाषाओं के शब्द आ गये हैं। उनके निबन्धों में आनेवाले उर्दू भाषा के कुछ शब्द ये हैं—बगलगीर, काफूर, खौफ, दर्ज, जमाना, कम्बख्त, पुश्त-दर-पुश्त, कद्र, चस्पाँ आदि। उनकी भाषा में कुछ अंग्रेजी के शब्द भी आ गये हैं,

जैसे—डोज, विटामिन, पार्लियामेण्ट, स्विच, टैक्स, इनकम, ड्यूटी, मार्क, रन, नोटबुक, काफी हाउस, गेटकीपर, ब्रदरहुड, यूनीवर्सल आदि।

शिवजी की भाषा में स्थान-स्थान पर उर्दू-हिन्दी कविताओं की पंक्तियाँ भी उद्धृत हुई हैं। उनमें से कुछ ये हैं—'काफिर तुझे अल्लाह ने सूरत तो परी दी पर हैफ तेरे दिल में मुहब्बत न जरा दी' 'अन्तिम विनय यही मरने पर टूटी कब्र बना देना।' 'चलने दे सुख के दौर अरे चलने दे, भर जाए सुख से उर का कोना-कोना।'

मुहावरेदार भाषा का एक उदाहरण यहाँ शिवजी के निबन्ध से उद्‌धृत है—"जहाँ विलासिता का सिक्का जमा हो, वहाँ कला का प्रचार आवश्यक है। जहाँ वह रहेगी, वहाँ के लोग द्रव्य को मिट्‌टी का ढेला समझ, अधिकारों को तुच्छ समझ, पैरों से ठुकरा देंगे। विलासिता साँप की केंचुली की तरह छोड़ देंगे।"

विरामादि चिह्नों का कुशल और सफल प्रयोग शिवजी ने किया है—"साहित्य-रसिकों के रसास्वादन-मनोरञ्जन के लिए।" "प्रार्थना-पत्र ब्राह्मण देवता ने, राधाजी की—भक्तिभावपूर्वक, प्रणाम करने हेतु जोड़ी गयी अञ्जली में, उनका कल्याण मनाते हुए छोड़ दिया।" कहीं-कहीं इन चिह्नों की अति अधिकता भी दिखायी पड़ती है—हाँ, अब, जबकि यह पुस्तक, किसी-न-किसी रूप में —प्रकाशित हो जायगी, तब सम्भव है, कभी सौभाग्यवश, विद्वानों की दृष्टि इस पर पड़ जाय।"

शिवजी की भाषा में माधुर्य और ओज दोनों गुण विद्यमान हैं। भाषा अवसर के अनुकूल विविध रूप धारण कर भावाभिव्यक्ति में सक्षम है। बोधगम्यता के साथ-साथ ओजपूर्णता तथा प्रभावशीलता उनकी भाषा की विशेषताएँ हैं। भाषा में भाषण का-सा उतार-चढ़ाव है। प्रवाह तथा साहित्यिक सौष्ठव है। कुछ निबन्धों की भाषा काव्यप्रधान गद्यगीत का-सा आनन्द प्रदान करती है। श्री रामगोपाल सिंह चौहान सहाय-जी की भाषा की तुलना आचार्य रामचन्द्र शुक्ल की भाषा से करते हुए लिखते हैं—"शुक्लजी की भाषा जहाँ गम्भीर है, वहाँ शुष्क भी, पर आपकी भाषा में गाम्भीर्य और माधुर्य का अपूर्व सम्मिश्रण हुआ है।" शिवजी की भाषा के सम्बन्ध में डॉ० रवीन्द्र भ्रमर लिखते हैं—"उनकी भाषा बड़ी सहज रही है। हिन्दी में उर्दू शब्दों का प्रयोग धड़ल्ले से किया है और प्रचलित मुहावरों के सन्तुलित उपयोग द्वारा लोक-रुचि का स्पर्श करने की चेष्टा की है। कहीं-कहीं अलंकारप्रधान, अनुप्रासबहुला भाषा का भी व्यवहार किया है और गद्य में पद्य की छटा उत्पन्न करने का प्रयास किया है। भाषा के इस पद्यात्मक स्वरूप के बावजूद इनके गद्य-लेखन में गाम्भीर्य का अभाव नहीं है।"

शैली—शिवजी की निबन्ध-शैली परिष्कृत, सतर्क, परिमार्जित तथा ओजप्रधान है और उसमें वक्तृत्वकला की विशेषताएँ उपलब्ध होती हैं। शैली में चमत्कार के साथ-साथ विचित्र आकर्षण और प्रभाव है। उनकी निबन्ध शैली के प्रधानतः निम्नलिखित प्रकार हैं—

आलंकारिक शैली—युग के प्रभावस्वरूप शिवजी में अलंकरण की प्रवृत्ति विद्यमान थी। आपने अनुप्रासों की झड़ी लगा दी है। रूपकों, उत्प्रेक्षाओं का भी कुशल प्रयोग निबन्धों में किया गया है। ऐसे, जैसे, सी, मानो आदि का प्रभाव इतना चमत्कारपूर्ण है कि रचना में काव्यात्मक ध्वनि निकलने लगती है। इस शैली में बनावटीपन कम, प्रवाहगत स्वाभाविकता अधिक है। ऐसी आलंकारिक शैली कुछ ही स्थानों पर नहीं प्रायः सर्वत्र है। उनके सादृश्य विधान, साधारण नित्य के अनुभवों से सम्बन्ध रखनेवाले तथ्यों के योग से निर्मित हुए हैं। इन विधानों से अनुभूति की तीव्रता और विश्वसनीयता व्यक्त हुई है। इस शैली के दो-तीन उदाहरण प्रस्तुत हैं—"नव पल्लव-पुष्प-गुच्छ से हरे-भरे कुञ्ज-पुञ्जों में बसन्त-वसीठी मीठी-मीठी बोली भी विरह में विष घोलती थी। मधुर-मधुमयी-माधवी लता पर मँडराते हुए मकरन्द-मत्त-मधुकर, सचराचर मात्र में नूतन शक्ति सञ्चालन करनेवाले—जगदाधार का गुनकर गुण गाते थे।" "खिड़की से छन-छनकर आनेवाली चाँद की चटकीली चाँदनी ने चूड़ावत्-चकोर को आपे से बाहर कर दिया।......प्रेमपाश का प्रबल बन्धन, प्रतिज्ञा-पालन का पुराना बन्धन ढीला कर रहा था। चूड़ावत् का चित्त चंचल हो उठा, वे चटपट चन्द्रभवन की ओर चल पड़े।" "लड़ाई की ललकार सुनकर लँगड़े-लूलों में भी लड़ने-भिड़ने की लालसा जग जाती है।" "उज्ज्वल धारा से धोये हुए आकाश में चुभनेवाले कलश महलों के मुँडेरों पर मुस्करा रहे थे।"

पर इस शैली के अन्तर्गत उपमाओ-उत्प्रेक्षाओं की झड़ी कहीं-कहीं नीरसता और बोझिलता भी उत्पन्न कर देती है, जैसे—"वह अप्रतिम प्रतिमा, वसन्त माला की नव-किसलय कलित रसाल-प्रभावली की वह प्रतिमा, प्रभातकालीन मलय-मारुत से ईषत् दोलायमान् मन्दस्मित नवमालिनी-सी वह प्रतिमा, जयदेव की कोमलकान्त पदावली-सी वह प्रतिमा, शोण-सैकत-शय्‍या पर लेटी हुई सद्यः उचित सूर्य की किरणों-सी वह प्रतिमा, श्रवण की जलप्लावित शस्यस्यामला वसुन्धरा-सी वह प्रतिमा....आदि।"

व्यंग्यात्मक शैली—शिवजी के व्यंग्य बड़े ही सार्थक, पैने और व्यञ्जनापूर्ण हैं। यद्यपि व्यंग्यात्मकता उनकी शैली का प्रमुख गुण नहीं है पर व्यंग्यपूर्ण उक्तियाँ और सूक्तियाँ निबन्धों में प्रायः मिल जाती हैं। उनके कुछ व्यंग्यपरक वाक्य देखें—"बसन्त आ गया, हिन्दी के तुकबन्दों का मन नयी भाभी के लहुरे देवर की तरह हुलसता होगा।" "हिन्दी में भले आदमियों के पीछे पड़नेवाले बहुत हैं, जो सचमुच भले मानुष हैं, वे ऐसों को दूर से ही पहचानकर करबद्ध प्रणाम कर लेते हैं।" "साहित्य क्षेत्र में जितने लोग बिन नकेल फिर रहे हैं, उन्हें पकड़-पकड़कर नाथना ही सफल और महान् पत्रकार का लक्षण है।" "कुछ लोग आचार्य द्विवेदीजी की चिट्ठियों को प्रशंसापत्र समझकर 'टेस्टी मोनियल' की तरह काम में ला रहे हैं।" "सर्वसाधरण के हित के लिए

कल्याण ने राम नाम का बैंक भी खोल दिया है। इसमें सूद दावानल की तरह बढ़ता है।''

संलापात्मक शैली—इस शैली में भी सहायजी ने कुछ निबन्धों की रचना की है। इसमें बातचीत का रस विद्यमान है। इस शैली में लेखक पाठक के अत्यधिक निकट आ जाता है। 'हिन्दी कवियों की अनोखी सूझ' पाठक को सम्बोधित करते हुए बातचीत के लहजे में लिखा गया है—''पाठक, दोहों के सम्बन्ध में यहाँ जो कुछ भी एकाध पंक्तियाँ लिखी जा चुकी हैं, सो केवल संकेत मात्र ही समझिये। दोहार्थ से सम्बन्ध नहीं, हाँ उस ओर इशारा है। कवियों की कविता का नमूना अगर एक-एक पद देकर भी दिखाता जाऊँगा तो यह दीर्घकाय लेख कुछ भद्दा हो जायगा। मेरा उद्देश्य यह है कि आप लोगों में व्रजभाषा की उत्तम कविताएँ पढ़ने का शौक पैदा हो। मैं चाशनी चखाता हूँ, आप लोगों को तृप्त नहीं कर सकता।''

विवरणात्मक शैली—शिवजी के विवरणों में स्वाभाविकता है और इनमें सरल, व्यावहारिक, चलती हुई भाषा का सहारा लिया गया है। वाक्य छोटे-छोटे और सुगठित हैं। इस शैली का एक उदाहरण देखें—''पंजाब मेल का अव्वल दर्जा भी स्वर्ग का नक्शा है। जैसे गंगा और हिमालय का मानचित्र पुस्तकों में, वैसे ही पंजाब मेल के अव्वल दर्जे में बहिश्त का नक्शा मौजूद है। उसे अलकापुरी या अमरावती का नमूना कहना कोई बेजा बात नहीं। हीरालाल ने बापू को अव्वल दर्जे में चढ़ाकर इंजन से गार्ड के डिब्बे तक दो-दो बार चक्कर लगाया। हर एक खाने की चीजों पर दुहरी, पर गहरी नहीं, नजर डालते हुए चक्कर काट रहे थे। बिजली बत्तियाँ जल रही थीं। बिजली के पंखे दनादन चल रहे थे। खिड़की की राह जितनी आँखें स्टेशन की ओर झाँकती थीं सब पर सुनहरी कमानीवाले चश्मे चढ़े थे। कुछ साहेब झालरदार साफ तकियों के सहारे कमर के बल लेटकर समाचार-पत्रों के पन्ने उलट रहे थे।''

बाबू शिवपूजन सहाय के निबन्ध निजी विशेषताओं से सम्पन्न हैं। निबन्धों में विषय को अधिक महत्त्व उन्होंने दिया है। विषय कोई भी हो, उनकी रोचक लेखन-शैली से महत्त्वपूर्ण हो गया है। आलंकारिकता तथा परिहास और व्यंग्य के छीटों ने निबन्ध को गरिमापूर्ण तथा रञ्जक बना दिया है। भाषा में मुहावरों की मीनाकारी और लोकोक्तियों के पुट से अनोखा चमत्कार उत्पन्न हो गया है। निबन्धों की भाषा-शैली में ओज और माधुर्य का अपूर्व सम्मिलन है। श्री हंसकुमार तिवारी 'हिन्दी साहित्य का वृहत् इतिहास' ग्रन्थ में सहायजी के बारे में लिखते हैं—''उनकी मस्ती, जिन्दादिली, उनके विशद साहित्यानुभव और विशाल पैनी दृष्टि के प्रासाद हिन्दी की निधि हैं।....

(निबन्धों में) निजता, आत्मव्यञ्जक भाषा का सुन्दर शिल्प-विधान है।'' डॉ० रवीन्द्र भ्रमर सहायजी के साहित्यिक व्यक्तित्व के प्रति अगाध श्रद्धा प्रकट करते हैं—''शिवपूजन सहाय का समस्त जीवन हिन्दी-सेवा की कहानी है। उन्होंने अपने जीवन का अधिकांश हिन्दी भाषा की उन्नति एवं उसके प्रचार-प्रसार में व्यतीत किया है। बिहार हिन्दी-साहित्य सम्मेलन तथा बिहार राष्ट्रभाषा परिषद् नामक हिन्दी की दो संस्थाएँ उनकी स्थायी कीर्तिकथा के स्मारक के रूप में हैं।''

◆◆◆

पदुमलाल पुन्नालाल बख्शी
(सन् 1894-1971)

बख्शीजी सरल, ऋजु और शुचितापूर्ण जीवन व्यतीत करनेवाले सन्त साहित्यकार थे। उनके स्वभाव की सरलता और सात्त्विकता उनके साहित्य में भी विद्यमान है। सतत अध्ययन, चिन्तन एवं मनन द्वारा उन्होंने अपने साहित्यकार व्यक्तित्व का निर्माण किया था। कभी भी विद्वत्ता प्रदर्शन अथवा अपने ज्ञान और प्रतिभा से आतंकित करने का प्रयास उन्होंने साहित्य अथवा जीवन में नहीं किया। उनके साहित्य में कहीं भी कर्कशता, अकाट्य तार्किकता या आडम्बरपूर्ण विधान नहीं है। उन्होंने कभी भी अपने साहित्यिक वैशिष्ट्य का प्रदर्शन नहीं किया और न ही कभी मौलिकता का दावा किया। 'मेरी अपनी कथा' निबन्ध में वे निष्कपट और विनम्र भाव से अपने सम्बन्ध में लिखते हैं—''मैं अच्छी तरह जानता हूँ कि अपनी रचनाओं को लेकर किसी प्रकार का आदर या प्रतिष्ठा नहीं पा सकता। अपने कर्मों के द्वारा हिन्दी साहित्य के मन्दिर में भले ही आदरणीय स्थान न पाऊँ पर अपने अनुराग के द्वारा मैं उसमें प्रविष्ट अवश्य हो सकता हूँ। विद्या, बुद्धि और ज्ञान में हीन होने पर भी मैं अनुराग में किसी से कम नहीं हूँ।''

विद्यार्थी जीवन से ही बख्शीजी ने निबन्ध लिखना प्रारम्भ कर दिया था। 'सरस्वती' पत्रिका में उनके निबन्ध प्रायः प्रकाशित होते रहते थे। सन् 1921 से 27 तक वह 'सरस्वती' के सम्पादक भी रहे। इस काल में बख्शी जी ने बहुत तरह के निबन्ध लिखे। उनके कुछ निबन्ध छद्म नाम से भी प्रकाशित हुये थे। बख्शीजी एक साथ निबन्धकार, सम्पादक और पत्रकार थे। बख्शीजी का निबन्ध-लेखन-कार्य द्विवेदी-युग से आरम्भ होता है। वे द्विवेदी-युग की समस्त विशेषताओं से सम्पन्न थे। तत्कालीन दो वादों—छायावाद और प्रगतिवाद—को उनकी पूर्ण सहानुभूति प्राप्त थी। धीरे-धीरे शुक्ल-युग का प्रभाव उन पर पड़ा और उनकी गणना शुक्ल-युग के प्रमुख निबन्धकारों में होने लगी। बाबू गुलाबरायजी की भाँति मृत्युपर्यन्त, सन् 1970-71 तक, वे निबन्ध-लेखन में प्रवृत्त रहे और युग तथा परिस्थितियों के अनुरूप उनका निबन्ध साहित्य परिवर्तन-परिवर्द्धन ग्रहण करता रहा।

बख्शी जी के निबन्धों के अनेक संग्रह प्रकाशित हुए हैं। पञ्चपात्र, प्रबन्ध पारिजात, कुछ, और कुछ, बिखरे पन्ने, तुम्हारे लिये, प्रायश्चित, उन्मुक्ति का बन्धन, तीर्थ सलिल, यात्री, त्रिवेणी, मकरन्द बिन्दु, विश्व साहित्य, हिन्दी साहित्य विमर्श आदि उनके सुप्रसिद्ध निबन्ध-संग्रह हैं। 'मेरे प्रिय निबन्ध' उनके श्रेष्ठतम निबन्धों का उन्हीं

के द्वारा किया गया संग्रह है। बख्शीजी के निबन्धों में विषय की दृष्टि से अत्यधिक व्यापकता और वैविध्य है। उनके निबन्धों में कहानी की रञ्जकता और नाटक की रमणीयता विद्यमान है। वैचारिकता और सहानुभूतिजन्य चिन्तन की झलक निबन्धों में सर्वत्र विद्यमान है। आत्मीयता, सहृदयता और निष्कपटता प्रत्येक निबन्ध में उपस्थित है। प्रायः अपने निबन्धों का प्रारम्भ उन्होंने कहानी से किया है और धीरे-धीरे विद्वानों के चिन्तन योग्य वैचारिक पर्तें वे खोलते गये हैं। बख्शीजी स्वयं अपने निबन्धों को कहानी कहते हैं। उद्‌देश्य उनके निबन्धों में सर्वत्र उजागर हुआ है, चाहे कथा-माध्यम से उद्‌देश्य प्रकट करें चाहे नाटकीय ढंग से।

निबन्ध सम्बन्धी धारणा–अनेक निबन्धों में बख्शीजी ने निबन्ध से सम्बन्धित अपने व्यक्तिगत विचार व्यक्त किये हैं। निबन्ध की प्रधान विशेषता वे उसमें निबन्धकार के व्यक्तित्व का प्रस्फुटन मानते हैं–"अंग्रेजी में निबन्ध या प्रबन्ध के लिए जिस 'एसे' शब्द का प्रयोग होता है, उसके मूल में व्यक्ति की अपनी चेष्टा या प्रयास का भाव विद्यमान है। निबन्ध में कोई भी व्यक्ति अपने ही भाव की अभिव्यक्ति के लिए प्रयास करता है। यह उसकी अपनी चेष्टा है, इसलिए अन्य रचनाओं की अपेक्षा उसमें उसका अपना व्यक्तित्व विशेष रूप से प्रस्फुटित होता है। उसमें उसका अपना ज्ञान है, अपना मान है, अपना कर्म है, अपनी अनुभूति है।"

निबन्ध की शैली के सम्बन्ध में भी उन्होंने विचार किया है। उन्होंने सरल निष्कपट निबन्ध-शैली की हिमायत की है–"अंग्रेजी के एक बड़े लेखक का कथन है कि रचना के लिए सबसे मुख्य बात है निष्कपट भावों की निष्कपट अभिव्यक्ति। भाव सच्चे हों और उनकी अभिव्यक्ति भी सच्ची हो, तभी रचना में एक आकर्षण होता है।"

बख्शीजी की विचारधारा–देशी और विदेशी साहित्य का सम्यक् अध्ययन-अनुशीलन बख्शीजी ने किया था। साहित्य, कला, धर्म, राजनीति, समाज आदि पर गम्भीर और सुचिन्तित विचार उन्होंने प्रस्तुत किये। उनकी विद्वत्ता, अध्ययन और ज्ञान-संग्रह उनकी विचारधारा से प्रतिबिम्बित होती है। उनकी धारणाएँ अत्यन्त प्रामाणिक और विश्वसनीय कोटि की समझी जाती हैं।

जीवन-मूल्यों और कला के मानदण्डों के प्रति बख्शीजी की गहरी आस्था थी। उनके निबन्धों में साहित्य की ही अधिक विवेचना है। साहित्य की समस्त विधाओं पर उन्होंने सन्तुलित और निष्पक्ष विचार व्यक्त किये। प्राचीन तथा आधुनिक, दोनों साहित्यों को उन्होंने पर्याप्त सहानुभूति प्रदान की। उनके काव्यालोचन-सम्बन्धी विचार 'हिन्दी-साहित्य - एक ऐतिहासिक समीक्षा' ग्रन्थ में संगृहीत हैं। कविता को उन्होंने असीम भाव-जगत् की सृष्टि कहा है। उनके अनुसार, सच्ची कवि-प्रतिभा किसी भी बन्धन को नहीं स्वीकारती। कवित्व-कला में कवि की अपनी रचना-शक्ति रहती है।

बख्शीजी लब्धप्रतिष्ठ कथा-मर्मज्ञ भी थे। उन्होंने हिन्दी, अंग्रेजी तथा बँगला की सभी प्रमुख कथा-कृतियों को पढ़ा था। उन्हें निबन्ध-लेखन की प्रेरणा 'बंकिम निबन्धावलि' से प्राप्त हुई थी। उन्होंने 'हिन्दी कथा साहित्य' नामक प्रतिष्ठित ग्रन्थ लिखा, जिसमें कथा साहित्य की तलस्पर्शी विवेचना की गयी है। उन्होंने कथारस तथा मनोरञ्जकता को विशेष महत्त्व प्रदान किया। उन्होंने कुछ निश्चित प्रतिमानों के आधार पर कथाकृतियों और कथाकारों की सफलता-असफलता का निर्देश तटस्थ भाव से किया है। आलोचना के सम्बन्ध में उनकी धारणा थी कि किसी रचना के गुण-दोषों की विवेचना करने के लिए हमें वैयक्तिक रुचि-आग्रह की उपेक्षा कर साहित्य की यथार्थ महिमा प्रकट करनेवाले मूल्यों-सत्यों का आधार ग्रहण करना चाहिए। सत् और असत् का निर्देश और विवेचना ही समालोचना है।

साहित्य के अतिरिक्त धर्म, अर्थ, राजनीति, समाज के सम्बन्ध में भी उन्होंने अपने मौलिक और सात्त्विक सद्विचार व्यक्त किये। उन्होंने भारत में प्रचलित विविध धर्मों, धार्मिक आस्थाओं पर विचार-विमर्श किया। उनके धर्म-सम्बन्धी विचार व्यापक और उदार हैं। उनकी स्पष्ट मान्यता है कि प्रेम, दया, सहिष्णुता आदि मानवोचित गुणों को भूलकर कोई भी धर्म उन्नति नहीं कर सकता और न ही वह लोगों के हृदय पर शासन कर सकता है। वे बौद्ध, ईसाई और इसलाम धर्मों को 'प्रचारक धर्म' कहते हैं, क्योंकि ये धर्म, जाति और वर्ग की उपेक्षा कर सभी मनुष्यों को ग्रहण करने की शक्ति रखते हैं। इसके विपरीत हिन्दू धर्म को वे 'आचार धर्म' की संज्ञा देते हैं। हिन्दू-मुसलमान समस्या पर सामाजिक दृष्टिकोण के साथ-ही-साथ धार्मिक दृष्टि से भी उन्हेांने सोच-विचार किया है। उनके अनुसार, "दुर्बल पर अत्याचार करना किसी भी धर्म को मान्य नहीं है।" धर्म के नाम पर व्याप्त भ्रष्टाचारों की उन्होंने भर्त्सना की है। साम्प्रदायिकता, रूढ़िवादिता, धर्मान्धता का उन्होंने विरोध किया। मनुष्य के सद्गुणों का विकास करनेवाले धर्म पर ही उन्होंने श्रद्धा व्यक्त की। उनका दृढ़ मत है, "धर्म का उच्छेद करने की चेष्टा भयंकर होगी, धर्म का विनाश कभी हो नहीं सकता।"

अनेक निबन्धों में बख्शीजी ने अर्थ-विषयक विचार प्रकट किये हैं। 'मोटर-स्टैण्ड पर' नामक निबन्ध में उन्होंने वर्तमान अर्थ-व्यवस्था के यथार्थ रूप की झलक देते हुए आर्थिक दुर्दशा और दैन्यावस्था के कारणों की खोज की है। वर्तमान वैषम्य, वर्ग-संघर्ष एवं पारिवारिक ईर्ष्या-द्वेष का कारण उनकी दृष्टि में अर्थ ही है। पाशविक वृत्तियों और वासनाओं के बढ़ने का कारण उन्होंने आर्थिक असन्तोष और अव्यवस्था को बताया है। आज के विश्व की अर्थ-लोलुप वृत्ति पर चिन्तन करते हुए 'गुड़िया' नामक निबन्ध में वे लिखते हैं—"कभी वह भी युग था जब लोग धर्म में ही जीवन की सच्ची गरिमा देखते थे। आज हम धर्म को एक मिथ्या उन्माद मानकर अर्थ में ही जीवन की यथार्थ गरिमा देखने लगे हैं।" उनकी समझ में आज की समस्त समस्याओं का कारण यही है।

बख्शीजी जागरूक सामाजिक चिन्तक भी थे। सामाजिक समस्याओं पर गम्भीरतापूर्वक सोच-विचार कर इस सम्बन्ध में योग्य उपाय उन्होंने सुझाये हैं। हिन्दू समाज के अनेक दोष उन्होंने उद्घाटित किये। जातीय एकता का प्रतिपादन उन्होंने सर्वत्र किया। 'नव युग और नव आदर्श' निबन्ध में हिन्दू समाज में प्रचलित बेमेल विवाह और पुरुषों की काम-लिप्सा पर क्षुब्ध होकर वे लिखते हैं—"साठ वर्ष का बूढ़ा मनुष्य अपनी विषय-वासना की तृप्ति के लिए नवयुवती से विवाह कर लेता है और सोलह वर्ष की विधवा दूसरा विवाह नहीं कर सकती। यह व्यवस्था किसी को भी उचित प्रतीत नहीं हो सकती।" बख्शीजी ने पाश्चात्य सभ्यता के अन्धानुकरण की निन्दा की। 'समाज समस्या' निबन्ध में उन्होंने स्त्री-स्वातन्त्र्य की हिमायत की है—"स्त्रियों पर सदैव अत्याचार होता ही रहा है और उन्हें चुपचाप पुरुषों के अत्याचार सहने पड़े हैं। अब समाज उनके लिए कौन-सी नीति निर्दिष्ट करना चाहता है? क्या वह उन्हें यथेष्ट स्वाधीनता देने के लिए उद्यत है।"

बख्शीजी की राजनीतिक विचारधारा गाँधीजी से प्रभावित थी। तत्कालीन अँगरेजी राजसत्ता के विरुद्ध असन्तोष होते हुए भी तीव्र आक्रोश उन्होंने नहीं व्यक्त किया। वे मानते थे कि व्यापक असन्तोष, दुर्दशा और पतन का कारण केवल राजनीतिक दासता नहीं, प्रत्युत सामाजिक और बौद्धिक दासता भी है।

भाषा—भाषा के सम्बन्ध में भी बख्शीजी ने अपनी मान्यता अभिव्यक्त की है। एक स्थान पर वे लिखते हैं—"हमें स्मरण रखना चाहिए कि भाषा विद्वानों की ही सम्पत्ति नहीं है, उस पर सभी का अधिकार है। उसके अधिकारियों में अधिकांश लोग विद्या से शून्य हैं। यदि विद्वत्समाज भाषा-सम्पत्ति को अपनाने की चेष्टा करेगा तो कोश उसके हाथ पर आ जायगा और सम्पत्ति जनता के हाथ चली जायगी। भाषा पर विद्वानों का प्राधान्य न कभी रहा है और न रहेगा। भाषा जनता का अनुसरण करेगी और विद्वान् भाषा का अनुसरण करेंगे। भाषा मृत तभी होती है जब वह विद्वानों की सम्पत्ति हो जाती है।"

भाषा की दृष्टि से बख्शीजी शुद्धतावादी माने जाते हैं। उनका विचार है कि अपनी भाषा को ही सब विषयों के प्रतिपादन और विवेचन के योग्य बनाना चाहिए। बाहरी भाषा से न शब्द माँगने चाहिए न गोद ही लेने चाहिए। जहाँ तक हो सका है, उन्होंने विदेशी शब्दों का बहिष्कार किया है। अपने निबन्धों में सरल, संस्कृतनिष्ठ और तत्सम शब्दों का ही प्रयोग उन्होंने किया है। उर्दू, फारसी और अंग्रेजी के बहुत ही कम शब्दों के प्रयोग उन्होंने किये। केवल उन्हीं के प्रयोग किये जो हिन्दी में पूरी तरह घुल-मिल गये हैं। ऐसे कुछ शब्द ये हैं—जरूरत, दिमाग, किताब, सिर्फ, इशारा, दावा, आसानी, जोर, जरा, नश्तर, कद्र, कायल, गरीब, ख्याल, डाका, रोमाण्टिक, सर्जरी, फैन्सी, मिस्टिसिज्म आदि। लकीर का फकीर, दिल के फफोले फोड़ना, चक्कर खाना, बाजी मारना-जैसे सामान्य प्रचलित, चलते हुए मुहावरे उनकी भाषा में आ गये हैं।

बख्शीजी ने छोटे-छोटे प्रवाहपूर्ण वाक्यों का प्रयोग किया है। रचनाविन्यास की दृष्टि से पाश्चात्य लेखक गार्डनर तथा भारतीय लेखकों में टैगोर और शरत से बख्शीजी प्रभावित थे। निबन्धों में पाश्चात्य साहित्य से अनेक उदाहरण देकर भाषा-सामर्थ्य बख्शीजी बढ़ा देते थे। भाषा का सन्तुलन, प्रवाह और स्पष्टता निम्नलिखित अंश में द्रष्टव्य है–'जब दांते नौ वर्ष का था तब उसने वीटिस नाम की लड़की को देखा। उस समय वह भी नौ वर्ष की थी। इन दोनों में परस्पर प्रेम हो गया। जब दांते अठारह वर्ष का हुआ तब उसने इसी प्रेम के कारण एक गीतिकाव्य की रचना की। यह काव्य इटली में अपूर्व माना जाता है। इसका नाम है–वाइट-नुमोवा।''

बख्शीजी की भाषा के सम्बन्ध में दो विद्वानों के मत यहाँ उद्धृत किये जा रहे हैं। श्री जयनाथ नलिन लिखते हैं–''बख्शीजी की भाषा में मिठास और सरलता है। इसका प्रवाह स्निग्ध और प्रभाव शीतल है। बालसुलभ सरलता और भोलापन बख्शीजी की भाषा में मिलेगा, वह हिन्दी में कम ही देखने को मिलता है। लगता है मन और मस्तिष्क पर भाषा की बदली भाव और आनन्द की हल्की-हल्की बूँदें बरसाती, अन्तर को तर करती आगे बढ़ रही हैं।'' श्री ठाकुरप्रसाद सिंह ने बख्शीजी की भाषा के सम्बन्ध में लिखा है–''बख्शीजी की सबसे बड़ी विशेषता है उसकी मधुर सरिता की भाँति शीतल गति। भाषा की इस गति से सब कहीं उनका सुशासित और मोहक व्यक्तित्व घुला-मिला रहता है, ठीक रैदास भगत के प्रभु की तरह जैसे पानी में चन्दन मिला हो।''

शैली–बख्शी जी के निबन्धों के दो स्पष्ट वर्ग दिखायी पड़ते हैं। एक है, सामान्य विषयों पर लिखे गये साधारण निबन्धों का, और दूसरा है, साहित्य चिन्तन-विषयक निबन्धों का। दोनों प्रकार के निबन्ध दो विभिन्न शैलियों में हैं। प्रथम प्रकार के निबन्ध वैयक्तिक हैं और मांतेन की शैली में लिखे गये हैं। इनमें मनोरञ्जकता, चाञ्चल्य और बहुश्रुतता व्याप्त है। साधारण-से-साधारण घटना या तथ्य पर भी उनकी लेखन-कुशलता परिलक्षित होती है। इनमें विषय गौण बन गया है, अनुभूति प्रधान है। दूसरे प्रकार के निबन्धों में गम्भीरता और परिपक्वता है। उनकी बौद्धिकता और वैचारिकता इन निबन्धों से प्रतिबिम्बित होती है।

बख्शीजी के निबन्धों की शैली अत्यन्त सरल और बोधगम्य है। गूढ़-से-गूढ़ विषय और जटिल-से-जटिल साहित्यिक गुत्थी को वे बड़ी आसानी से सुलझाने में समर्थ थे। गम्भीर विषय की चर्चा में वे प्रायः वार्तालाप शैली अपनाते थे। जिज्ञासाओं और समाधानों के क्रम से वे विषय स्पष्ट करते चलते हैं। उनकी वार्तालाप शैली ऐसी है जैसे हम अपने साथियों के साथ बैठकर छोटी-से-छोटी और बड़ी-से-बड़ी बात पर चर्चा-परिचर्चा

कर रहे हैं। बख्शीजी ने निबन्ध-लेखन में अत्यधिक परिश्रम किया है। अपनी रचना को वे बार-बार काट-छाँटकर निखारते-सँवारते रहते थे। लिखने के पहले विषय का अध्ययन भी वे खूब करते थे। उन्हीं के शब्दों में, "मैंने उस मानसिक स्थिति का अनुभव ही नहीं किया, जिसमें भाव अपने-आप उत्थित हो जाते हैं। मुझे तो सोचना पड़ता है, परिश्रम करना पड़ता है, तब कहीं मैं एक निबन्ध लिख सकता हूँ।"

बख्शीजी के निबन्धों को पाँच वर्गों में विभाजित किया जा सकता है— 1. भावात्मक 2. विचारात्मक 3. आलोचनात्मक 4. विवरणात्मक और 5. वर्णनात्मक। उनकी शैली के भी ये ही पाँच प्रकार बताये जा सकते हैं। इन सभी शैली-रूपों पर हम पृथक्-पृथक् विचार करेंगे।

1. भावात्मक शैली—'कुछ' तथा 'और कुछ' निबन्ध-संग्रहों में बख्शीजी के भावात्मक शैली के निबन्ध संगृहीत हैं। रामलाल पण्डित, कुञ्ज बिहारी, अतीत स्मृति, झलमला, उत्सव, श्रद्धाञ्जलि के दो फूल, क्या लिखूँ, गोबर्द्धन मिश्र, गुड़िया शीर्षक निबन्ध भावात्मक हैं। इनमें लेखक ने हृदय के सच्चे विचार पाठक के समक्ष रख दिये हैं। इनमें आकर्षण, रोचकता तथा सजीवता है। वाक्य छोटे-छोटे, भाषा मधुर तथा सरल भावात्मकता इस शैली में है। 'झलमला' निबन्ध की कुछ पंक्तियाँ देखें—"अमावस्या के निविड़ अन्धकार में न जाने किस रहस्य या अज्ञात प्रदेश से लक्ष्मी का आगमन होता है। उस समय मिट्टी के बने हुए क्षणभंगुर प्रदीपों से उसका स्वागत किया जाता है। क्षण भर के लिए छोटे-बड़े सभी लोगों के घरों में एक आनन्द की उज्ज्वलता फैल जाती है। फिर घोर अन्धकार छा जाता है। ऐसा जान पड़ता है कि अन्धकार ही एकमात्र चिरन्तन है, अक्षय है, अविनश्वर है, वही एक सत्य है और सब मिथ्या, क्षणिक और अनित्य है। पर प्रकाश कितना भी क्षणिक क्यों न हो, हमें उसी से उल्लास होता है, तृप्ति होती है, सन्तोष होता है। वह स्नेह का प्रकाश है, प्रेम की दीप्ति है, आशा का उल्लास है और जीवन की स्फूर्ति है।"

उनकी भावात्मक शैली में करुणा का उमड़ा हुआ स्रोत दिखायी पड़ता है। 'अतीत स्मृति' निबन्ध की इन पंक्तियों से उनका सरस, मधुर तथा करुणा सम्पृक्त व्यक्तित्व स्पष्टतः अभिव्यक्त होता है—"संसार का काम कब रुकता है, काल की गति कब अवरुद्ध हुई है, प्रकृति की चाल कब मन्द हुई है, सभी कुछ ज्यों-का-त्यों बना रहता है, परन्तु कोई एक चुपचाप चला जाता है। एक विटप का एक फूल झड़ जाता है, उसकी सौरभनिधि नष्ट हो जाती है। एक तड़ाग का कमल सूख जाता है और उसकी शोभा लुप्त हो जाती है, परन्तु प्रकृति का व्यापार चलता ही रहता है। संसार के समर क्षेत्रों

में व्यस्त और स्वार्थों में लिप्त लोगों को क्या पता है कि आज एक घर का दीपक बुझ गया, एक का सौभाग्य-सूर्य अस्त हो गया, एक की स्नेहनिधि खो गयी !'' इस गद्यखण्ड में प्रश्नों के द्वारा निषेध प्रकट करने का कार्य बहुत ही प्रभावशाली ढंग से सम्पादित हुआ है। भावात्मक शैली के निबन्धों में बख्शीजी की चिन्तन-पद्धति, उनकी नम्रता और सहजता, उनकी प्रसादगुणयुक्त कथन-प्रणाली, उनकी शैली की रोचकता और चित्रात्मकता तथा सरलतम शब्दों में उच्चकोटि के भाव व्यक्त करने की क्षमता दिखायी पड़ती है।

2. विचारात्मक शैली—मेरा जीवन-क्रम, समाज-सेवा, नाम, व्यक्ति-समस्या, समाज-समस्या, जाति-समस्या, राष्ट्र-समस्या, भाषा और साहित्य, प्राचीन और नवीन, लौकिक साहित्य, साहित्य और धर्म, साहित्य और समाज, क्षुद्र की महत्ता आदि बख्शीजी के विचारप्रधान निबन्ध हैं। इनमें उनकी गम्भीरता, स्पष्टता, तार्किकता तथा सन्तुलन दृष्टिगोचर होता है। विचारात्मक निबन्धों में भी भावात्मकता का कुशल समञ्जन दिखायी पड़ता है। विचारों को प्रभावशाली बनाने के लिए छोटी-मोटी घटनाओं, संवादों तथा काव्यांशों को भी उन्होंने यथाअवसर गूँथ दिया है। इन निबन्धों की भाषा सरल और गम्भीर विचार प्रतिपादन में पूर्ण सक्षम है। इस शैली में कहीं भी विद्वत्ताप्रदर्शन, व्यर्थ आडम्बर और नीरसता नहीं दिखायी पड़ती। संयत, उचित और आदर्श विचार क्रमिक रूप में प्रस्तुत किये गये हैं और सर्वत्र आत्मीयता और निजता बनी रहती है। उनका निबन्ध 'विज्ञान' हिन्दी के श्रेष्ठ विचारात्मक निबन्धों में माना जाता है। इस निबन्ध का यह उदाहरण उनकी विचारात्मक शैली का पूर्ण प्रतिनिधित्व करता है—''विज्ञान के कारण हमारे अन्तःकरण से उस ईश्वर की प्रतिष्ठा हटती जाती है जो मनमाने खेल-तमाशे किया करता था, जो सांसारिक प्राणियों की तरह राग-द्वेष या हर्ष-शोक के झंझट में फँसा रहता था। विज्ञान ने मनुष्य के सामने ब्रह्माण्ड की अनन्तता खोलकर रख दी है। इस अनन्त ब्रह्माण्ड में उसकी और उसके झोपड़े की क्या स्थिति है, इस पर विचार करते ही, उसका ज्ञानजनित मिथ्या गर्व चकनाचूर हो जाता है।''

3. आलोचनात्मक शैली—'विश्व साहित्य' शीर्षक ग्रन्थ में बख्शीजी के आलोचनात्मक निबन्ध संकलित हैं। डॉ० प्रभाकर माचवे के शब्दों में, ''उनके निबन्ध लेखक पर उनका आलोचक सदा जाने-अनजाने सवार रहता है। जैसे विशुद्ध निबन्धरचना वे करना ही नहीं चाहते। वे निबन्ध के द्वारा समाज-जीवन की आलोचना के विषय में अपने विचार जैसे सँजोकर रखते हैं।'' पर विशुद्ध आलोचनात्मक निबन्धों की रचना बख्शीजी ने प्रारम्भिक साहित्यिक जीवन में ही की थी, बाद में उन्होंने व्यक्तिनिष्ठ निबन्ध ही लिखे।

4. विवरणात्मक शैली—एक पुरानी कथा, बन्दर की शिक्षा, चक्करदार चोर आदि निबन्ध विवरणात्मक शैली में लिखे गये हैं। इस शैली में कथा की प्रधानता प्राप्त होती है और घटनाओं का यथातथ्य गत्यात्मक वर्णन होता है। इसमें कल्पना तथा अनुभूति के लिए भी पर्याप्त अवकाश रहता है। बख्शीजी के ऐसे निबन्धों की भाषा आकर्षक-प्रभावोत्पादक है। शब्द की व्यञ्जना-शक्ति तथा प्रसादात्मकता का सुन्दर प्रयोग और निर्वाह उन्होंने किया। 'बन्दर की शिक्षा' निबन्ध का यह अंश उनकी विवरणात्मक शैली का अच्छा उदाहरण है—''सब पशु सिर झुकाकर बैठे रहे। जब स्वयं वनराज को यह बात मालूम हुई तब वे अपनी भूल समझ गये। उन्होंने समझ लिया कि मनुष्यों की सभ्यता और शिक्षा का अनुकरण कर वन्य पशु अपना स्वाभिमान और आत्मगौरव खोकर अब वे निश्चेष्ट और निस्तेज हो गये। उन्होंने एक दीर्घ निःश्वास लिया और कहा, अब मैं भी वह नहीं रहा। अब वन में मेरा आधिपत्य नहीं रहा। अब वन में मनुष्य का अधिकार हो गया।''

5. वर्णनात्मक शैली—इस शैली का बहुत ही कम प्रयोग बख्शीजी ने किया। 'एक तीर्थ यात्रा' नामक निबन्ध इस शैली का अकेला उदाहरण है। इस निबन्ध में अमरनाथ की यात्रा का वर्णन है। निबन्ध का एक अंश देखें—''प्रातःकाल यात्री लीदर घाटी पर चढ़ना प्रारम्भ करते हैं। पथ बड़ा कठिन होता है। पहले चोड़ के निकट वन में प्रविष्ट होकर जाना पड़ता है फिर लगातार ऊपर चढ़ना पड़ता है। यात्री ज्यों-ज्यों ऊपर चढ़ता जाता है त्यों-त्यों हिमालय की अपूर्व छटा प्रकट होती जाती है और चारों ओर हिम से आच्छन्न उत्तुंग पर्वत राशि की धवलता फैली रहती है।....''

बख्शीजी की शैली के सम्बन्ध में यहाँ तीन आलोचकों के उपयुक्त मत उद्धृत किये जा रहे हैं। इन आलोचकों के वक्तव्यों से बख्शीजी की निबन्ध-शैली और उनकी कला पर सम्यक् प्रकाश पड़ता है। श्री जयनाथ नलिन लिखते हैं—''शैली की दृष्टि से आपकी अधिकतर रचनाएँ सुरुचिपूर्ण, अर्थसम्पन्न, भावमयी, मधुर प्रसाद शैली में आती हैं। कहीं-कहीं विचारात्मक निबन्धों में आपने विवेचन शैली भी अपनायी है। पर वह भी आपकी भावात्मक काव्यमय शैली में दब गयी है। इस तार्किक अभिभूतात्मक पद्धति का इनकी रचनाओं में लेश भी नहीं। इनमें भावुकता है, चिन्तन नहीं। आस्था है, तर्क नहीं। आप अपनी बात कहते-कहते व्यंग्य के छींटे भी उड़ाते चलते हैं। वह भोला, सुरुचिपूर्ण, निश्छल और निर्मम होता है। उसमें तीखापन नहीं, बहुत गहनता नहीं, अर्थ गम्भीरता भी नहीं, हल्का और सस्ता भी वह नहीं।'' डॉ० गुलाबराय उनके सम्बन्ध में लिखते हैं—''उनकी शैली सुरुचिसम्पन्न, अर्थगर्भ, भावपूर्ण, मधुर और

प्रसादमयी है। प्रवाह के साथ प्रभावोत्पादकता की मात्रा भी उसमें पर्याप्त है। उनके अध्ययन और चिन्तन के फलस्वरूप उनकी शैली पर गम्भीरता की छाप लगी रहती है। बात को घुमा-फिराकर कहने की प्रवृत्ति उनमें बिल्कुल नहीं है।'' डॉ० रवीन्द्र भ्रमर के मतानुसार, ''निबन्ध-लेखन के क्षेत्र में पदुमलाल पुन्नालाल बख्शी एक विशिष्ट शैलीकार के रूप में आते हैं। आपने जीवन, समाज, धर्म, संस्कृति और साहित्य आदि विभिन्न विषयों पर उच्चकोटि के ललित निबन्ध लिखे हैं। आपके निबन्धों में नाटक की रमणीयता और कहानी-जैसी रञ्जकता पायी जाती है। यत्र-तत्र शिष्ट हास्य तथा गम्भीर व्यंग्य-विनोद की अवतारणा करते चलना आपके शैलीकार की प्रमुख विशेषता है।''

◆◆◆

सियारामशरण गुप्त
(सन् 1895-1963)

श्री सियारामशरण गुप्त गद्य लेखक की अपेक्षा कवि रूप में अधिक प्रतिष्ठित और प्रसिद्ध हैं पर उनके उपन्यास, कहानियाँ और निबन्ध भी साहित्य की अमूल्य निधि हैं। गुप्तजी के निबन्धों में उनके भावुक हृदय और बुद्धिवादी मस्तिष्क का अनुपम संयोग है। उनके निबन्ध वैयक्तिक विशेषताओं से ओतप्रोत हैं। उनके निबन्धों में पाठक को रसमग्न और आनन्दित करने की अद्भुत क्षमता निहित है पर साथ ही निबन्धों में व्यापक जीवनानुभव और गहन चिन्तन-मनन भी विद्यमान है। प्रो० गुलाबरायजी के शब्दों में, सियारामशरण गुप्त ने अपनी लेखनी के जादूभरे स्पर्श से गद्य के लोहे को भी सोना बना दिया है।

सियारामशरण गुप्त के निबन्धों का एकमात्र संग्रह है 'झूठ-सच'। इस संग्रह में कुल 28 निबन्ध संगृहीत हैं। इन निबन्धों के रचना-काल में पर्याप्त अन्तर था। ये निबन्ध लेखक की रुग्णावस्था में लिखे गये थे। आलोचकों ने इन निबन्धों को अस्वस्थ शरीर और स्वस्थ मस्तिष्क का प्रतीक माना है। गुप्तजी के निबन्धों पर वैयक्तिकता की छाप पूर्णरूपेण विद्यमान है। इन पर लेखक के सजग, चैतन्य और संवेदनशील चरित्र की छाप अंकित है। सभी निबन्धों में तरल आत्मीयता और मर्मस्पर्शिता विद्यमान है। निबन्धों में एकसाथ कथा, संस्मरण, प्रकृति-चित्रण आदि का आनन्द प्राप्त होता है। कहीं-कहीं इनमें गद्यकाव्य का-सा प्रवाह और लय विद्यमान है। 'झूठ-सच' संग्रह का अन्तिम निबन्ध है, जिसके आधार पर पुस्तक का नामकरण किया गया है।

निबन्ध-प्रकार—श्री शिवनाथजी ने सियारामशरण गुप्त के निबन्धों को सात निम्नलिखित प्रकारों में विभाजित किया है—

1. स्मृति-सम्बन्धी या संस्मरणात्मक—बालस्मृति, मुन्शीजी आदि निबन्ध संस्मरणात्मक हैं। मुन्शीजी में मुन्शी अजमेरी के संस्मरण हैं। निबन्ध में हिन्दू-मुसलमान दोनों जातियों से पारस्परिक स्नेह-सौहार्द बनाये रखने की अपील की गयी है। संस्मरणात्मक निबन्धों की विशेषता यह होती है कि इनमें संस्मरण्य व्यक्ति के साथ ही निबन्धकार के व्यक्तित्व का भी उद्घाटन होता है, पर इस निबन्ध में लेखक का अपना व्यक्तित्व बहुत ही कम, मुन्शीजी का व्यक्तित्व ही प्रकाशित हो पाया है।

2. वर्णनात्मक—इस प्रकार के निबन्धों में हिमालय की झलक, घूँघट में आदि निबन्ध आते हैं। इनमें वस्तुओं तथा व्यक्तियों का वर्णन होता है। वर्णन की प्रधानता

के कारण गुप्तजी के ये निबन्ध काव्य-तत्त्व से प्रभूत मात्रा में युक्त हैं। निबन्धकार की दृष्टि वर्णन करते समय सजीव चित्र उपस्थित करने की ओर है। 'हिमालय की झलक' में लेखक ने अपनी नैनीताल यात्रा का रोचक और सरस वर्णन प्रस्तुत किया है। पर्वतीय दृश्य मन में एक रहस्यपूर्ण विराटता और विशदता का बोध उत्पन्न करते हैं। 'घूँघट में' निबन्ध में स्त्रियों की अनावश्यक लज्जा तथा भीरुता पर व्यंग्य किया गया है। पुरुषों पर भी निबन्धकार व्यंग्य करता है, कहता है, अपने घनिष्ठतम मित्र के असली रूप से हम उतने ही अनभिज्ञ होते हैं जितने कि घूँघटवाली स्त्रियों के शारीरिक स्वरूप से।

3. भावात्मक—छुट्टी, कविचर्चा निबन्ध भावात्मक हैं। इनमें लेखक की भावुकता की अभिव्यक्ति प्रवाहमयी शैली में हुई है। 'छुट्टी' में एक स्कूल के विद्यार्थी की मृत्यु का मर्मस्पर्शी चित्रण है।

4. कथात्मक—इस कोटि के निबन्धों में झूठ-सच, बहस की बात, एक दिन, उसकी बोली आदि निबन्ध आते हैं। 'झूठ-सच' निबन्ध कहानी के अति निकट मालूम होता है। इसे कथात्मक निबन्ध कहा जा सकता है। निबन्ध के रधिया और काशीराम के चित्र द्वारा लेखन-व्यवसाय पर व्यंग्य करते हुए निबन्धकार ने निम्नवर्गीय नारी की दयनीय स्थिति का करुण चित्र प्रस्तुत किया है। निबन्धों में लेखक की वैयक्तिकता और उसके कवि-हृदय का स्पष्ट प्रतिबिम्ब दिखायी पड़ता है। 'बहस की बात' निबन्ध में व्यक्ति के झूठे अहं और पराजित होकर भी पराजय न स्वीकार करने की उसकी प्रवृत्ति का उद्घाटन किया गया है। बहस और तर्क-वितर्क द्वारा कभी भी किसी निष्कर्ष तक नहीं पहुँचा जा सकता। बहस करनेवाले व्यक्ति का पूरा ध्यान अपने तर्कों को जीवित रखने की ओर ही रहता है, तर्क द्वारा कुछ जानने-सीखने की प्रवृत्ति प्रायः नहीं होती है। 'एक दिन' में लेखक ने कुशलतापूर्वक यह प्रदर्शित किया है कि कुछ कार्य जो साधारण लोगों की दृष्टि में महत्त्वहीन होते हैं, वास्तव में कभी-कभी वे कितने महत्त्वपूर्ण और उपादेय सिद्ध होते हैं।

5. वाग्विलासात्मक—ऋणी, घोड़ाशाही, निज कवित्त, कवि की वेश-भूषा, शुष्कोवृक्षः आदि निबन्ध उपर्युक्त शीर्षक के अन्तर्गत आते हैं। इन निबन्धों में विषय गौण है, मन की तरंग प्रधान है। वाग्विलास प्रदर्शित करने के लिए विषय सहारा मात्र है। इन निबन्धों को व्यक्तिपरक निबन्ध भी कहा जा सकता है। 'ऋणी' में ऋण के अनेक रूप दिखाये गये हैं, जिनमें साहु से साहु व्यक्ति भी नहीं बचा रह पाता। निबन्ध में लेखक ने स्वयं को भी कुछ अर्थों में ऋणी स्वीकार किया है—"वर्तमान लेखक ने अपना रास्ता खोज लिया है। वह जब दूसरों को सन्तोष देने से असमर्थ है, तब वह अपने-आपको ही सन्तुष्ट और हलका बनायेगा। कितने बन्धुओं के अनुग्रह का ऋणी होने का ही आनन्द मना लेगा—पर मैं दीवालिया नहीं हूँ। अन्ततः ऐसा न हो जाऊँ, प्रयत्न मेरा यही

है।" 'घोड़ाशाही' में लेखक ने इस घोर मशीनी युग में भी शारीरिक श्रम की महत्ता प्रतिपादित की है। लेखक ने मशीनीयुग की यान्त्रिकता, बर्बरता, हृदयहीनता का उद्‌घाटन कर गाँधीवादी दृष्टिकोण प्रदर्शित किया है। 'कवि की वेश-भूषा' में चीनांशुक वस्त्र को महत्ता दी गयी है क्योंकि कविकुलगुरु कालिदास यही वस्त्र धारण करते थे। निबन्ध में लेखक की हास-परिहास वृत्ति दिखायी पड़ती है। 'शुष्कोवृक्षः' में लेखक ने विषयानुकूल भाषा का प्रयोग करने की हिमायत की है और इसलिए 'शुष्को काष्ठं तिष्ठति अग्रे' जैसी कर्णकटु अभिव्यक्ति करनेवाले कवि की प्रशंसा की है।

6. आत्मप्रधान—इस कोटि में 'आशु रचना' तथा 'अपूर्ण' नामक निबन्ध आते हैं। इन निबन्धों में लेखक के व्यावहारिक जीवन, उसके सामाजिक सम्बन्धों, उसके मित्रों-सम्बन्धियों तथा जीवन की विविध महत्त्वपूर्ण घटनाओं का उल्लेख हुआ है। 'अपूर्ण' निबन्ध में अपूर्ण की प्रतिष्ठा करते हुए गुप्तजी लिखते हैं—"इस अधूरे के भीतर भी उस पूरे का ही प्रकाश है। जिन वयस्कों की रसना और दन्तपंक्ति में बुढ़ापे का कीट नहीं लग गया है, उन्हें कच्चे आम में भी पक्के रसाल से अधिक रस मिलता है।" उनकी मान्यता है कि छोटा ही बड़ा होने का आधार है अतः उन व्यक्तियों को जिनकी सीमा छोटी है, निराश नहीं होना चाहिए।

7. विचारात्मक—एक शीर्षक, मनुष्य की आयु दो सौ वर्ष, अन्य भाषा का मोह, साहित्य और राजनीति, साहित्य में क्लिष्टता आदि निबन्ध विचारात्मक हैं। गुप्तजी ने विचारात्मक निबन्ध ही अधिक लिखे। 'साहित्य और राजनीति' श्रेष्ठ निबन्ध है, जिसमें आज के इस ज्वलन्त प्रश्न का, कि क्या राजनीति के बढ़ते हुए प्रभाव के कारण साहित्यकार की स्वतन्त्रता खतरे में है, उत्तर देने का प्रयत्न किया गया है। लेखक का विचार है कि साहित्यकार और राजनीतिज्ञ एक ही सिक्के के दो पहलू हैं, दोनों परस्पर अभिन्न होकर ही निर्माण के कार्य में प्रवृत्त हो सकते हैं। सच्चा साहित्यकार दरबारी बनकर नहीं जी सकता। वह राजनीतिक दबाव में रहते हुए साहित्य-सर्जन नहीं कर सकता। पर साहित्यकार को भी युग की माँग की उपेक्षा करने का अधिकार नहीं है। उसे कल्पना के ऊँचे लोक से उतरकर पृथ्वी पर रहनेवाले मनुष्यों की पीड़ाओं को मूर्त करना होगा तथा जनकल्याण का मार्ग प्रशस्त करना होगा।

निबन्धों में व्यक्त विचारधारा—गुप्तजी अपने युग की उपज थे। युग के प्रति सजग और जागरूक होने के कारण और युग की अभिव्यक्ति करने के लिए ही उन्होंने निबन्ध विधा को अपनाया था। गुप्तजी ने अपनी वैयक्तिकता तथा विचारधारा को व्यक्त करने के लिए आत्माभिव्यक्ति में सर्वथा सक्षम निबन्ध को साधन रूप में ग्रहण किया। उनके निबन्धों में पाठक से साक्षात् सम्बन्ध स्थापित कर सकने की पूर्ण क्षमता है। उनके निबन्ध विचारप्रधान हैं। गुप्तजी के विचार गाँधीवादी दर्शन से अत्यधिक

प्रभावित हैं। वस्तुतः उस युग में प्रायः सभी साहित्यकार गाँधीवादी चिन्तनधारा के अनुरूप ही सोचते-विचारते थे। गुप्तजी के विचार प्रधानतः तीन क्षेत्रों में व्यक्त हुए हैं—जीवन, समाज और साहित्य के क्षेत्रों में।

जीवन के प्रति गुप्तजी का दृष्टिकोण अत्यधिक आशावादी था। उनकी दृष्टि में मृत्यु एक महत्त्वहीन घटना है, मनुष्य-जीवन का कोई अन्त नहीं। उन्हीं के शब्दों में, "भले ही जीवन क्षणिक हो, भले ही इन नक्षत्रों के समान वह क्षुद्र-से-क्षुद्र हो, उसकी शहनाई का स्वर धीमा नहीं पड़ सकता। मिट जाने के भय पर उसने विजय पा ली है। जीवन के छोटे-छोटे बिन्दुओं ने ही उसमें ऐसे महासागर की सृष्टि कर रखी है, जिसका अस्तित्व प्रलय में भी समाप्त नहीं होगा, जो अथाह है, दुर्लंघ्य है, सुविस्तीर्ण है।" "हमारा जीवन निरन्तर प्रवाहशील है। हम जानते हैं कि इसी कारण वह इतना निर्मल है। हम डरें किसलिए वह गया तो पीछे से और आ भी तो रहा है।"

जीवन को अभिशप्त करनेवाले तत्त्वों के प्रति गुप्तजी के हृदय में घृणा और आक्रोश है। समाज के निरीह, बेबस और त्रस्त प्राणियों के प्रति उनके हृदय में अपार करुणा और सहानुभूति है। 'हिमालय की झलक' निबन्ध में जहाँ एक ओर हिमालय की विराटता की अनुभूति कर लेखक विलक्षण आनन्द पाता है, वहीं दूसरी ओर गरीब पहाड़ी कुलियों की दुर्दशापूर्ण करुण स्थिति देखकर उसका हृदय विगलित भी हो उठता है। कुलियों के हृदय-विदारक चित्रण में समाज के प्रति रोष की भावना आ गयी है—"कपड़े कुलियों के शरीर पर थे पर क्या कपड़े ही उन्हें कहना चाहिए? किसी मरणासन्न वृद्ध को बालक कह सकें, तो उन चिथड़ों को भी हम कपड़े कह सकते हैं। 'बाबू, हम आपका सामान ले चलेंगे, हमें ले चलिये, हमें' उनकी इस कातर प्रार्थना में न जाने क्या बात थी कि जी काँप उठा। उसमें धिक्कार था, उसमें भर्त्सना थी, क्या नहीं था उसमें।"

वर्तमान सामाजिक स्थिति पर गुप्तजी की पैनी दृष्टि थी। अनेक निबन्धों में उन्होंने सामाजिक दुर्दशा तथा वर्तमान सभ्यता के दूषित परिणामों की ओर स्पष्ट संकेत किये हैं। 'घूँघट में' निबन्ध में व्यक्ति की स्वार्थपरता तथा उसकी दुराव-छिपाव प्रवृत्ति पर व्यंग्य करते हुए गुप्तजी लिखते हैं—"कितने कौशल में, कितने आडम्बर में, कितनी बनावट में, हमने अपने को छिपा रखा है, यह हम तक नहीं जानते। उन महिलाओं की तरह ही हम सबके सामने से निकल जाते हैं और देखनेवाले समझते हैं हमने देख लिया, हमने पूरा-का-पूरा परिचय पा लिया। मगर ऐसा नहीं होता। आज का मनुष्य बहुत धूर्त और चालाक हो गया है। उसके बाह्य आचरण को देखकर उसके अन्तःकरण का पता लगाया नहीं जा सकता। हमारे मन, वचन और कर्म में परस्पर वैभिन्य है। यह आत्मगोपन की प्रवृत्ति समाज के लिए विष है। हम न किसी को अपनी सहानुभूति दे पाते हैं और न ही किसी की सच्ची सहानुभूति प्राप्त कर सकते हैं।"

आधुनिक शिक्षा-पद्धति पर भी गुप्तजी ने प्रहार किये हैं। आज शिक्षा का अर्थ ही बदल गया है। शिक्षा का अर्थ आज वृत्तियों-भावों का परिष्कार नहीं केवल झूठे तर्क और वाग्जाल द्वारा सफेद को काला और काले को सफेद सिद्ध करने में सक्षम होना ही हो गया है। आज के विश्वविद्यालयों और न्यायालयों का सच्चा चित्रण करते हुए गुप्तजी लिखते हैं—"इस अचिर जीवन का केवल आधा ही लेकर अपने प्रमाणपत्र के साथ वे (विश्वविद्यालय) हमें छुट्टी दे देते हैं कि अब तुम किसी भी राज-दरबार में जाकर पूर्व को पश्चिम घोषित कर सकते हो और पश्चिम को पूर्व। न्यायालयों में जितने मामले पहुँचते हैं, उनमें से अधिकांश इन सम्मुख विरोधी दो दिशाओं के विवाद के ही नये-नये आदर्श अथवा साँचे हैं।"

'अन्य भाषा का मोह' निबन्ध में गुप्तजी ने हमारी मानसिक गुलामी और अन्धानुकरण प्रवृत्ति की भर्त्सना की है। अँगरेज बनने के मोह में हमने अपनी सभ्यता, संस्कार, वेशभूषा, भाषा सभी को तिलाञ्जलि दे दी। हमारी रुझान अंग्रेजों के दुर्गुण ग्रहण करने की ओर रही, गुणों की ओर होती तो कोई बात भी थी। अँगरेजी बोलना सीखकर हमने समझा कि बस अब तो हम अंग्रेज हो गये, शासक जाति के हो गये। वस्तुतः राजनीतिक पराभव से भी अधिक भयानक है हमारी यह मानसिक गुलामी। गुप्तजी के शब्दों में, हमारा शिक्षित समाज "अंग्रेजों का फोटोग्राफ और ग्रामोफोन अपने ऊपर लादकर समझ रहा है, हमने अँगरेज को पा लिया।" गुप्तजी पाश्चात्य सभ्यता के दूषित प्रभाव से अपनी सभ्यता और संस्कृति की सुरक्षा चाहते थे, इसी से उन्हें बार-बार दोनों संस्कृतियों को आमने-सामने कर भारतीय संस्कृति की विशेषताएँ प्रदर्शित करने की आवश्यकता अनुभव होती थी।

गुप्त जी सम्पूर्ण मानवता के उपासक थे। उन्होंने समस्त मानव जाति की एकता तथा पारस्परिक सौहार्द की मंगल-कामना की है। मानवता की रक्षा के लिए सन्तोष-वृत्ति, त्याग और सहिष्णुता-जैसे दैवी गुणों के अधिकाधिक संवर्द्धन का सन्देश उन्होंने दिया। वे लिखते हैं—"आनन्द देवता के उदार हाथों से अब जो मिले उसी से सन्तुष्ट हो सकने में ही हमारा गौरव है। नहीं तो हम और सिर फोड़कर धरना देनेवाले मंगतों में अन्तर ही क्या रहा।" मानवता को विभाजित करनेवाले तत्त्वों की ओर गुप्तजी बार-बार संकेत करते चलते हैं। मनुष्य का झूठा अहं बहुत बड़े विनाश का कारण सिद्ध होता है। उन्हीं के शब्दों में, ऐसा क्यों हो जाता है कि एक का मुक्का और दूसरे का सिर तो आपस में मिल सकते हैं, पर उनके मत नहीं। गांधीवादी विचारधारा के प्रचार-प्रसार में ही गुप्त जी मानव का कल्याण समझते हैं। 'घोड़ाशाही' निबन्ध में गुप्तजी वर्तमान पूँजीवाद, जीवन की यान्त्रिकता तथा मनुष्य की बर्बर प्रवृत्ति पर चिन्ता प्रकट करते हैं। आज के मनुष्य का संकटग्रस्त जीवन उन्हें मानसिक पीड़ा पहुँचाता है।

सियारामशरण गुप्त ने साहित्य को समाज-सापेक्ष माना है। सच्चा साहित्यकार जीवन तथा समाज को साथ लेकर चलता है। साहित्य विलास की वस्तु नहीं है। साहित्यकार को स्वप्नजीवी होने या कल्पनालोक में ही विचरण करने का कोई अधिकार नहीं है। वे सच्चे साहित्यकार का आह्वान करते हुए लिखते हैं—"आओ, बाहर निकलकर देखो, इतनी बड़ी मानवता उत्पीड़ित होकर भय से, अत्याचार से और सबसे बढ़कर अपमान की असह्य लज्जा से मूक होकर खड़ी है। उसे तुम अपना कण्ठ-स्वर दो। इस विलासगृह की अपेक्षा वहाँ तुम्हारी आवश्यकता अधिक है।" गुप्तजी के अनुसार सच्चा साहित्यकार जीवन और समाज से रस-ग्रहण कर समस्त मानवता के हित में उस रस की वृष्टि करता है।

'साहित्य और राजनीति' निबन्ध में गुप्तजी की साहित्यिक मान्यताएँ व्यक्त हुई हैं। उनके अनुसार, साहित्यकार स्वतन्त्र वातावरण में रहकर ही सत्साहित्य की रचना कर सकता है। उन्होंने दरबारी साहित्यकारों को गमले का पौधा और स्वतन्त्र वातावरण में निर्मित साहित्यकार को अक्षयवट की संज्ञा दी है। सच्चे साहित्यकार का साहित्य, उसकी मान्यताएँ, उसके सन्देश शाश्वत होते हैं। साहित्यकार युग-जीवन की समस्याओं का उद्घाटन कर उनसे मुक्ति पाने के उपाय सुझाता है। निबन्ध के अन्त में साहित्यकार और राजनीतिज्ञ की पारस्परिक घनिष्ठता का प्रतिपादन लेखक इन शब्दों में करता है—"राजनीतिक स्वतन्त्रता का योद्धा है। स्वतन्त्रता का मूल्य उससे छिपा नहीं। साहित्यकार स्वतंत्र भाव से उसका सहयोगी हो, तभी उसे सन्तोष होगा। बने हुए दरबारी से उसका समाधान नहीं हो सकता।"

साहित्यकार के दायित्व-निर्देश के साथ ही गुप्तजी ने साहित्य-सम्बन्धी कतिपय सैद्धान्तिक प्रश्न भी उठाये हैं। गद्य, कविता, भाषा आदि के सम्बन्ध में उनकी अपनी मान्यताएँ हैं। कवि के सम्बन्ध में वे लिखते हैं—"कवि विधाता की असाधारण सृष्टि है। अथवा कहना यह चाहिए कि कवि सृष्टि न होकर स्रष्टा के रूप में ही अपने-आप प्रकट हुआ है। उसका गौरव उसी में है, किसी बाह्य सज्जा की आवश्यकता उसे नहीं पड़ती।" कवियों की अति अन्तर्मुखता और उनकी विशुद्ध कलावादिता गुप्तजी के अनुसार प्रशंसनीय नहीं है। वे लिखते हैं—"कवि में यही एक बड़ा भारी दोष है कि जाग उठने पर वह अपने भीतर का ही देखना-सुनना पसन्द करता है। बाहर से जैसे उसे कोई सरोकार ही नहीं रहता।" साहित्य में चमत्कारवाद या व्यर्थवाग्विलास की कटु आलोचना गुप्तजी ने की है—"साहित्य का उद्देश्य कोरे चमत्कार के ऊपर नहीं टिका है। यही गुण यदि उनका सर्वोपरि गुण होता, तो बाजीगरों के काम की गणना भी साहित्य में हुई होती। ऐसा साहित्य जीवित नहीं रह सकता।"

भाषा—गुप्तजी के निबन्ध सरल और परिष्कृत हैं। उनकी भाषा सीधी-सादी, प्रभावपूर्ण और प्रसादगुण युक्त है। शब्द-चयन विषय के पूर्ण उपयुक्त है। वे जनता की

भाषा लिखने के हिमायती थे अतः सर्वसाधारण के रसास्वादन योग्य भाषा का उन्होंने प्रयोग किया। उनकी शब्द-योजना तत्समता की ओर उन्मुख है, आवश्यकतानुसार संस्कृत शब्दों का व्यवहार भी वह कर लेते थे, एक उदाहरण देखें—"इसी से ऐसे राजा 'मृत्यामशेषाम्' विभूति मिट्टी के बर्तनों से ही आप काम चलाकर लज्जित नहीं होते थे। जनता उन्हें जानती थी। घोड़ा छोड़कर वे प्रजा को यह आश्वासन देते थे कि सबकी स्वतन्त्रता सुरक्षित है। किसी घोड़े अथवा पशु तक को कोई पीड़ित नहीं कर सकता। उनकी रक्षा के लिए ही सारे राज्य की शक्ति उसके पीछे है। अश्वमेध में यह आश्वासन न होता, उद्धत चुनौती ही उसमें होती तब किसी जगह उसका सम्पन्न होना कठिन था।" गुप्तजी की भाषा में देशज शब्दों के साथ इमारत, मुनाफा, गुंजाइश, मलाल, हैसियत आदि उर्दू शब्दों का भी प्रयोग हुआ है।

गुप्तजी की वाक्य-योजना भी सरल है। छोटे-छोटे स्पष्ट वाक्यों का प्रयोग निबन्धों में किया गया है। छोटे-छोटे वाक्य-प्रयोग का एक उदाहरण देखें—"पर घोड़े का हमारा सम्बन्ध टूटता नहीं। उसका लोप नहीं हुआ। अब की बार वह नये ही रूप में प्रकट होता है। अब वह हाड़-मांस का सजीव प्राणी नहीं। वह लोहे का है, इस्पात का है। एक अन्तर और है; पहले आदमी उसे चलाता था, अब आदमी को स्वयं वही चलाता है।" गुप्तजी के लम्बे वाक्यों में भी अर्थ की अस्पष्टता नहीं है। गुप्तजी की भाषा नीति तथा उनकी प्रतिनिधि भाषा का उदाहरण देने के लिए 'साहित्य में क्लिष्टता' निबन्ध की निम्नलिखित पंक्तियाँ द्रष्टव्य हैं—"साहित्य में प्रसाद गुण की सराहना के मूल में क्लिष्टता का विरोध पाया जाता है। जहाँ किसी तरह की प्रशंसा है वहीं किसी-न-किसी तरह की निन्दा भी होगी। निन्दा में एक दुर्गुण है, वह आग की तरह झपटकर आगे बढ़ जाती है, प्रकाश की तरह निज के क्षेत्र में प्रदीपित नहीं रहना चाहती। क्लिष्टता के विषय में ऐसा ही हुआ है। जहाँ वह उचित स्थान पर है वहाँ भी वह आज सहन नहीं की जा सकती।...सरलता की चाहना अस्वाभाविक नहीं है। प्रारम्भ से ही मनुष्य की प्रवृत्ति यह रही है कि उसका कार्य सरलता से हो। हथियार उसने इसलिए बनाये कि उसकी आखेट की कठिनाई दूर हो जाय, खेत में उसने इसलिए अन्न के बीज फेंके कि उसका आहार सुगम हो, घर उसने इसलिए खड़ा किया कि उसे सर्दी, गर्मी, वर्षा का कष्ट न उठाना पड़े। सब तरह की सरलता पाने के लिए न जाने कितने कष्ट अब तक झेले हैं। आदिम युग से उसका यह प्रयत्न बराबर चला आ रहा है। इसके लिए वह कितनी क्लिष्टता के बीच में होकर जी रहा है, इसका हिसाब नहीं। पर देखकर कभी-कभी ऐसा लगता है कि क्लिष्टता ही कहीं उसका ध्येय न हो।"

गुप्तजी ने मुहावरों तथा लोकोक्तियों का भी यथा-अवसर प्रयोग किया है। एक उदाहरण है—"पक्के व्यवसायी की भाँति तेरह के उधार का लाभ छोड़कर उसने नौ का ही यह नकद सौदा तत्काल पक्का कर लिया।"

गुप्तजी की भाषा सरल-सुबोध है ही, उसमें एक विचित्र आकर्षण और प्रवाह भी विद्यमान है। भाषा विषय को स्पष्ट करने में पूरी तरह सक्षम है। पाठक भाषा-प्रवाह में लेखक के साथ-साथ बह चलता है। गम्भीर ओर नीरस विषय को भी लेखक ने स्वाभाविक और आकर्षक भाषा के सहारे बोधगम्य बना दिया है। पर गुप्तजी की भाषा में लाक्षणिकता, व्यञ्जनात्मकता और वक्रता नहीं है। कम-से-कम शब्दों में अधिक-से-अधिक अर्थ भरने की क्षमता भी भाषा में नहीं है। इसी से कहीं-कहीं भाषा शिथिल और ढीलीढाली दिखायी पड़ती है।

शैली—गुप्तजी की शैली पर उनके कवि हृदय और विचारप्रधान मस्तिष्क दोनों की छाप है। प्रत्येक निबन्ध उनके व्यक्तित्व की विशेषताओं से ओतप्रोत है। बाबू गुलाबराय का मत है कि वैयक्तिकता की दृष्टि से सियारामशरण गुप्त के निबन्ध बहुत ऊँचा स्थान पाते हैं। गुप्तजी के निबन्धों में विचारों का प्राधान्य है पर विचारात्मकता कहीं भी बोझिल नहीं है। पाठक उनके विचार आसानी से ग्रहण करता चलता है। विचारों की अभिव्यक्ति-पद्धति में सादगी और चारुता है। निबन्धों में प्रधानता विषय की नहीं रह गयी है, प्रधानता अभिव्यक्ति के विशिष्ट ढंग की हो गयी है। विषय स्पष्ट करने के लिए वे विषयान्तर तक कर जाते हैं। श्री शिवनाथ के शब्दों में, ''निबन्धों में खुले व्यक्तित्व की निहिति के कारण उसमें कम मनोरंजकता नहीं आती। बात यह है कि पाठक जिस साहित्यकार की रचना पढ़ते हैं उसके व्यक्तित्व के विषय में जानने के लिए उत्सुक रहते हैं और उसकी ही रचना में उसी के द्वारा कही गयी अपने व्यक्तित्व सम्बन्धी बातों से उनकी उत्सुकता की शान्ति हो जाने पर एक प्रकार के आह्लाद का अनुभव होता है। श्री सियारामशरणजी के निबन्धों में इस प्रकार के व्यक्तित्व की निहिति सर्वत्र मिलेगी।''

भावात्मकता और हास्य-विनोद का समावेश गुप्तजी की शैली की उल्लेखनीय विशेषताएँ हैं। उनके निबन्धों में काव्यात्मक स्थलों की प्रचुरता है। 'अपूर्ण' निबन्ध के निम्नलिखित अंश अर्द्धचन्द्रमयी वसन्तयामिनी का चित्र काव्यात्मक शैली में प्रस्तुत किया गया है—'वृक्ष के उस छोटे झुरमुट के नीचे आकर मैं देखता हूँ कि छाया और प्रकाश के ये छोटे-छोटे बच्चे यहाँ एक-दूसरे से हिल-मिलकर खेल रहे हैं। वसन्त का भीना-भीना पवन वृक्ष के पल्लवों को गुदगुदाता है और छाया-प्रकाश के ये सरल बच्चे लोटपोट होकर गिर-गिर पड़ते हैं, एक दूसरे के ऊपर। एक-दूसरे से अभिन्न होकर भी ये परस्पर एक-दूसरे के लिए 'अब्रह्मण्य-अब्रह्मण्य' का चीत्कार नहीं करते। इस झुरमुट के बाहर खुले में भी कुछ ऐसा ही है। इस धुँधली चाँदनी में अप्रकट और प्रकट को एकरस देखकर मैंने भरत-मिलाप का नया दृश्य देख लिया। एक ही माँ के यमज लालों की भाँति एक-दूसरे को भेंटते हुए छाती-से-छाती मिलाकर आपस में मिल गये हैं। इनमें

कौन प्रकाश है और कौन अन्धकार इसका पता मुझे नहीं लगने पाता। इन दोनों सहोदरों का चिरन्तन द्वन्द्व मिट चुका है, दो होकर भी दोनों जैसे यहाँ एक हैं।''

'छुट्टी' भावनाप्रधान मार्मिक निबन्ध है। निबन्ध में एक विद्यार्थी की मृत्यु के मर्मस्पर्शी वर्णन में करुण रस मूर्तिमान् हो उठा है—''मार्ग में गोधूलि फैल गयी है, अँधेरा छाने लगा है। बच्चे मदरसे से लौटकर घर आ गये हैं। घर में सन्ध्या के दीपक जाग उठे । सब-कुछ हुआ, वही एक बच्चा लौटकर नहीं आया। घर पर उसकी पोथियों का बस्ता बँधा पड़ा है। मदरसे में किसी ने उसकी सुधि नहीं ली। अध्यापक उसे भूल गया है। भूली नहीं है बच्चे की बेचारी माता। उसके हृदयपट पर अब भी वह अंकित रहेगा। उस स्थान से उसे छुट्टी नहीं मिल सकती।''

अनेक निबन्धों में गुप्तजी की हास-परिहास प्रवृत्ति उजागर हुई है। इस शैली में हास्य और व्यंग्य के छींटे पाठक का मनोरञ्जन करने एवं विशिष्ट अर्थ स्पष्ट करने में पूर्णतः सफल हैं। 'कवि की वेशभूषा' निबन्ध में लेखक की विनोदप्रियता और कुतूहल-वृत्ति के दर्शन होते हैं—''तब दूसरा सुझाव मेरा यह है कि कवि के लिए स्त्री-जैसा कच-कलाप अनिवार्य हो। इस पर अपने पूर्वाधिकार से वञ्चित होकर स्त्रियाँ रूठेंगी नहीं। 'बढ़त देख निज गोत' की नीति से उनकी अँखियाँ सुखी ही होंगी।'' 'बहस की बात' निबन्ध आद्योपान्त व्यंग्यात्मक शैली में लिखा गया है। मनुष्य की तर्क-प्रवृत्ति के सम्बन्ध में गुप्तजी लिखते हैं—''सच पूछो तो तर्क जन्म से ही क्षत्रिय है। इसका काम भी मरना और फिर जी उठना है। इक्कीस-इक्कीस बार इसे निर्वंश ही क्यों न कर दो, फिर भी जब देखो तब इसका वही तेज। साहित्यिक ने व्यंग्य और व्यञ्जना के आवरण में कोमल करके इसे वैश्य वर्ण में लाने का यत्न किया है; परन्तु वहाँ भी इसका जन्मगत जातीय गुण देर तक नहीं छिपा रहता।'' निबन्ध में लेखक स्वयं अपने ऊपर व्यंग्य करता है—''पर अब कुछ सावधानी की आवश्यकता है। नहीं तो आरोप किया जायगा कि लेखक को बहस में मुँह की खानी पड़ी है, इसी से छिपे-छिपे वह तर्क की निन्दा कर रहा है। इस पर मेरा कहना यह है कि जीभ राम का नाम लेने में ही हार सकती है, बहस अथवा तर्क करने में नहीं।''

उपर्युक्त प्रमुख शैलियों के अतिरिक्त गुप्तजी के निबन्धों में प्रसादात्मक, वर्णनात्मक, चित्रात्मक और संस्मरणात्मक शैलियों के भी दर्शन होते हैं। वस्तुतः भावाभिव्यक्ति के लिए जैसी आवश्यकता प्रतीत हुई, लेखक ने स्वतन्त्रता से नवीन शैली अपना ली। निबन्धकार कभी-कभी अपने पाठकों को सामने बैठा समझकर उससे बातचीत करने लगता है। संलाप शैली का यह उदाहरण देखें—''जितने वर हैं सब इसी जैसे हैं। पर विस्मय हुआ जब आज एक ऐसा वर भी दिखायी दे गया जो चाहता है कि उसके वे ढाई दिन कभी समाप्त न हों। समझ में उसकी बात आ नहीं रही है। हो सकता है कोई गहरी बात हो। शायद आप में से कोई साहब समझ सकेंगे।''

गुप्तजी के निबन्धों में स्थान-स्थान पर सूत्रवाक्य भी प्रयुक्त दिखायी पड़ते हैं। इन वाक्यों के कारण भाषा-शैली में विचित्र भंगिमा और अर्थ-गौरव आ गया है। उनकी कुछ महत्त्वपूर्ण सूक्तियाँ ये हैं—'साहित्य के आकाश में किसी दरबारी ने सूर्य और चन्द्रमा का स्थान पाया हो, यह देखने में नहीं आया।' 'बहस कभी-कभी बात की बात पर चल पड़ती है।' 'जीभ की स्तुति जीभ चलाकर ही की जा सकती है, लेखनी चलाकर नहीं।' 'न्यायालय ही नहीं हमारा यह महाभारत सर्वत्र चला करता है।' 'जिनकी सीमाएँ छोटी होती हैं, उन्हें निराश नहीं होना चाहिए, छोटा ही बड़ा होने का आधार है।' 'सदियों के घोड़े और घुड़सवार यदि आज कहीं एकत्र हो जायँ, तब भी क्या संख्या बल और क्या बर्बरता, किसी बात में आज के घोड़े का मुकाबला नहीं कर सकते।'

श्री जयनाथ नलिन ने गुप्तजी के निबन्ध साहित्य का मूल्यांकन करते हुए लिखा है—"किसी प्रकार का निबन्ध हो, युवक की भावुकता, बालक की मुग्धता, हृदय की आनन्दानुभूति और कवि की मधुरता उसमें जहाँ-तहाँ छलकती है—सानुपातिक रूप में। सौन्दर्य चित्रण उनमें है। सौन्दर्य-पान उनमें है; मनमोहक रंगीनी भी उनमें है। आपके व्यक्तित्व का सबसे बड़ा अनुरोध है—आत्मीयता। सियारामशरणजी पाठक से पलभर में अपनापन स्थापित कर लेते हैं, निरावरण हो उसके सामने आते हैं। लगता है आप जैसे बिना थके क्षणों में किसी चिर-परिचित से घरेलू बातचीत कर रहे हैं। सभी रचनाओं में वैयक्तिकता भी अपेक्षित मात्रा में है। निज को उपस्थित करना निबन्ध का बहुत बड़ा आकर्षण है; यह आकर्षण इनमें मिलेगा।"

◆◆◆

नन्ददुलारे वाजपेयी
(सन् 1906-1967)

निबन्धकार, आलोचक और सम्पादक तीनों ही दृष्टियों से वाजपेयीजी का साहित्यिक व्यक्तित्व अप्रतिम है। समालोचना साहित्य में आपका बहुत ऊँचा स्थान है। छायावाद और रहस्यवाद के प्रतिष्ठापक के रूप में आपका समालोचक व्यक्तित्व प्रकाशित हुआ। निबन्धकार वाजपेयीजी, शुक्लजी की निबन्ध-शैली के पुरस्कर्त्ता हैं। इन्होंने अपने निबन्धों का विषय साहित्य तक ही सीमित रक्खा। हिन्दी साहित्य : बीसवीं शताब्दी, आधुनिक साहित्य, नया साहित्य : नये प्रश्न आदि ग्रन्थों में उनके उच्चकोटि के समीक्षात्मक निबन्ध संकलित हैं। जयशंकर प्रसाद, साहित्य : एक अनुशीलन, महाकवि सूरदास, प्रेमचन्द : एक विवेचन; कृतियों में भी उनकी आलोचनात्मक प्रतिभा एवं परिनिष्ठित गद्य-शैली का परिचय प्राप्त होता है। वाजपेयीजी ने अपने समीक्षात्मक निबन्धों में प्राच्य एवं पाश्चात्य दोनों ही समीक्षा-प्रणालियों का पूर्ण निर्वाह करते हुए उनमें सामञ्जस्य उपस्थित करने का प्रयत्न किया।

वाजपेयीजी की मान्यताएँ—निबन्धों में वाजपेयीजी ने अपने स्वतन्त्र चिन्तन को निर्भीकता से अभिव्यक्ति दी है। उनकी मान्यता है कि साहित्य की सत्ता स्वतन्त्र है अतः उसके परीक्षण के मान भी स्वतन्त्र होने चाहिए। वाजपेयीजी विशुद्ध कलावादी नहीं हैं। उन्होंने जीवन, धर्म, समाज, दर्शन आदि को साहित्य का अविच्छिन्न अंग मानकर उनके सम्बन्ध में अपना सन्तुलित दृष्टिकोण प्रस्तुत किया है। मैथ्यू आर्नल्ड के समान वे भी साहित्य को जीवन की आलोचना मानते हैं। उनके अनुसार 'कला कला के लिए' सिद्धान्त आत्म-प्रवञ्चना है। साहित्य को परिभाषित करते हुए वाजपेयीजी लिखते हैं—"साहित्य सामाजिक इतिहास का अंग नहीं है, वह उसका स्मारक है। समाज और साहित्य के बदल जाने पर भी स्मारक नहीं बदला करता। फिर साहित्य समाज की श्रेष्ठतम संस्कृति का द्योतक है। मानवता की स्थायी निधि है। इन सबके अतिरिक्त वह एक स्वतन्त्र कलावस्तु है। वाणी और भावना का साकार वैभव है।" इस प्रकार साहित्य किसी सामाजिक मत का अनुचर नहीं हो सकता। उनके अनुसार, मानव-जीवन विकासशील है अतः उसके द्वारा रचे गये साहित्य में भी प्रगति और विकास के तत्त्व स्वतः होते हैं। 'विकासशील मानव-जीवन के महत्त्वपूर्ण या मार्मिक अंशों की अभिव्यक्ति' यही साहित्य की मोटी परिभाषा निर्धारित की जा सकती है। वाजपेयीजी के अनुसार, साहित्यकार भी सामाजिक प्राणी है। सामाजिक जीवन के

संस्कार उस पर भी पड़ते हैं पर उसकी मानसिकता केवल उन संस्कारों के संग्रहमात्र से ही निर्मित नहीं होती। विविध सामाजिक-राजनीतिक वाद भी साहित्यकार को केवल प्रभावित करते हैं, वे साहित्य का नियामक नहीं बन सकते। अपने विचारों का सार वे इन शब्दों में प्रस्तुत करते हैं—"हम साहित्य से समाज का, सामाजिक जीवन का, सामाजिक विचारधाराओं का—वादों का, सम्बन्ध मानते हैं, किन्तु अनुवर्ती रूप में। साहित्य की अपनी सत्ता के अन्तर्गत उसके निर्माण में इनका स्थान है। ये उसके उपादान और हेतु हुआ करते हैं, नियामक और अधिकारी नहीं। साहित्य की अपनी स्वतन्त्र सत्ता है, यद्यपि वह सत्ता जीवन-सापेक्ष है।" वाजपेयीजी ने बीसवीं शताब्दी के चेतना-स्रोतों का अन्वेषण कर हिन्दी साहित्य का इतिहास प्रस्तुत किया है। उनके विचार एवं निष्कर्ष पूर्ण आधुनिक होने के साथ बुद्धिसंगत एवं परिपक्व हैं।

वाजपेयीजी की साहित्यिक मान्यताओं के केन्द्र में सत्य और शिव की भावना है। वे समन्वयवादी विचारक हैं। अतिवाद और अतिरेक से बचने का उन्होंने सर्वत्र प्रयास किया है। उनके मतानुसार, साहित्यकार की पैनी दृष्टि युगीन समस्याओं और परिस्थितियों पर होती है। इन परिस्थितियों का द्रष्टा और उपभोक्ता तो वह होता ही है, वह समाज का दिशा-निर्देश भी करता है। उन्हीं के शब्दों में,"साहित्यकार अपने युग की बहुमुखी सामाजिक और सांस्कृतिक समस्याओं का प्रदर्शन करता है और उनके सम्बन्ध में प्रचलित प्रतिक्रियाओं का निरूपण कर दिखाता है। कभी-कभी वह अपने स्वतन्त्र समाधान भी उन समस्याओं के सम्बन्ध में उपस्थित करता है और कभी-कभी तटस्थ दृष्टि से उनका चित्रण कर देना पर्याप्त समझता है। कभी सामयिक हीनताओं के प्रति परिहास और आवर्जन प्रकट करने में भी वह नहीं हिचकता और कभी गुमसुम रहकर पाठकों को अपना निष्कर्ष आप निकालने के लिए छोड़ देता है।"

वाजपेयीजी के निबन्धों और आलोचनाओं का आधार ही समाज, राजनीति, धर्म अथवा दर्शन है। इनसे सम्बन्धित विविध सिद्धान्तों का सम्बल उन्होंने ग्रहण किया। सामाजिक परिस्थितियों का सहयोग और सामयिक मूल्यों का आधार उन्हें प्राप्त था। उन्होंने साहित्य को समग्र रूप में और उसके विकासक्रम में देखा है। युगीन परिस्थितियों का शिव ही नहीं अशिव प्रभाव भी उन्हें स्वीकार्य था। उन्होंने बीसवीं शताब्दी के हिन्दी साहित्य पर महायुद्धों, पश्चिमी साहित्य एवं विचारधाराओं के सम्पर्क, गाँधीजी और उनके आन्दोलन आदि के प्रभावों का सूक्ष्म विश्लेषण प्रस्तुत किया है। सांस्कृतिक और मानसिक आधारों पर प्रवृत्तियों का उद्घाटन करते हुए उन्होंने साहित्यिक विकास का निरूपण किया है। उनके अनुसार, साहित्यिक मूल्यांकन सम्बन्धी कोई भी निर्णय लेखक के समग्र जीवन-दर्शन की मान्यता से उद्भूत होता है। काल के प्रवाह से धार्मिक, नैतिक और साहित्यिक रूप-योजना सम्बन्धी रूढ़ियाँ टूटती हैं और नित्य नवीन सृष्टि

होती रहती है। वाजपेयीजी ने लेखक के वैयक्तिक-स्वातन्त्र्य एवं वैयक्तिक अनुभूतियों को आदर प्रदान किया है।

समाज और धर्म के सम्बन्ध में वाजपेयीजी ने सुचिन्तित दृष्टिकोण प्रस्तुत किया। वर्गवादी समाज-दर्शन को वाजपेयीजी स्वीकार नहीं कर पाते। उनका मत है कि महान प्रतिभाएँ समय, समाज या सिद्धान्त-विशेष की सीमा तक न रहकर उनका अतिक्रमण करती हैं। ऐसी प्रतिभाएँ राष्ट्रीय सम्पत्ति बन जाती हैं। सामाजिक और आर्थिक ढाँचे के परिवर्तित हो जाने पर भी समाज की आध्यात्मिक और नैतिक मान्यताएँ नहीं बदला करतीं। प्रचलित विधि-निषेधों का द्योतन करनेवाली प्रथाएँ भले ही बदल जायँ पर "उनके कारण हमारी नैतिक और आध्यात्मिक मर्यादा का —हमारे सांस्कृतिक मान का—बदल जाना सिद्ध नहीं होता, क्योंकि वह तो हमारी नसों में व्याप्त है।" उनका स्पष्ट मत है कि कला, साहित्य, समाज या जीवन की वही व्याख्या हमें अधिक रिझाती है, भाती है, जिसमें बौद्धिक समाधान के साथ-साथ व्यक्ति और समाज का पूर्ण प्रतिनिधित्व भी होता है।

धर्म, उनकी दृष्टि में व्यक्ति की आस्था और विश्वास को सुदृढ़ बनाये रखने में अमोघ अस्त्र का कार्य करता है। उन्होंने धर्म के अनेक स्वरूपों को महत्त्व प्रदान करते हुए सामूहिक धर्म के महत्त्व को अधिक कल्याणकारी बताया। उन्होंने धर्म के सामाजिक स्वरूप पर आस्था प्रकट की है। धर्म में युगानुरूप परिवर्तन और उसमें नैतिक चेतना की अभिवृद्धि पर उन्होंने बल दिया है। नैतिक चेतना मानवीय सम्बन्धों को सम्पन्नता प्रदान करती है तथा मानवीय आकांक्षाओं को भी परितृप्ति देती है। यह चेतना साहित्य की रसात्मक अनुभूति को प्राञ्जल एवं परिपूर्ण बनाती है। वाजपेयीजी ने नीतिवाद और नैतिक मूल्य का विश्लेषण करते हुए इन शब्दों को युग के अनुरूप नवीन अर्थ देने का प्रयत्न किया है, उनकी धारणा है—"साहित्य का क्षेत्र स्वस्थ और सबल भावनाओं के सृजन का क्षेत्र है। अस्वस्थ और निर्बल भावनाओं का चित्रण भी निगेटिव या अपर पक्ष दिखाने के लिए किया जा सकता है।"

भाषा—वाजपेयीजी भाषा को विचार-प्रकाशन का साधन मानते हैं। भाषा का सहज और परिष्कृत प्रयोग इन्होंने किया है। भाषा को वे परिस्थितियों से प्रभावित और परिवर्तनशील मानते हैं। वाजपेयीजी का मत है कि भाषा में प्रयुक्त शब्द शुद्ध, सार्थक और सामयिक होने चाहिए तभी उससे इच्छित अर्थ और प्रभाव की सृष्टि हो सकती है। संगीत, व्याकरण, कोश आदि से अनुमोदित तथा स्वाभाविकता और प्रसंगानुकूलता से युक्त शब्द-योजना ही प्रशंसित हो सकती है। उसके मतानुसार, परम्परा से प्राप्त भाषा की अपेक्षा नये प्रयोगों से युक्त नवार्थ संकेतिनी भाषा अधिक सजीव और व्यञ्जक होती है।

राष्ट्रभाषा हिन्दी को उदार एवं प्रगतिशील बनाने का सन्देश उन्होंने दिया है। वे लिखते हैं, राष्ट्रभाषा जनभाषा है, वह सम्पूर्ण जनसमूह को सुलभ रहती है तथा उस जनसमूह की सारी जीवन-विधि एवं उसकी समस्त आशाओं-आकांक्षाओं को प्रतिफलित करती है। वह किसी एक व्यक्ति या संस्था की नहीं होती। राष्ट्रीय भाषा के पद पर आसीन होने के कारण हिन्दी का व्याकरण तथा उसका प्रयोग अहिन्दीभाषी व्यक्तियों द्वारा निश्चित रूप से प्रभावित होगा। कोई भी व्यक्ति दक्षिणवासियों के हिन्दी व्याकरण के अशुद्ध प्रयोग तथा सामान्य बोलचाल में, हिन्दी में दक्षिणी भाषाओं के सम्मिश्रण को नहीं रोक सकता।

अपनी निबन्ध-भाषा के सम्बन्ध में स्वयं वाजपेयीजी लिखते हैं कि वह संस्कृत की ओर झुकी हुई है। उनकी शब्द-योजना संस्कृत शब्दों पर निर्भर है। उनकी शब्दावली मुख्यतः संस्कृतनिष्ठ और तत्समबहुला है। बाबू गुलाबराय का यह कथन पूर्णतः सत्य है—''भाषा की दृष्टि से वे एक हद तक डॉ० श्यामसुन्दर दास के अनुयायी हैं। उनकी भाषा तत्सम पदावली से सज्जित है। संस्कृत के शब्दों का बाहुल्य है।'' परन्तु अभिव्यक्ति-क्षमता बढ़ाने तथा कथन में तेजस्विता उत्पन्न करने के लिए उनकी भाषा के प्रवाह में यत्र-तत्र अरबी, फारसी, अंग्रेजी आदि के शब्द भी आ गये हैं। इससे भाषा में सहजता आ गयी है। अरबी-फारसी के सैकड़ों शब्द उनके निबन्धों में प्राप्त होते हैं, कुछ ये हैं—शिकायत, गनीमत, गुंजाइश, पाबन्दी, हवाला, हिमायत, नौबत, कारनामा, आसान, शिकंजा, हैसियत, बानगी, जिम्मेदारी, जायज-नाजायज, जिक्र, तलाश, मौजूद, तमगा, तौहीन, निगाह, मुकाबला, हिमाकत, बंदिश, कारगर, जिहाद, इलजास, मुबाहसा, हैसियत, हाजिर जवाबी, फतवा, इफरात, खौफ, खात्मा, बंदिश, मजा, आरामतलबी, खिताब, गुस्ताखी, फिजूल, सिलसिला आदि। पर ये सभी प्रायः जनप्रचलित और सामान्य व्यवहार में भी आनेवाले शब्द हैं। ढूँढ़ने पर ही अरबी-फारसी के क्लिष्ट और अव्यावहारिक शब्द मिल पायेंगे।

हिन्दी में लगभग घुले-मिले प्रचलित अंग्रेजी शब्दों का प्रयोग उनके निबन्धों में हुआ है, उदाहरणार्थ—प्राइवेट, फैशन, रेस, वालण्टियर, टाइप, स्पीच, फीस, चेक, डिजाइन आदि। अंग्रेजी के पारिभाषिक तथा क्लिष्ट शब्दों का प्रयोग भी उन्होंने आवश्यकतानुसार विशिष्ट अर्थ-द्योतन के उद्देश्य से किया है। हिन्दी शब्दों के साथ कहीं-कहीं पर्यायवाची अंग्रेजी शब्द भी उन्होंने दे दिये हैं। ऐसे कुछ शब्द ये हैं—कार्य (Action), प्रकृतिवादी (Naturalists), सामान्य बोध (Common sense), मत (Thesis), दुःखवादी (Sadist), आत्मपरक चित्रण (Subjective Portraiture), राष्ट्रीय प्रतिनिधि उपन्यास (Epic Novel), महाकथा (Epic Story), कच्ची सामग्री (Raw Material), विवेचन प्रतिमान (Antithesis), प्रभावान्विति (Unity of Effect), प्राणिसत्तामूलक (Biological), आलंकारिक

(Ornamental), आख्यान बहुल (Episodic), विशदीकरण (Elaboration), विनोद प्रधान (Comic), साम्य, सख्य और स्वातन्त्र्य (Equality, Fraternity and Liberty).

उनके निबन्धों में गड़बड़ी, अकेले-दुकेले, अधकचरी, छीछालेदर, चखचख, काटाकूटी, थुक्का फजीहत, बेधड़क, धड़ल्ले, छेड़खानी, ऐरे गैरे नत्थू खैरे आदि ग्रामीण और असाहित्यिक शब्द भी आ गये हैं। वाजपेयीजी ने भाषा में मुहावरों और कहावतों के अधिक प्रयोग नहीं किये। भाषा को सजाने-संवारने या उसे चमत्कारपूर्ण बनाने की जरा भी प्रवृत्ति वाजपेयीजी में न थी। कुछ मुहावरे और कहावतें उनकी भाषा में अनायास आकर भाषिक सौन्दर्य और शक्ति बढ़ाती हैं। अंगूर खट्टे हैं, बाल की खाल निकालना, आशाओं पर पानी फिर जाना, लोहा मानना, रास्ता पकड़ना, खिल्ली उड़ाना, पर्दा डालना, खाईं पाटना, पैर जमाना, बीड़ा उठाना, एक पन्थ दो काज, लकीर पीटना, सोने में सुगन्धि, सिक्का जमना, टेढ़ी खीर, हाथ धो बैठना, भूत सवार होना, सभ्यता ताख पर रखना आदि उदाहरण उनके निबन्धों में एकत्रित किये गये हैं।

वाजपेयीजी की वाक्य-योजना सुगठित और कलात्मक है। उन्होंने न बहुत बड़े और न बहुत छोटे, बल्कि सामान्य ढंग के वाक्यों का प्रयोग किया है। उनकी वाक्य-योजना स्वाभाविक और स्पष्ट है। गम्भीर विवेचन के समय प्रायः वाक्य छोटे और सामान्य वर्णनात्मक प्रसंगों में वाक्यों का आकार बड़ा हो गया है। 'जयशंकर प्रसाद' पुस्तक से एक वाक्य उद्धृत है, जो 7-8 पंक्तियों का होते हुए भी शिथिल या अस्पष्ट नहीं है—"प्रकृति के रमणीक दृश्यों में किसी प्रेमी की आभा, नारी और पुरुष के नैसर्गिक आकर्षण में दिव्य सौन्दर्य का प्रकाश और विकर्षण में प्रकृति का उतना ही बड़ा क्षोभ, यही वह परिष्कृत शृंगार है, जिसकी प्रतिष्ठा प्रसादजी ने एक ऐसे नीतिवादी युग में की थी, जिसमें नारी और पुरुष का सम्बन्ध एक ओर महाकाव्योचित औदात्य खो चुका था और दूसरी ओर मानवोचित सौष्ठव और सहज प्रवेग को भी खोकर जीवन के बाहर की वस्तु बन रहा था, किन्तु जीवन की वह वास्तविकता क्या नाक-भौं सिकोड़ने मात्र से दूर होती है?"

वाजपेयीजी ने सन्तुलित, शिष्ट, छोटे प्रभावोत्पादक वाक्य ही प्रयुक्त किये हैं। ऐसे कुछ वाक्य देखें—'नये विचार और नयी भाषा, नया शरीर और नयी पोशाक, दोनों ही नयी हिन्दी को द्विवेदीजी की देन हैं।' 'जब तक युद्ध होते रहेंगे तब तक सद्भावना और शान्ति का विकास कैसे होगा?' 'उनके सामने समाज की कोई सबल व्याख्या न थी, कोई अनुकरणीय आदर्श या विधान न था।' 'वह कल्पना, भावना और आदर्श नहीं चाहता, चाहता है वैज्ञानिक और वास्तविक सत्य।'

निबन्धों में वाजपेयीजी ने उद्धरणों का भी यत्र-तत्र समावेश किया है। इससे विषय में स्पष्टता आ गयी है। उद्धरणों के सार्थक और समुचित प्रयोग के कुछ उदाहरण

देखें—"जिनके मस्तिष्क की भगीरथ शक्ति संसार में विचारधारा प्रवाहित करती है, ते नरवर थोरे जग माहीं।" "दोनों की विशेषताएँ इकट्ठी होकर इतनी समतल-सी हो गयी हैं कि 'को बड़ छोट कहत अपराधू' की-सी दशा आ पहुँची है।" 'हरि अनन्त हरि कथा अनन्ता' की उक्ति सत्य है तथा 'तन्त्री नाद कवित्त रस' का आस्वाद मिल चुका था।" "मध्यकालीन तुलसी के राम 'कर्तुं', अकर्तुं अन्यथा कर्तुं' के प्रतीक महामानव थे।"

वाजपेयीजी के निबन्धों में बिखरे हुए सूत्रवाक्य भी मिल जाते हैं। 'महान् कला कभी अश्लील नहीं हो सकती।' 'प्रतिभा किसी कटघरे में बन्द नहीं रहती।' 'साहित्य एक सात्त्विक जीवन है।' 'साहित्य का स्रष्टा मनुष्य है, मनुष्य के लिए ही साहित्य-सृष्टि है।' 'काव्य तो मानव की उद्भावनात्मक या सर्जनात्मक शक्ति का परिचायक है।' 'साहित्य हमारे जीवन का, हमारे प्राणों का प्रतिनिधि है।'

वाजपेयीजी की भाषा गम्भीर, संयत, प्राञ्जल और प्रवाहपूर्ण है। सूक्ष्मातिसूक्ष्म विचारों-भावों को भी व्यक्त करने की उसमें क्षमता है। भाषा में कहीं भी शब्दाडम्बर, शुष्कता, अस्पष्टता, बोझिलता अथवा जड़ता नहीं है। प्रसंगानुसार शब्दों और वाक्यों का चयन तथा आवश्यकतानुसार भाषा का विविध रूप धारण करना उनकी लेखन-शैली की उल्लेखनीय विशिष्टता है। उनकी प्रतिनिधि तत्समप्रधान निबन्ध-भाषा के कुछ उदाहरण यहाँ प्रस्तुत हैं—"एक विशिष्ट काव्य-ग्रन्थ को तथा उसमें निहित जीवन के दर्शन को, चाहे वे कितने ही महान् हों, काव्य समीक्षा का आधार बना लेने पर जातीय साहित्य की गतिमान् धारा और उसे परिवर्तित करनेवाली अनेकविध परिस्थितियों का वस्तुमुखी अध्ययन और आकलन कठिन हो जाता है।" "हमारे देश में विविधता में एकता लाने की चेष्टा चिरकाल से की गयी है और इस कार्य में हमारे साहित्यिकों ने विशेष योगदान दिया है। वैदिक साहित्य के द्वारा देश में एक सी धार्मिक भावना, एक-सी यज्ञ पद्धति और एक-सा दार्शनिक आधार प्रतिष्ठित हुआ था।" "छायावाद युग को चाहे जिस नाम से पुकारिये, इसका एक ऐतिहासिक व्यक्तित्व है। राष्ट्रीय इतिहास में जिन सुस्पष्ट प्रेरणाओं से यह उत्पन्न हुआ और जिस आवश्यकता की पूर्ति इसने की, उसकी ओर ध्यान न देना आश्चर्य की बात होगी। हिन्दू जाति के नाना भेद-प्रभेदों के बीच एक संघटित राष्ट्रीयता का निर्माण, हिन्दू, मुसलिम और ईसाई आदि विभिन्न धर्मानुयायियों में एक अन्तर्व्यापी मानव सूत्र का अनुसन्धान, राष्ट्रों-राष्ट्रों के बीच खाइयाँ पाटना, प्रथम महायुद्ध के पश्चात् अपने देश के सामने ये प्रधान प्रश्न थे। देश की स्वतन्त्रता का भी कुछ कम प्रधान प्रश्न न था। पर वह जातीय और राष्ट्रीय एकसूत्रता के आधार पर ही खड़ा रह सकता या और अन्तर्राष्ट्रीय मानव समाज का एक अंग बनकर ही शोभा पा सकता था। यह सम्मिलन और सामञ्जस्य की भावना भारतीय संस्कृति की चिर-परिचित विशेषता रही है, इसीलिए महायुद्ध की शान्ति के

पश्चात्, ये प्रश्न सामने आते ही वह सांस्कृतिक प्रेरणा जाग उठी और तीव्र वेग से तत्कालीन काव्य और कलाओं में अपनी अभिव्यक्ति चाहने लगी।''

शैली—वाजपेयीजी की शैली शुक्लजी की शैली के अनुरूप होकर भी कुछ मौलिकता और भिन्नता रखती है। शुक्ल-जैसी विवेचनात्मकता उनकी शैली में भी है पर शुक्ल के समान भावुकता का पुट वाजपेयी जी की शैली में नहीं है। वाजपेयीजी शैली को साहित्य का बहिरंग नहीं अन्तरंग पक्ष ही मानते थे। उनके अनुसार शैली भाव का अभिन्न अंग है। उनकी मान्यता है—''सर्वजन सुलभ, स्वच्छ और सपाट, नवीन और स्पष्ट शैली प्रशंसा प्राप्त करती है, परिश्रम, साधना और अनावश्यक ऐश्वर्य से पूर्ण शैली नहीं।'' वाजपेयीजी की शैली गम्भीर विवेचनात्मक तार्किक शैली है। उनकी शैली में विचारों की कसी हुई परम्परा, समुचित संयत्व और सौष्ठव है। उनकी शैली उनके मौलिक चिन्तन की द्योतक है।

वाजपेयीजी की विवेचनात्मक शैली, समास और व्यास शैली, दोनों के संयोग से निर्मित हुई है। विषय-विवेचन के अनुरूप यह शैली तार्किक, अलंकृत, व्यंग्यात्मक आदि स्वरूप धारण करती है। उनकी पद्धति संक्षिप्तीकरण की है। कहीं-कहीं यह संक्षिप्तीकरण सूत्रवत् हो गया है और कहीं इंगित पद्धति का। वाजपेयीजी स्वयं लिखते हैं—''मैं साहित्य में रचनाकार की अन्तःप्रेरणा का अनुसन्धान करने में ही व्यस्त हूँ। इसी के साथ-साथ संक्षेप में बाह्य परिस्थितियों का दिग्दर्शन करा देना और उन पर रचनाकार की प्रतिक्रिया दिखा देना तथा अन्त में उसकी कलात्मक चेष्टाओं का परिचय दे देना बस समझता हूँ। फलतः मुझे विस्तार में जाने की आवश्यकता नहीं है। इसलिए इंगित शैली से काम लेता हूँ।'' सूत्र और इंगित शैली से जहाँ काम नहीं चलता अर्थात् जहाँ अस्पष्टता या उलझन की सम्भावना दीखती है, वहाँ विवेचन को स्पष्ट बोधगम्य बनाने के लिए वाजपेयीजी ने व्यास शैली का प्रयोग किया है। पर इस व्यास शैली में भी अनावश्यक व्याख्यात्मकता या विवरणात्मकता नहीं आने पायी है। शैली सन्तुलित और विस्तार-दोष से मुक्त है।

वाजपेयीजी की शैली यथाप्रसंग प्रश्नात्मक, व्यंग्यात्मक, आलंकारिक आदि स्वरूप धारण कर लेती है। उनकी शैली की विशेषताओं और उसके विविध रूपों का परिचय-मूल्यांकन प्रस्तुत करने का प्रयत्न हम करेंगे।

वाजपेयीजी की विवेचनात्मक शैली अत्यन्त सरल और आकर्षक है। उसमें कहीं भी अस्पष्टता या उलझाव नहीं है। उनकी इस सहज बोधगम्य शैली का उदाहरण देखें—''कला की पुरानी परिपाटियाँ बदल रही थीं। नयी कला नया इतिहास बना रही थी। प्राचीन परिपाटी के अनुसार चरित्र की एक विशेष रूपरेखा होती है। कुछ सर्वमान्य गुणों का उल्लंघन नहीं किया जा सकता। रामायण का धीरोद्धत चरित्र रावण सीता के

साथ शारीरिक अनाचार नहीं कर सकता क्योंकि वह उद्धत के साथ वीर भी है। कला की यह मर्यादा सर्वमान्य थी और प्राचीन काव्य के पाठक को इस सन्दर्भ में कोई शंका नहीं हो सकती थी। इस प्रकार प्राचीन कला-परिपाटी में रावण के घर रही सीता की अग्निपरीक्षा भी किसी प्रकार का विस्मय या तर्क नहीं उत्पन्न कर सकती। परन्तु आज का पाठक न तो रावण के व्यवहार को ही स्वतः स्वीकृत मान पाता है और न अग्नि-परीक्षा की निर्ममता को ही सहन कर सकता है।''

वाजपेयीजी की शैली में पाठकों को प्रभावित करने की अपूर्व क्षमता है। उनकी सहृदयता और भावात्मकता के प्रवाह में पाठक भी बह चलता है। प्रसादजी का मूल्यांकन करने में शैली ने यही रूप धारण कर लिया है—''कवि जयशंकर प्रसाद का प्रकर्ष यहीं पर है। यहीं प्रसादजी प्रसादजी हैं। आँसू में वे वे हैं। झरना में एक विचित्र अवसाद, जो नवीन बौद्धिक अन्वेषणों और तज्जन्य संशयों का परिणाम जान पड़ता है, बहुत ही स्पष्ट है।'' वाजपेयीजी की स्पष्ट कथन-प्रवृत्ति भी बहुत प्रभावित करती है। प्रशंसा के साथ ही उनकी खण्डन-प्रवृत्ति भी सशक्त और विश्वसनीय बन पड़ी है। यशपालजी पर उनका प्रहार कितना तीव्र है—''सिद्धान्त के गमले में रक्खे, चौबीस घण्टे छाया में पले, वे पौधे कहाँ तक बढ़ पायेंगे? यशपालजी इस बात को क्यों भूल जाते हैं कि उनकी शक्तियों का कहीं अच्छा उपयोग मतवाद के घेरे से बाहर निकल जाने पर ही हो सकेगा। वे इतिहास के आलोक में साहित्य की परम्परा को देखें और पहिचानें—कहीं भी दार्शनिक या बौद्धिक कटघरे के भीतर महान साहित्य की सृष्टि नहीं हुई है। यशपाल जैसे अनुभवी लेखक भी इससे सीख नहीं ले सकते, यह आश्चर्य की बात है।''

विषय-प्रतिपादन और विचारों को स्पष्ट करने के लिए वाजपेयीजी ने निबन्धों में प्रश्न शैली का भी सहारा लिया है। उनके दृढ़ और अकाट्य तर्कों के समक्ष पाठक केवल हतप्रभ रह जाता है। प्रश्नों की झड़ी लगाकर निषेधात्मक विधि से पाठकों को प्रभावित करने की कला में वे कुशल हैं। खण्डन करते समय यह शैली विशेष प्रभावपूर्ण बन जाती है और उसमें अपूर्व वेग तथा तेज आ जाता है। इस शैली के कुछ उदाहरण देखें—

'आँसू में छायावाद कहाँ है? उसके वियोग वर्णन में? नहीं, वह ता साक्षात् मानवीय है। क्या उसकी सम्मिलित स्मृति में? नहीं, वह तो कवि की साहसपूर्ण आत्माभिव्यक्ति है। हिन्दी में जब किसी के पास इतनी शक्ति नहीं थी कि वह उस तरह की बातें कहे, तब प्रसादजी ने उसे कहा।''

''कहा जा सकता है कि आज की स्थिति में भारतीय साहित्य की एकता की ही बात क्यों सोची जाय। क्या इस संसार के दूसरे देशों के साहित्य से सम्पर्क नहीं रखते? अथवा क्या आवश्यकतानुसार उसका उपयोग नहीं करते? क्या विश्व भर के साहित्य की एक इकाई नहीं है?''

वाजपेयी जी की विवेचन-पद्धति गम्भीर और शिष्ट है। उसमें हास्य-विनोदपूर्ण स्थलों का प्रायः अभाव ही दिखायी पड़ता है। कहीं-कहीं व्यंग्य-विनोद का अत्यन्त संयत् स्वरूप दृष्टिगोचर होता है। उनके व्यंग्य में तीक्ष्णता तो है पर प्रहार बहुत भीषण नहीं हैं। राजनीतिज्ञ, आलोचक, साहित्यकार आदि उनके व्यंग्यवाण के शिकार हुए हैं। कुछ उदाहरण देखें–''पत्र-पत्रिकाओं में मन्त्रियों-उपमन्त्रियों के लेखों की एक बड़ी मात्रा रहा करती है। जब कभी दैनिक पत्रों के, विशेषकर अंग्रेजी दैनिकों के विशेषांक प्रकाशित होते हैं, तब उनमें मन्त्रियों या उपमन्त्रियों या आकांक्षी मन्त्री, उपमन्त्रियों के लेखों की भरमार रहती है।'' ''हमारे विश्वविद्यालयों के गम्भीरतावादी महानुभाव, जो सनातन शास्त्रीय पद्धति पर साहित्य के सिद्धान्तों का संग्रह करने में महाराज दक्ष की लक्षणा का लक्ष्यभेद कर चुके हैं, पर जिनका सामयिक साहित्य की परीक्षा करने का व्यावहारिक ज्ञान कछुए के समान सदैव काया प्रवेश ही किये रहता है–उक्त अन्तर्दृष्टि के बहुत बड़े हिस्सेदार हैं।'' प्रयोगवादी कवियों पर उनका व्यंग्य अधिक तीखा हो गया है–''ये प्रयोगवादी कवि किसी मंजिल पर पहुँचे हुए नहीं हैं, राही या राह पर चलनेवाले भी नहीं हैं, ये हैं केवल राहों के अन्वेषी। अब तक हमने पहुँचे हुए कवियों का नाम सुना था, लीक छोड़कर चलने वाले शायरों और सपूतों की चर्चा सुनी थी, पर अब अज्ञेयजी से ऐसे कवियों का हाल भी सुनने को मिला जो न तो पहुँचे हुए हैं (अर्थात् जो राह पार कर चुके हैं) और न राही हैं (अर्थात् जो राह-बेराह किसी ओर नहीं चलते) परन्तु जो एकाग्र होकर राहों का अन्वेषण करते हैं (अर्थात् जो चलने के अर्थ में ठप्प हैं), फिर अन्वेषण के लिए दृष्टि भी नहीं केवल दृष्टिकोण है। कदाचित् कहीं न चलने के कारण ही ये 'प्रगतिशील' कहे जाते हैं और दृष्टि के बदले दृष्टिकोण रखने के कारण ही अन्वेषी या प्रयोगवादी कहलाते हैं।'' एक स्थान पर जैनेन्द्रजी को भी उन्होंने आड़े हाथों लिया है–''न मालूम क्यों जैनेन्द्रजी के अनुयायी भी उनकी रचनाओं को समीक्षा के प्रकाश में नहीं आने देना चाहते। जिन परिस्थितियों के बीच जैनेन्द्रजी की पात्रियाँ जैसा आचरण करती हैं, यदि उसमें किसी को कुछ अस्पष्टता दीखे, स्वाभाविकता कहना तो और भी बड़ी हिमाकत होगी, तो उसकी भी शिकायत नहीं करनी होगी। जो कुछ लिखा गया, ब्रह्मवाक्य वही है। उस पर किसी प्रकार की शंका उठ नहीं सकती, नहीं तो शंकाकार की वह स्थिति हो जायगी जो मौसी के मुँह पर मूँछ की कल्पना करनेवालों की महाराष्ट्र में हुआ करती है–बकौल प्रोफेसर माचवे ''पर अपने यहाँ बिल्ली मौसी के मूँछे भी हुआ करती हैं और छोटे-छोटे बच्चे भी क्रीड़ावश उसका उपयोग किया करते; इसमें अवास्तविकता या अनौचित्य कोई नहीं देखता।''

कहीं-कहीं आलंकारिक शैली का प्रयोग वाजपेयीजी ने चमत्कार-प्रदर्शन या भाषा अलंकृत करने के लिए नहीं, प्रत्युत कथन को मार्मिक और प्रभावशाली बनाने के लिए

किया है। उन्होंने सार्थक तथा प्रसंगयुक्त अलंकारों की योजना निबन्धों में की है। रूपकों, उपमाओं, दृष्टान्तों के भव्य प्रयोग के कुछ उदाहरण द्रष्टव्य हैं–"हम अपने काव्योद्यान में ऐसे फूल लगाना नहीं चाहेंगे जो हमारी धरती से रस खींचना अस्वीकार करें और जिन्हें प्रयोगों का इन्जेक्शन देकर ही जिलाया जा सके।" "मेरी ये समीक्षाएँ या निबन्ध निर्माण की पगडण्डियाँ हैं। इतिहास वह रोलर है जो इन अथवा इन जैसी! अन्य पगडण्डियों को समतल कर प्रशस्त पथ बनाता है। यदि आरम्भिक पद-चिह्न और पगडण्डियाँ न हों, तो इतिहास का रोलर किस भूमि पर काम करे।" "जो मुसीबतें आयें उन्हें झेलना होगा, किन्तु जीवन की गति अवरुद्ध नहीं की जा सकती। भिक्षुक आयेंगे इस भय से भोजन बनाना नहीं बन्द किया जा सकता। जानवर चर जायँगे इस भय से खेती करना नहीं छोड़ा जाता।" "साहित्य की अतिशयोक्तियाँ इन्द्रधनुष-सी जीवन के स्थूल, अकाल्पनिक, रूखे अस्तित्व को मनोरम बना देती हैं।" "दान्ते का यह काव्य 'डिवाइन कामेडी' यूरोप के नवप्रभात का नया पुष्प था जो हजारों वर्षों के मौन सिञ्चन के फलस्वरूप प्रस्फुटित हुआ था। इस पुष्प की दिगन्तव्यापिनी सुरभि द्वारा यूरोप की रात बीतने की पहली सूचना मिली थी।"

वाजपेयीजी उच्चकोटि के निबन्धकार और आलोचक थे। भाषा-शैली की पूर्ण शक्ति का विकास इनके निबन्धों में दिखायी पड़ता है। साहित्यिक समालोचना के सर्वथा अनुकूल गम्भीर विवेचनात्मक तार्किक शैली, हिन्दी गद्य को उनकी अप्रतिम देन है। नवीन भंगिमाओं से युक्त उनकी भाषा-शैली के सम्बन्ध में डॉ० जेकब पी० जार्ज का यह निष्कर्ष उद्धरणीय है–"आचार्य वाजपेयी शुक्लोत्तर विवेचनात्मक शैली के प्रमुख उन्नायक हैं। गम्भीर और संयत प्रतिपादन–रीति, रोचकता, स्पष्टता तथा प्रभविष्णुता, प्रसंगानुसार शब्दों और वाक्यों का चयन और उचित अलंकार-योजना उनकी विशेषताएँ हैं। शैली उनके गम्भीर व्यक्तित्व से आलोकित है।"

♦♦♦

महादेवी वर्मा
(सन् 1907-1987)

"यदि गद्य कवियों या लेखकों की कसौटी है तो निबन्ध गद्य की कसौटी है। भाषा की पूर्ण शक्ति का विकास निबन्धों में ही सबसे अधिक सम्भव होता है।" आचार्य शुक्ल का यह कथन महादेवीजी पर पूर्णतः चरितार्थ होता है। एक सफल कवायेत्री होने के साथ-साथ महादेवीजी उच्चकोटि की निबन्ध लेखिका भी थीं। हिन्दी के गद्य-शैलीकारों में उनका महत्त्वपूर्ण स्थान है। उनके निबन्ध भाव और विचार के अद्भुत सामञ्जस्य हैं। महादेवीजी लिखती हैं—"विचार के क्षणों में मुझे गद्य लिखना ही अधिक अच्छा लगता है। अपनी अनुभूति ही नहीं, बाह्य परिस्थितियों के विश्लेषण के लिए भी इसमें पर्याप्त अवकाश रहता है।"

हर्षनन्दिनी भाटिया ने महादेवीजी के सम्पूर्ण गद्य साहित्य को निम्नलिखित शीर्षकों के अन्तर्गत विभाजित किया है—1. **विवेचनात्मक**—मननशील साहित्य, विशेषकर आलोचनात्मक साहित्य इसके अन्तर्गत आता है, जैसे-विवेचनात्मक गद्य, साहित्यकार की आस्था तथा क्षणदा के कुछ निबन्ध। 2. **संस्मरणात्मक**—इसके अन्तर्गत अतीत के चलचित्र, स्मृति की रेखाएँ, मेरा परिवार तथा पथ के साथी ग्रन्थ आते हैं। 3. **नारी विषयक**—शृंखला की कड़ियाँ नारी-विषयक निबन्ध-संग्रह है।

'महादेवी का विवेचनात्मक गद्य' कृति में काव्यकला, छायावाद, रहस्यवाद, गीतिवाद, यथार्थ और आदर्श तथा सामयिक समस्या शीर्षक छः निबन्ध संकलित हैं। इन निबन्धों में महादेवीजी का आलोचक रूप व्यक्त हुआ है। 'साहित्यकार की आस्था' शीर्षक ग्रन्थ में केवल एक निबन्ध इसी शीर्षक से बढ़ा दिया गया है, शेष निबन्ध पूर्व-प्रकाशित ही हैं। 'क्षणदा' महादेवीजी के बारह फुटकल निबन्धों का संग्रह है। इस संग्रह की भूमिका में लेखिका लिखती हैं कि क्षणदा में मेरे कुछ चिन्तन के क्षण एकत्र हैं। इनमें न तर्क की प्रक्रिया है और न जटिल समस्या को सुलझाने के निमित्त प्रस्तुत समाधान। संगीत थम जाने पर गायक जैसे औरों के वाद्य और अपने गीत की संगति पर विचार करने लगता है वैसे ही इनमें मेरे विचार भाव की सीमारेखा पर स्थित हैं। निबन्धकार के रूप में महादेवीजी को प्रतिष्ठित करने का श्रेय उनके संस्मरणों और रेखाचित्रों को है। हम इन कृतियों पर पृथक्-पृथक् विचार करेंगे।

अतीत के चलचित्र—संग्रह में 11 रेखाचित्र हैं। इन स्मृतिचित्रों में कल्पना का सहारा कहीं भी नहीं लिया गया है। स्वयं महादेवीजी के शब्दों में, "जिस परिचय के

लिए कहानीकार अपने कल्पित पात्रों को वास्तविकता से सजाकर निकालता है, उसी परिचय के लिए मैं अपने पथ के साथियों को कल्पना का परिधान पहनाकर दूरी की सृष्टि क्यों करती?" कृति में उपेक्षित वर्ग के दलित तथा पिछड़े व्यक्तियों, जिनका हमसे नित्य साक्षात्कार होता है, को महादेवीजी ने स्नेह तथा ममता का पात्र और अधिकारी के रूप में चित्रित किया है। चित्रों में लेखिका के हृदय की करुणा साकार हो उठी है। पहला चित्र महादेवीजी के निजी भृत्य रामा का है। रामा कुरूप ग्रामीण है। उसके चरित्र में गुण-दोषों का विचित्र सामञ्जस्य है। रामा महादेवी का स्नेहपात्र है, जो प्रौढ़ावस्था तक उनके यहाँ परिवार का अंग बनकर रहता है। दूसरा चित्र एक बाल-विधवा का है, जो सामाजिक और पारिवारिक अत्याचारों को मूक भाव से सहन करते हुए अपना जीवन ढो रही है। तीसरा चित्र एक अबोध बालिका बिन्दा का है जो विमाता के अत्याचारों से संत्रस्त है। चौथा चित्र साबिया नामक मेहतरानी का है जो मूढ़ और अशिक्षित होते हुए भी उच्च चारित्रिक गुणों से सम्पन्न है। पाँचवें चित्र में बाल-विधवा बिट्टो का अत्यन्त कारुणिक चित्रण किया गया है। बालिका बिट्टो 54 वर्ष के वृद्ध के साथ दुबारा ब्याही जाती है क्योंकि पुरुष के बिना स्त्री-जीवन की कोई गति नहीं है। छठा चित्र असमय में ही विधवा हुई एक अठारह वर्षीय युवती के जीवन की विडम्बनाओं से सम्बन्धित है। सातवें चित्र में कोरी घीसा और उसकी सिंहनी माता का चित्रण है। छोटी जाति के अबोध ग्रामीण बालक घीसा की गुरुभक्ति और कर्त्तव्य-निष्ठा का विश्वसनीय आकलन महादेवीजी ने किया है। घीसा की अकाल मृत्यु महादेवीजी के हृदय में सदैव के लिए अपार वेदना की सृष्टि कर जाती है। आठवाँ चित्र एक ऐसी स्वाभिमानिनी स्त्री का है जो असंख्य मुसीबतों का सामना पूर्ण धैर्य और विवेक से करती है। नवें चित्र में सब्जी बेचनेवाले अन्धे अलोपीदीन का वर्णन है। शरीर से अशक्त और निरुपाय होते हुए भी अलोपीदीन में कर्त्तव्य-भावना कूट-कूटकर भरी हुई है। दसवां चित्र बदलू कुम्हार तथा उसकी पत्नी रधिया का है, जो जीवन के बड़े-से-बड़े-दुःख और विपत्ति को अपने ही भाग्य का दोष मानते हैं और धैर्यपूर्वक उनका सामना करते हैं। ग्यारहवाँ और अन्तिम रेखाचित्र कर्मठ पहाड़ी महिला लक्ष्मी का है जो अपने शोक-संतप्त हृदय को झूठी हँसी में छिपा लेने का बराबर प्रयत्न करती है पर महादेवी जी से उसके आँसू छिप नहीं पाते।

महादेवीजी का सूक्ष्म और यथार्थ चित्रण इन रेखाचित्रों में साकार हो उठा है। करुण भावनाओं की सरस और जीवन्त चित्रांकन शैली के कारण यह कृति सदैव सम्मानित रहेगी। शचीरानी गुर्टू ने इस कृति के सम्बन्ध में लिखा है—"(महादेवीजी ने) आन्तरिक रागातिरेक को अपने तक ही सीमित नहीं रक्खा, वरन् व्यक्तित्वों में और जीवन की अनन्त जटिल वास्तविकताओं में लय कर दिया है।...महादेवी ने अतीत की

अनगढ़, सामञ्जस्यहीन, बिखरी हुई स्मृतियों को सरस विश्वास के सुकोमल धागे में पिरोया है। उन्होंने जीवन में जो कई मोड़, उथल-पुथल, आवर्त्तन और उनसे प्राप्त स्थिर विवेक और स्थिति को परखनेवाली आत्मविश्वासमयी दृष्टि-प्रसार की कला सीखी, उससे अपने सपनों के सरल किन्तु मार्मिक चित्र खींचने में उन्हें पर्याप्त सुविधा हो गयी।''

स्मृति की रेखाएँ—इस संग्रह में 7 संस्मरणात्मक रेखाचित्र हैं। पहले में उनकी परम अनुगता, परिचारिका भक्तिन का, दूसरे में एक फेरीवाले वस्त्र-विक्रेता चोनी का, तीसरे में उनकी बदरी-केदार यात्रा के दो कुली बन्धुओं—जंगबहादुर और धनिया का, चौथे में एक निर्धन गृहवधू पुन्नू की माई का, पाँचवें में कल्पवास के समय परिचित एक भावुक मानव ठकुरी बाबा का, छठें में एक उत्पीड़ित रजक बाबू का और अन्तिम सातवें चित्र में एक मूक किन्तु परम् ममतामयी माता का चित्रण है। सभी चित्र अत्यधिक करुण होने के साथ-साथ जीवन्त भी हैं। ये रेखाचित्र समाज के दीन-हीन बेबस प्राणियों से सम्बन्धित हैं। लेखिका ने पूर्ण सहृदयता से सभी का चित्रांकन किया है। इनमें मातृत्व की ममता, बहन के पवित्र स्नेह तथा नारीत्व की कोमल अनुभूतियों की मार्मिक एवं सहज अभिव्यक्ति हुई है। निम्न-मध्यवर्गीय पात्रों को विषय बनाकर महादेवीजी ने लोक-जीवन एवं मानवता के प्रति अपने अगाध प्रेम का परिचय दिया है। लेखिका शहरी जीवन की भयावह कृत्रिमता और यान्त्रिकता से ऊबकर पर्वतीय प्रदेशों अथवा सुन्दर ग्रामीण क्षेत्रों में जाकर सीधे-सादे, भोले-भाले मनुष्य और प्रकृति से सीधा साक्षात्कार करती है। इन स्थानों में व्याप्त अभावों एवं अन्यायों को देखकर लेखिका का हृदय क्रन्दन करने लगता है, तब मन हल्का करने के लिए वह हृदय-पटल पर अंकित चित्रों को लेखनी की सहायता से कागज पर अंकित करती हैं। जीवन और जगत् की बहुरंगी आकृतियाँ इस कृति में उभरी हैं। इस कृति के सम्बन्ध में डॉ० विश्वनाथ शुक्ल लिखते हैं—''महादेवीजी की स्मृति की रेखाएँ, कोटि-कोटि वाणीहीनों को वाणी देनेवाली सञ्जीवनी है। अपनी ही अटपटी किन्तु प्रेम लपेटी वाणी को उन्होंने ज्यों-का-त्यों उद्धृत कर जिस सदाशयता का प्रमाण दिया है, उसी ने उनकी इन रेखाओं को काल की कठोर छाती पर वज्र की टाँकी से सदा के लिए अंकित कर दिया है।''

पथ के साथी—इस पुस्तक में सात साहित्यकारों के संस्मरण हैं। ये सात साहित्यकार हैं—कवीन्द्र रवीन्द्रनाथ टैगोर, मैथिलीशरण गुप्त, सुभद्राकुमारी चौहान, जयशंकर प्रसाद, सूर्यकान्त त्रिपाठी निराला, सुमित्रानन्दन पन्त और सियारामशरण गुप्त। महादेवीजी ने अनेक तथ्यों-प्रसंगों के सहारे साहित्य-जीवन के सहयात्रियों का मूल्यांकन पूर्ण सहानुभूति और संवेदना के साथ किया है। कवीन्द्र के प्रति महादेवी के मन में अपार श्रद्धा है। वे लिखती हैं-''कवीन्द्र रवीन्द्र उन विरल साहित्यकारों में थे,

जिनके व्यक्तित्व और साहित्य में अद्भुत साम्य रहता है। जहाँ व्यक्ति को देखकर लगता है मानो काव्य की व्यापकता ही सिमटकर मूर्त हो गयी है और काव्य से परिचित होकर जान पड़ता है मानो व्यक्ति ही तरल होकर फैल गया है।" निराला के व्यक्तित्व का निरूपण महादेवीजी ने बड़े तन्मयता और समर्थ भाषा-शैली में किया है, एक अंश देखें—"(निराला) जीवन की दृष्टि से दुर्लभ सीपी में ढले मोती नहीं हैं जिसे अपनी महार्घता का साथ देने के लिए, स्वर्ण और सौन्दर्य-प्रतिष्ठा के लिए अलंकार का रूप चाहिए। वे तो अनगढ़ पारस के भारी शिलाखण्ड हैं। न मुकुट में जड़कर कोई उनकी गुरुता संभाल सकता और न पदत्राण बनाकर कोई उसका भार उठा सकता है। वह जहाँ है वहीं उसका स्पर्श सुलभ है, यदि स्पर्श करनेवाले में मानवता के लौह परमाणु हैं तो किसी और से भी स्पर्श करने पर वह स्वर्ण बन गया। पारस की अमूल्यता दूसरों का मूल्य बढ़ाने में है। उसके मूल्य में न कोई कुछ जोड़ सकता है न घटा सकता है।" सियारामशरण गुप्त का रूपांकन भी कितना कलात्मक है—"सियारामशरण गुप्त ऐसे लगते हैं मानो ठेठ भारतीय मिट्टी की बनी पकी कोई मूर्ति हो जिसकी आँखों पर स्निग्धता का गाढ़ा रंग फेरकर शिल्पी शेष अंगों पर फेरना भूल गया है।" महादेवीजी की कृति 'मेरा परिवार' में मानवेतर प्राणियों के प्रति पारिवारिक आत्मीयता व्यक्त करते हुए सहज मानवीय संवेदना उभारी गयी है।

शृंखला की कड़ियाँ—यह महादेवीजी के नारी-सम्बन्धी प्रगतिशील तथा क्रान्तिकारी विचारों की एक सशक्त तथा प्रौढ़ कृति है। कृति में, हमारी शृंखला की कड़ियाँ, युद्ध और नारी, नारीत्व और अभिशाप, आधुनिक नारी, घर और बाहर, हिन्दू स्त्री का पत्नीत्व, जीवन का व्यवसाय, स्त्री के अर्थ-स्वातन्त्र्य का प्रश्न, हमारी समस्याएँ, समाज और व्यक्ति तथा जीने की कला शीर्षकों से निबन्ध हैं। इन निबन्धों में महादेवीजी ने भारतीय नारी का यथार्थ चित्र प्रस्तुत करते हुए उसकी कमियों-दुर्बलताओं की ओर संकेत किया है। समाज में अपना खोया हुआ गौरव और महत्त्व पुनः प्राप्त करने के लिए वे भारतीय नारी को भारतीय आदर्शों के अनुरूप जीवन-यापन का सन्देश देती हैं और पश्चिम की चकाचौंध-भरी सभ्यता से विरत होने का उपदेश भी देती हैं। समाज में भारतीय नारी की स्थिति का विश्वसनीय और सटीक चित्र वे इन शब्दों में खींचती हैं—"इस समय तो भारतीय पुरुष जैसे अपने मनोरञ्जन के लिए रंग-बिरंगे पक्षी पाल लेता है, उपयोग के लिए गाय या घोड़ा पाल लेता है, उसी प्रकार वह एक स्त्री को भी पाल लेता है तथा अपने पालित पशु-पक्षियों के समान ही उसके शरीर और मन पर अपना अधिकार समझता है। हमारे समाज में पुरुष के विवेकहीन जीवन का चित्र देखना हो तो विवाह के समय गुलाब-सी खिली हुई स्वस्थ बालिका को पाँच वर्ष बाद देखिए। उस समय उस असमय प्रौढ़ हुई, दुर्बल सन्तानों की रोगिणी पीली माता में कौन-सी विवशता, कौन-सी रुला देनेवाली करुणा न मिले।"

महादेवीजी ने विधवाओं तथा वेश्याओं के प्रति अपार सहानुभूति प्रदर्शित की है और उनकी दुर्दशापूर्ण स्थिति के लिए समाज को दोषी ठहराया है। वेश्याओं के सम्बन्ध में वे लिखती हैं—''इन स्त्रियों ने जिन्हें गर्वित समाज पतित के नाम से सम्बोधित करता चला आ रहा है, उस पर कभी किसी ने विचार भी नहीं किया, पुरुष की वासना की वेदी पर कैसा घोरतम बलिदान दिया है।....पुरुष की कभी न बुझनेवाली वास्नाग्नि में हँसते-हँसते अपने जीवन को तिल-तिल जलानेवाली इन रमणियों को मनुष्य जाति ने दो बूँद आँसू पाने का भी अधिकारी नहीं समझा।'' नारी पर होनेवाले अत्याचार, उसके दुःख, उसके बन्धन ही नारी-जीवन की शृंखलाएँ हैं। लेखिका का सन्देश है कि भारतीय नारी अपने कर्त्तव्य का ज्ञान प्राप्त करे ताकि उसकी ''ये लौह शृंखलाएँ उसकी गरिमा से गलकर मोम बन जायँ।''

भाषा—निबन्धों में महादेवीजी की भाषा साधु एवं साहित्यिक है। उनके गद्य में भी कविता का-सा प्रवाह विद्यमान होने के कारण भाषा में भी पद्यात्मकता का पुट आ गया है। महादेवीजी ने तत्समतामयी उत्कृष्ट एवं प्राञ्जल भाषा का प्रयोग निबन्धों में किया है। उनकी भाषा प्रायः ऐसी ही है—''शैशव की स्मृतियों में विचित्रता है। जब हमारी भाव प्रबलता गम्भीर और प्रशान्त होती है तब अतीत की रेखाएँ कुहरे में से स्पष्ट हुई वस्तुओं के समान अनायास ही स्पष्ट-से-स्पष्टतर होने लगती हैं।'' ''वास्तव में जीवन सौन्दर्य की आत्मा है। वह सामञ्जस्य की रेखाओं में जितनी मूर्तिमत्ता पाता है उतनी विषमता में नहीं।''

यथास्थान संस्कृत की सूक्तियों का प्रयोग कर महादेवी ने निबन्ध-भाषा को गरिमापूर्ण बनाया है। उनके द्वारा प्रयुक्त कुछ सूक्तियाँ ये हैं—मा किंस्यात सर्वभूतानि, सर्वभूतहित, आत्मवत् सर्वभूतेषु, तद्भाव गतेन चेतसा आदि। भाषा को उदार बनाने और व्यावहारिक स्वरूप प्रदान करने के लिए देवीजी ने दूसरी भाषाओं के प्रचलित शब्दों का उपयोग भी किया है। कद्र, ईमानदारी, नाराज, परेशानी आदि उर्दू के तथा सीजन, प्रोग्राम, सप्लाई, टाईफाइड, हिप्नोटाइज, इनलार्जमेण्ट आदि अंग्रेजी के शब्द उनके निबन्धों में प्रयुक्त हैं। ग्राम्य वातावरण का चित्रण करते समय अनेक देशज शब्द भी आ गये हैं। बरेठिन, घुघरी, पथरोठी जैसे शब्द स्वर्ण में सुगन्धि उत्पन्न करने का कार्य करते हैं। कल्याण कामना, बची-खुची, धूल-धूसरित, टोने-टोटके आदि युग्म शब्दों का भी देवीजी ने प्रयोग किया है। ग्रामीण पात्रों को यथार्थता और स्वाभाविकता प्रदान करने के उद्देश्य से कभी-कभी महादेवीजी ने इनसे तद्भव भाषा का प्रयोग भी कराया है। कुछ उदाहरण देखें—'हम सिंह के मेहरारू होइके का सियारन के जाब' 'कल्पवास की उमिर आई तब उहौ हुई जाई, का एक दिन सब नेम धरम समापत करै को परतिग्या है' आदि।

महादेवी ने आवश्यकता के अनुरूप सभी प्रकार के वाक्यों का प्रयोग निबन्धों में किया है। मिश्र और संयुक्त वाक्यों का भी प्रयोग उन्होंने कुशलता से किया। "परन्तु भिखारी के सम्बन्ध में मेरे संस्कार कुछ ऐसी तर्कहीनता तक पहुँच चुके हैं जहाँ से अन्धविश्वास की सीमारेखा दूर नहीं रह जाती।" यह वाक्य मिश्र वाक्य है। "विन्दा के अपराध तो मेरे लिये अज्ञात थे पर पण्डिताइन चाची के न्यायालय से मिलनेवाले दण्ड के सब रूपों से मैं परिचित हो चुकी थी।" यह वाक्य संयुक्त वाक्य का उदाहरण है। देवीजी प्रायः छोटे वाक्य ही लिखती हैं, पर कहीं-कहीं वाक्य पर्याप्त लम्बे आकार के भी हो गये हैं, उदाहरणार्थ 'भक्तिन' का यह एक वाक्य देखें—"छोटे कद और दुबले शरीरवाली भक्तिन अपने पतले ओंठों के कोनों में दृढ़ संकल्प और छोटी आँखों में एक विचित्र समझदारी लेकर जिस दिन पहले-पहल मेरे पास उपस्थित हुई थीं तब से आज तक एक युग का समय बीत चुका है, पर जब कोई जिज्ञासु उससे इस सम्बन्धों में प्रश्न कर बैठता है तब वह पलकों को आधी पुतलियों तक गिराकर और चिन्तन की मुद्रा में ठुड्ढी को कुछ ऊपर उठाकर विश्वास भरे कण्ठ से उत्तर देती है—'तुम पचै का का बताई, यहै पचास बरिस से संग रहित है।"

भाषा में सजीवता लाने के लिए लोकोक्तियों और मुहावरों का भी पर्याप्त मात्रा में देवीजी ने प्रयोग किया है। रामा की कोठरी में महाभारत के अंकुर जमाना, खेल के संसार में सूखा पड़ने की सम्भावना, अंगारों से आँचल का भर जाना, काँच की गोलियों जैसी निष्प्रभ आँखें, खेत में लकड़ी पर औंधाई हुई मटकी जैसा सिर आदि उनके प्रयोग मुहावरेदार भाषा के परिचायक हैं।

महादेवीजी के निबन्धों की भाषा अत्यन्त भावमय है। वचन-वक्रता भाषा का अलौकिक गुण है। व्यंग्यात्मकता और आलंकारिकता का समावेश महादेवीजी की भाषा को प्रवाहपूर्ण और प्रभावपूर्ण बना देता है। उनकी भाषा में शुष्कता, नीरसता, बोझिलता कहीं भी नहीं दिखायी पड़ती। भाषा के माध्यम से सटीक चित्र खींच देने की कला में महादेवीजी अति कुशल हैं। डॉ० सूर्यप्रसाद दीक्षित महादेवीजी की भाषा के सम्बन्ध में लिखते हैं—"वे भावानुकूल भाषा का निर्माण करने में सक्षम हैं। हास्यरसपूर्ण प्रसंगों में उनका प्रत्येक शब्द क्रीड़ा करता है। भक्तिन के कर्मकाण्ड और दिनचर्या के वर्णन में उनकी शब्दावली सरस हो उठती है। संवेदना की सृष्टि करते समय वही शब्द अन्तःक्रन्दन करते हैं और व्यंग्यात्मक प्रसंगों में हमें मर्माहत करते हैं। चिन्तन की तह में डूबकर प्रत्येक शब्द अर्थगौरव से युक्त होकर व्याख्येय हो जाता है और आत्ममीमांसा का रस विकीर्ण करता है।"

शैली—महादेवीजी के निबन्धों, रेखाचित्रों और संस्मरणों में अनेक प्रकार की शैलियों के दर्शन होते हैं। मुख्यतः उनकी शैली के भावात्मक, व्यंग्यात्मक, आलंकारिक, सूत्रात्मक, व्यक्तिपरक, चित्रात्मक, उक्ति-वैचित्र्य-कथन शैली आदि प्रकार बताये जा सकते हैं। इन शैलियों पर पृथक्-पृथक् विचार किया जायगा।

जिस प्रकार महादेवी के काव्य में भावुकता की प्रचुरता है उसी प्रकार उनके निबन्ध भी भावप्रधान हैं। निम्नलिखित अवतरण में उनका मातृ-हृदय करुणा से विगलित दिखायी पड़ता है—"रंग की स्वच्छता और त्वचा की चिकनाहट से प्रकट होता था कि कुली जीवन की सारी कठोरता उसने अभी नहीं झेली है। टाट के पुराने पैजामे और जीन के फटे कोट ने उसे पराजित सिपाही की भूमिका दे डाली थी जो उसके मुख के भाव के साथ विरोधाभास उत्पन्न करती थी।"

महादेवी ने समाज और वर्तमान स्थितियों पर पैने व्यंग्य भी किये हैं। ये व्यंग्य हृदय को घायल कर देते हैं। उनका व्यंग्य अशिष्ट या अश्लील नहीं है। व्यंग्यात्मक शैली की भाषा चलती हुई और प्रवाहपूर्ण है। व्यंग्य शैली के दो उदाहरण देखें—"बूढ़े को अपनी बुद्धि पर भी कम गर्व नहीं। नालायक लड़के से लायक बहू का सम्बन्ध न कर उसने प्रमाणित कर दिया कि वह बूढ़े विधाता के जोड़ का ही खिलाड़ी है, रत्ती-माशा भर भी बुद्धि में कम नहीं।" "सञ्जीवनी जड़ी तो आज तक किसी को नहीं ज्ञात हुई परन्तु मृत्यु को तत्क्षण उपस्थित कर देनेवाली विष-बूटियों को सब जानते पहचानते हैं।

महादेवीजी ने उपमा, रूपक, उत्प्रेक्षा आदि अलंकारों को स्वाभाविक रूप से निबन्धों में ला दिया है। इस शैली के कुछ उदाहरण द्रष्टव्य हैं—"पृथ्वी के उच्छ्वास के समान उठते हुए धुँधलेपन में वे कच्चे घर आकण्ठ मग्न हो गये।" "इन चित्रों में न सजीवता रहती है न कला, मानो लकड़ी पर एक आकार खोदकर सब स्थानों में छाप दिया हो।" "एक ओर श्वेत शतदल की पंखुड़ियों की तरह कुछ खुलती कुछ बन्द, कहीं अस्पष्ट और अलक्ष्य पर्वत श्रेणियाँ और दूसरी ओर कहीं हरित दल-से फैले खेत और कहीं गली चाँदनी-जैसे स्रोतों के बीच में जो जीवन गतिशील है, उसे देखकर प्रसन्नता से अधिक करुणा आती है।"

महादेवीजी की सूक्तियाँ अत्यन्त मार्मिक, पैनी और सारगर्भित हैं। इनमें अपूर्व व्यञ्जनात्मकता है। निबन्धों में स्थान-स्थान पर सूक्तियाँ भरी पड़ी हैं। कुछ विशिष्ट सूक्तियाँ ये हैं—मनुष्य स्वयं एक सजीव कविता है; साहित्य समाज की अपराजेय शक्ति है; विश्वासी बुद्धि और विवेकी-हृदय अपने-आपमें सब शंकाओं का समाधान है; सन्तान का जन्म माता की पीड़ा का भी जन्म है; कवि का दर्शन, जीवन के प्रति उसकी आस्था का दूसरा नाम है—काव्यकला; स्वच्छ कपड़ों के अभाव में आचार की समस्या का समाधान निमोनिया को निमन्त्रण है।

व्यक्तिपरक शैली के अन्तर्गत महादेवीजी अपनी कोमल भावनाओं एवं सुचिन्तित विचारों को व्यक्त करती हुई चलती हैं। इसे आत्मपरक शैली भी कहते हैं। संस्मरणात्मक निबन्धों में प्रायः यही शैली दिखायी पड़ती है। इस शैली का एक उदाहरण देखें—"मैं पैदल ही लम्बी-लम्बी यात्राएँ कर चुकी हूँ, जिनमें सफलता का मूलमन्त्र कम सामान

रखना ही माना जाता है। अतः इस सम्बन्ध में मुझसे भूल होना सम्भव नहीं। फिर मैं यह विश्वास नहीं करती कि जिन यात्राओं में खाद्य सामग्री मिल जाने की सुविधाएँ हैं, वहाँ भी घी के पीपे और बिस्कुट के बीसियों टिन ढोता फिरा जावे। हिम के सुन्दर शिखरों की छाया में पोलसन का बटर और हटले पामर्स के बिस्कुट खाना मेरी समझ में कम आता है, पर लकड़ी-कण्डे बटोरकर आलू भूनने और बनाने का सुख मैं विशेष रूप से जानती हूँ।''

घटना और वस्तु का सजीव चित्र उपस्थित कर देने में महादेवीजी को अपूर्व सिद्धहस्तता प्राप्त है। चित्रात्मक शैली उनकी प्रमुख गद्यशैली है। आपकी शब्द-योजना द्वारा अंकित चित्र किसी भी कुशल चित्रकार द्वारा अंकित चित्रों से कम सुन्दर या आकर्षक नहीं है। कुछ चित्र यहाँ देखें—''जर्जर वस्त्र में लिपटे क्षीण मलीन बालक का हाथ पकड़कर पेड़ के नीचे जा बैठनेवाली अन्धी भिखारिन का चित्र आँकते-आँकते यदि उनकी तूलिका थक गयी हो और सुनहली गोधूलि में लौटते हुए श्रान्त कृषकाय कृषक और उसके रूखे बिखरे बालोंवाली बालिका का मुख यदि उसके कागज पर उतर आया हो, तो वह युवती का सौन्दर्य भी अंकित करके और अधिक पवित्र हो उठेगा।'' ''एक की आँखें माड़े से धुँधली, ठुड्डी पर झुकी हुई और मुख के भाव में एक करुण उदासीनता थी। पर कानों को धोती से बाहर निकाले और होंठों को खोलती-बन्द करती हुई अपनी छोटी काली आँखों को घुमाकर तथा छोटी नाक के गोल नथनों को फुलाकर मानो चारों ओर बिखरे हुए रूप-रस-गन्ध की खोज-खबर से ले रही थीं।''

महादेवी जी का कथन कहीं-कहीं उक्ति-वैचित्र्यपूर्ण भी है। इससे निबन्धों में भंगिमा और लाक्षणिकता आ गयी है। उनके कुछ कथन द्रष्टव्य हैं—''साहित्य जीवन का चित्र अवश्य है परन्तु वह फोटोग्राफी मात्र नहीं कहा जा सकता।'' ''समय बैलगाड़ी', रथ छोड़कर वायुयान पर उड़ने लगा है, एक क्षण को छूकर इतिहास के असंख्य पृष्ठ लिखने लगा है तब हमें अपनी समय-सम्बन्धी धारणाएँ बदलनी चाहिए।'' ''किसी भी युग में मनुष्य जीवन की धोयी-पोंछी स्लेट पर अपने अनुभवों की वर्णमाला नहीं प्रारम्भ करता। मनुष्य के आँसू हँसी के कारण भिन्न हो सकते हैं परन्तु उनके मूलगत विषाद, आनन्द एक ही रहेंगे।''

हिन्दी गद्यकारों में महादेवीजी का महत्वपूर्ण स्थान है। उनकी गद्य कृतियाँ साहित्य की अक्षुण्ण निधि हैं। महादेवीजी की निबन्धकला के सम्बन्ध में विद्वानों ने अत्यन्त भावपूर्ण उद्‌गार व्यक्त किये हैं। डॉ० प्रभाकर माचवे लिखते हैं—''महादेवीजी के निबन्धों की विशेषता है, उनकी भाव-विभोर गहरी चिन्तनशील पद्धति, जिसके कारण वे विवरण में जाकर वर्णन बहुत चित्रोपम करती हैं। काव्यमयता इनके निबन्धों की दूसरी महत्त्वपूर्ण विशेषता है। वे रेखाचित्र और संस्मरण की सीमा-रेखावाले निबन्ध ही

लिखती हैं फिर भी उनके कई संस्मरणात्मक चित्र-जैसे-'महाप्राण निराला' की भूमिका और उनके कई भाषणात्मक निबन्ध बहुत सुन्दर बन पड़े हैं। भगतिन, चीनी फेरीवाला और ऐसे ही चित्रों से भरे उनके निबन्धों की तुलना एक स्नेपशाटों के एलबम से की जा सकती है।" डॉ० सूर्यप्रकाश दीक्षित उनके सम्बन्ध में लिखते हैं–"महादेवीजी गद्य के क्षेत्र में असाधारण सिद्धि-सम्पन्न लेखिका हैं। पद्य की अपेक्षा गद्य कहीं अधिक भाव-प्रवण, विचार-विदग्ध और विविधतापूर्ण है। कहीं-कहीं आलंकारिकता, रूपात्मकता और कृत्रिमता का मोह रचनात्मक भावबोध को असाध्य, दुरूह और वक्र बना देता है फिर भी उनका उक्ति-वैचित्र्य, उनका विवेचनात्मक अन्तर्बोध और उनकी लाक्षणिक प्रतीति बड़ी सरल तथा प्रेषणीय है।" श्री गुलाबरायजी महादेवी के निबन्धों के सम्बन्ध में लिखते हैं–"विचारों की प्रौढ़ता और भावों की गहराई के कारण अभिव्यक्ति में गम्भीरता के साथ कहीं-कहीं दार्शनिकता का पुट आ गया है, किन्तु दुर्बोधता, शुष्कता और बोझिलता उसमें नहीं है। वरन् इनके स्थान पर सरलता और मार्मिकता अपनी भव्यता में स्पष्ट लक्षित होती है। शब्द-चयन उपयुक्त, वाक्य-विन्यास मधुर तथा सार्थक, भाषा स्वस्थ, चित्रमय और प्रवाहपूर्ण है। फलतः शैली आकर्षक, प्रभावोत्पादक और रमाने वाली है। हास-परिहास और व्यंग्य-विनोद के छींटे चिन्तनपूर्ण आकुलता जगानेवाले हैं।"

◆◆◆

डॉ० हजारीप्रसाद द्विवेदी
(सन् 1907-1979)

आचार्य द्विवेदी हिन्दी के श्रेष्ठ गद्यकार, शैलीकार और समीक्षक थे। उनका साहित्यिक व्यक्तित्व इतिहास लेखक, शोधक, समीक्षक, निबन्धकार, उपन्यासकार, सम्पादक आदि अनेक रूपों में प्रकाशित हुआ है। हिन्दी साहित्य के साथ-ही-साथ संस्कृत, ज्योतिष, धर्म, दर्शन आदि के भी आप प्रकाण्ड विद्वान थे। आचार्य महावीर-प्रसाद द्विवेदी तथा आचार्य शुक्ल के समान अपने व्यक्तित्व तथा कृतित्व के कारण इन्हें भी आचार्यत्व की प्रतिष्ठा प्राप्त हुई थी। समीक्षा के क्षेत्र में आचार्य द्विवेदी का प्रदेय अत्यन्त मूल्यवान् है। हिन्दी साहित्य के आदिकाल से लेकर अद्यतन काल तक की साहित्यिक प्रवृत्तियों के विश्लेषण, मूल्यांकन तक उनका कार्यक्षेत्र फैला हुआ है। आचार्य द्विवेदी रचनाशील साहित्यकार हैं। श्री नन्ददुलारे वाजपेयी की भाँति वे कोरे समीक्षक नहीं, उच्चकोटि के ललित निबन्धकार और कथाकार भी हैं।

निबन्ध-साहित्य—आचार्य द्विवेदी हिन्दी के शीर्षस्थ निबन्धकार हैं। आचार्य शुक्ल के पश्चात् द्विवेदीजी ही हिन्दी के सर्वश्रेष्ठ निबन्धकार माने जाते हैं। संस्कृत साहित्य के गम्भीर अध्ययन तथा आधुनिक पाश्चात्य समीक्षा-पद्धति के सम्यक् अनुशीलन के परिणामस्वरूप द्विवेदीजी का लेखन विशिष्ट महत्त्व का अधिकारी हो गया है। द्विवेदीजी के वैयक्तिक निबन्ध साहित्य की अनुपम निधि हैं। विचारात्मक, आलोचनात्मक, वर्णनात्मक, विवरणात्मक प्रायः सभी कोटि के निबन्धों की रचना द्विवेदीजी ने की। द्विवेदीजी ने 200 से भी अधिक निबन्ध लिखे, जो इन निबन्ध संग्रहों के रूप में प्रकाश में आये हैं—अशोक के फूल, विचार और वितर्क, विचार-प्रवाह, हमारी साहित्यिक समस्याएँ, कल्पलता, साहित्य का अर्थ, गतिशील चिन्तन, मध्यकालीन धर्म साधना, कुटज आदि। 'अशोक के फूल' में 21 साहित्यिक निबन्ध हैं, जिनमें आत्माभिव्यञ्जक निबन्धों का सर्वोत्तम रूप दिखायी पड़ता है। इसमें काव्यात्मकता तथा कल्पनाशीलता के साथ-साथ सामाजिक एवं सांस्कृतिक इतिहास-सम्बन्धी धारणाएँ व्यक्त हुई हैं। 'विचार और वितर्क' में 28 निबन्ध हैं। इस संग्रह के बहुत-से निबन्ध पहले संग्रह के ही हैं। संग्रह के नवीन निबन्धों में साहित्य, दर्शन, संस्कृति आदि के सम्बन्ध में गहन विचार एवं नवीन व्याख्या-दृष्टि प्राप्त होती है। 'विचार-प्रवाह' संग्रह में भी कुछ नये निबन्ध जोड़ दिये गये हैं। इसमें कुल 21 निबन्धों और भाषणों का संग्रह किया गया

है। 'हमारी साहित्यिक मान्यताएँ' में 21 साहित्यिक एवं समीक्षात्मक निबन्ध संगृहीत हैं। संग्रह के संस्कृत और हिन्दी, हिन्दी की शक्ति, हिन्दी का प्रचार कैसा हो, रस क्या है, रस का व्यावहारिक अर्थ, साहित्य का नया रास्ता आदि निबन्धों में द्विवेदीजी की मौलिक चिन्तन-पद्धति के दर्शन होते हैं। 'कल्पलता' में 21 विभिन्न प्रकार के निबन्ध हैं। इन निबन्धों से द्विवेदीजी की बहुज्ञता, लेखन-शैलियों तथा व्यापक दृष्टिकोण का परिचय प्राप्त होता है। 'साहित्य का अर्थ' में लखनऊ विश्वविद्यालय में दिये गये तीन व्याख्यानों का संग्रह है। इनमें साहित्य के अर्थ, स्वरूप, उद्देश्य, प्रयोजन, उपयोगिता तथा साहित्य में नवीन प्रयोगों की समीचीनता आदि प्रश्नों पर सुचिन्तित एवं मौलिक विचार प्रस्तुत किये गये हैं।

डॉ० कैलाशचन्द्र भाटिया ने 'हजारीप्रसाद द्विवेदी : व्यक्ति एवं साहित्य' ग्रन्थ में संगृहीत अपने लेख में डॉ० हजारीप्रसाद द्विवेदी के निबन्धों का विषयगत वर्गीकरण निम्नलिखित ढंग से किया है–

1. **सांस्कृतिक**–द्विवेदीजी के उल्लेखनीय सांस्कृतिक निबन्ध ये हैं–हमारी संस्कृति और साहित्य का सम्बन्ध, संस्कृतियों का संगम, हमारी राष्ट्रीय शिक्षा-प्रणाली, भारतवर्ष की सांस्कृतिक समस्या, भारतीय संस्कृति की देन आदि।

2. **साहित्यिक**–साहित्य निर्माण का लक्ष्य, साहित्य का नया रास्ता, इतिहास का सत्य, मनुष्य की सर्वोत्तम कृति साहित्य, साहित्य का नया कदम, हमारे पुराने साहित्य के इतिहास की सामग्री, साहित्यकारों का दायित्व ही साहित्य का लक्ष्य, भारतीय साहित्य की प्राणशक्ति, साहित्य में मौलिकता का प्रश्न आदि निबन्ध साहित्यिक कोटि के हैं।

3. **शास्त्रीय**–शास्त्रीय प्रकार के निबन्धों में उल्लेखनीय ये हैं–काव्य कला, कविता का भविष्य, रस क्या है, रस का व्यावहारिक अर्थ, मधुर रस की साधना, आलोचना का स्वतन्त्र मान आदि।

4. **भाषा-सम्बन्धी**–संस्कृत और हिन्दी, हिन्दी की शक्ति, हिन्दी प्रचार की समस्या, नयी समस्याएँ, सहज भाषा का प्रश्न, हम क्या करें, हिन्दी और अन्य भाषाओं का प्रश्न आदि निबन्ध उपर्युक्त श्रेणी के हैं।

5. **हिन्दी साहित्य**–हिन्दी साहित्य से सम्बद्ध निबन्धों में निम्नलिखित निबन्ध विशेष रूप से उल्लेखनीय हैं–आदिकाल के अन्तरप्रान्तीय साहित्य का ऐतिहासिक महत्त्व, भक्तिकाल के वैष्णव कवियों की रूपोपासना, हिन्दी का भक्ति साहित्य, मध्ययुग या मध्यकाल, धर्मसाधना का साहित्य, वेद विरोधी स्वर, धर्म और निरंजन मत, अवतारवाद, श्रीकृष्ण की प्रधानता, गोपियाँ और श्री राधा, रीतिकाव्य, प्रेमचन्द का महत्त्व, प्रसादजी की कामायनी, द्विवेदीजी की देन, शैली तथा समीक्षात्मक समीक्षकों की

समीक्षा, कवि के रियायती अधिकार, समालोचक की डाक, महिलाओं की लिखी कहानियाँ, बीजक की दो व्याख्याएँ, सूफी साधना, हकायके हिन्दी आदि।

6. ज्योतिष—केतु, दर्शन, ब्रह्माण्ड का विस्तार, नया वर्ष आ गया, भारतीय फलित ज्योतिष आदि निबन्ध ज्योतिष-सम्बन्धी हैं।

7. धर्म-नीति—धर्मस्य तत्त्वं निहितं गुहायाम्, आन्तरिक शुचिता की आवश्यकता है, धर्मचक्र-निबन्ध उपर्युक्त प्रकार के हैं।

8. रवीन्द्र-गाँधी-सम्बन्धी—सत्य का महसूल, रवीन्द्रनाथ टैगोर के राष्ट्रीय गान, रवीन्द्रनाथ की आशा-भूमि, महाकवि के महाप्रयाण के बाद, वह चला गया आदि निबन्ध उपर्युक्त महापुरुषों से सम्बन्धित हैं।

9. सामान्य—शब्द-साधना, गतिशील चिन्तन, पण्डितों की पंचायत, भगवान महाकाल का कुण्ठ नृत्य, ठाकुरजी की बटोर, समस्या का सबसे बड़ा हल आदि निबन्ध सामान्य शीर्षक के अन्तर्गत वर्गीकृत किये जा सकते हैं।

10. प्रकृति-विषयक—आम फिर बौरा गये, शिरीष के फूल, अशोक, कुटज, बसन्त आ गया आदि निबन्धों में द्विवेदी जी का प्राकृतिक सौन्दर्याकर्षण व्यक्त हुआ है।

निबन्धों में व्यक्त द्विवेदीजी का साहित्यिक दृष्टिकोण—द्विवेदीजी का साहित्य-सम्बन्धी दृष्टिकोण और मान्यताएँ अत्यन्त व्यापक भावभूमि पर आधृत हैं। उनकी स्पष्ट मान्यता है कि साहित्य मानव सापेक्ष है और उसका तात्पर्य सात्त्विक चिन्तनधारा से है। मनुष्य की सूक्ष्म और महनीय साधना का प्रकाश, जिसके आलोक में मानव समाज को सुन्दर रूप में परिवर्तित किया जा सकता है, को साहित्य की संज्ञा से अभिहित करते हैं। उनके अनुसार, मनुष्य को अज्ञान, मोह, कुसंस्कार और परमुखापेक्षिता से बचाना ही साहित्यकार का वास्तविक लक्ष्य है। वे साहित्य का लक्ष्य मनुष्यता का उत्थान करना मानते हैं—"मैं साहित्य को मनुष्य की दृष्टि से देखने का पक्षपाती हूँ। जो वाग्जाल मनुष्य को दुर्गति, हीनता और परमुखापेक्षिता से न बचा सके, उसे साहित्य कहने में मुझे संकोच होता है।" समस्त मानव समाज को सुन्दर बनाने की साधना का नाम ही साहित्य-साधना है।

द्विवेदीजी मानवतावादी कलाकार हैं। वे मानते थे कि साहित्यकार के समक्ष सबसे बड़ा प्रश्न और आदर्श मानवता के उद्धार एवं उन्नयन का है। साहित्य मात्र वैयक्तिक अनुभूतियों का अभिव्यक्तीकरण नहीं प्रत्युत समूची सामाजिक चेतना का अनुरणन है। मनुष्य की शक्ति पर द्विवेदीजी की अगाध आस्था है। उन्हें पूर्ण विश्वास है कि मनुष्य अनुदिन सुख, शान्ति और समृद्धि की ओर बढ़ता जायगा। 'अशोक के फूल' निबन्ध में मनुष्य की अदम्य, अनुपमय शक्ति के प्रति प्रगाढ़ आस्था व्यक्त करते हुए लिखते

हैं—"मुझे मानव जाति की दुर्दम-निर्मम धारा के हजारों वर्षों का रूप साफ दिखायी दे रहा है। मनुष्य की जीवनी-शक्ति बड़ी निर्मम है। वह सभ्यता और संस्कृति के वृथा मोहों को रौंदती चली आ रही है। न जाने कितने धर्माचारों, विश्वासों, उत्सवों और व्रतों को धोती-बहाती यह जीवनधारा आगे बढ़ी है। संघर्षों से मनुष्य ने नयी शक्ति पायी है। हमारे सामने समाज का जो रूप है वह न जाने कितने ग्रहण और त्याग का रूप है। देश और जाति की विशुद्ध संस्कृति केवल बाद की बात है। सब-कुछ में मिलावट है, सब कुछ अविशुद्ध है। शुद्ध है केवल मनुष्य की दुर्दम जिजीविषा। वह गंगा की अबाधित-अनाहत धारा के समान सब-कुछ हजम करने के बाद भी पवित्र है।"

मानवता को विभाजित करनेवाली दुष्प्रवृत्तियों की कटु निन्दा द्विवेदीजी ने की है। दूषित अर्थनीति, सामाजिक वैषम्य आदि पर उन्होंने गम्भीर चिन्ता व्यक्त की। द्विवेदीजी अपनी हार्दिक भावना व्यक्त करते हुए लिखते हैं—"मैं बराबर सोचता आ रहा कि क्या ऐसा कोई उपाय नहीं हो सकता कि समाज से पैसे का राज खतम हो जाय। हमारे सब बड़े प्रयत्न इस एक चट्टान से टकराकर चूर हो जाते हैं। क्या कोई ऐसी व्यवस्था हो सकती है कि जिसमें प्रत्येक व्यक्ति अपने मतलब भर का पैसा पा जाय और उससे अधिक पा सकने का कोई उपाय ही न हो।" जाति-भेद से उत्पन्न सामाजिक अव्यवस्था से वे चिन्तित दिखायी पड़ते हैं—"भारतमाता की जयजयकार वस्तुतः इन तहों (जातिभेद आदि) को नष्ट कर देने का संकल्प है, सम्भवतः बहुत थोड़े लोग ही यह बात महसूस करते हैं। परन्तु जाति-भेद की कृत्रिम तहों को नष्ट कर देना कोई आसान काम नहीं।"

निबन्धों में द्विवेदीजी ने विविध साहित्य-रूपों पर भी विचार किया है। कहानी, उपन्यास, नाटक आदि के सम्बन्ध में उन्होंने स्वचिन्तित मौलिक धारणा व्यक्त की। वे मानते हैं कि कथा साहित्य मनोविनोद की वस्तु नहीं है। प्रेमचन्द के साहित्य की प्रशंसा उन्होंने इसीलिए की क्योंकि उसमें मनोवैज्ञानिक विश्लेषण और यथार्थ के भीतर मनुष्य हृदय की विशालता उद्‌घाटित हुई है। उपन्यासकार की सफलता वहाँ है जहाँ वह मनुष्यता की कठिनाइयों और द्वन्द्वों पर दृष्टि केन्द्रित करता है। द्विवेदीजी भारतीय नाट्य-सिद्धान्तों के अनुगमनकर्त्ता हैं। प्राचीन भारतीय नाटकों की प्रशंसा वे इसलिए करते हैं क्योंकि उनमें सर्वत्र नैतिक आदर्शों पर बल दिया गया है।

आदर्शवाद, यथार्थवाद तथा छायावाद, रहस्यवाद, प्रगतिवाद आदि वादों पर भी उन्होंने यथास्थान विचार किया है। प्रगतिवाद के प्रयत्नों—वर्गविहीन समाज की स्थापना तथा शोषकों से शोषितों की रक्षा—की उन्होंने प्रशंसा की है। साहित्य के कलापक्ष पर भी द्विवेदीजी ने विचार व्यक्त किया है। भाषा को अभिव्यक्ति का साधन मानते हुए उन्होंने उसकी सहजता पर बल दिया। छन्द, अलंकार, रस पर भी विचार करते हुए द्विवेदीजी ने समन्वयवादी दृष्टिकोण का परिचय दिया।

द्विवेदीजी की दृष्टि अत्यधिक व्यापक है। उन्होंने साहित्य की जाँच-परख सांस्कृतिक परिवेश में की है। उनका विचार है कि भारत की किसी भी भाषा के साहित्य का समुचित अध्ययन करने के लिए हमें अन्य भारतीय भाषाओं के साहित्य से भी परिचित होना होगा। हिन्दी साहित्य का अध्ययन बिना पालि, प्राकृतों और अपभ्रंशों में प्रवेश किये, नहीं हो सकता। द्विवेदीजी लिखते हैं, हमारे देश का सांस्कृतिक इतिहास इस मजबूती के साथ अदृश्य काल विधाता के हाथों सी दिया गया है कि उसे प्रान्तीय सीमाओं में बाँधकर सोचा ही नहीं जा सकता। उसका एक टाँका काशी में मिलेगा तो दूसरा बंगाल में, तीसरा उड़ीसा में और चौथा महाराष्ट्र में मिलेगा और पाँचवाँ मालाबार या सीलोन में मिल जाय तो आश्चर्य करने की कोई बात नहीं।

द्विवेदीजी प्राचीन भारतीय साहित्य तथा आधुनिक हिन्दी साहित्य, दोनों के मर्मज्ञ हैं। दोनों पर उन्होंने पर्याप्त मात्रा में लिखा भी है। नाथ साहित्य के साथ-साथ सिद्ध और जैन साहित्यों की प्रासंगिक विवेचना उन्होंने की है। रासो साहित्य के साथ विद्यापति पर भी उन्होंने कार्य किया। भक्तिकालीन साहित्य की विशद विवेचना उन्होंने की और साथ-ही-साथ महावीरप्रसाद द्विवेदी, प्रेमचन्द, प्रसाद आदि के कृतित्व का भी उन्होंने सम्यक् मूल्यांकन निबन्धों में किया है। बाद के निबन्धों में उन्होंने समसामयिक साहित्य पर भी महत्त्वपूर्ण टिप्पणियाँ की हैं।

भाषा—आचार्य द्विवेदीजी ने अनेक निबन्धों में अपनी भाषा सम्बन्धी मान्यताएँ व्यक्त की हैं और अपनी भाषा के स्वरूप का विवेचन किया है। उनकी भाषा पर विचार के पूर्व उनके भाषा-सम्बन्धी दृष्टिकोण पर विचार कर लेना समीचीन होगा। 'नयी समस्याएँ' निबन्ध में वे लिखते हैं—'भाषा के मामले में हमें सावधानी से काम लेना है। हम भाषाओं की लस्टम-पस्टम रेल-पेल न खड़ी कर दें जो भविष्य में हमारी सभी योजनाओं के लिए घातक साबित हो। भाषा भी हमारे भावी लक्ष्य की पूर्ति का साधन है। हमें ऐसी भाषा बनानी है जिसके द्वारा हम अधिक-से-अधिक व्यक्तियों को शारीरिक, मानसिक और आध्यात्मिक क्षुधा-निवृत्ति का सन्देश दे सकें।" आचार्य द्विवेदी ने अपने निबन्ध 'सहज भाषा का प्रश्न' में भाषा-सम्बन्धी उच्च आदर्श उपस्थित किया है—"निस्सन्देह मैं सहज भाषा का पक्षपाती हूँ। परन्तु सहज भाषा मैं उसे समझता हूँ जो महज ही मनुष्य को आहार, निद्रा आदि सामान्य धरातल से ऊपर उठा सके। सहज भाषा का अर्थ है, सहज ही महान् बना देनेवाली भाषा। वह भाषा जो मनुष्य को उसकी सामाजिक दुर्गति, अन्धसंस्कार और परमुखापेक्षिता से न बचा सके, किसी काम की नहीं है। भले ही इसमें प्रयुक्त शब्द बाजार में विचरनेवाले अत्यन्त निम्नस्तर के लोगों के मुख से संग्रह किये गये हों। अनायास लब्ध भाषा को मैं सहज भाषा नहीं कहता। तपस्या, त्याग और आत्मबलिदान के द्वारा सीखी हुई भाषा सहज

भाषा है। बाजार की भाषा को, मोटे प्रयोजनों की भाषा को, मैं छोटी नहीं कहता, परन्तु मनुष्य को उन्नत बनाने के लिए जो भाषा प्रयोग की जायगी, वह उससे भिन्न होगी।''

द्विवेदीजी की भाषा सरल और सहज है। जब जैसी आवश्यकता अनुभव हुई, भाषा भी वैसी ही हो गयी। द्विवेदीजी की भाषा का झुकाव तत्समता की ओर अधिक है। पर संस्कृत के प्रकाण्ड पाण्डित्य के भार से भाषा बोझिल और दुरूह नहीं हो गयी है। उनकी तत्समप्रधान भाषा विषय के अनुरूप परिवर्तन भी ग्रहण करती है। समाज, राजनीति तथा आधुनिक समस्याओं का विवेचन करते समय उनकी भाषा का तेवर सर्वथा परिवर्तित हो जाता है।

द्विवेदीजी को शब्दों की अच्छी पहचान है। वे लिखते हैं—''शक्तिशाली साहित्यकार शब्दों की नाड़ी पहचानते हैं। वे जानते हैं कि कौन-सा शब्द कहाँ सौन्दर्य ले आता है और कहाँ भोंडापन। अद्‌भुत प्रयोगों और गलत-सही अर्थोंवाले नाना जाति के शब्दों की पलटन खड़ी करके शब्दों के साथ खिलवाड़ नहीं करते हैं।'' द्विवेदीजी की भाषा में संस्कृत तत्सम पदावली तथा सामासिक शब्दों का बाहुल्य है। विद्युद्‌वर्तिका, शान्ति-स्वस्त्ययन, निखिलानन्दसन्दोह, आवर्त-दुर्धर-तरङ्गराजि, वदतोव्याघात, आसन्द्र-अनुभूतिजनक, श्वेतवस्त्रधारिणी, चिन्मुखीकरण, परस्पर्द्धिचारुता, प्रभास्वरतुल्यभूता, वदनचन्द्र के लोध्ररेणु आदि शब्द उनके निबन्धों में हैं। 'ब्रह्माण्ड का विस्तार' निबन्ध में उनकी तत्सम भाषा का उदाहरण देखें—''विराट ब्रह्माण्ड निकाय को दूरत्व और परिणाम उनके कोटि-कोटि नक्षत्रों का अग्निमय आवर्त नृत्य बहुत विस्मयकारी बातें हैं सन्देह नहीं परन्तु मनुष्य की बुद्धि और भी विस्मयजनक है। उन समस्त ब्रह्माण्डों से अधिक प्रचण्ड शक्तिशाली, अधिक आश्चर्यजनक। अत्यन्त नगण्य स्थान में रहकर, नगण्यात नगण्यतर काल में वास कर वह इस विपुल ब्रह्माण्ड को जानने की इच्छा रखता है और सफल होता जा रहा है। वह विश्व की अजेय शक्ति है।'' पर भाषा का दूसरा रूप, सरल बोलचाल के शब्दों से युक्त, भी उनके निबन्धों में है। प्रेमचन्द के सम्बन्ध में लिखते समय भाषा का रूप यह हो जाता है—''प्रेमचन्द के सम्बन्ध में जिज्ञासा का अर्थ यह कि प्रेमचन्द ने दुनिया को क्या दिया? और इस दान में नवीनता या ताजगी क्या है? फिर प्रेमचन्द ने संसार को किस नये दृष्टिकोण से देखा है और वह दृष्टिकोण किस सत्य को अभिव्यक्त करता है? क्योंकि आज की दुनिया में जिस लेखक और वक्तव्य में और दृष्टिकोण में कोई ताजगी नहीं, कोई ऐसी ताकत नहीं जो हमारे पूर्ववर्ती संस्कारों और विचारों को झकझोर डाले तो उसके औचित्य को स्वीकार ही नहीं किया जाता है। वह जमाना बीत गया जब लेखक सदा सशंक रहता था कि उसके विचारों को कोई........।''

द्विवेदीजी स्पष्ट लिखते हैं—''मैं अन्य भाषाओं के शब्द लेने का बिल्कुल विरोधी नहीं हूँ।'' उनके निबन्धों में अनेक भाषाओं के शब्द आये हैं। अरबी-फारसी के तो

सैकड़ों शब्द प्राप्त होते हैं—महज, ताजगी, ताकत, गलतफहमी, दंगाफरोश, दकियानूसी, पुर्जे, शर्मिन्दा, तरीका, नजर, लज्जत, खबरदार, जर्रे-जर्रे, मजदूर, कद्रदान, हुजूर, जरूर, कब्र, हैरत, मुल्क आदि। प्रेमचन्द पर लिखते समय उनकी भाषा पर उर्दू का प्रभाव देखा जा सकता है—"लाखों और करोड़ों की तादाद में फैले हुए भुक्खड़ों, दाने-दाने को और चिथड़े-चिथड़े को मुहताज लोगों की वे जबान थे।.......टीमटाम और भभ्भड़पन का पर्दाफाश करने में आनन्द पाते थे।"

कालेज, रिमार्क, रिकार्ड, टेबिल टाक, ओरेटर, पैकेट, इन्जेक्शन, गारन्टी, चैलेन्ज, क्रिटिक, टिपिकल, सेकेण्ड हैण्ड, डेट, मिस्टिक, इन्जिन, जर्नलिस्ट, फैशन आदि अंग्रेजी शब्द भी निबन्धों में आये हैं। उन्होंने अंग्रेजी शब्दों का हिन्दी पर्यायवाची भी निर्मित किया है जैसे निर्णयात्मक आलोचना (जूडीशियल क्रिटिसिज्म), बदतोव्याघात (सेल्फ कण्ट्राडिक्शन), मण्डन शिल्प (डेकोरेशन), आत्म-पवित्रीकरण (सेल्फ प्योरीफिकेशन) आदि।

द्विवेदीजी ने यथास्थान देशज शब्दों को भी निबन्धों में ग्रहण किया है। ऐसे कुछ शब्द ये हैं—रेलपेल, अटकलपच्चू, ठूँठ, लण्डूरे, टण्टा, ठूँसठाँस, लुढ़कती-पुढ़कती, भेड़ियाधसान, लस्टम-पस्टम आदि।

द्विवेदीजी का वाक्य-विन्यास सरल और स्पष्ट है पर आवश्यकतानुसार कहीं-कहीं जटिल और मिश्र भी हो गया है। उन्होंने अधिकतर छोटे-छोटे सन्तुलित वाक्यों का ही प्रयोग किया है। सूत्रात्मक पद्धति भी उन्होंने कहीं-कहीं अपनायी है, उदाहरणार्थ—'प्रेमचन्द आत्माराम थे' 'विनय की वे साक्षात् मूर्ति थे परन्तु यह विनय उनके आत्माभिमान का कवच था' 'स्वर्ग को जीतनेवाला कठोर धनुष जो धरती पर गिरा तो कोमल फूलों में बदल गया' 'स्वर्गीय वस्तुएँ धरती से मिले बिना मनोहर नहीं होतीं' 'दुनिया बड़ी भुलक्कड़ है, केवल उसी को याद रखती है जिससे उनका स्वार्थ सधता है' 'सारा संसार स्वार्थ का अखाड़ा ही तो है' 'कमजोरों में भावुकता अधिक होती है' 'जहाँ शब्द और अर्थ हार जाते हैं वहाँ गान शुरू होता है' 'शंकाशील हृदय में प्रेम की वाणी भी शंका उत्पन्न करती है' 'प्रेम संयम और तप से उत्पन्न होता है भक्ति साधना से।

मुहावरों-कहावतों का बहुत कम प्रयोग द्विवेदीजी ने किया। कुछ अति प्रचलित मुहावरे ही निबन्धों में मिल पाते हैं। दूर की कौड़ी लाना, भाड़ झोंकना, पते की बात कहना, पेट की मार, न ऊधो का लेना न माधो का देना, लोहा लेना, बाल की खाल निकालना, आदि मुहावरे उनके निबन्ध में आये हैं। उद्धरणों के प्रयोग से द्विवेदीजी ने भाषा की अभिव्यंजना-शक्ति बढ़ायी है। निबन्धों में संस्कृत के उद्धरणों का बहुत अधिक प्रयोग द्विवेदीजी ने किया है और ये प्रयोग कहीं-कहीं 'उपेक्षित अतिथि की तरह बैठे हैं।' लगता है विद्वत्ता प्रदर्शन के लिए वे ला दिये गये हैं।

डॉ० पद्मसिंह शर्मा कमलेश ने आचार्य द्विवेदी की भाषा का सम्यक् मूल्यांकन किया है, वे लिखते हैं–"मुझे उनकी विषयानुकूल, भावानुकूल भाषा को देखकर ऐसा लगता है कि वाणी आचार्यजी के समक्ष दासी की भाँति खड़ी रहती है। इस भाषाधिकार का रहस्य क्या है? यह सोचता हूँ तो उन्हीं की यह बात सत्य प्रतीत होती है कि सहज भाषा पाने के लिए कठोर तप आवश्यक है। जब तक आदमी सहज नहीं होता तब तक भाषा का सहज होना असम्भव है। स्वदेशी और विदेशी के, वर्तमान-अतीत के समस्त वाङ्मय का रस निचोड़ने पर वह सहज भाव प्राप्त होता है। और यदि कहा जाय कि उन्होंने इस सत्य को अपने जीवन में उतारा है तो अत्युक्ति न होगी। यही कारण है कि कुज्झटिकाच्छन्न, वज्रकपाट विहित, इन्द्रिय लौल्य जैसे शब्द भी अर्थबोध में बाधा नहीं उपस्थित करते।"

शैली–भाषा के समान ही द्विवेदीजी की शैली भी सरल और आवश्यकतानुसार विविध रूप धारण करनेवाली है। उसमें चिन्तन की गम्भीर गरिमा, व्यंग्य-विनोद की वक्रता तथा भावात्मकता यथावसर विद्यमान है। व्यास और समास दोनों शैलियों को उन्होंने अपनाया है। अधिकतर सन्तुलित व्यास शैली का ही सहारा उन्होंने लिया है। पर इस शैली में अनावश्यक विस्तार या शब्दाडम्बर नहीं है। गम्भीर-से-गम्भीर विषय का विवेचन भी वे अति सरल ढंग से करने में सक्षम हैं। साहित्य की परिभाषा देते समय द्विवेदीजी का शैली-विषयक दृष्टिकोण प्रकट हुआ है–"कवि प्रतिभा के बल पर जब एक वाक्य अन्य वाक्य के साथ एक विचित्र विन्यास में विन्यस्त करता है तब एक शब्द दूसरे शब्द से मिलकर रमणीय माधुर्य की सृष्टि करता है। उसी प्रकार तद्गर्भित अर्थ भी उसके साथ होड़ करके परस्पर एक अद्भुत चमत्कार से चमत्कृत करते हैं। वस्तुतः ध्वनि के साथ ध्वनि के मिलन और अर्थ के साथ अर्थ के मिलन से जो परस्पर स्पर्द्धिचारुता उत्पन्न होती है, वही साहित्य है, वही कविता है।"

द्विवेदीजी की पद्धति आगमनात्मक और निगमनात्मक दोनों ही है। निजीपन उनकी शैली की उल्लेखनीय विशेषता है। अपने निबन्धों में पाठक के साथ प्रत्यक्ष और सौहार्दपूर्ण सम्बन्ध स्थापित करते हुए वे दिखायी देते हैं। विचारों या भावों के प्रवाह में वे अपना व्यक्तित्व और अपना राग-विराग व्यक्त करने लगते हैं। 'महात्मा के महाप्रयाण के बाद' निबन्ध की शैली में उनका निज मुखरित हो उठा है–"कूटनीतिज्ञों के मुख से सत्य की प्रशंसा सुनकर मन में ग्लानि होती है, सेनापतियों के मुख से अहिंसा की प्रशंसा सुनता हूँ तो क्रोध होता है, सेठों और सामन्तों के मुख से त्याग और तप की चर्चा सुनता हूँ तो झुँझलाहट पैदा होती है और साम्राज्यवादियों के मुख से तो गाँधी का नाम सुनकर ही घृणा हो आती है। जानता हूँ, गाँधी के अनुयायी के मन में ऐसे विकार नहीं आने चाहिए, पर लाचार हूँ। मैं अपने को सब समय रोक नहीं पाता।

यद्यपि मुझसे अब तक किसी के प्रति अशिष्ट आचार नहीं हुआ है। लेकिन मन में इन विकारों का आना ही क्या बुरा है? अन्तर्विकारों का कारण क्या है?''

शैली के तीनों प्रधान रूप—विचारात्मक, भावात्मक और व्यंग्यात्मक—आचार्य द्विवेदी के निबन्धों में दिखायी पड़ते हैं। शैली के वर्णनात्मक, विवरणात्मक, विवेचनात्मक, प्रसादात्मक रूप भी प्राप्त होते हैं।

विचारात्मक—द्विवेदीजी के अधिकांश निबन्ध विचारप्रधान हैं और शैली विचारात्मक है। पर शुद्ध वैचारिक विषय-स्थापन में भी तरलता और सरलता विद्यमान है। वर्णनात्मकता और विवेचनात्मकता का पूर्ण समावेश उनकी इस शैली में हुआ है। पाण्डित्यपूर्ण विचारों के साथ भावुकता का भी सानुपातिक मिश्रण उनके निबन्धों में हुआ है। सिद्धान्तों के निरूपण तक में शैली स्वच्छ और स्पष्ट है। विचारात्मक शैली के कुछ उदाहरण देखें—''संस्कृति मनुष्य की विविध साधनाओं की सर्वोत्तम परिणति है। धर्म के समान वह भी अविरोधी वस्तु है। वह समस्त दृश्यमान् विरोधों में सामञ्जस्य स्थापित करती है। स्पष्ट पूछा जाय तो समस्याओं का समाधान है, उसकी अपनी समस्या कुछ भी नहीं है। परन्तु नाना कारणों से भारतीय जनसमूह उस बड़े उपलब्ध सत्य को आत्मसात् नहीं कर सका है।'' ''ज्यों-ज्यों मनुष्य संघबद्ध होकर रहने का अभ्यस्त होता गया है, त्यों-त्यों उसे सामाजिक गठन के लिए नाना प्रकार के नियम-कानून बनाने पड़े। उस संघटन को दोषहीन और गतिशील बनाने के लिए उसने दण्ड-पुरस्कार की व्यवस्था भी की, इन बातों को एक शब्द में सभ्यता कहते हैं। धार्मिक व्यवस्था, राजनीतिक संगठन, नैतिक परम्परा और सौन्दर्यबोध को तीव्रतर करने की योजना, ये सभ्यता के चार स्तम्भ हैं। इन सबके सम्मिलित प्रभाव से संस्कृति बनती है। सभ्यता मनुष्य के बाह्य प्रयोजनों को सहज लभ्य करने का विधान है और संस्कृति प्रयोजनातीत अन्तर आनन्द की अभिव्यक्ति।''

भावात्मक—द्विवेदीजी के निबन्धों में संयत भावुकता दिखायी पड़ती है। भावात्मकता और काव्यात्मकता ने आपके निबन्धों को सजीव और तरल बना दिया है। मार्मिक स्थलों पर आकर अथवा किसी कृतिकार या कृति से प्रभावित होने पर उनकी भावधारा उमड़ पड़ी है। अशोक के फूल, वसन्त आ गया, आम फिर बौरा गये आदि निबन्धों में भावों की वेगवती मन्दाकिनी प्रवाहित होती दिखायी पड़ती है। 'अशोक के फूल' का यह स्थल देखें—''कन्दर्प देवता के अन्य वाणों की कदर तो आज भी कवियों की दुनिया में ज्यों-की-त्यों है। अरविन्द को किसने भुलाया? आम कहाँ छोड़ा गया और नीलोत्पल की माया को कौन काट सका? नव मल्लिका की अवश्य ही अब विशेष पूछ नहीं है, किन्तु इसकी इससे अधिक कदर कभी थी भी नहीं। भुलाया गया है अशोक, मेरा मन उमड़-घुमड़कर भारतीय रस-साधना के पिछले हजार वर्षों पर बरस जाना चाहता है। क्या यह मनोहर पुष्प भुलाने की चीज थी? सहृदयता क्या लुप्त हो गयी थी? कविता

क्या सो गयी थी? ना, मेरा मन यह सब मानने को तैयार नहीं है।'' काव्यात्मकता के साथ-साथ शैली का अलंकृत रूप भी निबन्धों में दर्शनीय है।

व्यंग्यात्मक—विचारात्मकता और भावात्मकता के साथ ही व्यंग्य-विनोद की समुचित सृष्टि भी आपके निबन्धों में हुई है। गम्भीर वातावरण के बीच व्यंग्य की गुदगुदी कथ्य को हृदयंगम कराने में सहायक सिद्ध होती है। साहित्य, समाज, संस्कृति, धर्म, दर्शन सभी पर उन्होंने व्यंग्य किये हैं। तत् किम, नयी समस्याएँ, जब दिमाग खाली है, नाखून क्यों बढ़ते हैं, गतिशील चिन्तन, शिरीष के फूल, घर जोड़ने की माया, आपने मेरी रचना पढ़ी आदि निबन्धों में उनकी व्यंग्य-विनोद-प्रवृत्ति दिखायी पड़ती है। दम्भी आलोचक, साम्प्रदायिक और लोक-विरोधी व्यक्ति, यश और अर्थ लिप्साग्रस्त साहित्यकार, भाषा से अपरिचित भाषाशास्त्री, अंग्रेजी के नकलची नये साहित्यकार, अंगरेजपरस्त राजनीतिज्ञ आदि उनके व्यंग्यबाण के शिकार बने हैं। विभिन्न निबन्धों से संगृहीत व्यंग्यात्मक शैली के कुछ उदाहरण उद्धृत किये जा रहे हैं—''वस्तुतः संसार के सभी वनमानुष गम्भीर और तत्त्वदर्शी दिखायी देते हैं।'' ''आसमान में निरन्तर मुक्का मारने में कम परिश्रम नहीं और मैं निश्चित जानता हूँ कि रहस्यवादी आलोचना लिखना कुछ हँसी-खेल नहीं है। पुस्तक को छुआ तक नहीं और आलोचना ऐसी लिखी कि त्रैलोक्य विकम्पित, यह क्या कम साधना है।'' ''देखिये कुछ सभ्य लोग तो लज्जित होना जानते ही नहीं। वे हर गली-कूचे में अपनी विशेष राय और अपने सारे प्रतिद्वन्द्वियों की बात गर्व के साथ सुनाते रहते हैं। पर कुछ जो शीलवान् हैं, इस बात से शर्मिन्दा भी होते हैं और इसी लज्जा से बचने के लिए वेदान्त से लेकर कामशास्त्र तक का हवाला दिया करते हैं।'' ''इस प्रकार प्रत्येक झाड़ू देनेवाले ने यहाँ ईंट-ढेले को नये सिरे से जमा कर दिया है। शंकराचार्य के चेलों की जाति बनी, गोरखनाथ के चेलों की जाति बनी, चैतन्य के चेलों की जाति बनी और अनुमान है कि अन्ततः राजा राममोहन राय के शिष्य भी इसी ओर बढ़ रहे हैं।''

अन्त में हम आचार्य द्विवेदी के निबन्ध-साहित्य तथा उनकी निबन्ध-शैली के सम्बन्ध में कुछ विशिष्ट आलोचकों के मत उद्धृत कर रहे हैं। बाबू गुलाबराय उनके निबन्धों के सम्बन्ध में लिखते हैं—''निबन्धों में ठोस बौद्धिक चिन्तन, शास्त्रीय विश्लेषण-विवेचन, काव्यात्मक कमनीयता, प्रवाह की तरलता और अभिव्यक्ति की सरलता देखी जा सकती है। चिन्तन-क्रम और अभिव्यक्ति शैली पर उनके विस्तृत तथा गहन अध्ययन और तज्जन्य पाण्डित्य की गहरी छाप दृष्टिगत होती है।'' डॉ० गणपतिचन्द्र गुप्त लिखते हैं—''आपके निबन्धों में हृदय की सरलता और सरसता, प्राचीन साहित्य एवं संस्कृति का ज्ञान-वैभव, विचारों की मौलिकता एवं शैली की रोचकता का सफल समन्वय दृष्टिगोचर होता है। गम्भीर-से-गम्भीर विषय को भी वे

अत्यन्त रोचक ढंग से प्रस्तुत करते हैं। आचार्य शुक्ल की भाँति वे पाठक से उदासीन नहीं रहते अपितु कही-कहीं वे अपने दिल की बात सुनाने के लिए उसके बहुत निकट आ जाते हैं।'' श्री जयनाथ नलिन के विचार हैं– ''सभी क्षेत्रों से निबन्ध के विषय का चुनाव, प्रकार और शैली की अनेकरूपता, संस्कृति समन्वय, मानव के प्रति अकम्पित आस्था और ज्योतिर्मय भविष्य की आशा, आपको हिन्दी निबन्धकारों में गौरवपूर्ण स्थान दिलाती है।'' डॉ० रवीन्द्र भ्रमर लिखते हैं–''हजारीप्रसाद द्विवेदी की भाषा और शैली कहीं से कृत्रिम या बनावटी नहीं होती। उसमें एक मनमोहिनी सहजता है। वह विषयप्रधान शैली है। उसमें एक निश्च्छल एवं निरभिमानी पण्डित का व्यक्तित्व बोलता है और इसीलिए वह सहज के सौन्दर्य से उद्दीप्त है।'' श्री रमेशचन्द्र शाह इस निष्कर्ष पर पहुँचे हैं कि आचार्य द्विवेदी की निबन्ध-शैली ही परवर्ती निबन्धकारों द्वारा गृहीत हुई है न कि आचार्य शुक्ल की, और इस दृष्टि से वे शुक्ल की अपेक्षा श्रेष्ठ हैं। वे लिखते हैं–''सब दृष्टियों से विचार करने के उपरान्त यही निष्कर्ष निकालना पड़ता है कि आचार्य शुक्ल की अपेक्षा आचार्य हजारीप्रसाद द्विवेदी का निबन्धादर्श ही इस विधा में हिन्दी की सर्वोच्च सम्भावनाओं का संकेत और पूर्वाभास प्रस्तुत करता है।

◆◆◆

डॉ० नगेन्द्र
(सन् 1915-1999)

डॉ० नगेन्द्र प्रधानतः आलोचक हैं पर निबन्धकार, कवि, अन्वेषक, सम्पादक, अनुवादक, कोशकार आदि रूपों में भी उनकी प्रतिष्ठा उजागर हुई है। निबन्धकार रूप में उन्हें पर्याप्त यश प्राप्त है। निबन्धों में उनके व्यक्तित्व को सार्थक अभिव्यक्ति प्राप्त हुई है। डॉ० नगेन्द्र सम्पूर्ण ललित वाङ्मय को आत्माभिव्यक्ति ही मानते हैं। कृतिकार के रागात्मक जीवन और उसके आधार पर निर्मित उसके जीवन का प्रत्यक्ष या परोक्ष प्रतिफलन उसकी कृति में होता है। डॉ० नगेन्द्र आनन्दवादी और रसवादी आचार्य हैं। आनन्द को वे साहित्य का आत्यन्तिक प्रयोजन मानते हैं। आनन्द के साथ ही लोक-कल्याण और जन-चेतना का परिष्कार, इन दो प्रयोजनों को भी वे विचारणीय मानते हैं।

निबन्ध-साहित्य—विचार और अनुभूति, विचार और विवेचन, आधुनिक हिन्दी कविता की मुख्य प्रवृत्तियाँ, विचार और विश्लेषण, अनुसन्धान और आलोचना, डॉ० नगेन्द्र के श्रेष्ठ निबन्ध, आलोचक की आस्था, नयी समीक्षा, कामायनी के अध्ययन की समस्याएँ आदि ग्रन्थ नगेन्द्रजी के निबन्ध-संग्रह हैं। 'तन्त्रालोक से यन्त्रालोक तक' ग्रन्थ में नगेन्द्रजी के यात्रा-सम्बन्धी लेख हैं। 'चेतना के बिम्ब' उनके संस्मरणों का संकलन है। डॉ० नगेन्द्र इस कृति की भूमिका में लिखते हैं—"(यह) दस स्मृतिचित्रों का संकलन है। यदि रेखाचित्र और संस्मरण में स्पष्ट भेद मानें तो यह कहा जा सकता है कि इनमें दोनों के शिल्प का सामञ्जस्य है। प्रत्येक रचना एक प्रकार से मेरी साहित्यिक श्रद्धाञ्जलि का अभिलेख है, जिसमें बुद्धि ने प्रायः भावना के अनुशासन में रहकर काम किया है।"

आस्था के चरण—डॉ० नगेन्द्र के समस्त निबन्ध अब 'आस्था के चरण' नामक विशालकाय ग्रन्थ में संगृहीत हैं। डॉ० रामदरश मिश्र इस महान् कृति के सम्बन्ध में लिखते हैं—"आस्था के चरण डॉ० नगेन्द्र की एक लम्बी साहित्य-यात्रा है जिसमें अनुसन्धान, सिद्धान्त, हिन्दी साहित्य की प्रवृत्तियाँ, इतिहास, कृति, संस्मरणात्मक चित्र, साहित्य और भाषा-सम्बन्धी कुछ समस्याएँ आदि अनेक मंजिलें और पड़ाव हैं। ये अपने वैविध्य तथा पारस्परिक बुनावट से इस यात्रा के व्यक्तित्व को समृद्धि, गहनता तथा व्यापकता प्रदान करते हैं।" इस ग्रन्थ के सम्बन्ध में डॉ० गणपतिचन्द के विचार भी

उल्लेखनीय हैं—"उनके समस्त निबन्ध साहित्य को नयी भूमिका, नूतन क्रम एवं व्यवस्थित वर्गों में प्रस्तुत किया गया है। इधर-उधर बिखरे हुए रंग-बिरंगे दृश्यों को जब व्यवस्थित क्रम में सूत्रबद्ध कर दिया जाता है तो न केवल उनके ग्रहण में विशेष सुविधा रहती है अपितु रूप-सौन्दर्य की दृष्टि से भी वे एक आन्तरिक आभा से मण्डित हो जाते हैं। उनमें प्राकृतिक सौन्दर्य के साथ मालाकार की संयोजन-कुशलता तथा विशेष महत्त्व एवं लालित्य का भी सन्निवेश हो जाता है—यही बात प्रस्तुत ग्रन्थ के सम्बन्ध में कही जा सकती है। इसका महत्व न केवल इसलिए है कि इसमें डॉ० नगेन्द्र के सम्पूर्ण निबन्ध-साहित्य का आकलन हो जाता है अपितु इस दृष्टि से भी है कि उन्हें नव परिप्रेक्ष्य, नये अनुक्रम एवं नूतन भंगिमा के साथ प्रस्तुत किया है।"

विषय-वस्तु की दृष्टि से 'आस्था के चरण' के निबन्धों को साहित्यिक निबन्धों की संज्ञा से अभिहित किया जा सकता है। ग्रन्थ 4 खण्डों और 8 उपखण्डों में इस प्रकार विभक्त है—1. (क) अनुसन्धान (ख) सिद्धान्त, 2. प्रवृत्तियाँ (क) हिन्दी कविता (ख) हिन्दी-साहित्य, 3. (क) कृतिकार, (ख) कृति, 4. (क) चित्र (व्यक्ति) (ख) समस्याएँ।

प्रथम खण्ड के 'क' उपखण्ड में अनुसन्धान-सम्बन्धी 5 निबन्ध संकलित हैं—अनुसन्धान का स्वरूप, आलोचना और अनुसन्धान, हिन्दी में शोध की कुछ समस्याएँ, आधुनिक हिन्दी साहित्य और अनुसन्धान तथा हिन्दी साहित्य के अनुसन्धान में उसकी उपयोगिता। इन निबन्धों में हिन्दी के अनुसन्धान से सम्बन्धित अनेक सैद्धान्तिक एवं व्यावहारिक समस्याओं का सम्यक् एवं नूतन समाधान ढूँढ़ा गया है। डॉ० नगेन्द्र के अनुसार तथ्य-संकलन मात्र को सच्चा अनुसन्धान नहीं कह सकते, तथ्य की सहायता से तत्व तक पहुँचना ही वास्तविक शोध-कार्य है।

'ख' खण्ड में साहित्य से सम्बन्धित विविध सिद्धान्तों का पुनराख्यान कुल 23 निबन्धों में किया गया है, कुछ निबन्ध ये हैं—मेरी साहित्यिक मान्यताएँ, साहित्य का धर्म, साहित्य में अभिव्यक्ति, साहित्य की प्रेरणा, साहित्य में कल्पना का उपयोग, कविता क्या है, काव्य-बिम्ब, भारतीय और पाश्चात्य काव्यशास्त्र, आधुनिकता का प्रश्न साहित्य के सन्दर्भ में आदि। निबन्धों की इस व्यापक परिधि में कविता की सर्जना-प्रक्रिया से लेकर पाठक के रसास्वाद-व्यापार तक का सुस्पष्ट विवेचन प्रस्तुत किया गया है। भारतीय एवं पाश्चात्य साहित्य-चिन्तकों के दृष्टिकोणों को प्रस्तुत करते हुए नगेन्द्रजी ने निष्पक्ष दृष्टि और वैज्ञानिक तटस्थता से विविध सिद्धान्तों को तर्क-विवेक की तुला पर मूल्यांकित किया है।

द्वितीय खण्ड में हिन्दी कविता एवं हिन्दी साहित्य की विविध प्रवृत्तियों का विश्लेषण ऐतिहासिक भूमिका के साथ प्रस्तुत किया गया है। इस खण्ड में कुल

16 निबन्ध हैं, जिनमें से विशेष ये हैं—छायावाद, प्रगतिवाद, प्रयोगवाद, भारतीय साहित्य की मूलभूत एकता, हिन्दी उपन्यास, आलोचना आदि। इस खण्ड में आधुनिक हिन्दी साहित्य का सांगोपांग विवेचन प्रस्तुत किया गया है। नगेन्द्रजी ने वैयक्तिक अनुभूति एवं चिन्तन द्वारा आधुनिक हिन्दी साहित्य को सम्यक् रूप में उपस्थित किया है। अनेक भ्रान्तियों-गुत्थियों का निराकरण करते हुए उन्होंने युगीन साहित्य का प्रामाणिक मूल्यांकन किया है। जिस सदाशयता और सहानुभूति से नगेन्द्रजी छायावादी कविता पर विचार करते हैं उसी से द्विवेदीयुगीन काव्य की भी जाँच-परख करते हैं। उनके निष्कर्ष व्यक्तिगत धारणाओं या निजी विश्वासों के स्तर से ऊपर उठकर सामान्य निर्णय की कोटि के हैं।

तृतीय खण्ड में साहित्यिक प्रतिभाओं एवं उनकी रचनाओं के मूल्यांकन से सम्बन्धित 40 से भी अधिक निबन्ध हैं। तुलसी, केशव, बिहारी, मैथिलीशरण गुप्त, सियारामशरण गुप्त, सुमित्रानन्दन पन्त, भगवतीचरण वर्मा, गिरिजाकुमार माथुर, प्रसाद, प्रेमचन्द, दिनकर, महादेवी वर्मा आदि साहित्यकारों तथा कामायनी, जय भारत, हिमकिरीटिनी, दीपशिखा, कुरुक्षेत्र, उर्वशी, सुखदा, वोल्गा से गंगा तक आदि रचनाओं का वस्तुपरक मूल्यांकन व्यक्तिपरक शैली में किया गया है। इन निबन्धों में विवेचन-विश्लेषण की सूक्ष्मता के साथ रागात्मकताजन्य आकर्षण का भी सन्निवेश है।

चतुर्थ खण्ड में लेखक डॉ० नगेन्द्र के सम्पर्क में आनेवाले व्यक्तियों के रेखाचित्र हैं। ऐसे कुछ विशेष व्यक्ति ये हैं—डॉ० राजेन्द्र प्रसाद, मैथिलीशरण गुप्त, महादेवी वर्मा, डॉ० सी० बी० महाजन, सियारामशरण गुप्त आदि। इन निबन्धों में वैयक्तिकता, रागात्मकता एवं कलात्मकता उभरकर सामने आयी है। इनमें स्थान-स्थान पर काव्यात्मक अनुभूतिमयता भी विद्यमान है। ग्रन्थ के अन्तिम दो निबन्ध हैं—साहित्य शिक्षा तथा राष्ट्रीय संकट और साहित्यकार।

टी० वी० सुब्बालक्ष्मी ने अपने ग्रन्थ 'डॉ० नगेन्द्र की साहित्य-साधना' में डॉ0 नगेन्द्र के सम्पूर्ण निबन्ध-साहित्य का शैलीगत वर्गीकरण प्रस्तुत किया है। उन्होंने निबन्धों के दो वर्ग किये हैं—1. शुद्ध शैली के निबन्ध और 2. मिश्रित शैली के निबन्ध। शुद्ध शैली के निबन्धों के भी दो भेद किये हैं—विचारप्रधान और व्यक्तिप्रधान। विचारप्रधान निबन्धों के तीन भेद हैं—1. सामान्य सूचनात्मक, जिसके अन्तर्गत (क) वर्णनात्मक, (ख) वार्ताएँ, (ग) पुस्तक और परिचय, ये तीन प्रकार हैं। 2. साहित्यिक, जिसके समीक्षात्मक और सैद्धान्तिक उपभेद हैं। सैद्धान्तिक उपभेद के काव्यशास्त्रीय, साहित्यशास्त्रीय, समीक्षाशास्त्रीय, शोधपरक, मनोविज्ञान सम्बन्धी तथा मनोवृत्तियों या भावों से सम्बन्धी प्रभेद हैं। 3. अन्य गम्भीर विषयक, जिसके व्याख्यात्मक और

विश्लेषणात्मक उपभेद हैं। शुद्ध शैली के निबन्धों का दूसरा प्रकार है—व्यक्तिप्रधान या भावप्रधान निबन्ध। भावप्रधान निबन्धों के 3 भेद हैं—काव्यात्मक, समग्र व्यक्तित्व के प्रभाववाले और हास्य-व्यंग्यपरक।

उपर्युक्त वर्गीकरण शुद्ध शैली के निबन्धों का है। मिश्रित शैली के निबन्धों के 7 प्रकार सुब्बालक्ष्मीजी ने बताये हैं—1. कथात्मक, 2. आत्मकथात्मक 3. संस्मरणात्मक, 4. तुलनात्मक, 5. स्वप्नकथात्मक, 6. संवादात्मक, 7. प्रतीकात्मक।

भाषा—डॉ० नगेन्द्र की भाषा संस्कृतगर्भित है और उनकी शब्द-योजना में तत्सम-बहुलता है। संस्कृत का पर्याप्त आश्रय लेने की बात स्वयं नगेन्द्रजी ने स्वीकार की है—''वास्तव में हमारी भावनाओं और विचारों का संस्कृत साहित्य से इतना घनिष्ठ सम्बन्ध है कि उसकी सफल व्यञ्जना करने के लिए आप-से-आप संस्कृत का आश्रय लेना पड़ जाता है। इसके अतिरिक्त एक विकासोन्मुख भाषा के लिए इस प्रकार का शब्द-चयन श्रेयस्कर भी होता है।.....हाँ, उसकी एक सीमा अवश्य है और अप्रचलित संस्कृत शब्द जो भाषा की पाचन शक्ति से परे हों, किसी प्रकार उपयुक्त नहीं हो सकते।'' उनकी स्पष्ट धारणा है कि हिन्दी भाषा में गरिमा, चित्रात्मकता और व्यञ्जनाशक्ति का जितना विस्तार संस्कृत के आधार पर हो सकता है, उतना इधर-उधर से बिना किसी नियम अथवा क्रम के गिने-चुने शब्दों से कदापि नहीं।

संस्कृत के क्लिष्ट और अव्यावहारिक शब्दों का प्रयोग भी डॉ० नगेन्द्र के निबन्धों में हुआ है, जैसे-वात्याचक्र, प्रकल्पना, उच्छलन, प्रोद्भास, वायवी आदि। शब्दों के भावात्मक रूप-औदात्य, औचित्य, औज्ज्वल्य, अतिशय्य—उन्हें प्रिय प्रतीत होते हैं। डॉ० नगेन्द्र की तत्सम शब्दावलीपूर्ण भाषा का एक उदाहरण देखें—''इस प्रकार छन्द विधान में भी, रस क्षुब्ध सेन्दुल-भाववस्तु और तदनुरूप अस्तव्यस्त काव्य-सामग्री के वहन करने योग्य नये-नये प्रयोग अनिवार्य हो गये। पुराने वर्णिक और मात्रिक छन्दों की स्थिरता नये जीवन की अस्थिरता को वहन नहीं कर सकती।''

उर्दू, फारसी, अंग्रेजी शब्दों का भी यथावसर प्रयोग नगेन्द्रजी ने किया है। दिल, दिमाग, शिकायत, जायज, इस्तीफा, तकलीफ, बेतरतीब, वाहियात, मजेदार, अजीब, पेश, इबारत, अक्ल, गमगलत, काफी, जोर, तरोताजा, तमाशा, मजाक, ख्याल-शौकीन, मिजाज आदि उर्दू शब्द उनके निबन्धों से एकत्रित हैं। अरबी-फारसी, शब्दों का प्रयोग कर कहीं-कहीं उन्होंने अभिव्यक्ति-क्षमता में आशातीत वृद्धि की है, कुछ उदाहरण देखें—जीवन का तहजीबे गुफ्तगू एक मुख्य अंग है, नायक शब्द की किफायत करता हुआ, अलंकार की कट्टर कवायद कभी नहीं करते, अपने-अपने क्षेत्र में ये सभी साहबे कलाम थे, रस अपनी भाव-विभाव की सम्पत्ति के साथ अलंकार के दरबार में सामन्त की हैसियत से शामिल हो गया।

नगेन्द्रजी अंग्रेजी के लब्धप्रतिष्ठ विद्वान् हैं। प्रारम्भ में बहुत दिनों तक वे अंग्रेजी के ही प्राध्यापक रहे। आवश्यकता पड़ने पर सरल और उपयुक्त अंग्रेजी शब्दों का प्रयोग उन्होंने अपने निबन्धों में किया है। टेकनीक, प्रोपेगण्डा, आर्डर, चैलेन्ज, मारल्स, ड्रेमेटिक टर्न, कम्प्लेक्स आदि शब्दों को उन्होंने शुद्ध रूप में ही ग्रहण किया। उनके वाक्यों में प्रयुक्त अंग्रेजी शब्द के कुछ उदाहरण देखें–प्रगतिवादी पार्टी के चीफ ह्विप डॉ० रामविलास शर्मा ने पार्टी से निकाल दिया है, सत् और असत् का लेबल लगा दिया, रीतिकाल की पालिश, पीड़ा की फिलासफी आदि। अंग्रेजी शब्दों के हिन्दी पारिभाषिक शब्द भी नगेन्द्रजी ने निर्मित किये, जैसे–उच्चतर अहं (Super Ego), सृजन प्रेरणा (Creative urge), संवेदन (Sensation), अति प्राकृतिक (Super Natural), गहनता (Intensity), एकस्वरता (Monotony), अनुक्रम (Symmetry), नाटकीय विषमता (Dramatic Irony), हार्दिकता (Spontanity), आवेग (Passion), प्रजनन (Procreation), भूमावादी (Cosmic), वृत्तवर्णन (Narrative), विराट् दृश्य शृंखला (Panoramic Visions)। अंग्रेजी के उद्धरण भी हिन्दी अनुवाद के साथ उन्होंने प्रयुक्त किये हैं, जैसे When the heart is full the tongue is mute (वे कुछ बोलते नहीं, उनके हृदय में भावों का तूफान उठ रहा है) The soul is like a star that dwells apart (उनकी आत्मा उस तारे के सदृश है जो सबसे दूर स्थित रहकर अपना प्रकाश विकीर्ण करता है) Lips that fail to kiss begin to sing (जो ओंठ चुम्बनों से वञ्चित रहते हैं, वे गाने लगते हैं)

अपनी शब्द-योजना के सम्बन्ध में डॉ. नगेन्द्र लिखते हैं–"यदि आप नाराज न हों तो मैं कहना चाहूँगा कि शब्दों की मुझे अच्छी परख है।......अनिवार्य शब्द का सन्धान करने का अभ्यास मुझे काफी हो गया है। मेरा प्रयत्न यही रहता है कि हर एक प्रमुख वाक्य का केन्द्रीभूत शब्द ऐसा हो जो अभीष्ट अर्थ की सूक्ष्म-से-सूक्ष्म छाया को यथावत् व्यक्त करे। देश के प्रत्येक समझदार भाषाविद् की तरह मेरा भी यही विश्वास है कि हिन्दी की शब्दावली का विकास और संवर्द्धन बहुत हद तक संस्कृत पर निर्भर करता है। अतः तत्सम शब्द के प्रयोग में मेरी अधिक आस्था है। शब्दों का परिष्कृत रूप ही मैं प्रायः ग्रहण करता हूँ।....विदेशी शब्दों का प्रयोग भी मैं शुद्ध रूप में ही करता हूँ।"

अपनी वाक्य-योजना के सम्बन्ध में नगेन्द्रजी लिखते हैं, "मैं वाक्य-रचना में अर्थ-वैमल्य के साथ-साथ समास गुण और सूत्रबन्ध का खासतौर से कायल हूँ। रचना में शैथिल्य या बिखराव मुझे सह्य नहीं।" नगेन्द्रजी के निबन्धों में प्रायः मिश्र और संयुक्त वाक्य मिलते हैं। साधारण वाक्यों के प्रयोग उन्होंने कम ही किये हैं। उनकी वाक्य-योजना सुनियोजित और सुगठित है। अधिक लम्बे वाक्य लिखने की प्रवृत्ति उनमें नहीं है। विराम चिह्नों के उपयुक्त प्रयोग से युक्त छोटे-छोटे वाक्य ही उनके निबन्धों में अधिकतर प्राप्त होते हैं, उदाहरणार्थ–"प्रेमचन्द के जीवन-दर्शन का मूल तत्त्व है मानववाद। इस मानववाद का धरातल सर्वथा मौलिक है। दूसरे शब्दों में यह मानववाद

सर्वथा व्यावहारिक है। प्रेमचन्द की सहानुभूति व्यावहारिक उपयोगिता की सीमा से आगे नहीं बढ़ती या यों कहिये, इस सीमा से आगे बढ़ना प्रेमचन्द उचित नहीं समझते।''

मुहावरों-लोकोक्तियों का बहुत ही कम प्रयोग नगेन्द्रजी ने किया है। दाद देना, आड़े हाथों लेना, खाक छानना, बाल की खाल निकालना-जैसे सर्वप्रचलित मुहावरे ही निबन्धों में मिल पाते हैं। कहीं-कहीं नगेन्द्रजी ने सूक्तियों तथा उद्धरणों का भी समावेश किया है।

शैली—डॉ० नगेन्द्र के निबन्ध आलोचनात्मक हैं, जिनमें विचारों का प्राधान्य है। उनकी शैली के प्रधानतः दो प्रकार हैं—प्रसादात्मक और विवेचनात्मक। टी० वी० सुब्बालक्ष्मी ने उनके निबन्धों का शैलीगत वर्गीकरण करते हुए उनकी अनेक शैलियों का नाम लिया है। स्पष्ट अभिव्यक्ति नगेन्द्र की शैली की पहली विशेषता है। शैली कहीं भी जटिल या दुर्बोध नहीं है। विषय को भलीभाँति स्पष्ट किये बिना वे आगे नहीं बढ़ते। अपने सम्बन्ध में वे लिखते हैं—''मैं स्वभाव और वृत्ति से अध्यापक हूँ। कक्षा में प्रत्येक व्याख्यान के बाद मैं इस विषय में आश्वस्त होने का प्रयास करता हूँ कि सभी विद्यार्थी मेरे वक्तव्य को समझ गये या नहीं। मेरे वक्तव्य से उनके मन में भ्रान्तियाँ तो नहीं उत्पन्न हो गयीं और मेरे द्वारा प्रस्तुत सामग्री का विद्यार्थी किस प्रकार उचित प्रयोग कर सकेंगे।'' यही प्रवृत्ति नगेन्द्रजी के निबन्धों में दिखायी पड़ती है।

डॉ० नगेन्द्र की शैली में प्रधानतः भावात्मकता, आलंकारिकता, व्यंग्यप्रधान-सरसता, सूत्रकथन-प्रणाली, चित्रात्मकता तथा निजीपन आदि गुण दिखाई पड़ते हैं। चाहें तो इन गुणों को हम उनकी शैली के विविध रूप भी कह सकते हैं।

भावात्मक—डॉ० नगेन्द्र कवि भी हैं। उनके कई काव्य-ग्रन्थ प्रकाशित हैं। उनके निबन्धों में भी कहीं-कहीं काव्योचित भावात्मकता दिखायी पड़ती है। पर ऐसे स्थल बहुत कम हैं, अधिकतर तो निबन्धों में विचारों और सूक्ष्म विश्लेषण की ही प्रधानता है। 'कवि रवीन्द्र के प्रति' निबन्ध में स्थान-स्थान पर कवि नगेन्द्र की श्रद्धापूरित भावुकता छलक पड़ती है, एक स्थल है—''कविगुरो! तुम्हारा ध्यान आते ही मेरे सम्मुख एक विराट् पुरुष-मूर्ति का चित्र उपस्थित हो जाता है जो भारत के कन्धों पर खड़ी हुई समस्त विश्व का आलिंगन करने के लिए बाँहें पसार रही हो....आज तुम्हारी विश्वप्रिया अर्धनग्न होकर, दोनों बाहें शून्य में पसारे हुए आर्त्त स्वरों में कह रही है—''जैते नाहीं देवे'—तुम्हें न जाने दूँगी, तुम्हें न जाने दूँगी।'' प्रसाद के सम्बन्ध में लिखते समय भी उनका गद्य काव्यमय हो गया है—''शान्त गम्भीर सागर, जो अपनी आकुल तरंगों को दबाकर धूप में मुस्करा उठा है, या फिर गहन आकाश जो झञ्झा और विद्युत् को हृदय में समाकर चाँदनी की हँसी हँस रहा है—ऐसा ही कुछ प्रसाद का व्यक्तित्व था।''

निम्नलिखित पंक्तियों में नगेन्द्रजी के हृदय की भाव-विह्वलता द्रष्टव्य है—"हृदय की असीम वेदना को दबाकर वे उठे और दिवंगत बहन को प्रणाम कर नैत्यिक कार्यक्रम के लिए तैयार हो गये। इधर सम्पूर्ण ऐश्वर्य और उल्लास के साथ राष्ट्रपति का शोभायान चल रहा था और उधर राष्ट्रपति के मन के भीतर बहन के शव का जुलूस निकल रहा था-बाहर राष्ट्रपति का जै-जैकार हो रहा था और भीतर राम नाम सत्य है का शोकोच्चार गूँज रहा था।"

आलंकारिकता—काव्यात्मकता के साथ शैली में कहीं-कहीं आलंकारिकता भी दिखायी पड़ती है। इससे निस्सन्देह कथन चमत्कारपूर्ण और व्यञ्जक हो गया है। इस शैली के कुछ उदाहरण ये हैं—"जिस प्रकार नदी का उन्मद प्रवाह कुछ कंकड़-पत्थरों को भी सहज रूप में बहा ले जाता है उसी प्रकार उनकी स्फीति वाग्धारा में दो-चार अनगढ़ शब्द अलक्षित ही बह जाते थे।" "गहन बौद्धिकता इन कविताओं पर शीशे के पर्त की तरह जमी रहती है। छायावाद के रंगीन कल्पनावैभव और सूक्ष्म-तरल भावना-सिञ्चिति के स्थान पर यहाँ ठोस बौद्धिक तत्त्व का बोझीलापन है।" "जीवन और साहित्य में सत्य का अर्थ मेरे लिये अनुभूति का सत्य ही रहा है और साधना मेरी प्रवृत्तिमय रही है अतः मेरे सत्य का स्वरूप भी रागात्मक रहा है। बुद्धि का उसके दोनों प्रमुख तत्त्वों—तर्क और विवेक का—मैंने भरपूर उपयोग किया है। इड़ा के साथ गहरा सौहार्द स्थापित किया है, परन्तु श्रद्धा का अञ्चल नहीं छोड़ा, दो-चार बार आकुलि और किरात से मुठभेड़ अवश्य हुई है लेकिन उनकी माया मुझ पर नहीं चल सकी। मानसरोवर कितनी दूर है यह मैं नहीं जानता, परन्तु उधर बढ़ते जाते की कामना मेरे मन में है।"

व्यंग्यात्मकता—निबन्धों में यत्र-तत्र व्यंग्य की सरसता भी प्राप्त होती है। मीठी चुटकी लेते हुए कड़ी चोट नगेन्द्रजी ने की है। उनके व्यंग्य अधिकतर साहित्यकारों से सम्बन्धित आलोचनात्मक निबन्धों में प्राप्त होते हैं। 'गुलेरीजी की कहानियाँ' निबन्ध में नगेन्द्रजी उनके सम्बन्ध में लिखते हैं—"उन्होंने कहीं भी न तो माधुर्य लाने के लिए शब्दों की हड्डियाँ तोड़कर उन्हें मुलायम बनाने की कोशिश की और न ओज के लिए तीलियाँ बाँधकर ही उन्होंने कड़ा और खड़ा करने की कोशिश की है।" श्री मैथिलीशरण गुप्त के वर्णन-कौशल के सम्बन्ध में लिखते हैं—"वर्णन के शब्द एक-दूसरे से कन्धे-से-कन्धा भिड़ाकर नहीं चल रहे। उनमें धक्कामुक्की मची हुई है. वे इस समय डेवलप कर रहे हैं। वह वेग बढ़ता ही जाता है, अन्त में राम की मूर्च्छा के साथ वर्णन भी एक साथ क्षीण होकर गिर पड़ता है और उसको वाञ्छित विराम मिल जाता है।" प्रगतिवादी साहित्यकारों के सम्बन्ध में एक स्थान पर डॉ० नगेन्द्र लिखते हैं—"जैसा कि आजकल नवलेखन के सूत्रधार कर रहे हैं उसी तरह सन् 1940 के आसपास साम्यवादी विचारधारा से प्रभावित लेखक भी संगठन बनाकर सिद्धान्तों का व्यवसाय कर रहे थे।

और उन्होंने भी नये लेखकों की तरह अपनी सीमा की रक्षा करने के लिए कुछ छोटे-बड़े प्रहरी छोड़ रक्खे थे जो उनकी अपनी चौहद्दी के बाहर चलनेवालों पर अकारण ही झपटते रहते थे।'' नागरी प्रचारिणी सभा द्वारा प्रकाशित 'हिन्दी साहित्य का वृहत् इतिहास' ग्रन्थ पर टिप्पणी करते हुए नगेन्द्रजी लिखते हैं—''यह इतिहास अपने-आप में एक महान् अनुष्ठान है। इसके तीन भाग प्रकाशित हो चुके हैं और चौदह पर कार्य हो रहा है। पूरा हो जाने पर लगभग दस हजार पृष्ठों का यह महाग्रन्थ कदाचित् विश्व का सबसे बड़ा साहित्यिक इतिहास होगा जिसे असंख्य 'पुस्तक कीट' एकत्र होकर भी काटने में असमर्थ रहेंगे।''

सूत्रात्मकता—नगेन्द्रजी ने कुछ सिद्धान्त-वाक्यों को सूत्र रूप में रख दिया है। इन वाक्यों में गम्भीर और व्यापक अर्थ निहित है। 'अपने व्यक्तित्व का अनुवाद ही रचयिता के लिए सबसे बड़ा आनन्द है।' 'सामायिक प्रभाव का दूसरा नाम फैशन है और साहित्य भी फैशन से बच नहीं सकता।' 'भावना के क्षेत्र में जो सौन्दर्य है वही चिन्तन और विचार के क्षेत्र में सत्य है, पहले में प्रेम है वहीं दूसरे में अहिंसा है।' आदि सूक्तियाँ उनके निबन्धों से संकलित हैं। कृतियों अथवा कृतिकारों पर की गयी उनकी सूत्रात्मक टिप्पणियाँ भी अर्थगर्भित हैं—'देवकीनन्दन खत्री और यशपाल हमारे उपन्यास साहित्य के दो छोर हैं।' 'प्रगतिवाद छायावाद की भस्म से नहीं पैदा हुआ, उसके यौवन का गला घोटकर ही उठ खड़ा हुआ है।'' 'शेखर की जितनी घटनाएँ हैं वे जैसे एक माला के मनके हैं, जिनका सुमेरु है अहं।' 'सुखमय जीवन' में गुलेरी जी की कहानी कला का शैशव है, 'बुद्धू का काँटा' में किशोरावस्था और 'उसने कहा था' में आकर वह पूर्णपोषिता हो गयी है। '

चित्रात्मकता—लेखक या कृति का विवेचन करते समय उसके आन्तरिक और बाह्य स्वरूप का चित्रांकन-सा कभी-कभी नगेन्द्रजी करने लगते हैं। कवि नवीन का चित्र वे इन शब्दों में खींचते हैं—''उनके शुभ्र अलक जाल की सँवरी हुई बंकिमा जहाँ इस बात का आभास देती थी कि वह स्वरति की भावना से सर्वथा मुक्त नहीं हैं वहीं उनका घुटनों तक का जाँघिया इस रहस्य का उद्घाटन कर रहा था कि अन्ततः जीत उनके फक्कड़पन की ही होती है।''

वैयक्तिकता—निबन्धों में डॉ० नगेन्द्र की विचारधारा और उनका व्यक्तित्व उभरकर सामने आता है। यद्यपि डॉ० नगेन्द्र विवेचन में पूर्ण तटस्थ हैं फिर भी निबन्धों में उनका अपनापन आ ही गया है, इस उदाहरण से यह बात स्पष्ट होती है—''आजकल का जीवन सर्वथा विशृंखलित और अव्यवस्थित है। जीवन-मूल्यों की इतनी भयंकर अराजकता पहले शायद ही कभी सामने आयी हो। राजनीतिक और धार्मिक दुर्व्यवस्था

के साथ सांस्कृतिक और दार्शनिक उलझनों ने मिलकर जीवन में अगणित गुत्थियाँ डाल दी हैं—जिनमें आज का विचारक फँसकर रह जाता है।''

डॉ० नगेन्द्र हिन्दी के प्रौढ़ गद्यकार और महान् प्रतिभासम्पन्न निबन्धकार हैं। निबन्धों में उनका मौलिक चिन्तन तथा दृष्टिकोण की व्यापकता और उदारता अभिव्यक्त हुई है। प्रत्येक निबन्ध उनकी विद्वत्ता, मननशीलता और वैज्ञानिक दृष्टि-सम्पन्नता का परिचायक है। उनके साहित्यालोचन-सम्बन्धी निष्कर्ष एवं मान्यताएँ अकाट्य हैं। डॉ० नगेन्द्रजी की भाषा, शैली तथा विचारधारा के सम्बन्ध में आलोचकों ने प्रशंसात्मक उद्‌गार व्यक्त किये हैं। डॉ० अम्बाप्रसाद सुमन नगेन्द्रजी की भाषा के सम्बन्ध में लिखते हैं—''डॉ० नगेन्द्र ऐसे शब्दमर्मी साहित्यकार हैं जिनकी लेखनी शब्द-चयन एवं शब्द-निर्माण के क्षेत्र में अद्‌भुत क्षमता रखती है। शब्द की आत्मा से निःसृत एवं विकीर्ण अर्थ-ज्योति को उनकी दृष्टि अच्छी तरह से जानती और पहचानती है। वे हिन्दी साहित्य में संस्कृतनिष्ठ भाषा का प्रयोग करने के सुप्रसिद्ध शैलीकार हैं।'' डॉ० कैलाशचन्द्र भाटिया ने नगेन्द्र की भाषा-शैली के बारे में लिखा है—''स्पष्टता, सरलता, उपयुक्त शब्द-चयन, भावानुसार भाषा, चित्रात्मकता, काव्यत्व, कथन में दृढ़ता, निष्कर्षों में स्पष्टवादिता, सुसम्बद्धता नगेन्द्र की शैली के विशिष्ट गुण हैं।'' डॉ० विजयशंकर मल्ल के विचार हैं—''उनके निबन्धों में सूक्ष्म, परिष्कृत और गहरे रस-ग्राहक व्यक्तित्व का रंग है। उनकी अपनी आवाज हर निबन्ध में सुनायी पड़ती है, जिससे अनेक क्षणों में पाठक उनसे सामीप्य का अनुभव करता चलता है।''

◆◆◆

डॉ० विद्यानिवास मिश्र
(सन् 1926-2005)

डॉ० हजारीप्रसाद द्विवेदी के 'अनुवर्त्ती अनुज' डॉ० विद्यानिवास मिश्र हिन्दी के वर्तमान निबन्धकारों में सर्वश्रेष्ठ हैं। साहित्य, साहित्यशास्त्र और भाषाविज्ञान के प्रकाण्ड विद्वान् डॉ० मिश्र ने यद्यपि उच्चकोटि के विचारात्मक और समीक्षात्मक निबन्धों की भी रचना की है, तथापि उनकी प्रतिभा का वास्तविक प्रकाशन ललित निबन्धों में ही हुआ है। डॉ० मिश्र के ललित निबन्धों ने इस विधा की श्रेष्ठ सम्भावनाओं का मार्ग प्रशस्त किया और इसे गद्य की एक स्वतन्त्र और सम्पन्न विधा बना दिया। परिणामस्वरूप सम्प्रति ललित निबन्ध प्रतिभाशाली युवा हिन्दी लेखकों की अभिव्यक्ति का समर्थ माध्यम बनकर अपनी श्रेष्ठता और लोकप्रियता प्रमाणित कर रहा है।

हिन्दी ललित निबन्ध की परम्परा—निबन्ध के दो प्रकार हैं—विषयप्रधान या वस्तुनिष्ठ निबन्ध और विषयप्रधान या व्यक्तिनिष्ठ निबन्ध। दूसरे प्रकार के निबन्ध को ही वैयक्तिक, आत्मव्यञ्जक या ललित निबन्ध की संज्ञा प्राप्त है। जन्मकाल से ही हिन्दी निबन्ध में व्यक्तिगत विशेषता अर्थात् कृतिकार की आत्मीयता, भावुकता और बातचीत की-सी शैली की उन्मुक्तता विद्यमान रही है। बालकृष्ण भट्ट, प्रतापनारायण मिश्र, बालमुकुन्द गुप्त हिन्दी ललित निबन्ध के शुभारम्भकर्त्ता हैं। इन्होंने अपने निबन्धों के माध्यम से जनमानस से जुड़कर इस विधा को जनभावना का प्रतिबिम्ब बना दिया। उस काल के निबन्धकार किसी-न-किसी पत्र-पत्रिका से जुड़े थे, अतः उनके निबन्धों में पाठकों की रुचि और समझ का विशेष ध्यान रखा गया। इन प्रारम्भिक हिन्दी निबन्धकारों में एक खास तरह की मस्ती, अनौपचारिकता और फक्कड़पन विद्यमान है। मुहावरों, कहावतों, लोकोक्तियों के प्रचुर प्रयोग से निबन्धकारों की भाषा में भी चापल्य, मनमौजीपन और जिन्दादिली दिखायी पड़ती है।

हिन्दी निबन्ध के दूसरे काल द्विवेदीयुग में भावुकता, सहृदयता की अपेक्षा बौद्धिकता को प्रश्रय मिला, फिर भी इस काल में माधवप्रसाद मिश्र, पद्मसिंह शर्मा, सरदार पूर्णसिंह-जैसे प्रतिभाशाली निबन्धकारों ने भावप्रधान आत्मव्यञ्जक निबन्धों की सर्जना कर लालित्य और माधुर्य की सरस अभिव्यक्ति की। पूर्णसिंह ने भाव और भाषा की एक नवीन विभूति सामने रखी। निबन्धों में उनका सजीव व्यक्तित्व प्रेम की मस्ती के साथ अवगुण्ठनहीन होकर व्यक्त हुआ। उनके भावात्मक निबन्धों की लाक्षणिकता हिन्दी गद्य साहित्य में एक नयी चीज थी। इसी युग के निबन्धकार श्री चन्द्रधर शर्मा

गुलेरी ने विनोदशील वक्रता, संयत व्यंग्य और चुटीले आक्षेप से हिन्दी निबन्ध को एक नयी ताजगी और नया तेवर दिया।

तृतीय युग के निबन्धकारों में बाबू गुलाबराय, पदुमलाल पुन्नालाल बख्शी, रघुवीर सिंह, रामवृक्ष बेनीपुरी, श्रीमती महादेवी वर्मा उल्लेखनीय हैं। गुलाबराय की ख्याति के कारण हैं, आत्मिक अनुभूति से संसिक्त उनके वैयक्तिक निबन्ध, जिनमें उन्मुक्त उल्लास तथा शालीन हास्य-व्यंग्य की छटा है। बख्शीजी के निबन्धों में कहानी-जैसी रञ्जकता और नाटक-जैसी रमणीयता विद्यमान है। उनके निबन्ध निष्कपट भावों की निष्कपट अभिव्यक्ति हैं। महादेवीजी के संस्मरणों और रेखाचित्रों में हृदय की करुण भावुकता सरस काव्यधारा के रूप में प्रवाहित हुई है। श्रीमती वर्मा ने निबन्ध को अन्य समानधर्मी गद्य-विधाओं के पर्याप्त निकट ला दिया और कथ्य तथा शिल्प दोनों स्तरों पर ललित निबन्ध की परिधि का विस्तार किया।

डॉ० हजारीप्रसाद द्विवेदी हिन्दी के ललित निबन्धकारों में अग्रगण्य हैं। विचारात्मक निबन्धों की रचना करने के साथ-साथ उन्होंने पर्याप्त संख्या में भावना, कल्पना और अनुभूति से संसिक्त वैयक्तिक निबन्धों की भी सर्जना की। उनके 'अशोक के फूल', 'कुटज' संग्रहों में आत्माभिव्यञ्जक निबन्ध का उत्कृष्ट रूप दिखायी पडता है। इनमें स्वाधीन चिन्तन, मानसिक क्रीड़ा-विलास तथा भाषा-शैली की मनमोहिनी सहजता दर्शनीय है। परवर्ती हिन्दी निबन्धकारों ने डॉ० द्विवेदी का ही निबन्धादर्श ग्रहण किया। सम्प्रति डॉ० विद्यानिवास मिश्र, कुबेरनाथ राय, डॉ० शिवप्रसाद सिंह, डॉ० जयशंकर त्रिपाठी, विवेकीराय आदि निबन्धकारों ने भी हिन्दी ललित निबन्ध को समृद्ध किया।

डॉ० मिश्रजी के निबन्ध-साहित्य का परिचय—डॉ० मिश्र के निबन्धों में मन का स्वच्छन्द विचरण, रस-ग्रहण, सौन्दर्य-बोध, सन्तुलित विचार-परम्परा आदि निबन्ध के सभी लक्षण और विशेषताएँ मिलती हैं। उनके निबन्धों में भाव, विचार और कल्पना तत्वों का सम्यक् सामंजस्य प्राप्त होता है। इसी से मिश्रजी के निबन्धों को विषय या रचना-प्रक्रिया की दृष्टि से वर्गीकृत करना कठिन है। फिर भी, अध्ययन की सुविधा के लिए हम उनके निबन्धों को तीन प्रकारों में विभक्त कर सकते हैं—(क) समीक्षात्मक निबन्ध, (ख) विचारात्मक निबन्ध, (ग) व्यक्तिव्यञ्जक या ललित निबन्ध।

(क) समीक्षात्मक निबन्ध—रीतिविज्ञान, हिन्दी की शब्द-सम्पदा, साहित्य का प्रयोजन, लागौ रंग हरी—श्याम रसायन मिश्रजी के समीक्षात्मक निबन्ध-संकलन कहे जा सकते हैं। 'रीतिविज्ञान' शास्त्रीय समीक्षापरक ग्रन्थ है, जिसके विषय में लेखक ने स्वयं कहा है—''मुख्य उद्देश्य सामने था कि अंग्रेजों के 'स्टाइलिस्टिक' ग्रन्थ और निबन्ध अंग्रेजी या किसी अन्य विदेशी भाषा के उद्धरणों से निर्देशित होने के कारण हिन्दीभाषी राज्यों के नव-साक्षरों को हृदयङ्गम नहीं हो पाते, इसलिए परिचित उदाहरणों के माध्यम

से रीतिविज्ञान की प्रायोजकता समझायी जाय।'' इस पुस्तक में—रीतिविज्ञान : परिधि और प्रयोजन, काव्यभाषा और काव्येतर भाषा, सादृश्य विधान, काव्यभाषा का गठन और साभिप्राय विचलन शीर्षक महत्त्वपूर्ण समीक्षात्मक निबन्ध हैं। इसी पुस्तक में तीन प्रबन्धात्मक काव्यों की रीति विज्ञान की परिपाटी पर सारगर्भित व्याख्या की गयी है। वे तीन काव्य ये हैं—जयशंकर प्रसाद रचित 'प्रलय की छाया', निराला कृत 'राम की शक्ति-पूजा' और अज्ञेय विरचित 'असाध्य वीणा।'

'हिन्दी की शब्द-सम्पदा' तीस निबन्धों का संग्रह है। यह एक मौलिक ग्रन्थ कहा जा सकता है, जिसमें मिट्‌टी, पानी, जलाशय, सम्बन्धी विविध शब्दों, विभिन्न प्रकार के रंगों, ध्वनियों या आवाजों के लिए प्रयुक्त शब्दों; फसल, खेती-सम्बन्धी शब्दावलियों, यहाँ तक कि रस्सी, टोकरी, चरखा, करघा आदि से सम्बन्धित शब्दों पर पृथक्-पृथक् निबन्ध लिखकर डॉ० मिश्र ने साहित्यिक हिन्दी को शब्द-सामर्थ्य प्रदान करने वाली लोकभाषाओं और जनपदीय बोलियों की शब्द-सम्पदा का रोचक तथा विद्वत्तापूर्ण विवेचन प्रस्तुत किया है।

'साहित्य का प्रयोजन' चार व्याख्यानों तथा दो निबन्धों का संकलन है। ये सभी साहित्यिक और समीक्षापरक हैं। प्रथम व्याख्यान 'प्रयोजन का प्रयोजन' में साहित्य-मूल्यांकन की कसौटी का निर्धारण किया गया है। दूसरे, तीसरे और चौथे व्याख्यान क्रमशः संस्कृत साहित्य के प्रयोजन, भक्ति साहित्य के प्रयोजन तथा आधुनिक साहित्य के प्रयोजन की समीक्षा हैं। संग्रह के निबन्ध 'समाज परिवर्तन और साहित्य' तथा 'साहित्य का भविष्य और भविष्य का साहित्य' श्रेष्ठ समीक्षात्मक निबन्ध हैं।

'लागौ रंग हरी-श्याम रसायन' व्याख्यानों का संग्रह है, जिसमें सहृदय भावक की दृष्टि से मध्यकालीन भक्तिकाव्य तथा प्रमुख भक्त कवियों की समीक्षा की गयी है। 'भक्तिरस का अनुभव' नामक शास्त्रीय निबन्ध में इस रस के वैशिष्ट्य और इसकी विलक्षणता का भावपूर्ण प्रतिपादन है। अन्य में जयदेव, विद्यापति, सूर, तुलसी, रहीम, रसखान-जैसे महान् भक्त कवियों के अन्तर्मन में प्रवेश कर उनकी संवेदनशीलता, प्रवेगशीलता का उद्‌घाटन किया गया है।

(ख) विचारात्मक निबन्ध— मिश्रजी के विचारप्रधान निबन्धों में बुद्धितत्त्व की प्रमुखता तथा चिन्तन-मनन की गहनता है। 'परम्परा बन्धन नही', 'सञ्चारिणी' तथा 'अस्मिता के लिए' वैचारिक निबन्धों के संग्रह हैं। 'परम्परा बन्धन नहीं' की भूमिका में मिश्रजी लिखते हैं—''इस संग्रह द्वारा एक अन्वित रूप में अपनी वैचारिक उन्मुक्तता और प्रतिबद्धता दोनों का एक संपुञ्जित रूप में परिचय देना चाहता हूँ।'' उनके अनुसार, इसमें हिन्दुस्तान के चिन्तन को हिन्दुस्तान की नजर से देखने की कोशिश की गयी है। इस संग्रह के प्रमुख विचारात्मक निबन्ध ये हैं—परम्परा बन्धन नहीं, महाभारत

का सत्य, हिन्दू धर्म की नयी पहचान, भारतीय लोक साहित्य की पहचान, तकनीक और आदमी, चिन्तन कण, भारतीय कला दृष्टि।

'सञ्चारिणी' के निबन्धों के बारे में लेखक का कथन है—"ये निबन्ध महज विचार हैं, विचार भी कहना ठीक नहीं होगा, ये बस कहीं भीतर के संस्कार के ही भाषायी प्रस्तार हैं।" इस पुस्तक में रचना का संकट, संस्कृति और समन्वय, आधुनिकता : मेरी नजर में, रामकथा : मेरे लिये आदि शीर्षकों से 15 निबन्ध संगृहीत हैं।

'अस्मिता के लिए' संग्रह में भाषा, संस्कृति और शिक्षा से सम्बन्धित 13 विचारप्रधान निबन्ध हैं। 'मेरा देश वापस लाओ' में देश में बढ़ती हुई विघटनकारी प्रवृत्ति पर गम्भीर चिन्ता व्यक्त की गयी है। 'विश्वविद्यालय की स्वायत्तता का उद्देश्य' तथा 'दलदल में फँसी उच्च शिक्षा' निबन्धों में विश्वविद्यालयीय शिक्षा-प्रणाली, परीक्षा-व्यवस्था, अनुशासन-व्यवस्था आदि के स्तरोन्नयन सम्बन्धी महत्त्वपूर्ण सुझाव दिये गये हैं। पुस्तक के कुछ निबन्धों में साहित्यिक गतिविधि का लेखा-जोखा प्रस्तुत किया गया है।

(ग) ललित निबन्ध—ललित निबन्ध ही डॉ० मिश्र की अभिव्यक्ति के प्रमुख माध्यम और उनकी प्रतिष्ठा के वास्तविक कारण हैं। सन् 1953 में प्रकाशित 'छितवन की छाँह' मिश्रजी का प्रथम ललित निबन्ध-संग्रह है। तब से अन्त तक उनके एक दर्जन से अधिक ललित निबन्ध-संग्रह प्रकाशित हो चुके हैं। कालक्रमानुसार उनकी सूची यह है—छितवन की छाँह, कदम की फूली डाल, तुम चन्दन हम पानी, आँगन का पंछी और बनजारा मन, मैंने सिल पहुँचायी, बसन्त आ गया पर कोई उत्कण्ठा नहीं, मेरे राम का मुकुट भीग रहा है, कँटीले तारों के आरपार, कौन तू फुलवा बीननिहारी, तमाल के झरोखे से, भ्रमरानन्द के पत्र, अंगद की नियति, गाँव का मन, अग्निरथ।

'छितवन की छाँह' में—हरसिंगार, गऊचोरी, वसन्त न आवै, यमुना के तीरे-तीरे, चन्द्रमा मनसो जातः, टिकोरा, होरहा, घने नीम तरु तले आदि शीर्षकों से कुल 18 निबन्ध हैं। इन व्यक्तिप्रधान निबन्धों में विषय बहाना मात्र है, इनमें भारतीय मन और संवेदना की अभिव्यक्ति हुई है साथ ही अनेक युगीन समस्याओं का भी अभिनिवेश है।

'कदम की फूली डाल' तीन खण्डों—यात्रा, चिन्तन और स्वप्न—में विभक्त है; जिनके अन्तर्गत 22 निबन्ध हैं। प्रथम खण्ड के निबन्ध पर्यटन और सौन्दर्य-दर्शन से सम्बन्धित हैं। दूसरे खण्ड के आधुनिक जिज्ञासाओं के समाधान-सम्बन्धी हैं और तीसरे खण्ड के निबन्ध स्वानुभूति अंकन-सम्बन्धी हैं। ये निबन्ध लेखक की अध्ययनशीलता और सांस्कृतिक चेतना-सम्पन्नता के प्रमाण हैं। निबन्धों में साहित्य, प्रकृति और मानव-मन के सौन्दर्य की परख की गयी है।

'तुम चन्दन हम पानी' 24 निबन्धों का संग्रह है। इसके निबन्धों को तीन प्रकारों में बाँटा जा सकता है—भारतीय संस्कृति की मूल मान्यताओं पर लिखे गये निबन्ध,

भारतीय संस्कृति के आराध्यों पर लिखे गये निबन्ध और भारतीय मांगलिक प्रतीकों पर लिखे गये निबन्ध। सत्यधर्म, दानधर्म, जीवनधर्म, नगाधिराज हिमालय, शिवजी की बारात, बेचिरागी गाँव, मुरली की टेर, नमःशिवाय, हरी दूब और दधि अच्छत, तुम चन्दन हम पानी संग्रह के विशिष्ट निबन्ध हैं, जिन पर लेखक के सरस व्यक्तित्व, व्यापक ज्ञान तथा प्रगाढ़ चिन्तन की छाप सर्वत्र लगी है।

'आँगन का पंछी और बनजारा मन' दो भागों में बँटी रचना है। प्रथम भाग में 11 और द्वितीय में 9 निबन्ध हैं। आंगन का पंछी, पार्थिव धर्म, आम्रमञ्जरी, नया दौर, सदा अनन्द रहै एहि द्वारे, नर नारायण, मेरी रूमाल खो गयी संग्रह के निबन्ध हैं, जिनमें विषय, शैली, भंगिमा, स्वर सभी का सहज और प्रौढ़ समन्वय है।

'मैंने सिल पहुँचायी' में कुल 19 निबन्ध हैं, जिनमें भाव और लालित्य के साथ-साथ समकालीन जीवन की विभिन्न समस्याओं को चित्रित किया गया है। निबन्ध 'आहुति दो आहुति की वेला है' में राष्ट्रीय सुरक्षा और उत्थान की चेतना प्रकाशित हुई है। 'जय रानी अँग्रेजी' 'आज तो हिन्दी अपनों से ही हारी है' निबन्धों में राष्ट्रभाषा की अस्मिता और उसके महत्त्व का बोध कराया गया है। 'यह घर तो बख्श दो' निबन्ध भारतीय विश्वविद्यालयों की दुर्दशा पर प्रकाश डालता है।

'बसन्त आ गया पर कोई उत्कण्ठा नहीं' संकलन में प्रकृति और लोक-संस्कृति का मधुर शृंगार किया गया है। साथ ही आधुनिक जीवन की विसंगतियों को उजागर किया गया है। संग्रह के 22 निबन्ध ललित और अललित दोनों प्रकार के हैं। नयी पीढ़ी की बेचैनी, हिन्दी बनाम राजनीति, अन्धी जनता और लँगड़ा जनतन्त्र, इन टूटे हुए दीयों से काम चलाओ-जैसे निबन्ध आधुनिक राजनीति और शासनतन्त्र की विपथगाओं का कटाक्षपूर्ण शैली में पर्दाफाश करते हैं।

'मेरे राम का मुकुट भीग रहा है' संग्रह के निबन्ध मिश्रजी के रीवा प्रवास काल में लिखे गये थे। ये निबन्ध लोक-संस्कृति के माधुर्य से ओत-प्रोत हैं। संग्रह के—विन्ध्य की धरती का वरदान, बेतवा के तीर पर, रेवा से रीवा, मेरे राम का मुकुट भीग रहा है निबन्धों में प्रकृति और लोक-संस्कृति का अभिराम रूप प्रकट है।

'कँटीले तारों के आरपार' 15 निबन्धों का संग्रह है, जिसमें विषयगत वैविध्य है। कुम्भ पर्व, जाही विधि राखैं राम, मैं मधुवन जाऊँगा रे, उस अमराई ने राम-राम कही है आदि निबन्ध संस्कृति और लोकजीवन के विभिन्न सन्दर्भों से युक्त हैं। ट्रांजिस्टरी युद्धदर्शन, दास्तान एक पोथी की व्यंग्यात्मक निबन्ध हैं, जिनमें तथाकथित बुद्धिजीवियों की खबर ली गयी है।

'कौन तू फुलवा बीननिहारी' संग्रह में 13 निबन्ध इन शीर्षकों से हैं—गाते-गाते खेल में, रंजनहीन जनजीवन, तीन नदियाँ तीन देश, भारतीय कौन, प्रयाग के कल्पवास

आदि। इस पुस्तक में पं० श्रीनारायण चतुर्वेदी, अज्ञेय, पं० कालीप्रसाद मिश्र के संस्मरण भी हैं। इस संग्रह के निबन्ध भारत की वैचारिक भूमि के साथ गहरे स्तर पर जुड़े हुए हैं।

'तमाल के झरोखे से' संग्रह में सरस आत्मव्यञ्जक 15 निबन्ध संकलित हैं। प्रारम्भ में 'साहित्य की मेरी पहचान' शीर्षक के अन्तर्गत साहित्य का मूल्य-विश्लेषण किया गया है। मेरा गाँव घर, ऐसी स्मृतियों के राम, जननी जन्मभूमिश्च, एक घूँट पानी, तमाल के झरोखे से, जीवन अपनी देहरी पर आदि निबन्धों में देशप्रेम, संस्कृतिनिष्ठा तथा लोकजीवन के प्रति आत्मीयता का प्रकाशन हुआ है।

'भ्रमरानन्द के पत्र' पूज्य भैया साहब (पं० श्रीनारायण चतुर्वेदी) को सम्बोधित 15 रोचक और व्यंग्यपूर्ण पत्रों का संकलन है। इन्हें पत्र शैली के निबन्ध कह सकते हैं। ये विपथगाएँ, विजयादशमी पर एक पत्र, ड्योढ़े दर्जे का खात्मा, डेरी बनाम खेती, आञ्चलिक मित्रों से, हिप्पी पन्थ, भ्रमरानन्दी रसवाद संग्रह के प्रमुख निबन्ध हैं। इस संग्रह के अधिकांश निबन्ध अन्य पूर्व संग्रहों में प्रकाशित हैं।

'अंगद की नियति' भी 15 आत्मव्यञ्जक निबन्धों का संग्रह है, जिसमें एक गहरी मानवीय चिन्ता की अभिव्यक्ति है। अंगद की नियति, भारति जय विजय करे, प्राण! वाणी माँगता हूँ, दारुलशफा के बहाने, दीया और जुगनूँ, कहो कैसा रंग है, हरि जो भरिहैं आदि निबन्ध गहन मानवीय संवेदना से ओतप्रोत हैं। अनेक निबन्धों में ब्रजभूमि के प्रति रागानुराग व्यक्त हुआ है।

'गाँव का मन' आंचलिक परिवेश के 15 व्यक्तिव्यञ्जक निबन्धों का संग्रह है। पूर्व प्रकाशित इन निबन्धों में मुख्यतः गाँवों से बने भारत की अस्मिता और संस्कृति की पहचान करायी गयी है। लेखक के अनुसार, भारतीय लोकजीवन विश्वजीवन से एकाकार है क्योंकि वह सबका पारमार्थिक मंगल मनाता है और सभी के मंगल में अपना मंगल देखता है।

'अग्निरथ' संग्रह के 21 निबन्धों में अधिकतर पूर्व प्रकाशित हैं। इस संग्रह के निबन्धों में एक गहरी अस्तित्व चिन्ता में पनपी मानवीय संवाद की आकांक्षा मुखरित हुई है। इनमें देशकाल की विसंगतियों एवं मनुष्य की यान्त्रिक दासता की गहरी छटपटाहट व्यक्त है।

निबन्धों का कथ्य पक्ष—डॉ० मिश्र का रचनाफलक और वैचारिक धरातल अत्यन्त व्यापक और बहुआयामी है। उनके निबन्धों में प्रधानतः भारतीयता के प्रति आग्रहयुक्त अनुराग व्यक्त हुआ है। धर्म, पुराण, इतिहास, संस्कृति, लोकजीवन और प्रकृति उनके ललित निबन्धों के सरस विषय बने हैं। महान् संस्कृत साहित्य का नवनीत उन्होंने चखा है, साथ-ही, लोक-संस्कृति की मधुरिमा से उन्होंने स्फूर्ति और प्रेरणा प्राप्त

की है। पश्चिमी साहित्य और संस्कृति के ज्ञान ने भारतीयता के प्रति उनकी निष्ठा को और भी दृढ़ किया है। लोक-संस्कृति की भाँति परम्परा भी मिश्रजी की एक बहुत प्रिय थाती है। उनकी आधुनिकता और प्रगतिशीलता भी निबन्धों में प्रखर रूप में अभिव्यक्त हुई है। वर्तमान पर टिकी उनकी पैनी दृष्टि युग-जीवन की समस्याओं को प्रत्यक्ष कर देती है। उनमें ग्रामीण संस्कृति के उद्धार की गम्भीर चिन्ता है, साथ-ही राष्ट्रीय-अन्तर्राष्ट्रीय जीवन में व्याप्त विसंगतियों के प्रति तीव्र आक्रोश है। पतनोन्मुख तन्त्र, विघटित परिवेश, विशृंखलित मनोवृत्ति को समुन्नत-संगठित-संशोधित करने का अटूट संकल्प भी उनमें विद्यमान है। निबन्धों में साहित्य, कला, भाषा आदि से सम्बन्धित सुचिन्तित विचार उनकी प्रखर बौद्धिकता और गम्भीर चिन्तनशीलता के परिचायक हैं।

भारत और भारतीयता का महत्त्व उसके विशिष्ट सांस्कृतिक मूल्यों के कारण है। मिश्रजी ने भारतीय संस्कृति को सम्पूर्णता में ग्रहण कर उसके उदात्त स्वरूप को बार-बार, विभिन्न रूपों में, विविध कोणों से प्रकाशित किया है। भारतीय संस्कृति की मूल मान्यताओं, संस्कृति के आराध्यों एवं भारतीयता के मांगलिक प्रतीकों पर मिश्रजी के अधिकांश निबन्ध आधारित हैं। डॉ० मिश्रजी के अनुसार, धर्म और अध्यात्म भारतीय संस्कृति के मूल तत्त्व हैं। धर्म जीवन की प्रणाली का नाम है। कोरा पूजा-पाठ, जप-तप और ध्यान-धारणा ही धर्म नहीं है, बल्कि उनके शब्दों में, ''न्याय की रक्षा और अन्याय के दमन के लिए संघर्ष, आत्मसम्मान, निष्ठा तथा अनन्यता की रक्षा ही पृथ्वी का धर्म है।'' धर्म सत्य की निरन्तर खोज है। उन्होंने हिन्दू धर्म को विश्व-धर्म कहा क्योंकि उसका सन्देश सर्वधर्म समभाव है–'मैं तो ईमानदारी से यह मानता हूँ कि हिन्दू धर्म का सन्देश यदि कोई हो सकता है तो यही कि व्यक्ति का धर्म स्वनुष्ठित होकर सर्वधर्म का बिन्दु बने। इससे अधिक सन्देश की कामना हिन्दू धर्म नहीं करता, इसलिए वह सार्वजनीन है।'' डॉ० मिश्र के अनुसार, भारतीय सांस्कृतिक मूल्यों की पुनर्प्रतिष्ठा से ही भौतिकवाद और यान्त्रिकता से उपजी आज की चिन्ताक्रान्त स्थिति से त्राण पाया जा सकता है। आधुनिक भारतीय जीवन में व्याप्त विसंगतियों का एकमात्र कारण है, भारतीयों का अपनी संस्कृति और परम्परा से कट जाना। डॉ० मिश्र पश्चिमी सभ्यता के बढ़ते प्रभाव से चिन्तित अवश्य हैं परन्तु उनकी यह धारणा बद्धमूल है कि भारत और भारतीयता की पहचान नष्ट नहीं हो सकती–''हिन्दुस्तान विलायत नहीं बन पायेगा, इसकी अभिशप्त गंगा-यमुना माटी इसे विलायत बनने नहीं देगी, इतना सारा औद्योगिकीकरण, इतना सारा कर्ज, इतना सारा उधार खाये गेहूँ का जीवनरस, इतनी सारी वैज्ञानिक पाठ्यपुस्तकें, सारे दूतावासों की अलसायी मदभीनी रोशनी और इतने सारे प्रसाधनों की गन्ध होते हुए भी हिन्दुस्तान विलायत नहीं हो पायेगा।''

लोक-संस्कृति के निकट संस्पर्श से ही मिश्रजी के निबन्धों में अद्भुत लालित्य आया है। उनके निबन्धों में लोकजीवन और ग्रामीण संस्कृति मूर्तिमान् हो उठी है।

डॉ० शिवप्रसाद सिंह के शब्दों में, ''यह लोक-संस्कृति कई रूपों में अपना सुबास छोड़ती है। टटके अछूते लोकगीतों के रूप में; व्रत, उपवास, तीज-त्योहारों पर प्रचलित लौकिक व्यवहारों और क्रिया-कलापों की मधुर स्मृतियों के रूप में; शादी-ब्याह, मुण्डन-जनेऊ आदि के अवसर पर गाये जानेवाले गीतों के पीछे छिपी प्राचीन परम्परा की ठेठ देहाती धरोहर को सजाने-सँवारने या उसके रख-रखाव की चिन्ता की अभिव्यक्ति के रूप में, यह लोक-संस्कृति उनके व्यक्तित्व का एक अविभाज्य अंग बनकर सामने आती है।''

शिव तत्व से युक्त भारतीय लोकजीवन को मिश्रजी विश्वजीवन से एकाकार मानते हैं क्योंकि, ''वह सबका पारमार्थिक मंगल मनाता है और सबके मंगल में अपना मंगल देखता है। उसमें शिवतत्त्व इसलिए है कि उसका चैतन्य जगद्धात्री की स्नेह-दृष्टि से पोषित है।'' मन-प्राण के रग-रग में रची-बसी ग्रामीण संस्कृति ही मिश्रजी की रचनाशीलता का हेतु है, ''मैं अगर अजनबी शहरों और परिवेशों में आत्मीयता की पुकार लगा पाता हूँ तो इसलिए कि मेरा एक गाँव-घर ऐसा है, जो बराबर मेरे साथ है।'' ग्रामीण जीवन ही उन्हें सहज, स्वाभाविक और सरस प्रतीत होता है, शहरी जीवन तो नकली और नीरस है—''एक अजनबी शहर में रहता हूँ जहाँ पर हर क्षण चौकन्ना रहना पड़ता है।. ......लगता है मुखौटों के बीच मुखौटानुमा भाषा में एक क्षण भी चूक हुई कि नकली जिन्दगी का सुख छिन जायगा।'' मिश्रजी को अपने गाँव, घर, आञ्चलिक परिवेश से एक विचित्र-सा व्यामोह है, देखें उनकी भावना—''मुझे तो स्वर्ग का कोई स्वाद मालूम नहीं लेकिन मथ के निकाले टटके नैनू के साथ माँ के द्वारा परसी गयी उस रोटी का स्वाद कुछ अलग होता है, इतना जानता हूँ और जानते रहना चाहता हूँ। इसीलिए जन्मभूमि के बाहर निकलने पर वापिस आते समय अपूर्व सुख मिलता है, उस सुख पर अमरीकावाले अपने भारतीय हमवतन के चार सौ साला स्वर्ग हजार बार न्यौछावर।''

मिश्रजी के निबन्धों में साहित्य, कला, भाषा तथा शिक्षा-सम्बन्धी स्वतन्त्र और युग-सापेक्ष दृष्टिकोण व्यक्त हुआ है। साहित्य को वे जीवन की व्याख्या मानते हैं और साहित्यकार को अत्यन्त गौरवपूर्ण स्थान देते हैं। उनके अनुसार, साहित्य हमें दूसरों से जोड़ता है, दूसरों से हमारा रागात्मक सम्बन्ध विकसित करता है, ''साहित्य न तटस्थ रहता है न किसी को तटस्थ रहने देता है।'' साहित्य के प्रति लोगों की संकीर्ण मनोवृत्ति मिश्रजी को अत्यधिक पीड़ित करती है—''कुछ लोग साहित्य के आस्वाद को समझते हैं—सामन्ती ऐयाशी है, कुछ लोग समझते हैं कि वैज्ञानिक यथार्थ से पलायन है, कुछ हैं जो समझते हैं—साहित्य अगर कुछ मूल्य रखता है तो इसलिए कि वह उत्तेजना पैदा करता है। जो साहित्य तेज शराब की तरह 'किक' नहीं दे सकता वह किसी काम का नहीं....।'' श्री मिश्र के अनुसार साहित्यकार का दायित्व ''बड़ा कठोर है, एक साथ विद्रोही, निर्माता और सन्त का।'' उन्होंने ऐसे साहित्यकारों की कठोर शब्दों में भर्त्सना

की है जो "सत्ता, यश तथा धन के सोच में अपनी अस्मिता से च्युत होकर सत्ताधारी वर्ग का गुणगान करते हैं।" उन्होंने समकालीन लेखकों को अपने साहित्य में जनसामान्य की आकांक्षाओं को मूर्त करने जैसे गुरुतर दायित्व को निभाने की सलाह दी है।

मिश्रजी विभिन्न कलाओं का एकमात्र उद्देश्य, जीवन के सहज आनन्द की अभिव्यक्ति मानते हैं। विभिन्न कलाओं के सम्मुख सत्य की अभिव्यक्ति और शिव की प्रतिष्ठा से कोई बड़ा आदर्श नहीं हो सकता। उन्होंने भारतीय कलाओं को कमल से उपमित किया है जो "समन्वय, समस्वरता और शाश्वत माधुर्य में अपना कोई जोड़ नहीं रखती।"

डॉ० मिश्र शिक्षा-जगत् से विभिन्न रूपों में जुड़े रहे, इसी से शिक्षा-व्यवस्था के गुण-दोषों का उन्हें यथार्थ ज्ञान है। उनके अनुसार, "शिक्षा ही एक ऐसा क्षेत्र है, जहाँ नीचे से ऊपर तक जड़ता या गतिहीनता सबसे अधिक मात्रा में है।" शिक्षा का मूल उद्देश्य है, ज्ञान की साधना और एक समग्र दृष्टि का संस्कार जगाना परन्तु भारतीय शिक्षा-जगत में व्याप्त स्वार्थपरता और परमुखापेक्षिता ने हमारे जीवन को विडम्बनापूर्ण स्थिति में पहुँचा दिया है—"हमारी शिक्षा ने हमसे हमारापन छीनकर 'मैंकार' 'तूकार' हमारे ऊपर ओढ़ा दिया है और उसे डेढ़ सौ वर्षों से धारण करते-करते समाज उसे ही अपनी चमड़ी मानने लगा है। उसी के कारण हमारा जीवन अनेक विडम्बनाओं का शिकार हो गया है।"

मिश्रजी राष्ट्रभाषा हिन्दी को राष्ट्रीय स्वाभिमान और गौरव का प्रतीक मानते हैं। वे अंग्रेजी को भारत के बौद्धिक-नैतिक विकास में बाधक समझते हैं। उर्दू के लिए किये जा रहे आन्दोलनों को वे साम्प्रदायिक आग्रह का दुष्परिणाम मानते हैं। उन्होंने राष्ट्रभाषा के सम्मान और विकास में अवरोध पैदा करनेवाले स्वार्थी राजनेताओं को कड़ी फटकार लगायी है।

मिश्रजी के निबन्ध भारत के सांस्कृतिक गौरव का भास्वर चित्र प्रस्तुत करने के साथ-साथ उदात्त राष्ट्रीय चेतना के संवर्द्धन का महत्त्वपूर्ण कार्य भी सम्पादित करते हैं। अडिग विश्वास और अटूट आस्था से परिपूर्ण उनके लोकोन्मुख निबन्ध सम्पूर्ण मानव-समाज की कल्याण-कामना से ओतप्रोत हैं।

भाषा का स्वरूप—डॉ० मिश्र संस्कृत भाषा-साहित्य के प्रकाण्ड विद्वान् थे, साथ ही, लोकभाषा और लोकजीवन से उनका घनिष्ठ आत्मीय सम्बन्ध रहा, इससे उनकी पाण्डित्यपूर्ण भाषा लालित्य और माधुर्य से अनुरञ्जित है। भाषा में एक ओर शास्त्रीय ज्ञान और बौद्धिकता का गाम्भीर्य है तो दूसरी ओर युगीन विकृतियों और विषमताओं से उपजी व्यंग्यपूर्ण परिहासशीलता है। पौर्वात्य एवं पाश्चात्य वाङ्मय के विविध सन्दर्भों, ऐतिहासिक-पौराणिक दृष्टान्तों, लोक-संस्कृति के बिम्बों, उपमानों, वर्तमान

जीवन के कटु-तिक्त अनुभूत प्रसंगों से मिश्रजी की भाषा विभिन्न अर्थच्छवियों से युक्त हुई है। विषय और प्रसंग के अनुकूल अनेक स्वरूप धारण करनेवाली मिश्रजी की भावात्मक, काव्यात्मक, आलंकारिक, संस्कृतनिष्ठ भाषा सर्वत्र सहज, स्वाभाविक, बोधगम्य और अभिव्यञ्जक है।

डॉ० मिश्र के पास अपार शब्द-भण्डार है। हिन्दी की व्यापक शब्द-सम्पदा पर उनका पूरा अधिकार है। उनका शब्द-विधान-सामर्थ्य अनुपमेय है। संस्कृत भाषा के लब्धप्रतिष्ठ विद्वान् होने के कारण विशाल संस्कृतनिष्ठ शब्दावली का प्रयोग उनके निबन्धों में हुआ है। लोकभाषाओं के ठेठ ग्रामीण शब्दों की शक्ति से वे भलीभाँति परिचित हैं अतः ऐसे शब्द भी प्रचुर मात्रा में उनके निबन्धों में आये हैं। डॉ० मिश्र ने आधुनिक प्रसंगों एवं समकालीन बोध को आज की चलती भाषा में व्यक्त किया है, इससे उनके निबन्धों में उर्दू और अंग्रेजी भाषाओं के बहुत-से शब्द यथा-अवसर आ गये हैं।

उनके निबन्धों में आये कुछ संस्कृतनिष्ठ तत्सम शब्द ये हैं—अनवधान, असमाधेय, अनुसन्धित्सा, अमन्वयन, आप्यायित, आत्यन्तिक, उपान्त, उज्जृम्भण, ऊर्ध्वमुख, किञ्जल्क, ग्रहिष्णु, चाकचिक्य, छिन्नसूत्र, जुगुप्सित, पर्याकुल, परिपार्श्व, परिशुद्ध, प्रत्याख्यान, प्रतिसंक्रान्त, प्रक्षालित, मधुराका, मांगल्य, मूर्च्छना, वेष्टित, वैदुष्य, व्यामोह, शुभ्र, शून्योन्मुख, संश्लेषात्मक, सम्पुञ्जित, सम्पृक्त, स्वनुष्ठित, स्वप्नाविष्ट आदि।

मिश्रजी के निबन्धों में हिन्दी क्षेत्र की ग्रामीण बोलियों के बहुत-से शब्द हैं। इनमें अधिकता पूर्वी उत्तर प्रदेश के ऐसे ग्रामीण शब्दों की है, जिनके पर्याय साहित्यिक हिन्दी में प्रायः नहीं हैं और जो विशिष्ट सन्दर्भ-प्रसंग से युक्त हैं। ऐसे शब्द हैं—अखरा, ओरी, आमिल, आँचरथमाई, उढ़ार, कलोर, कलौंस, कजिया, काज परोजन, कीचकांदौ, कुसाइत, गोंइठा, घरफोरन, घरैतिन, चौचक, जुगाड़, झंखना, टटका, डीह-डाबर, नचनिया, नैनू, निलज, पचड़ा, पोखरी, पोंगा, पुरखिन, फुर, बासी-तिबासी, भँडुआ, भिनसार, बजनिया, बदलौबल, रहठा, रपटा, लहालोट, लुबका, सिरफुटौबल आदि।

उर्दू-फारसी के प्रचलित शब्दों को बहिष्कृत करने का प्रयास मिश्रजी ने नहीं किया बल्कि इन शब्दों का यथास्थान सटीक प्रयोग उनके निबन्धों में प्राप्त होता है। इस प्रकार के शब्द ये हैं—आबोहवा, इनकार, इतमीनान, उसूल, काबिज, कैदखाना, कोफ्त, काबू, खत्म, ख्वाहमख्वाह, गलत, गनीमत, जाहिल, जहालत, जुल्म, जिन्दगी, तबाह, दिलासा, दरार, दिलकश, दरख्वास्त, नागवार, नजारा, फतवा, फासला, बरकरार, बदमजा, बदकिस्मती, बरक्कत, बावजूद, महसूस, मुकाबिला, मुसीबत, मुगालता, मजाक, मादरीजबान, मसलन, मासूम, याददाश्त, लाजवाब, वफादार, शोरगुल, संजीदा, सरंजाम, हकीकत, हुज्जत।

अंग्रेजी के शब्द मिश्रजी के निबन्धों में कम हैं। ऐसे शब्द प्रायः व्यंग्य-विनोद के प्रसंग में ही आये हैं। इनके उदाहरण हैं—आर्केस्ट्रा, एयरकण्डीशण्ड, एलोपैथी, ऐटहोम, किक, कम्पटीशन, काउण्टर, कैबिनेट, कल्चर, क्लासिक, कान्फ्रेन्स, गारण्टी, टेकनीकल, टेलीपैथी, डिनर, पार्टी, फोटोग्राफी, विटामिन, ब्रेकफास्ट, मशीनरी, मीटिंग, रिकार्ड, लंच, ससपेन्स, साइडबिजनेस, सीट, सूटबूट, स्टाक, हैपीनेस आदि।

मिश्रजी की भाषा में मुहावरों और कहावतों ने अर्थदीप्ति तथा चमत्कार उत्पन्न किया है। ग्रामीण जीवन में प्रचलित कहावतों ने भाषा की अभिव्यञ्जना शक्ति में अभिवृद्धि की है। नींद हराम करना, कानों में जूँ न रेंगना, रोब गालिब करना, मुँह जोहना, बुद्धि का पथरा जाना, अपने मुँह मियाँ मिट्ठू बनना, पाँचों उँगलियाँ घी में होना, ऊधो का लेना न माधव का देना, खटाई में पड़ना, खाईं और चौड़ी होना मुहावरे उनके निबन्धों से संकलित हैं।

उनके निबन्धों में गूढ़-गम्भीर अर्थ से युक्त सूत्रवाक्य भी मिल जायँगे, जैसे—धर्म सत्य की निरन्तर खोज है, हिन्दुस्तान विलायत नहीं हो पायगा, हिन्दू धर्म एक जीवित उच्छ्वास है, मृत्यु जीवन का सायंकाल नहीं प्रभात है, परम्परा वस्तुतः कोई कालबद्ध चेतना नहीं है, भोजपुरी किसी लड़ाई में तमाशबीन नहीं रह सकता।

लाक्षणिकता, आलंकारिकता और व्यंग्यात्मकता से मिश्रजी की भाषा की अभिव्यक्ति-क्षमता में वृद्धि हुई है। इसका विस्तृत विवेचन शैली तत्त्व के अन्तर्गत किया जायगा। मिश्रजी की भाषा के कतिपय उदाहरण यहाँ द्रष्टव्य हैं। गम्भीर भाषा के रूप में—"वे चन्दन स्वीकारें, जिससे जनचेतना और उमंगित होकर पसरे, चन्दन की महक प्रत्येक दिशा में फैले और चन्दन का छिड़काव प्रत्येक पथ पर हो जाय। तभी हमारा बचा-खुचा पानी सार्थक होगा और तभी चन्दन की प्रचुरता हमें इतना उदार बनने की प्रेरणा देगी कि चन्दन की कुटी छवाकर निन्दक को भी अपने पास रख सकेंगे। तभी चन्दन चर्चित संस्कृति का मंगलास्पद रूप अपना नवोत्कर्ष पा सकेगा।" ('तुम चन्दन हम पानी' निबन्ध से)

बोल-चाल की सहज भाषा का रूप यह है-

"महानगरी भाई! बच्चों की पिचकारी की पिच्च-पिच्च से डरनेवाले 'शरीफ' महानगरी भाई! हो गये तैयार बसन्त के स्वागत के लिए, फिर परिवर्तन के ज्वार के लिए? शायद नहीं हो, तुम कमरे में आराम से बैठो, रिकार्ड लगा दो, एक कटोरे में अबीर रख दो, एक थाली में मठरी और हौले से गले मिल लो—होली मुबारक।" ('अग्निपथ' निबन्ध से)

विविध शैली-रूप—शैली अभिव्यञ्जना-शिल्प का नाम है, जिस पर लेखक के व्यक्तित्व की पूर्ण छाप अंकित होती है। व्यक्तिव्यञ्जक निबन्धों में विशेष रूप से लेखक का 'निज' सशक्त और प्राणवान् रूप में उपस्थित रहता है। ऐसे निबन्धों में

विषय प्रतिपादन को महत्त्व न मिलकर विषय-ग्रहण की रीति तथा प्रतिपादन शैली को महत्त्व मिलता है। इस कारण ललित निबन्धों में शैली की भूमिका और भी विशिष्ट होती है।

डॉ० मिश्र के ललित निबन्ध भावात्मक शैली में लिखे गये हैं। ओज, प्रसाद और माधुर्य गुणों से युक्त भावप्रधान ललित शैली के अनेक रूप उनके निबन्धों में दर्शनीय हैं, जैसे—धारा शैली, तरंग शैली, विक्षेप शैली, व्यंग्य शैली, आलंकारिक शैली, लाक्षणिक शैली आदि। मिश्रजी के समीक्षापरक और विचारप्रधान निबन्धों की शैली विवेचनात्मक है, जिसने आवश्यकतानुसार व्याख्यात्मक, विश्लेषणात्मक, गवेषणात्मक आदि स्वरूप धारण कर लिया है।

धारा शैली भावात्मक निबन्धों की प्रमुख शैली है। इसमें लेखक की सहृदयता, सरसता और अनुभूति की तीव्रता तरल धारा के रूप में प्रवाहित होती है। आत्मीयता, रमणीयता, रञ्जकता के सन्निवेश से लेखक पाठक से घनिष्ठ सम्बन्ध स्थापित कर उसे अपने भावों की वेगवती धारा में बहा ले जाता है। मिश्रजी के निबन्ध 'छितवन की छाँह' से इस शैली का एक उदाहरण प्रस्तुत है—''छितवन के लिए किसी वन-महोत्सव की अपेक्षा नहीं, वह मरघट का श्रृंगार है। वह मिट्टी के शरीर का उत्कर्ष है और शरीर के मिट्टी में मिल जाने पर उसका एकमात्र अवशेष। इसकी छाया में आनेवालों, संभल के आना, सोच-विचार के आना, अपना सुकृत लुटा के आना और आना तो फिर कभी रोना नहीं, इस पार्थिव साधना में जिसका दूसरा रूप सच्ची साहित्य-साधना हो है।''

तरंग शैली में भावों का उतार-चढ़ाव तरंगों के समान दिखायी देता है। इसे आवेग शैली भी कहते हैं। काव्यात्मक लय और प्रवाह से युक्त इस शैली की वाक्य-योजना, शिथिल और शब्दावली सरल-सुबोध होती है। 'तमाल के झरोखे से' निबन्ध का यह अंश तरंग शैली का उदाहरण है—''एक लुण्ठित श्रीकृष्ण हैं। उनसे प्यार करने वाले उन्हें कोसते हैं और उनसे द्वेष करनेवाले उन्हें कोसते हैं, बड़ा जालिम है, इस कारे के काटे लहर नहीं। भक्त कहते हैं कि एकदम अकिञ्चन बना के रख देता है, सारे वस्त्र उतरवा लेता है, एकदम नंगा कर देता है, धर्म-अधर्म कुछ भी नहीं रहने देता। सगे बन्धु-बान्धव कहते हैं, यह किसी का नहीं केवल विपत्ति का है। श्रीकृष्ण सब सुनते हैं और मुस्कराते हैं। पर क्या वे स्वयं निरन्तर टूटते नहीं, लोगों को इतना तोड़नेवाला क्या स्वयं टूटने से बचेगा!'' विक्षेप शैली में भावधारा बिखरी और उखड़ी दिखायी देती है। भाव संकुल आवेग में लेखक पाठक को भी बहा ले जाता है।

व्यंग्यात्मकता और परिहासशीलता से मिश्रजी के निबन्ध अत्यन्त रोचक बन गये हैं। मनुष्य के संकीर्ण स्वभाव तथा समाज, राजनीति, शिक्षा-व्यवस्था आदि पर मिश्रजी ने व्यंग्य और कटाक्ष किये हैं। अपकारी मित्रों के बारे में वह लिखते हैं—''इनकी विभूति

कुछ ऐसी होती है कि उसके पुण्य-प्रताप से बड़ा-से-बड़ा वरदान भी पलक भाँजते-भाँजते अभिशाप बन जाता है।'' 'गऊचोरी' नामक व्यंग्यपूर्ण निबन्ध में तथाकथित विद्वानों की कलई खोली गयी है–इस चौथी गऊचोरी (साहित्य-चोरी) को सभ्य संसार बड़ी आदर-दृष्टि से देखता है, जो जितनी ही चोरी करता है, वह उतना ही पण्डित और विद्वान् समझा जाता है।'' स्वसंस्कृति से कटे खुशामदियों की खबर लेते हुए मिश्रजी लिखते हैं–''जिन्हें अपने बाप का पैर छूने से हिचक होती है, वे अपने अफसर के या मन्त्री के पैर छूने का अवसर पाने में ही अपने को बहुत गौरवान्वित मानते हैं।''

आलंकारिक तथा लाक्षणिक शैली-रूप भी उनके निबन्धों में द्रष्टव्य हैं–ये शैलियाँ सप्रयास नहीं हैं, इसी से बोझिल न होकर ये स्वाभाविक, आकर्षक साथ ही प्रभावोत्पादक हैं। उदाहरणार्थ–''आजकल तो दूध इतना शुद्ध है कि हंस आये तो झंखने लगे। इतना बासी-तिबासी है कि कब फट जायगा कुछ पता नहीं है। और आग आज नियन्त्रित है–असम के दंगे से, अयातुल्ला खुमैनी के मिजाज से, सरकार की सदिच्छा से, अपने जुगाड़ की सीमा से।'' ''इस दीये की लहक में सरसों के बसन्ती परिधान की आभा है, कोल्हू की स्थिर चरमर ध्वनि की मन्द लहरी है, कपास के फूलों की विहँस है, चिकनी मिट्टी की सोंधी उसाँस है। कुम्हार के चक्के का लुभावना विभ्रम है और कुम्हार के नन्हें-नन्हें शिशुओं की नन्हीं हथेलियों की गढ़न।'' ('दीया टिमटिमा रहे हैं' से)

ललित निबन्धों के अतिरिक्त मिश्रजी ने पर्याप्त संख्या में साहित्य-समीक्षा-सम्बन्धी तथा तर्कपूर्ण चिन्तन से युक्त वैचारिक निबन्धों की भी रचना की है। उनके निबन्धों में व्याप्त 'आत्मतत्त्व' सर्वत्र 'विचार तत्त्व' से युक्त है। गम्भीर विषयों के निरूपण में प्रयुक्त मिश्रजी की विवेचनात्मक शैली में बौद्धिकता की प्रधानता है, भावना और कल्पना का स्थान गौण हो गया है। 'धर्म : मानवीय मूल्य' निबन्ध में विवेचन शैली का स्वरूप द्रष्टव्य है–''धर्म सत्य की निरन्तर खोज है और सत्य हमेशा अपरिभाषित है। वह जितना ही आचरित होता है, उतना ही और असीम बनता है। धर्म अपनी यात्रा के अगले मोड़ से हमेशा छोटा रहता है, अल्पतर रहता है, पर जिस समय वह सत्य की खोज में चलता रहता है उस समय वह बराबर महान् और व्यापक बना रहता है।'' यह विवेचनात्मक शैली कृति और कृतिकार की सम्यक् व्याख्या, विश्लेषण तथा मूल्यांकन में सक्षम है। डॉ० हजारीप्रसाद द्विवेदी के निबन्धकार व्यक्तित्व का निरूपण वे इन शब्दों में करते हैं–''द्विवेदीजी बहुश्रुत हैं और कथा-कौतुकी भी, पर ज्ञान के भार के वेग से वे बहते नहीं, और न कथा के स्वप्नलोक में तिरते ही रहते हैं, वे ज्ञान का उपयोग निबन्धों को व्यापक आयाम देने के लिए करते हैं और कथा का उपयोग गहराई का आयाम देने के लिए। इन दोनों के उपयोग से उनके निबन्धों में तीन आयामों का उभार आ जाता है पर सीधी रेखा के रूप में उनका व्यक्तित्व ही बराबर आधार बना रहता है।''

विषय, भाव, भाषा, शैली, भंगिमा, सभी का प्रौढ़ और सन्तुलित समन्वय मिश्रजी के निबन्धों में मिलता है। 'वैदिक सूत्रों के गरिमामय उद्‌गम से लेकर लोकगीतों के महासागर तक' की अविच्छिन्न भारतीय भावधारा के वह स्नातक हैं। शास्त्रीय वैभव, लोक-संस्कृति और समकालीन जीवन की त्रिवेणी उनके निबन्धों में प्रवाहित है। मिश्रजी की अभिव्यक्ति ऐसी कलात्मक और सशक्त है कि पाठक अनायास ही उनके हार्दिक संसार से घनिष्ठ सम्बन्ध स्थापित कर लेता है और ओज, माधुर्य तथा लालित्य का सरस आस्वादन करता है। आञ्चलिक भाषा के शब्दों एवं अर्थच्छवियों से युक्त उनकी विविध सन्दर्भ-गर्भित भाषा-शैली ने अभिव्यञ्जना शिल्प का चरमोत्कर्ष उपस्थित किया है। निःसन्देह मिश्रजी हिन्दी के ललित निबन्धकारों में मूर्द्धन्य हैं। हिन्दी ही नहीं, समस्त भारतीय भाषाओं के निबन्ध-साहित्य में उनका गौरवपूर्ण स्थान है। निबन्धकार डॉ० मिश्र के सम्बन्ध में व्यक्त किये गये कुछ विद्वानों के मत यहाँ उद्धृत हैं। पं० श्रीनारायण चतुर्वेदी उनके निबन्धों के बारे में लिखते हैं—''यदि रस का परिपाक काव्य का मुख्य लक्षण है तो मुझे यह कहने में संकोच नहीं है कि ये निबन्ध गद्यकाव्य हैं। हिन्दी में अभी तक मैंने ऐसे निबन्ध नहीं देखे जो गम्भीर होते हुए भी कविता से इतने सराबोर हों।'' डॉ० हजारीप्रसाद द्विवेदीजी का मत है—''निबन्धों में उनके सरस व्यक्तित्व, व्यापक ज्ञान और प्रगाढ़ चिन्तन की छाप सर्वत्र लगी है।'' कवि अज्ञेयजी का अभिमत है—''उनके निबन्ध लालित्य उँड़ेलते नहीं, पाठक के मन में उपजाते हैं, यही उनकी रोचकता का रहस्य है।'' डॉ० वियजेन्द्र स्नातक के शब्दों में—''विद्यानिवास मिश्र ने द्विवेदीजी की परम्परा को आगे बढ़ाते हुए उसकी सांस्कृतिक एवं साहित्यिक गरिमा को और अधिक समृद्ध बनाया। मिश्रजी के निबन्ध इस क्षेत्र में बेजोड़ हैं।'' समीक्षक डॉ० विश्वनाथ तिवारी ने मिश्रजी के निबन्धों का मूल्यांकन इन शब्दों में किया है—''इनके निबन्धों में भारतीय संस्कृति के प्रति आस्था, लोकमंगल और शिवत्व की कामना, उन्मुक्त व्यक्तित्व, सरस भावुकता, कवि-सुलभ अलंकरणप्रियता, कोमल प्रकृति-चित्रण, उद्धरणबहुलता, व्यंग्य और विनोद तथा संस्कृत शब्दों के बीच देशज शब्दों का लालित्य एक साथ देखा जा सकता है।''

◆◆◆

कुबेरनाथ राय
(1935-1996)

व्यक्तिपरक एवं विचारप्रधान निबन्धों के साथ ही रिपोर्ताज, संस्मरण, रेखाचित्र, यात्रा वृत्तान्त आदि विधाओं के समर्थ रचनाकार श्री कुबेरनाथ राय, डॉ० हजारीप्रसाद द्विवेदी एवं डॉ० विद्यानिवास मिश्र की परम्परा के लेखक हैं। श्री राय के निबन्धों की सबसे बड़ी विशेषता है, वैयक्तिकता की लालित्यपूर्ण अभिव्यक्ति। आपके निबन्धों में भी शास्त्र के साथ लोक-संस्कृति तथा परम्परा के साथ आधुनिकता का विलक्षण सामंजस्य दृष्टिगोचर होता है। श्री राय ने भी भारतवर्ष की सांस्कृतिक गरिमा का भव्य उद्घाटन किया है, साथ ही, सामयिक समस्याओं को चित्रित करते हुए तथाकथित आधुनिकता और आधुनिक जीवन-मूल्यों पर व्यंग्य-प्रहार किये हैं। प्रकृति और लोक-जीवन ने श्री राय की निबन्ध-कला का भी श्रृंगार किया है। इनकी लयात्मक भाषा और कलात्मक शैली उद्धरण-प्रसंगगर्भित तथा काव्यात्मक बिम्बों, प्रतीकों, उपमानों से सुसज्जित है। यह सब होते हुए भी श्री कुबेरनाथ राय के निबन्धों में द्विवेदीजी तथा मिश्रजी की भाँति सहजता और स्वाभाविकता नहीं है। बौद्धिकता और चिन्तनप्रधानता ने इनके ललित निबन्धों को कठिन और भारी बना दिया है।

श्री राय की निबन्ध-सम्बन्धी धारणा—श्री राय के निबन्धों और उनकी निबन्ध-कला पर विचार करने से पूर्व उनके निबन्ध-सम्बन्धी दृष्टिकोण से परिचित हो जाना आवश्यक है। श्री राय व्यक्तिव्यञ्जक निबन्ध को ही वास्तविक निबन्ध मानते हैं। उनकी धारणा है कि निबन्ध में गद्य की अभिव्यञ्जना शक्ति का पूर्ण चमत्कार तथा गद्य के सौन्दर्य एवं माधुर्य का चरम विकास दृष्टिगोचर होता है। काव्य-जैसी सरसता और रमणीयता होते हुए भी व्यक्तिव्यञ्जक या ललित निबन्ध काव्य अथवा गद्यकाव्य न होकर एक स्वतन्त्र और दृष्टिसम्पन्न विधा है। ललित निबन्ध में अनेक गद्य-विधाओं की विशेशताएँ विद्यमान हैं। इसमें नाटक की-सी गतिशीलता और प्रभावान्विति, कहानी-जैसी विनोदपूर्ण कथात्मकता, जीवनी का-सा निजीपन और व्यक्तित्व की विवृत्ति तथा संस्मरण और रेखाचित्र-जैसी विवरणात्मकता और चित्रात्मकता होती है। यह एक साथ काव्य और शास्त्र दोनों है। आकृति और शैली की दृष्टि से भी यह सर्वथा मुक्त विधा है। इसकी आकृति निबन्ध, फंतासी, स्केच, रिपोर्ताज आदि कुछ भी हो सकती है परन्तु यह रम्य रचना इनसे पर्याप्त भिन्नता और स्पष्ट पार्थक्य भी रखती है।

श्री राय के अनुसार, ललित निबन्ध सर्वथा निर्बन्ध विधा है। उनके शब्दों में, "विषय के आसपास शिव के साँड़ की भाँति मुक्त चरण और विचरण ललित निबन्ध है।" उनके अनुसार, ललित निबन्ध में विषय, शिल्प आदि की कोई सीमा या बन्धन नहीं होता—"ललित निबन्ध एक अति स्वतन्त्र विधा है। ललित निबन्ध को अर्थ-धर्म-काम-मोक्ष, भक्ति और स्वस्थ अट्टहास सब-कुछ के प्रतिपादन का अधिकार है, उसे हर तरह की आकृति और हर किस्म की वचनभंगिमा धारण कर लेने का अधिकार है।"

श्री राय ने निबन्ध में लेखक के व्यक्तित्व को ही प्रधान माना है। उनके अनुसार, लेखक की निजता के अन्तर्गत विषय ढँक जाता है। निबन्ध लेखक का आत्मप्रकाशन ही है। निबन्ध की रग-रग में रचनाकार मौजूद रहता है। श्री राय के शब्दों में, "व्यक्तिपरक निबन्धों में लेखक का जीवन नहीं (यानी जीवन का कच्चा माल) उसका व्यक्तित्व व्यक्त होता है और वह भी तथ्य में नहीं, बल्कि भंगिमा और शैली में।" इस प्रकार श्रीराय ने इस रम्य रचना में व्यक्तित्वाभिव्यञ्जन, स्वानुभूतिप्रदर्शन, मनोगत विवृत्ति-जैसे तत्त्वों की अनिवार्यता बतायी। श्री राय के निबन्धों में ये सभी तत्त्व विद्यमान हैं।

निबन्ध-परिचय—श्री कुबेरनाथ राय के प्रकाशित निबन्ध-संग्रह ये हैं—प्रिया नीलकण्ठी, रस आखेटक, गन्धमादन, विषाद योग, निषाद बाँसुरी, पर्ण, मुकुट, महाकवि की तर्जनी, कामधेनु, मन पवन की नौका, किरात नदी में चन्द्र मधु, दृष्टि अभिसार।

'प्रिया नीलकण्ठी' श्री राय का पहला निबन्ध-संकलन है। इसमें कुल 15 निबन्ध हैं, जिन्हें 4 प्रकारों में विभक्त किया गया है—(क) प्रकृति-सम्बन्धी, जैसे-गूलर के फूल, हेमन्त की सन्ध्या, मधु माधव आदि निबन्ध। (ख) पौराणिक मिथकों से सम्बन्धित, जैसे—अवरुद्ध, अवरुद्ध त्रेता, प्रतीक्षारत धनुष, सम्पाती के बेटे आदि। (ग) लोकवार्त्ता से सम्बन्धित-चण्डीथान आदि। (घ) लोक कला से सम्बन्धित, जैसे—बहुरूपी निबन्ध। विषयवस्तु की नवीनता, अभिव्यञ्जना शिल्प की नवीन भंगिमा तथा सांस्कृतिक चेतना से अनुप्राणित होने के कारण अपने इस प्रथम निबन्ध संग्रह से ही श्री राय ने हिन्दी निबन्ध साहित्य में अपनी महत्त्वपूर्ण उपस्थिति दर्ज करा दी।

'रस आखेटक' दूसरा निबन्ध-संग्रह है, जिसमें 16 ललित तथा 3 चरित्र-प्रधान निबन्ध हैं। इस संकलन के निबन्धों के बारे में श्री राय लिखते हैं कि, "ये निबन्ध मेरे धरती पर जन्म लेने के बाद लिखे गये हैं। इसी से इनमें धरती के क्रोध, धरती की त्राहि और धरती की करुणा का समावेश हो गया है। फलतः ये निबन्ध 'क्रुद्ध-ललित' स्वभाव-वाले बन गये हैं। इन्हें केवल ललित कहना इनका अधूरा परिचय है।" इस संग्रह के अमृत तृषा, देह वल्कल, रसोपनिषद्, कवि तेरा भोर आ गया, दर्पण विश्वासी, रस आखेटक उल्लेखनीय निबन्ध हैं। 'अमृत तृषा' धरती और नारी में विद्यमान रस,

प्राण और जीवन के अजस्र स्रोत का अन्वेषण है। 'देह वल्कल' में उस विराट् शक्ति का आह्वान किया गया है जो सम्पूर्ण ब्रह्माण्ड में परिव्याप्त है। 'रसोपनिषद्' में आठ प्राचीन प्रेरणास्पद बोधकथाएँ हैं, जिन्हें समकालीन युगबोध के सन्दर्भ में विश्लेषित किया गया है। 'कवि तेरा भोर आ गया' चिन्तनप्रधान बौद्धिक निबन्ध है। 'दर्पण विश्वासी' मनोरम काव्योचित कल्पना की भावुक उड़ान है।

'गन्धमादन' उत्कृष्ट निबन्ध-संकलन है, जिसमें श्री राय की उर्वर कल्पनाशीलता एवं प्रखर प्रतिभा का परिचय प्राप्त होता है। गन्धमादन का अर्थ है, जो सुगन्ध द्वारा मादन करे। यह हिमालय का एक अत्यन्त रमणीक शैल शिखर है। इस संग्रह के निबन्धों को तीन वर्गों में रखा गया है—(क) ललित निबन्ध, (ख) रिपोर्ताज, (ग) अनुचिंतन। संग्रह के ललित निबन्ध हैं—शब्दश्री, नदी तुम बीजाक्षरा, चित्र-विचित्र, विकल चैत्ररथी, किरण सप्तपदी, सनातन नदी : अनाम धीवर आदि। तीन रिपोर्ताज ये हैं—दृष्टिजल, दृष्टि अभिषेक तथा कजरीवन में जीवहंस। अनुचिन्तन के अन्तर्गत—आधुनिकता : नयी पुरानी, अपनी बात आदि वैचारिक निबन्ध हैं। इस संग्रह के सम्बन्ध में धारणा व्यक्त की गयी है—''संग्रह के निबन्ध वाक्यों के वे चन्दन (काष्ठ) हैं जिन्हें नर्मल तरल मन देकर घिसने पर भावों और विचारों की सुगन्ध प्राप्त होती है।'' निबन्ध लेखक का संस्कार परम्परावादी है पर दृष्टि नितान्त आधुनिक है।

''विषाद योग' संग्रह के निबन्धों को लेखक ने 'ललित वैचारिक निबन्ध' की संज्ञा दी है। संग्रह में 22 निबन्ध हैं, जिन्हें दो भागों में बाँटा गया है—(क) ललित निबन्ध, (ख) अनुचिन्तन। मुकुलोद्गम, परास्त नरक, कैक्टस वन की नायिका, यक्षरात्रि, व्यथातीर्थ, फटिक शिला, समुद्र सन्तरण, एक महाकाव्य का जन्म आदि 13 निबन्ध प्रथम भाग में तथा अस्तित्ववाद, नयी आस्तिकता, नये त्रिशंकु, ज्याँ पाल सार्त्र, समाजवाद, अमलातन्त्र और साहित्यकार आदि 9 निबन्ध दूसरे भाग में हैं। लेखक के अनुसार, उसके इस संग्रह की मुद्रा और संवाद में पूर्ववर्ती संकलनों से पर्याप्त भिन्नता हे। उसके शब्दों में, ''यह अपेक्षाकृत अधिक चिन्तनप्रधान है और युगबोध की दृष्टि से इसमें अधिक प्रामाणिकता है।''

'निषाद बाँसुरी' 18 निबन्धों का संग्रह है। लोक सरस्वती, निषाद बाँसुरी, सैकत अभिसार, रात्रिचर, रक्षादीप, फागुन डोम, कबूत्तर पुराण, पान-ताम्बूल महत्त्वपूर्ण निबन्ध हैं। लेखक के अनुसार, ये सभी ललित निबन्ध हैं जिनका मूल उद्देश्य है, रस-सृष्टि। निबन्धों का गौण उद्देश्य है, भारतीयता का प्रत्यभिज्ञान, अर्थात् भारत की सही 'आइडेण्टिटी' का पुनराविष्कार। इस संकलन के अनेक निबन्ध निषाद जाति की संस्कृति से सम्बन्धित हैं। ये पर्याप्त गवेषणापूर्ण हैं, जिनमें निषादों के मनमौजीपन और नृत्य-संगीतप्रियता का सरस प्रकाशन किया गया है।

'पर्ण मुकुट' में 18 ललित निबन्ध हैं। इस संग्रह के निबन्धों में वैदिक ऋषियों-जैसी भावुकता तथा प्रकृति-सौन्दर्य की रसमाधुरी है। इसमें लेखक की अनुभूति और कल्पनाशीलता का वैभवशाली स्वरूप उपलब्ध है। नवीन उद्‌भावना शक्ति और विशद ज्ञान से लेखक ने सामान्य प्रसंगों को भी विशिष्ट बना दिया है।

'महाकवि की तर्जनी' रामकथा से सम्बन्धित 19 निबन्ध रचनाओं का संग्रह है। रचनाकार के अनुसार, भारतीय साहित्य में शैलीबोध का श्रेष्ठतम साहित्यिक रूप है रामकथा। इस कृति की प्रेरणा और विषयवस्तु के सम्बन्ध में लेखक का कथन है—"राम को व्यक्तिगत शील के सर्वोच्च आदर्श के रूप में देखा जा सकता है। उनसे श्रेष्ठतर 'माडेल' मिलना असम्भव है। यही कारण है कि मैं रामकथा से प्रभावित हूँ। अपने मानस लोक में इस दिक् को मैंने इन निबन्धों के द्वारा प्रस्तुत करने का प्रयत्न किया है।" इस रचना में अवतार श्रीराम को रस (सौन्दर्यबोध), नीति-बोध और आत्मिकबोध तीनों दृष्टियों से अपूर्व प्रदर्शित किया गया है। यह संकलन तीन भागों में विभक्त है—(क) वाल्मीकि सन्दर्भ, जिसमें महाकवि की तर्जनी, सुपर्ण वाल्मीकि आदि 5 निबन्ध हैं। (ख) रामायण : छाया-प्रतिछाया, ऋतु और मधु का महाकाव्य, उत्तरार्द्ध चरित, फटिक शिल्पी आदि 8 निबन्ध हैं। (ग) मानस सन्दर्भ, जिसमें वन्दे वाणी विनायकौ, कवीश्वर कपीश्वरौ, युग सन्दर्भ में मानस आदि शीर्षकों से 6 निबन्ध हैं।

'कामधेनु' गवेषणात्क निबन्धों का संग्रह है। लेखक के अनुसार, 'लोकचक्षु भगवान् कपिल' (कामधेनु) को छोड़कर संग्रह के शेष निबन्ध ललित भंगिमा के बावजूद प्रबन्ध कोटि में आते हैं। इस संग्रह के 9 निबन्ध क्रमशः ये हैं—कामधेनु, मायाबीज, देवी, नटराज, शंख और पद्म, जम्बूद्वीपे भारत खण्डे, लोकायत और आदिम श्रद्धा, महाकवि की कन्या, दिवस का महाकाव्य।

'मन पवन की नौका' में —सिन्धु के पार के मलय मारुत, अगस्त्य, तारा, बाली द्वीप का एक ब्राह्मण, यायावर कौण्डिन्य, मन पवन की नौका आदि 10 निबन्ध संगृहीत हैं। इण्डोनेशिया, बर्मा, कम्पूचिया, कम्बोज आदि दक्षिण-पूर्व एशिया के देशों की संस्कृति को इस कृति के निबन्धों का विषय बनाया गया है। इस प्रकार इसमें आर्येतर भारत की छवियों और बिम्बों को ललित निबन्धों के माध्यम से रूपायित किया गया है।

'किरात नदी में चन्द्र मधु' 14 निबन्धों का संग्रह है। इस पुस्तक का उद्‌देश्य है—भारतीय संस्कृति के भीतर आर्येतर तत्वों की महिमा का उद्‌घाटन। इसमें भारतीय किरात संस्कृति के रूप-रस-गन्ध के बिम्ब और संस्कार चित्रित हैं। लेखक के शब्दों में, "पुस्तक किरात संस्कृति का क्रमबद्ध ब्यौरा नहीं प्रस्तुत करती। इसमें किरात संस्कृति की नदी में झलकते हुए भाव और रस के चन्द्रबिम्बों की फुटकल छवियाँ ही मिलेंगी।" इस रचना के (क) भाग में—गैंडा और चन्द्रमधु, नीलकण्ठ उदास, यूथिपा संवाद आदि

7 निबन्ध तथा (ख) भाग में—नौ अक्षरों की विद्या, विमत्त गयन्द, केसर गाथा आदि अन्य निबन्ध संकलित हैं।

'दृष्टि अभिसार' ललित, विचारप्रधान और समीक्षापरक निबन्धों का महत्वपूर्ण संकलन है। यह ग्रन्थ चार खण्डों में विभक्त है। प्रथम खण्ड में 9 ललित निबन्ध हैं, जिनमें से कुछ ये हैं—पशुपति की सन्ध्यानलि, गंगा-यमुना-सरस्वती, दावाग्नि का महाकाव्य, भाषा बहता नीर आदि। द्वितीय खण्ड में—दृष्टि अभिसार, यमद्वारे महातीरे तथा महाकान्तार शीर्षकों से तीन रिपोर्ताज हैं। तृतीय खण्ड में—उजागर पर्व में साहित्यकार शीर्षक प्रबन्ध कोटि की रचना है तथा चतुर्थ खण्ड 'टिप्पणी' में रामचरित-मानस में संशोधन? नामक पाण्डित्यपूर्ण निबन्ध हैं। संग्रह के निबन्ध सरस, भावपूर्ण होने के साथ-साथ विचारोत्तेजक भी हैं।

भाषा—श्री राय सरल और सहज बोधगम्य भाषा को ही श्रेष्ठ भाषा मानते हैं परन्तु उनकी यह भी धारणा है कि गम्भीर विषय के विवेचन में भाषा का गम्भीर, क्लिष्ट और सांकेतिक हो जाना नितान्त स्वाभाविक है। उनके शब्दों में, 'भाषा को अकारण दुरूह या कठिन नहीं बनाना चाहिए किन्तु सकारण ऐसा करने में कोई दोष नहीं।'' श्रीराय ने राष्ट्रभाषा के रूप में हिन्दी की भूमिका और उसके गुरुतर दायित्व पर गम्भीरता से विचार किया है। वे लिखते हैं, ''हिन्दी की भूमिका आज बहुत बडी हो गयी है। उसे आज वही काम करना है जो कभी संस्कृत करती थी और जिसे आज एक खण्डित रूप में ही सही अंग्रेजी कर रही है, उच्च शिक्षित वर्ग के मध्य। उसे सम्पूर्ण ज्ञान-विज्ञान का वाहक बनना है, उसके अन्दर वैसी ही ऋद्धि-सिद्धि लानी है जो भारत-जैसे महान् और विशाल देश की राष्ट्रभाषा के लिए अपेक्षित है।'' श्री राय ने अपने निबन्धों द्वारा हिन्दी भाषा को अभिव्यक्ति सक्षम बनाने और समृद्ध करने का सराहनीय कार्य किया।

श्री राय के निबन्धों में भाषा की अनेकरूपता और विविधता दिखायी पड़ती है। भावात्मक स्थलों पर उनकी भाषा कोमलकान्त पदावली से युक्त दिखायी पड़ती है और गम्भीर विवेचन के समय ज्ञान-विज्ञान की नवीन शब्दावली से युक्त हुई है। वही भाषा व्यंग्यात्मक स्थलों पर लाक्षणिकता से परिपूर्ण हो गयी है और वर्णन-विवरण के समय प्रतीकों, बिम्बों, उपमानों से सज्जित हुई है। काव्यमय लालित्य भाषा में सर्वत्र विद्यमान है। संस्कृत-अंग्रेजी साहित्य के सटीक उद्धरणों, इतिहास-पुराण के विविध सन्दर्भों तथा लोकजीवन के विविधवर्णी रंगों से भाषा की अभिव्यञ्जना-शक्ति में चारुत्व और चमत्कार उत्पन्न हुआ है।

शब्द-प्रयोग की दृष्टि से श्री राय अत्यन्त उदार और आधुनिक हैं। संस्कृतनिष्ठ और ग्रामीण बोलियों के शब्द, उर्दू-फारसी के सामान्य प्रचलित शब्द साथ ही अंग्रेजी के

साधारण और पारिभाषिक शब्द, सभी का प्रयोग उनकी निबन्ध रचनाओं में सर्वत्र प्राप्त होता है। उनके निबन्धों से संकलित कुछ संस्कृतनिष्ठ शब्द ये हैं–मणि-प्रवाल, मूलोच्छेद, स्थाणु, दूर्वा, उत्तप्त-प्रखर, अश्वक्लान्ता, स्रोतीकरण, उत्प्रेरण, गर्वोन्नत, गुह्यातिगुह्य, स्थितप्रज्ञ, तुषाराच्छादित, अन्तेवासी, पञ्चेन्द्रिय, मन्वन्तर, वैलक्षण्य, उपाख्यान, मृतवत्सा, शापग्रस्त, करुणोत्पादक, बीजाक्षरा, वाग्विदग्धता, दूरारूढ़, आत्मसात्, सौष्ठव, महाकान्तार, उर्ध्वतर, ज्योत्स्ना, ज्योतिष्मान्, रोषाग्नि, तृष्णा, त्राहिमाम, मयूरपिच्छाधारी आदि। लोकप्रचलित ग्रामीण शब्दों के उदाहरण ये हैं–थेंथर, बेहया, अड़बंगी, भिनुसार, पियासा, ठूँठ, खटका, अटकल, दँवरी, हँकड़ना, घोंघा, ऊलजलूल, ललछौंह, दुरदुर, उजड्ड, हाहाहूहू, सीवान, दियारा, बरारी, खब्बीस, नकेल, पकहर, पनबदरा, घोड़चढ़वा, पेटमरू। अंग्रेजी भाषा-साहित्य के प्राध्यापक श्री राय के निबन्धों में अंग्रेजी के भी शब्द हैं, जैसे–एस्थेटिक, एथिकल, स्पिरिचुअल, माडेल, डेमोक्रेसी, ट्रेजडी, मूड, ऐब्सट्रैक्ट, पैटर्न, पुलिसमैन, लैसेफेयर, फैण्टेसी, ईजीचेयर, कैथार्सिस, सेक्यूलरिज्म, इण्ट्यूशन, ट्रेड यूनियन, एलेगरी, यूथोपिया, पालीगेमस, चैलेञ्ज, मासमीडिया। श्री राय के निबन्धों में आये उर्दू शब्दों के उदाहरण ये हैं–बदहवास, आशिक, इज्जत, खूबसूरत, मुअज्जिन, दरख्त, परवाना, जिरह, अदालत, कमोबेश, फिजूल, जबरदस्त, साजिश, ऐय्याशी, हिमायती, बरकरार, हुज्जत, दुश्वार, याददाश्त, कैफियत, अन्दाज, सिफारिश।

आपके प्रायः प्रत्येक निबन्ध में हिन्दी, संस्कृत और अंग्रेजी के उद्धरणों का प्रयोग किया गया है। इनसे विचार प्रमाण-पुष्ट हुए हैं तथा अभिव्यक्ति सक्षम हुई है। श्री राय का एक निबन्ध है, 'हरी-हरी दूब और लाचार क्रोध।' अकेले इस निबन्ध में हिन्दी, संस्कृत, अंग्रेजी और असमिया भाषा की अनेक काव्य पंक्तियाँ यथाप्रसंग उद्‌धृत हैं–

हिन्दी– ''बड़ा हुआ तो क्या हुआ जैसे ताड़ खजूर।
पंछी को छाया नहीं फल लागे अति दूर।''
''जो पतराखनहार है माखन चाखनहार।''
''पुण्य पवित्र सिवा-सरजा-जस न्हाइ पवित्र भई मम बानी।''

संस्कृत– ''विष्णवादि सर्वदेवानां दूर्वे त्वं प्रीतिदा यदा।''
''रामं दूर्वादलश्यामं, पद्‌माक्षं पीतवाससा।''

बाल्ट ह्विटमैन की अंग्रेजी का अनुवाद–''तुम्हारे लिये, ओ प्रिया–डिमोक्रेसी! तुम्हारे लिये यह सब-कुछ। तुम्हारे लिये गढ़ता हूँ नये छन्द। लिखता हूँ ये नये-नये गीत।''

भूपेदा के असमिया गीत का अनुवाद–''ओ मेरी पर्वतवासिनी प्रिया! तुझे सोने के गहने कहाँ से लाऊँ?.............मैं तेरे लिये आपने बाँसवन से वंशी ला सकता हूँ।''

श्री राय की भाषा में मुहावरों एवं कहावतों ने अर्थदीप्ति उत्पन्न की है तथा नूतन उद्‌भावना शक्ति का सञ्चार किया है। कौड़ी का तीन होना, शह देना, चाँदी के जूते से पीटना, कान काटना, पिण्ड छुड़ाना, मिट्टी पलीद होना, बाल-बाल बचना, डूब-डूब-

कर पानी पीना, पाँचों उँगलियाँ घी में होना, नशा हिरन होना आदि मुहावरे उनके निबन्धों में प्रयुक्त हैं।

अत्यन्त अर्थगर्भित सूक्तियाँ भी श्री राय के निबन्धों में मिलती हैं। इनसे उनकी 'गागर में सागर' भरने की कला-क्षमता उजागर हुई है। 'दुःख और प्यार कितने अनमोल होते हैं' 'निर्मल उदात्त प्रेम की क्षमता बिरले के ही पास होती है' 'व्याकरण भाषा का पुलिसमैन है' 'उनका समूचा व्यक्तित्व डालडा है' 'प्रत्येक सुन्दर और पवित्र चेहरे में अमृतकला का विकास होता है' 'नारी रहस्य का सिन्धु है' इसी प्रकार के व्यंजक सूत्रवाक्य हैं।

विविध पौराणिक-ऐतिहासिक-साहित्यिक सन्दर्भों से युक्त होने के कारण श्री राय की भाषा अत्यधिक प्रभावपूर्ण हो गयी है। ऐसे उदाहरण प्रस्तुत हैं—"पहली वर्षा के चार-पाँच दिन बाद ही रक्तबीज की ये सन्तानें खपरैल फोड़कर छत पर अंकुरित हो गयीं। दो हफ्ते बाद ही दशमुख रावण की तरह गर्वोन्नत शीश लहराने लगीं। बैबीलोन की रानी का लटकता बाग मात खा गया।" "सम्भवतः यह कोई पुण्यक्षीण तापसकन्या थी, मालिनी तट पर शकुन्तला के साथ मुतुल खेल चुकी थी या काम्यक वन में विपत्ति की मारी द्रौपदी-जैसी भाभी के साथ अपनी दुःखकथा सुनाकर आँसू बहा चुकी थी।"

लाक्षणिक तथा आलंकारिक पदावली से श्री राय की भाषा कलात्मक और उक्तिवैचित्र्यपूर्ण बनी है। 'महाकान्तार' निबन्ध में गैंडा पशु का प्रतीकात्मक चित्रण इन शब्दों में किया गया है—"यह जीव अपनी भारतीय 'डेमोक्रेसी' की तरह 'मोट चम्मा' और 'थेंथर' यह होता है। किसी भी प्रहार का कोई असर नहीं। और राजवाहन हस्ती के सामने घास में वैसे ही मुँह छिपा लेता है जैसे प्रजातन्त्रवाहन नौकरशाही के सामने भारतीय जनता।" 'उत्तरफाल्गुनी के आसपास' निबन्ध का प्रारम्भ इस प्रकार किया गया है—"वर्षा ऋतु का अंतिम नक्षत्र है, उत्तराफाल्गुनी। हमारी उमर में गदहपचीसी सावन-मनभावन है, बड़ी मौज रहती है, परन्तु सत्ताईसवें के आते-आते घनघोर भाद्रपद के अशनि-संकेत मिलने लगते हैं और तीसी के वर्षों में हम विद्युन्मय भाद्रपद के काम, क्रोध और मोह का तमिस्र सुख भोगते हैं।"

इस प्रकार श्री राय की भाषा विचारों और भावों को व्यक्त करने में पूर्ण सक्षम है। यह अत्यन्त प्रौढ़, प्राञ्जल, और विषय के अनुरूप स्वरूप धारण कर लेनेवाली है। यह गम्भीर विवेचन शक्ति से युक्त है, साथ ही, कथन के चमत्कारिक ढंग के कारण अत्यधिक आकर्षक और प्रभावोत्पादक है। सूचनात्मकता, आलंकारिकता, चित्रात्मकता लाक्षणिकता, व्यंग्य-विनोद का मार्मिक पुट, सुष्ठु वाक्य-विन्यास आदि भाषा की उल्लेखनीय विशेषताएँ हैं।

शैली—व्यक्तिव्यञ्जक निबन्धों में विषय या तथ्य के स्थान पर लेखक की वैयक्तिक भावनाओं, अनुभूतियों, मान्यताओं की प्रमुखता होती है। उच्छिन्न चिन्तन,

मन का स्वच्छन्द विचरण, आत्मीयता, रागात्मकता, कल्पनाशीलता-ललित निबन्धों की विशेषताएँ हैं। एक व्यापक और बहुआयामी व्यक्तित्वसम्पन्न लेखक ही श्रेष्ठ ललित निबन्धकार हो सकता है। उसके व्यक्तित्व की विराटता उसकी रचना-पद्धति को भी वैविध्यपूर्ण बना देती है। इसीसे ललित निबन्धों में शैलीगत विविधता दिखायी पड़ती है। श्री कुबेरनाथ राय के निबन्धों में प्रधानतः प्रसाद, समास, विवेचन, व्यंग्य, आवेग, विक्षेप शैलियाँ प्रयुक्त हुई हैं।

प्रसाद शैली में सरलता और बोधगम्यता होती है। इसमें विचारों-भावों की अभिव्यक्ति में स्पष्टता होती है तथा वाक्य-रचना और भाषा भी सहज और सरल होती है। श्री राय के वर्णनात्मक निबन्धों में इस शैली के दर्शन होते हैं। इसका एक उदाहरण यह है—"प्रभु यदि बड़ा बनने का अवसर दें तो वट-पीपल बनो, रसाल बनो। और यदि नहीं अवसर मिला तो सन्तोष करके दूब बनो। तुम्हारी लम्बाई-चौड़ाई-मुटाई, तुम्हारा अन्तःकरण, तुम्हारा हृदय तुम्हारी महानता का मापदण्ड होगा। परिवेश की चिन्ता न करके अन्तःसत्य की चिन्ता करो। यह है सनातन हिन्दुस्तानी बोध।"

समास शैली क्लिष्ट और दुरूह होती है। गम्भीर विवेचन में शैली का यह रूप दिखायी पड़ता है। इसमें कम-से-कम शब्दों में अधिक-से-अधिक विचार भरे जाते हैं। इसकी शब्दावली तत्समप्रधान और वाक्य-रचना संश्लिष्ट होती है। श्री राय के चिन्तनप्रधान निबन्धों में इस शैली का प्रयोग प्राप्त होता है, उदाहरणार्थ—"जीवन और मृत्यु दोनों अवस्थाओं में अस्तित्व को निर्मल, प्रसन्न, अपराजित और पापबोध से मुक्त रख पाना ही सदेह निर्वाण या मोक्ष का सुख पाना है। मरने पर मोक्ष या निर्वाण का सुख कैसा होता है, कौन जाने? परन्तु अखण्ड, आविद्ध आन्तरिक निर्मलता और प्रसन्नता ही सदेह मोक्ष सुख है।"

विवेचनात्मक शैली में तर्क, प्रमाण, खण्डन-'मण्डन आदि के द्वारा विषय का निरूपण किया जाता है। लेखक विषय के विविध पहलुओं पर सूक्ष्म दृष्टि से विचार करता है और अपने सन्तुलित निष्कर्ष प्रस्तुत करता है। इस शैली में बौद्धिकता की प्रधानता होती है और भाषा भी गम्भीर विचारों की वाहक होती है। साहित्यकार के दायित्व पर विचार करते समय श्री राय की शैली का यह रूप द्रष्टव्य है—"जरूरत पड़ने पर साहित्यकार को सत्य के लिए बहुमत (जो मास मीडिया द्वारा तैयार किया गया प्रचारकृत बहुमत ही होता है) के विरुद्ध भी खड़ा होने का साहस करना होगा। पुराने दरबार में उसने सत्य के लिए राजा को चैलेञ्ज दिया था तो नये दरबार में सत्य के लिए राज्य अर्थात् पार्टी को भी चैलेञ्ज देने का साहस उसमें होना चाहिए। राजनीतिज्ञ के लिए सत्य क्षमता की लड़ाई में महज एक हथियार है, परन्तु साहित्यकार के लिए वह निष्ठा का सर्वोच्च पात्र है।"

व्यंग्य आज की सर्वाधिक समर्थ शैली है। साहित्यकार समाज का जागरूक प्राणी होता है। उसका दायित्व होता है कि वह सामाजिक विषमता, धार्मिक पाखण्ड, राजनीतिक षड्यन्त्र, शासन सत्ता के भ्रष्टाचार आदि का पर्दाफाश कर जनचेतना को शिक्षित-सुसंस्कृत करने का कार्य करे। व्यंग्य-शैली इस कार्य-सम्पादन का प्रभावशाली साधन है। श्री राय के निबन्धों में इस शैली के विभिन्न रूप उपलब्ध हैं। उनका व्यंग्य कहीं शिष्ट और संयत है पर कहीं काफी तीखा और कठोर भी हो गया है। इस शैली के कुछ उदाहरण प्रस्तुत हैं—"क्रोध मेरी खुराक है, लोभ मेरा नयन अञ्जन है और काम-भुजंग मेरा क्रीड़ा सहचर है। इनको ही मैं क्रमशः विद्रोह, प्रगति और नवलेखन कहकर पुकारता हूँ।" "मुझे पता था कि इनमें (प्रोफेसरों में) से पञ्चानबे प्रतिशत ऐसे ही हैं। इनकी सारी बादशाहत विद्यार्थी-जीवन में लिखे गये नोटों पर आधारित है और ये अंग्रेजी माध्यम का इसलिए समर्थन करते हैं कि मातृभाषा माध्यम प्रतिष्ठित होने पर एक तो उन पुराने नोटों को फिर से लिखना पड़ेगा और दूसरे यह कि लड़के कक्षा में प्रश्न करने में भी समर्थ हो जाएँगे।"

भावात्मक निबन्धों के उपयुक्त आवेग, विक्षेप और धारा शैलियाँ श्री राय के निबन्धों में व्यवहृत हैं। ये शैलियाँ लालित्य और माधुर्य से सिक्त हैं। इनके निबन्धों में काव्य की-सी सरसता उत्पन्न हुई है। आवेग शैली में भावों का प्रवाह तीव्र होता है, विक्षेप में भावधारा खण्डित और अव्यवस्थित-सी हो जाती है, धारा शैली में भावधारा सन्तुलित और नियंत्रित रहती है। आवेग शैली का उदाहरण यह है—"इस बार भी वसन्त आ गया है। आ क्या गया है, चारों ओर साँड़ की तरह हँकड़ रहा है। कभी चोवा-चन्दन लगाकर, पुष्प मुकुट पहनकर आता था। पर इस बार तो लगता है कि गाँजा पीकर आया है। बागों में, कुञ्जों में, कछारों में, कूलों-उपकूलों में सर्वत्र ही उत्तान श्रृंगार का श्रव्य और दृश्य काव्य रच रहा है। ऐसा उजड्ड भोजपुरी वसन्त तो कभी आया ही नहीं था।" विक्षेप शैली का रूप यह है—"प्रतीति मर रही है, प्रतीति डिग गयी है, जहर काम कर रहा है। मराल विकल है, क्या करे? मराल विपन्न है, कहाँ जाय? यमुना में जहर है और परास्त मानसर लौटने में ग्लानि और शाप है। मराल विकल है, विपन्न है।" धारा शैली का उदाहरण देखें—"एक ही मधु है, एक ही दीप्ति है, एक ही पावक है जो हममें, तुममें, इनमें सर्वत्र व्याप्त है। कहीं उसका रंग लाल है, कहीं हरा। पर यह भेद बाहरी भेद है। भीतर का स्वाद और संवेदन एक ही है।"

निष्कर्ष—श्री राय भारतीय संस्कृति और लोकजीवन के समर्थ व्याख्याता हैं। अन्य ललित निबन्धकारों की भाँति उनमें भी भारतीयता के प्रति एक विशेष रागमय आकर्षण है। भारतीय संस्कृति के 'विमिश्र' रूप-वैशिष्ट्य का सरस प्रकाशन उनके निबन्धों में हो सका है। पाश्चात्य साहित्य और संस्कृति के विशद ज्ञान ने श्री राय की चिन्तनशीलता

को पुष्ट किया है और उनकी अभिव्यक्ति-प्रणाली को मधुर प्रभविष्णुता प्रदान की है। वर्तमान जीवन और जगत् से भी उनकी गहरी सम्पृक्ति है। युगीन विषमताओं, विडम्बनाओं से उनका भावप्रवण हृदय आन्दोलित हुआ है। इन विविध तत्त्वों से निबन्धकार राय की संवेदना का निर्माण हुआ है। उनके पास एक समर्थ शैली-शिल्प भी है, जिसके माध्यम से उनका बोध, सोच, भाव और राग सहजता से अभिव्यञ्जित हो सका है।

परन्तु उल्लेखनीय तथ्य यह है कि श्री राय के प्रारम्भिक निबन्धों में जो रोचकता, सरसता, सजीवता, स्वाभाविकता और कलात्मकता है, वह बाद के निबन्धों में नहीं दिखायी पड़ती। स्पष्ट प्रतीत होता है कि उनकी रागात्मकता पर उनका अध्ययन और चिन्तन भारी पड़ गया है। निबन्धों में पाण्डित्य-प्रदर्शन की ललक डॉ० हजारीप्रसाद द्विवेदी और डॉ० विद्यानिवास मिश्र की भाँति इनमें भी पर्याप्त है। अंगरेजी के विद्वान होने के कारण वे नये-नये पाश्चात्य विचारों को निबन्धों में लाते हैं और अपनी विद्वत्ता का आतंक-सा कायम कर देते हैं। वे बात-बात में संस्कृत, अंग्रेजी साहित्य की ओर मुड़कर उद्धरणों का ढेर लगा देते हैं, जिससे निबन्ध का स्वाभाविक प्रवाह और भाव एवं रस की संवेदनीयता बाधित होती है। दूसरी बात यह है कि इन्होंने भारतीयता के विशिष्ट आयामों के पुनराविष्कार के यत्न में कहीं दक्षिण-पूर्व एशिया के देशों को अपने निबन्धों का विषय बनाया है और कहीं कोल, किरात, गन्धर्व संस्कृति के उद्‌घाटन का श्रमसाध्य कार्य सम्पन्न किया है। संस्कृति के विशिष्ट अध्येताओं के लिए ये निबन्ध भले ही उपयोगी हों, परन्तु रस और लालित्य के आग्रही पाठकों के लिए ये निबन्ध नीरस और दुर्बोध ही हैं। अति-बौद्धिकता और अति-वैयक्तिकता ने जिस तरह हिन्दी की नयी कविता को गणित के सवालों-जैसा जटिल बनाकर उसे जनसामान्य से बहुत दूर कर दिया अथवा नई कहानी ने जिस तरह कथातत्त्व और समष्टि-चेतना के स्थान पर मानसिक कुण्ठाओं और वर्जनाओं की अभिव्यक्ति कर, उसे अनेक कथा-आन्दोलनों के चक्र में उलझा दिया, कुछ वैसी ही दशा इस सरस, रम्य और निर्बन्ध गद्यविधा की भी न हो जाय, इसका ध्यान नये निबन्धकारों को बराबर रखना होगा।

◆◆◆

रामधारी सिंह 'दिनकर'
(1908-1974)

रामधारी सिंह 'दिनकर' की ख्याति मुख्यतः कवि रूप में है लेकिन गद्यकार रूप में भी उनका अवदान कम महत्त्वपूर्ण नहीं है। उन्होंने निबन्ध, आलोचना, संस्मरण, यात्रा-वृत्तान्त, डायरी, पत्र साहित्य, लघुकथा आदि अनेक गद्य-विधाओं में श्रेष्ठ रचनाएँ की हैं। दिनकर के कवि-व्यक्तित्व में भी उनकी विचारशीलता महत्त्वपूर्ण स्थान रखती है। उनके निबन्धों में उनका यह विचारक व्यक्तित्व निखरकर सामने आया है। गहन विचारात्मक ऊष्मा के साथ बीच-बीच में भावात्मक आर्द्रता के समावेश ने उनके निबन्धों को आकर्षक और प्रभावशाली बनाया है। दिनकर ने मुख्यतः साहित्यिक और सांस्कृतिक विषयों पर निबन्ध लिखे। सामाजिक अंतर्वस्तु वाले कई निबन्ध भी उनके कृतित्व में शामिल हैं। दिनकर के निबन्धों की विषयवस्तु कुछ भी हो, उनकी मानवीय दृष्टि और भारतीय सांस्कृतिक चेतना के धरातल पर ही इन निबन्धों का सृजन हुआ है। सभी जागरूक बौद्धिकों की तरह दिनकर के कृतित्व में भी अपने समय के मानव की समस्याओं की पहचान, उनका विश्लेषण और उनके निराकरण का गम्भीर प्रयास दिखायी पड़ता है। इस क्रम में दिनकर की दृष्टि भारतीय संस्कृति की आध्यत्मिक विरासत और यहाँ विकसित महान् जीवन-मूल्यों पर टिकी हुई है जिनकी प्रासंगिकता और उपादेयता को वे बार-बार प्रबलता से सामने लाते हैं।

रामधारी सिंह 'दिनकर' के निबंध 'मिट्टी की ओर' (1946 ई०), अर्द्धनारीश्वर (1953), रेती के फूल (1954), 'वेणुवन' (1958), धर्म नैतिकता और विज्ञान (1959), वट-पीपल (1961), साहित्यमुखी (1968), आधुनिक बोध (1973), चेतना की शिखा (1973), हमारी सांस्कृतिक एकता (1954), राष्ट्रभाषा और राष्ट्रीय एकता (1956) तथा विवाह की मुसीबतें (1974) संग्रहों में सकलित हैं।

वर्गीकरण—रामधारी सिंह 'दिनकर' के अधिकांश निबन्ध गहन विचारात्मक तथा विषयप्रधान हैं। कुछ आत्मपरक ललित निबन्ध भी उन्होंने लिखे हैं। उनके विषयप्रधान निबंधों को हम साहित्यिक, सांस्कृतिक तथा सामाजिक वर्गों में बाँट सकते हैं जहाँ विषय पर उनका गहन विचार-मन्थन और उसके फलस्वरूप प्राप्त उनके महत्त्वपूर्ण मौलिक निष्कर्ष मिलते हैं।

1. साहित्यिक—दिनकर के अधिकांश विचारात्मक निबन्ध साहित्यिक विषयों पर लिखे गये हैं, जिनमें उन्होंने साहित्य और कलाओं के बारे में अपना मन्तव्य स्पष्ट किया है। निबन्धों में व्यक्त उनके विचार उनके गहन अध्ययन और अनुभव के परिणाम हैं। परम्परा और भारतीय साहित्य, साहित्य पर विज्ञान का प्रभाव, कलाकार की सफलता, कविता में परिवेश और मूल्य, कविता का भविष्य, पाकिस्तान के पीछे साहित्य की प्रेरणा, हिन्दी साहित्य पर गाँधीजी का प्रभाव, नयी कविता के उत्थान की रेखाएँ, हिन्दी कविता में एकता का प्रवाह आदि निबन्ध इसी प्रकार के निबन्ध हैं।

साहित्य-विषयक चर्चा करते हुए दिनकर की दृष्टि उसके अन्य रूपों की बजाय कविता पर अधिक केन्द्रित रहती है। निश्चय ही वे कविता को साहित्य का श्रेष्ठतम रूप मानते हैं। 'अर्द्धनारीश्वर' में वे कहते हैं-"मैं कविता को जीवन तक पहुँचने की सबसे सीधी और सबसे छोटी राह मानता हूँ। यह मस्तिष्क नहीं हृदय की राह है।" कविता के स्वरूप के बारे में दिनकर की उच्च आदर्शवादी धारणा है—"कविता तो कवि की आत्मा का आलोक है, उसके हृदय का रस है जो बाहर की वस्तु का अवलम्ब ले फूट पड़ती है।"

दिनकर साहित्य की लौकिक के साथ ही आध्यात्मिक—लोकातीत भूमिका के भी हिमायती थे। उनका मानना था कि साहित्य की सार्थकता इन्द्रियों से अनुभूत होनेवाले इस जगत् के वर्णन तक ही सीमित रहने में नहीं बल्कि इस भौतिक जगत् से परे उच्च आध्यात्मिक भूमि पर हमें स्थित करने में है। यही कारण है कि वे आधुनिक साहित्य की बुद्धिवादी और भौतिकवादी प्रवृत्तियों तथा साहित्य पर विज्ञान के प्रभाव के प्रति सन्देह और नकार का भाव रखते हैं। उनकी दृष्टि में कविता का प्रतिलोम गद्य नहीं विज्ञान है। 'साहित्य पर विज्ञान का प्रभाव' में वे लिखते हैं—"आधुनिक कवि (यूरोपीय से ज्यादा भारतीय कवि) विज्ञान की नकल करने को ललचा रहे हैं। वे इस बात को भूल गये हैं कि कविता जहाँ-जहाँ से रस और संजीवनी लेती थी, वे सभी स्रोत विज्ञान के ताप से सूखते जा रहे हैं। कौतुक के लिए पद्य की रचना शायद कम्प्यूटर भी कर सकता है किन्तु उसे कविता मैं तब मानूँगा जब वह मनुष्य को प्रेरित करनेवाली कविता लिख दे।" आधुनिक बुद्धिवाद को दिनकर अपूर्ण मानते थे। उनकी दृष्टि में मनुष्य के पास बुद्धि के साथ सम्बुद्धि (इण्ट्यूशन) भी है जो उसे ऐसे सत्यों से परिचित करार्ता है जिन तक बुद्धि की पहुँच नहीं हो सकती। यही कारण है कि वे प्रचलित आधुनिक काव्य-दृष्टि के विपरीत काव्य में रहस्यवाद को महत्त्व देते थे। इसी कारण रहस्यवादी भावनाओं की अभिव्यक्ति करनेवाले कवि कबीर, रवीन्द्रनाथ टैगोर, महादेवी वर्मा तथा जार्ज रसेल—जैसे कवि उन्हें प्रिय हैं। योगी अरविन्द की कवि रूप में चर्चा और महिमामण्डन भी दिनकर इसी कारण करते हैं। उनके अनुसार रहस्यवादी भावना

सामान्य बुद्धि की विरोधी नहीं है बल्कि उसका अतिक्रमण करती है—"असल में रहस्यवाद वहीं आ सकता है जहाँ बुद्धि श्रान्त होकर बैठ जाय और कल्पना आगे बढ़कर अदृश्य का संकेत देती हो। रहस्यवाद पूर्णता की अपूर्ण अनुभूति है। रहस्यवाद उस अगोचर को छूने का प्रयास है जिसे तर्क नहीं छू सकता, जो बुद्धि के स्पर्श से परे है।"

दिनकर के साहित्यिक निबन्धों में हम उनकी गम्भीर शोध-प्रतिभा के प्रमाण भी पाते हैं। बहुत-से साहित्यिक विषयों पर दिनकर ने नये तथ्यों को प्रकाशित किया, साथ ही, ज्ञात तथ्यों पर नयी दृष्टि से विचार कर अपने मौलिक निष्कर्ष प्रतिपादित किये। उदाहरण के लिए 'गुप्त जी : कवि के रूप में' निबन्ध में वे बाबू बालमुकुन्द गुप्त के अल्पज्ञात कवि रूप पर प्रकाश डालते हैं तथा तत्कालीन नवजागरण युग में उनकी कविताओं के महत्त्व को रेखांकित करते हैं। 'विद्यापति और ब्रजबुलि' निबन्ध में लेखक ने बंगाल, उड़ीसा और असम में कृष्णभक्ति की रचनाओं की भाषा ब्रजबुलि की उत्पत्ति पर विचार करते हुए विद्वानों के इस मत का खण्डन किया है कि इस भाषा की उत्पत्ति बंगाल से मिथिला पढ़ने आनेवाले छात्रों की मातृभाषा और मैथिली के मिश्रण से हुई, बल्कि इसके आरम्भ का श्रेय उन्होंने विद्यापति को दिया। 'हिन्दी साहित्य पर गाँधीजी का प्रभाव' में दिनकर गांधीवाद से प्रभावित प्रथम रचना माखनलाल चतुर्वेदी की 'निःशस्त्र सेनानी' को माना है। छायावाद पर गाँधीजी के प्रभाव की प्रचलित धारणा का लेखक ने पुरजोर विरोध किया है और छायावाद की प्रवृत्तियों को गाँधीवाद का विरोधी सिद्ध किया है।

दिनकर काव्य के सामाजिक और कलात्मक मूल्यों में सन्तुलन चाहते थे। 'कलाकार की सफलता' में वे लिखते हैं—"इसलिए कलाकार की सफलता की कसौटी केवल यह हो सकती है कि उसकी कृतियों से समाज आन्दोलित हुआ है या नहीं और यदि हुआ है तो उसकी रचनाओं से प्रभावित होनेवालों का सांस्कृतिक धरातल क्या है।" काव्य की सामाजिक भूमिका शून्य माननेवाले नयी कविता आन्दोलन को इसीलिए लेखक पसन्द नहीं करता। दूसरी ओर कविता के कलात्मक मूल्यों की उपेक्षा करके उसे उपदेश या प्रचार का साधन बना देना भी लेखक की दृष्टि में अनुचित है—"कला की खोयी हुई प्रतिष्ठा को वापस लाने का सही तरीका यह नहीं है कि हम उसकी प्रचारात्मकता पर जोर दें बल्कि यह कि हम उन गुणों की कद्र करें जिनका प्रतिनिधित्व करने के कारण कला आज तक आदरणीय रही है।" सामाजिक और कलात्मक दोनों दृष्टियों से मूल्यवान् काव्य रचना करने के कारण ही तुलसीदास और रवीन्द्रनाथ टैगोर लेखक के प्रिय कवि हैं जिनके उद्धरण वे अपने निबन्धों में अनेक स्थलों पर देते हैं।

सांस्कृतिक—सांस्कृतिक विषयवस्तु वाले निबन्ध दिनकर ने बड़ी संख्या में लिखे हैं, जिनमें उनकी भारतीय संस्कृति की गहरी समझ और व्यापक अध्ययन झलकता है।

'आदर्श मानव राम', लौकिकता और हिन्दू धर्म, शान्ति की समस्या, आधुनिकीकरण, संस्कृति संगम, यह देश एक है, वैदिक धर्म से विद्रोह, हिन्दू-मुस्लिम एकता, उत्तर-दक्षिण की एकता, राष्ट्रभाषा : हमारी सांस्कृतिक राष्ट्रीयता की देन, मिथ्या विवाद आदि निबन्धों में दिनकर ने भारतीय धर्म और संस्कृति के सर्वग्राही और समन्वयकारी स्वरूप को उद्‌घाटित किया है तथा नवस्वतन्त्र भारतीय राष्ट्र की एकता, विभिन्न धर्मानुयायियों में सद्‌भाव तथा विदेशी भाषा को हटाकर हमारी मातृभाषाओं की उन्नति जैसे– समकालीन ज्वलन्त मुद्‌दों पर विचार किया है।

भारतीय संस्कृति के विषय में लेखक यह मत बार-बार और दृढ़ता से व्यक्त करता है कि इसका वर्तमान स्वरूप अनेक प्रजातियों के सांस्कृतिक समन्वय का परिणाम है और कोई एक समुदाय यहाँ की सांस्कृतिक परम्परा पर एकाधिकार का दावा नहीं कर सकता। ऐतिहासिक-पुरातात्त्विक और साहित्यिक-भाषिक शोधों का हवाला देते हुए दिनकर बताते हैं कि भारतीय संस्कृति के वर्तमान स्वरूप के निर्माण में आर्य, द्रविड़, नीग्रो, औष्ट्रिक और बाद में मुसलमानों, सबका योगदान है। साम्राज्यवादी भावना से प्रेरित विदेशी इतिहासकारों ने देश की राष्ट्रीय एकता को खण्डित करने की दृष्टि से आर्य बनाम द्रविड़, उत्तर बनाम दक्षिण और हिन्दू बनाम मुस्लिम–जैसे कई विवाद खड़े करने की चेष्टा की। दिनकर इस षडयन्त्र को पहचानकर इसका पुरजोर विरोध अपने निबन्धों में करते हैं। स्वतन्त्र भारत में राष्ट्रभाषा और राजभाषा के विवाद को दिनकर ने स्वार्थी राजनीतिज्ञों और अंग्रेजीपरस्त अधिकारियों का खड़ा किया माना और सभी भारतीय भाषाओं के विकास की आवश्यकता पर बल दिया–"यदि भाषा के क्षेत्र में हम सभी क्षेत्रों के बीच समुचित सामंजस्य बिठाने में कृतकार्य हो गये तो इस देश की एकता अजेय हो जायगी फिर हमें आन्तरिक भय कहीं से भी नहीं रह जायगा।"

दिनकर ने पूरे विश्व में मानव संस्कृति में आधुनिकता के प्रभाव से आ रहे परिवर्तनों पर गहराई से विचार किया। उनका यह स्पष्ट मत था कि विज्ञान और बुद्धिवाद का वर्चस्व बढ़ते जाने ने हमारी चेतना में सकारात्मक परिवर्तन भी किये हैं, लेकिन इन्होंने प्रेम, सौहार्द और श्रद्धा–जैसी भावनाओं के महत्त्व को कम करके हानि ज्यादा पहुँचायी है। वे साफ कहते हैं–"बुद्धिवाद, टेक्नॉलॉजी और विज्ञान द्वारा सिद्ध मुक्ति उस गरुड़ की मुक्ति नहीं है जो डैने खोलकर आकाश में उड़ता है, बल्कि वह उस कुत्ते की मुक्ति है जो जंजीरों से छूटकर सड़क पर आ गया है और ट्राफिक में कुचल जाने के भय से इधर-उधर भाग रहा है।" वास्तव में दिनकर की अध्यात्मवादी चेतना का मेल भौतिकवादी सिद्धान्तों से नहीं हो पाता। यही कारण है कि वे अपने समय की प्रबल प्रभावशाली विचारधारा मार्क्सवाद की प्रशंसा करते हुए भी इसे अपूर्ण मानते थे–"रूस में जब साम्यवादी प्रयोग आरम्भ हुए थे तब विश्व के चिन्तकों को यह

आशा हो चली थी कि मनुष्य की सारी समस्याओं का समाधान शायद मिल गया। किन्तु प्रयोग ज्यों-ज्यों आगे बढ़े, चिन्तकों की आशा दिनोंदिन क्षीण होती गयी और आज तो स्थिति यह आ गयी है कि विश्व-चिन्तन साम्यवादी प्रयोगों की असफलता पर सिर धुन रहा है। रोटी मिली, यह बहुत अच्छी बात हुई, किन्तु मन बँध गया, यह मानवता के लिए बुरा हुआ।''

दिनकर ने विश्व-संस्कृति पर भारतीय संस्कृति के प्रभाव की भी चर्चा की है। उन्होंने दिखाया है कि प्राचीन भारत के दर्शन, कला, साहित्य, विज्ञान और धर्म का प्रभाव पूरे विश्व पर पड़ा और मानवीय मूल्यों की प्रतिष्ठा में जितना भारत का योगदान है, और किसी राष्ट्र का नहीं है। आधुनिक युग में भी वे संकटग्रस्त मानवता के त्राण का उपाय भारतीय संस्कृति में ही पाते हैं—''यही नहीं, प्रत्युत भारत की एकता के परिपूर्ण हो जाने पर सम्पूर्ण विश्व की एकता की कल्पना भी उतनी असाध्य नहीं रहेगी जितनी कि वह आज दिखायी देती है। सम्पूर्ण विश्व को एक बनाने के मार्ग में नस्ल, भाषा, धर्म, संस्कृति आदि को लेकर जो बड़ी-बड़ी बाधाएँ हैं, वे ही बाधाएँ कुछ छोटे पैमाने पर भारत में भी मौजूद हैं। जिस दिन हम इन बाधाओं पर भारत में विजय प्राप्त कर लेंगे, उस दिन से वैश्विकता के क्षेत्र में भी ये बाधाएँ कमजोर पड़ने लगेंगी।''

सामाजिक—कुछ सामाजिक विषयों पर केन्द्रित निबन्ध भी दिनकर ने लिखे हैं। इस प्रकार के अधिकांश निबन्धों में लेखक ने स्त्री-पुरुष सम्बन्धों को केन्द्र में रखा है। आधुनिकीकरण के कारण स्त्री-पुरुष के परम्परागत वैवाहिक प्रेम और यौन सम्बन्धों तथा इनसे जुड़ी नैतिकता में क्या परिवर्तन आ रहे हैं, लेखक इसका सूक्ष्म विश्लेषण करता है और समाज के लिए श्रेयस्कर दिशा की ओर इंगित करने का प्रयास करता है। अर्द्धनारीश्वर, आउटसाइडर, पुरानी और नयी नैतिकता, प्रेम एक है या दो? विवाह की मुसीबतें आदि लेखक के सामाजिक निबन्ध हैं।

दिनकर ने अपने समय के इस सामाजिक सत्य को पहचाना था कि स्त्री-पुरुष सम्बन्ध अब पुराने ढर्रे पर चलते रहने वाले नहीं हैं। स्त्रियाँ आधुनिक शिक्षा प्राप्त करके अब पुरानी रूढ़ियों को ढोते रहने के लिए तैयार नहीं हैं जबकि पुरुष अभी भी मध्यकालीन मानसिकता में है और स्त्री को अपनी सेविका ही बनाकर रखना चाहता है। इस कारण आज स्त्री-पुरुष-सम्बन्ध विशेषकर उनके वैवाहिक सम्बन्ध तनावपूर्ण हो गये हैं। लेखक का मत है कि पुरुष धीरे-धीरे अपने में सुधार कर रहा है और यही उचित भी है।

लेखक ने स्त्री-पुरुष के पारस्परिक यौनाकर्षण और प्रेम पर भी सूक्ष्म चिन्तन किया है। वह देखता है कि स्त्री-पुरुष के यौन सम्बन्धों को लेकर पुरानी नैतिकता की दीवारें अब दरक रही हैं। लेखक स्वयं भी भेदभावमूलक पुरानी नैतिकता के पक्ष में नहीं है,

जिसमें पुरुष ने अपनी स्वेच्छाचारी प्रवृत्ति पर अंकुश दिखावे के लिए ही स्वीकार किया था जबकि स्त्री को कठोर अनुशासन की बेड़ियों में रखा गया था। किन्तु लेखक की आदर्शवादी सोच प्रेम और सेक्स को एक ही मानने वाली प्रकृतिवादी विचारधारा को त्रुटिपूर्ण मानती है और शारीरिक, मानसिक और आत्मिक तीनों भूमियों पर विकसित होने वाले प्रेम को वास्तविक प्रेम समझती है।

आत्मव्यंजक ललित निबन्ध—पूर्वोक्त विचारात्मक निबन्धों के अतिरिक्त दिनकर ने कुछ आत्मपरक निबन्ध भी लिखे हैं जहाँ विषय का अनुशासन ढीला है और कवि मन की तरंग में लेखक ने अपने उद्‌गार व्यक्त किये हैं। 'मन्दिर और राजभवन' 'कर्म और वाणी', विजयी के आँसू, हिम्मत और जिन्दगी, हृदय की राह, ईर्ष्या तू न गयी मेरे मन से आदि ऐसे ही निबन्ध हैं। यहाँ दिनकर का भावुक कवि रूप प्रधान है और कई स्थलों पर लेखक अपनी आह्वानपरक कविताओं की ही तरह उत्तेजक-प्रेरक बातें कहता है—''साहस की जिन्दगी सबसे बड़ी जिन्दगी होती है। ऐसी जिन्दगी की सबसे बड़ी पहचान यही है कि वह बिल्कुल निडर, बिल्कुल बेखौफ होती है। साहसी मनुष्य की पहली पहचान यह है कि वह इस बात की चिन्ता नहीं करता कि तमाशा देखने वाले उसके बारे में क्या सोच रहे हैं। जनमत की उपेक्षा करके जीने वाला आदमी दुनिया की असली ताकत होता है और मनुष्यता को प्रकाश भी उसी आदमी से मिलता है।'' 'ईर्ष्या तू न गयी मेरे मन से' में 'ईर्ष्या' मनोभाव तथा ईर्ष्यालु लोगों की मानसिकता का सूक्ष्म विश्लेषण किया है तथा ईर्ष्या से बचने का उपाय भी बताया है। इस निबन्ध में लेखक की व्यंग्य-क्षमता द्रष्टव्य है।

दिनकर के निबन्ध : कथ्यगत वैशिष्ट्य

रामधारी सिंह 'दिनकर' के निबन्धों को पढ़ते हुए उनकी जो विशेषता सर्वप्रथम ध्यान आकृष्ट करती है, वह है विषय से सम्बन्धित लेखक का व्यापक और गहन अध्ययन। दिनकर साहित्यिक, सांस्कृतिक, सामाजिक किसी भी विषय पर लिखें, उसकी प्राचीन पृष्ठभूमि से लेकर उससे सम्बन्धित आधुनिकतम शोधों तक से वे पूरी तरह अभिज्ञ दिखायी देते हैं। उदाहरणार्थ समकालीन साहित्य और जनजीवन पर विज्ञान के प्रभाव का विश्लेषण करते हुए वे अपने समय के नवीनतम वैज्ञानिक सिद्धान्तों और शोधों जैसे आइन्स्टीन का विशिष्ट सापेक्षता सिद्धान्त, मैक्स प्लैंक का क्वाण्टम सिद्धान्त, हाइजेन बर्ग का अनिश्चितता सिद्धान्त आदि से सुपरिचित नजर आते हैं। भारतीय संस्कृति और भाषाओं पर लिखे गये निबन्धों में भी उनका यह सुविज्ञ रूप देखा जा सकता है। इससे इनके विचारात्मक निबन्धों में गम्भीरता और प्रामाणिकता आयी है।

साहित्यकार 'दिनकर' की जीवनदृष्टि आदर्शवादी और अध्यात्मवादी थी। इसे अन्य विधाओं में रचे गये साहित्य की तरह उनके निबन्धों में भी देखा जा सकता है।

इसका मतलब यह नहीं है कि वे यथार्थ से मुँह मोड़ते हैं बल्कि उनके आदर्शवाद का ढाँचा यथार्थ के धरातल पर ही खड़ा होता है। उनकी आध्यात्मिक दृष्टि यथार्थ से पलायन नहीं बल्कि यथार्थ को समझकर उससे परे ले जानेवाली दृष्टि है। यही कारण है कि उन्होंने कविता में रहस्यवाद की उपेक्षा करने का विरोध किया। जैक रसेल—जैसे अंग्रेजी के कम प्रसिद्ध कवि को उसके काव्य में व्यक्त सहज रहस्यवादी भावना के कारण ही दिनकर अत्यधिक महत्त्व देते हैं। इसी कारण योगी अरविन्द की कविताओं पर भी वे कई निबन्धों में विस्तार से चर्चा करते हैं। आधुनिक सभ्यता की वैज्ञानिक उन्नति और बुद्धिवाद को इसलिए दिनकर मानव-कल्याण हेतु सक्षम नहीं मानते क्योंकि इसने भौतिक प्रगति को तो बड़ी क्षिप्रता से सम्पादित किया है लेकिन मानव मन की उदात्त भावनाओं और उसकी आध्यात्मिक चेतना की उपेक्षा करने के कारण यह उसे तनावग्रस्त और अशान्त बना रही है। इसी कारण लेखक डार्विन, मार्क्स और फ्रायड जैसे भौतिकवादी चिन्तकों की प्रशंसा करने के बावजूद स्पष्ट मत व्यक्त करता है कि इनका चिन्तन अपूर्ण है।

रामधारी सिंह 'दिनकर' का चिन्तन किसी जागरूक और जिम्मेदार बौद्धिक की तरह उनके अपने समय से गहराई से जुड़ा है। अपने समय की राष्ट्र और विश्व के मानव-समाज की समस्याओं की पहचान और उनके हल की दिशा पाने के प्रयास दिनकर के निबन्धों में सर्वत्र देखे जा सकते हैं। अपने साहित्यिक निबन्धों में दिनकर आधुनिक भौतिकवादी दृष्टि के दुष्प्रभावों को दूर करने में साहित्य की भूमिका रेखांकित करते हैं। अपने समय के शक्तिशाली काव्यान्दोलन—नयी कविता आन्दोलन का वे उसके संस्कृति, समाज, नीति सबसे कट जाने के कारण विरोध करते हैं। इसी तरह दिनकर के सांस्कृतिक निबन्धों में नवोदित भारतीय राष्ट्र की एकता को बढ़ावा देने और एकता विरोधी तत्वों का शमन करने की चिन्ता सर्वत्र देखी जा सकती है। उनके सामाजिक निबंध भी बदलते युग में मानवीय सम्बन्धों को सन्तुलित और श्रेयस्कर दृष्टि से देखने की दिशा देने का प्रयास करते हैं।

शिल्पगत वैशिष्ट्य

रामधारी सिंह 'दिनकर' के अधिकांश निबन्ध विचारात्मक हैं जहाँ विचारों के सम्प्रेषण पर लेखक का मुख्य रूप से ध्यान है। इस कारण शिल्पगत वैविध्य उनके निबन्धों में अधिक नहीं मिलता। उनके आत्मपरक निबन्ध जहाँ आकार में छोटे हैं, वहीं विषयप्रधान निबन्ध अपनी अन्तर्वस्तु के अनुरूप कहीं आकार में छोटे हैं जैसे 'भगवान बुद्ध' तथा 'नेता नहीं नागरिक चाहिए', तो कहीं पचीस-तीस पृष्ठों तक विस्तृत हैं जैसे 'कला के अर्द्धनारीश्वर' तथा 'महर्षि अरविन्द की साहित्य साधना।' निबन्धों का शिल्पगत ढाँचा प्रायः सरल रेखीय और सादा है। कुछेक विशिष्ट प्रयोग भी लेखक ने किये हैं, जैसे 'समाजवाद के अन्दर साहित्य' निबन्ध साक्षात्कार शैली में लिखा गया है तथा 'कबीर साहब से भेंट' में साक्षात्कार और फैंटेसी शिल्प का सम्मिलित प्रयोग है।

दिनकर स्वयं कवि थे और काव्य के अच्छे अध्येता भी थे। कवि की वाणी को वे दार्शनिक, धर्मगुरु, राजनीतिज्ञ से कम महत्त्वपूर्ण नहीं समझते थे। इस कारण उनमें अपने निबन्धों में अपने विचारों के समर्थन में कविताओं के उद्धरण देने की प्रवृत्ति प्रायः देखी जा सकती है। कबीर, तुलसीदास, रवीन्द्रनाथ टैगोर, इकबाल तथा स्वयं अपने काव्योद्‌गारों का समावेश करके वे अपने कथ्य के प्रभाव में वृद्धि करते हैं और निबन्ध के शिल्प को वैशिष्ट्य प्रदान करते हैं।

दिनकर के निबन्धों में उनकी विचारात्मक या भावात्मक विषयवस्तु के अनुरूप परम्परागत शैलियों के प्रयोग मिलते हैं। विचारात्मक निबन्धों में समास और व्यास तथा आगमन और निगमन शैलियों के प्रयोग देखे जा सकते हैं–

समास–"ईर्ष्या की बड़ी बेटी का नाम निन्दा है।" ('ईर्ष्या तू न गयी मेरे मन से')

"प्रवृत्ति और निवृत्ति ये धर्म की राजनीति हैं।" (शान्ति की समस्या)

व्यास–"यह सम्भव है कि प्रत्येक रहस्यवादी की बुद्धि अध्ययन और मननजनित अथवा शास्त्रीय नहीं होती क्योंकि प्रत्येक मनुष्य के भीतर सहज प्रवृत्ति (Intuition) नाम की भी एक शक्ति है जो वही काम करती है जिसका सम्बन्ध ज्ञान अथवा बुद्धि से है। कबीर, दादू और नानक के सम्बन्ध में कहा जाता है कि ये महात्मा बड़े विद्वान नहीं थे और जब-तब मस्ती में आकर उन्होंने पाण्डित्य का कुछ निरादर भी किया है। फिर भी अपनी साधना के बल पर वे जिन निर्णयों पर पहुँचे थे वे ज्ञानियों और पण्डितों के निर्णय से बहुत भिन्न नहीं हैं।" (जॉर्ज रसल का साहित्य-चिन्तन)

आगमन–"और इतने पर भी कहना यही पड़ेगा कि जो भी परिवर्तन घटित हुए हैं, वे सारे-के-सारे परिवर्तन हिन्दुत्व के पेट में मौजूद थे। हिन्दू धर्म की विशेषता यह है कि वह जितनी ही चोटें खाता है, उतनी ही उसकी ताकत तेज हो जाती है और वह जितना ही बदलता है, उतना ही अपने मूल रूप के समीप पहुँच जाता है। इसीलिए वह आज तक जीता रहा है। इसीलिए वह आगे भी जीवित रहेगा।"

निगमन–"साधक और कवि की भावदशा प्रायः एक होती है। जहाँ सत्य का निवास है, उस लोक में दोनों ही पहुँचते हैं, किन्तु साधक वहीं बैठ जाता है और कवि वहाँ से लौटकर अपनी अनुभूति का स्वाद दुनिया को देने के लिए वापस आता रहता है।"

भावपूर्ण स्थलों पर लेखक धारा और तरंग शैलियों का प्रयोग भी करता है।

धारा–"नर है विधाता का मुख्य तन्तुवाद्य जो वस्त्र बुनकर तैयार करता है, नारी का काम उस वस्त्र पर रंग के छींटें डालना है। नर है कुदाल चलानेवाला बलशाली किसान जो मिट्टी तोड़कर अन्न उपजाता है, नारी का काम दानों को अछोरना-पछोरना है। नर है नदियों का वेगमय प्रवाह, नारी उसमें लहर बनकर उठती-गिरती रहती है।" (अर्द्धनारीश्वर)

तरंग—"मानवता अन्धकार की धारा से युद्ध कर रही है। संसार के कोने-कोने में इस प्राचीर पर प्रहार किये जा रहे हैं। पता नहीं यह प्राचीर पहले कहाँ से टूटेगा। मगर जहाँ भी टूटे, प्रकाश का जो प्रवाह फूट निकलेगा, वह एक-दो खण्डों को नहीं, समस्त मानवता को प्लावित करेगा।" (और चाहिए किरण जगत को और चाहिए चिनगारी)

उपर्युक्त सामान्य शैली प्रयोग के अतिरिक्त लेखक ने विषय को समझाने के लिए प्रश्नोत्तर शैली तथा उसे प्रेरक बनाने के लिए उद्‌बोधन शैली का प्रयोग भी किया है—

प्रश्नोत्तर—"शान्ति की नाव कहाँ अटकी हुई है? क्या शान्ति की बाधा साम्यवाद है, जिससे प्रजातन्त्रवादी देश संसार की रक्षा करना चाहते हैं? अथवा शान्ति की बाधा मरणशील पूँजीवाद है? ये समस्या के बाहरी रूप हैं। मुख्य बाधा मनुष्य की भोगवादी वृत्ति है; मुख्य बाधा मनुष्य की असहिष्णुता है, मुख्य बाधा में मानसिक हिंसा का यह भाव है कि संसार का कल्याण केवल उस मार्ग पर चलने में है, जिस पर मैं चल रहा हूँ।" (शान्ति की समस्या)

उद्‌बोधन—"ज्योतिर्मय मनुष्य, तू अपने को भूल रहा है। तुझमें बुद्ध का तेज है, जिसने स्वर्ग और पृथ्वी दोनों के लिए प्रकाश का निर्माण किया था। तुझमें राणा प्रताप है, जिसने वन-वन मारे-मारे फिरकर भी अपने आदर्श के प्रदीप को बुझने नहीं दिया। ....आज का घनान्धकार तेरे पौरुष को चुनौती दे रहा है। नींद से जाग! आलस्य को झाड़कर उठ खड़ा हो !" (हड्डी का चिराग)

भाषा

दिनकर की भाषा अत्यन्त समृद्ध और समर्थ है। वे प्रायः तत्सम शब्दों की प्रधानता वाली भाषा का प्रयोग करते हैं लेकिन प्रसंग के अनुरूप विदेशी भाषाओं के शब्दों का भी वे मुक्त भाव से प्रयोग करते हैं—"असल में मनुष्य उतना ही नहीं है जितना कि स्टैथस्कोप, माइक्रोस्कोप और एक्स-रे यन्त्र उसे देख पाते हैं। आदमी टीसू है, आदमी आरगेन है, आदमी फ्लुइड है और आदमी चेतना है, मगर आदमी के सभी रूप इतने से ही खत्म नहीं हो जाते।" उर्दू-फारसी के बेतान, नज्म, इन्तिहा, इल्म, मुगलता, नीयत आदि तथा सुगनुगाना, बुदबुदाना, सनसनाहट, टुकुर-टुकुर आदि ठेठ बोलियों के शब्द भी दिनकर की भाषा में विद्यमान हैं।

दिनकर की भाषा की वाक्य रचना अक्सर जटिल हो जाती है। गूढ़ गम्भीर विचारों को स्पष्ट करने के लिए वे प्रायः कई छोटे-छोटे वाक्य-खण्डों से मिलकर बने लम्बे और जटिल वाक्यों का प्रयोग करते हैं। लेकिन इसके बावजूद भाषा पर लेखक की पकड़ ढीली नहीं होती है और कहीं दूरान्वय या सन्दिग्धार्थता-जैसे दोष नहीं आते—"और ये बातें केवल जड़ विश्व के विषय में ही नहीं, चेतन मनुष्य के विषय में भी कही जाती थीं, क्योंकि इन वैज्ञानिकों का विश्वास था कि जैसे जड़ पदार्थ यान्त्रिक विधि से काम करते है, वैसे ही मनुष्य भी यान्त्रिक नियमों के अधीन हैं और जैसे हम जड़ पदार्थ का

अध्ययन करके यह बता सकते हैं कि अगले क्षण वह किधर को जानेवाला है, वैसे ही मनुष्य के अतीत को देखकर यह मजे में बताया जा सकता है कि भविष्य में उसके निर्णय क्या होंगे अथवा आगे चलकर वह क्या करनेवाला है।''

दिनकर ने अपने विचारों को क्रमबद्ध तार्किक रूप में तथा प्रासंगिक उदाहरणों के साथ प्रस्तुत किया है। इस कारण उनके निबन्धों में भाषा की अभिधा-शक्ति से ही अधिकतम काम लिया गया है। कुछ स्थलों पर जैसे अपनी सूत्रात्मक उक्तियों में या भावावेग में वे भाषा के लाक्षणिक प्रतीकात्मक रूप का भी प्रयोग करते हैं—''विचारों के ढाँचे में कहीं कोई तत्व है जो फेन और बुद्‌बुद का विरोधी है; जो इन्द्रधनुष को धरती की वेणी पर बाँधना चाहता है, जो चाँदनी को समेटकर एक छोटी शीशी में बन्द कर देना चाहता है और जिसे यह चिन्ता सताती है कि अंधकार और प्रकाश इस प्रकार निरवयव होकर क्यों फैले? वे श्वेत और श्याम दो पर्वतों के समान पुंजीभूत होकर क्यों नहीं खड़े हो गये?''

दिनकर के निबन्धों में भाषा के आलंकारिक प्रयोग कम मिलते हैं। लेकिन साम्यमूलक अलंकारों का समर्थ प्रयोग उनकी भाषा के प्रभाव और सम्प्रेषण क्षमता में अतीव वृद्धि कर देता है—

उपमा—'मन्दिर, मस्जिद, गिरजे और गुरुद्वारे धर्म के बाहरी रूप हैं। ये शाखाएँ हैं, वृक्ष की बाहरी डालियाँ प्रमाणित करते हैं।''

रूपक—''पहले श्रद्धा की चट्टान को तोड़ने से पहले ही बुद्धि टूट जाती थी। किन्तु श्रद्धा अब बर्फ की चट्टान है और बुद्धि ज्यादा पैनी हो गयी है।''

उत्प्रेक्षा—''आधुनिक साहित्य के उच्चतम शिखर पर रहस्यवाद की कुहेलिका मंडराने लगी है।''

रामधारी सिंह दिनकर का निबन्ध-साहित्य हिन्दी निबन्ध की समृद्धि और पूर्णता का प्रमाण है। उनके विचारात्मक निबन्ध जहाँ विचारों को दबा-दबाकर और कसकर भरे जाने की आचार्य रामचन्द्र शुक्ल की कसौटी पर खरे उतरते हैं, वहीं उनके ललित निबन्ध कवि हृदय की स्वच्छन्दतरंगों से पाठकों को आप्लावित करने की क्षमता रखते हैं। निबन्धकार दिनकर का अवदान कई दृष्टियों से अद्वितीय है। अपने साहित्यिक निबन्धों के माध्यम से उन्होंने इस मान्यता को सुस्थापित किया कि साहित्य को समझने और उसकी समीक्षा करने के लिए धर्म, दर्शन, संस्कृति, इतिहास, राजनीति, विज्ञान आदि सभी की विकसित समझ का आधार लेना होगा। दिनकर की दृष्टि सन्तुलन और सामंजस्य को बराबर केन्द्र में रखती है जो किसी भी समस्या के हल की कुंजी है। इसी दृष्टि के सहारे वे साहित्य की उपयोगिता और सौन्दर्यात्मक मूल्य, भौतिकवाद और अध्यात्मवाद तथा भारत की और विश्व की विभिन्न धार्मिक और सांस्कृतिक परम्पराओं

के समन्वय का मार्ग सफलतापूर्वक दिखाते हैं और जन-साहित्यकार के रूप में अपनी सार्थकता प्रभावित करते हैं। डॉ० रामचन्द्र तिवारी उनके बारे में उचित ही कहते हैं–"मेरा विश्वास है कि आधुनिक युग की इतिहास रचना के सन्दर्भ में जब ऐसे केन्द्रीय बिन्दु की खोज होगी जो जीवन के आन्तरिक और ऊर्ध्व संचरण की अतिशयता के बीच समधरातल पर प्रतिष्ठित होगा तो वह बिन्दु दिनकर के व्यक्तित्व की चौहद्दी में निर्दिष्ट होगा।"

◆◆◆

हरिशंकर परसाई
(1924-1995)

हरिशंकर परसाई की ख्याति हिन्दी के प्रमुख व्यंग्यकार के रूप में है। अपने व्यंग्य-निबन्धों के माध्यम से उन्होंने हिन्दी निबन्ध को नये सशक्त आयाम दिये। यद्यपि व्यंग्य-निबन्ध उनसे पहले भी लिखे गये थे लेकिन जीवन के हर पहलू को गहराई तक स्पर्श करनेवाले और सर्वथा नवीन शिल्प के उनके निबन्धों ने पाठकों-समीक्षकों को ऐसा अभिभूत किया कि व्यंग्य को स्वतन्त्र विधा का दर्जा देने की बात होने लगी। परसाई जी ने निबन्ध, कहानियाँ और उपन्यास तीनों लिखे लेकिन उनके कृतित्व में सर्वाधिक महत्वपूर्ण उनके निबन्ध ही हैं जिनमें राजनीति, समाज, धर्म, संस्कृति, प्रशासन, साहित्य, नैतिकता आदि सभी क्षेत्रों की विसंगतियों पर उन्होंने कठोर व्यंग्य-प्रहार किये और इन्हें समाप्त करने की जन-चेतना जाग्रत करने का प्रयास किया।

व्यंग्य का स्वरूप—'व्यंग्य' शब्द भारतीय काव्यशास्त्र में बहुत पहले से प्रयुक्त होता रहा है। संस्कृत काव्यशास्त्र के ध्वनि सम्प्रदाय ने व्यंजना शब्द-शक्ति द्वारा व्यक्त व्यंग्यार्थ को श्रेष्ठ माना तथा उस काव्य-रचना को उच्च स्थान दिया जिसमें वाच्यार्थ और लक्ष्यार्थ की अपेक्षा व्यंग्यार्थ अधिक महत्त्वपूर्ण होता है। आधुनिक हिन्दी साहित्य में 'व्यंग्य' को अंग्रेजी के 'सैटायर' (Satire) का पर्याय माना जाता है जिसमें रचनाकार किसी व्यक्ति, समूह, स्थिति या संस्था आदि के विषय में विशिष्ट कथन-भंगिमा से कुछ कहकर उसकी वास्तविकता को उद्घाटित करता है और पाठक के मन में उसके प्रति उपहास, घृणा, आक्रोश और तिरस्कार के मिले-जुले भाव उत्पन्न करता है।

आधुनिक युग के साहित्य में व्यंग्य अत्यधिक महत्त्वपूर्ण और सर्वव्यापी हो चुका है जैसा कि परसाईजी ने कहा है—"आज सारी दुनिया में व्यंग्य साहित्य का मूल स्वर है। बुर्जुआ समाज में बेहद विसंगतियाँ हैं—परिवार से लेकर राष्ट्र के मन्त्रिमण्डल तक में भ्रष्टाचार, अन्याय, शोषण, मिथ्याचार, पाखण्ड है। व्यंग्य इन सबके अन्वेषण और उद्घाटन का माध्यम है।" स्वतन्त्रता प्राप्ति के बाद हमारे देश के परिदृश्य में ये विसंगतियाँ बड़े शक्तिशाली रूप में सामने आयीं। इसलिए परसाई-जैसे जागरूक और जनवादी साहित्यकार ने इन पर प्रहार करने के लिए एक मिशन की तरह व्यंग्य-लेखन को अपनाया। वे लिखते हैं—"मैंने अपने को विस्तार दे दिया। दुःखी और भी हैं। अन्याय-पीड़ित और भी हैं। अनगिनत शोषित हैं। मैं उनमें से एक हूँ। पर मेरे हाथ में कलम है और मैं चेतनासम्पन्न हूँ। यहीं कहीं व्यंग्य-लेखक का जन्म हुआ। मैंने सोचा होगा—रोना नहीं है, लड़ना है। जो हथियार हाथ में है, उसी से लड़ना है।"

हिन्दी व्यंग्य-निबन्ध की परम्परा—हिन्दी में व्यंग्य-निबन्ध-लेखन की शुरुआत हिन्दी निबन्ध के साथ ही भारतेन्दु-युग में हुई। हिन्दी साहित्य में आधुनिकता के अग्रदूत भारतेन्दु हरिश्चन्द्र तथा उनके समकालीन अन्य लेखकों प्रतापनारायण मिश्र, बालकृष्ण भट्ट तथा राधाचरण गोस्वामी आदि ने व्यंग्य-निबन्धों की परम्परा की सशक्त शुरुआत की। वह युग विदेशी दासता का युग था। ब्रिटिश शासकों द्वारा योजनाबद्ध ढंग से भारत का आर्थिक शोषण और राजनीतिक दमन किया जा रहा था और हमारी सामाजिक-सांस्कृतिक परम्पराओं पर चोट की जा रही थी। इसके अलावा भारतीय समाज खुद भी अशिक्षा और अज्ञान से ग्रस्त था तथा बहुत सी धार्मिक-सामाजिक रूढ़ियों का शिकार था। भारतेन्दुयुगीन लेखकों ने व्यंग्य-निबन्धों के माध्यम से इस स्थिति के प्रति चिन्ता व्यक्त की तथा इसमें सुधार का आह्वान किया। भारतेन्दु हरिश्चन्द्र ने स्त्री-सेवा-पद्धति, कंकड़-स्तोत्र, अंग्रेज-स्तोत्र, मदिरास्तवराज, पाँचवें पैगम्बर आदि निबन्धों में समाज में व्याप्त कुरीतियों, अन्धविश्वास, पाखण्ड तथा अंग्रेज सरकार की कुटिल नीतियों पर तीखे और चुभते हुए व्यंग्य किये। प्रतापनारायण मिश्रजी ने अपने उपाधि, धोखा, वृद्ध, कलिकोप आदि निबन्धों में धर्म, समाज और राजनीति की संकीर्णताओं और कमजोरियों पर करारे व्यंग्य किये। बालकृष्ण भट्ट ने पंच महाराज नामक एक कल्पित पात्र द्वारा वर्तमान देश-दशा पर पैने व्यंग्य कराए हैं। मेला-ठेला, पंचों की सोहबत, पंचों का प्रपंच, पंच महाराज आदि इस शैली के निबन्ध हैं। इसके अलावा पत्नीस्तवन, म्युनिसिपैलटी स्तोत्रम, हुक्का स्तवन आदि चुटीले हास्य और व्यंग्य से भरपूर निबन्ध स्तोत्र शैली में भट्टजी ने लिखे। राधाचरण गोस्वामी भी भारतेन्दु युग के व्यंग्य-निबन्धकार रहे। इनका 'यमपुर की यात्रा' निबन्ध बहुत चर्चित हुआ जिसमें इन्होंने पुरोहित वर्ग के भ्रष्ट आचरण का पर्दाफाश किया था।

द्विवेदी-युग में भारतेन्दु-युग की व्यंग्य-निबन्ध-परम्परा आगे बढ़ी। इस युग में बाबू बालमुकुन्द गुप्त ने 'भारतमित्र' में प्रकाशित पत्र शैली के अपने निबन्धों में उच्चस्तरीय व्यंग्य-प्रतिभा का परिचय दिया। इनमें दमनकारी और शोषक ब्रिटिश सत्ता के चरित्र तथा भारतवासियों की दुर्दशा का लेखक ने बड़े साहस के साथ और प्रभावशाली ढंग से खुलासा किया। युग का साहित्यिक नेतृत्व करनेवाले आचार्य महावीरप्रसाद द्विवेदी ने भी कई व्यंग्यात्मक निबन्धों का सृजन किया, जैसे—म्युनिसिपैलिटी के कारनामे, दंडदेव का आत्मनिवेदन आदि। द्विवेदी-युग के एक विशिष्ट व्यंग्यकार, विश्वंभरनाथ शर्मा 'कौशिक' हैं। पत्र शैली में 'दुबे जी की चिट्ठियाँ' स्तम्भ के अन्तर्गत लिखे गये उनके निबन्ध सामाजिक और राजनीतिक विसंगतियों को निशाना बनाते हैं। बाबू गुलाबराय इस युग के श्रेष्ठ व्यंग्य निबन्धकार रहे। उनके निबन्ध-संग्रहों—'ठलुआ क्लब', 'मेरी असफलताएँ' और 'कुछ उथले कुछ गहरे' में उनके व्यंग्य-निबन्ध मिलते हैं। इनमें

बाबूजी ने डॉक्टर, वकील, साहित्यकार, सरकारी कर्मचारी तथा स्वयं अपने को लक्ष्य करके मीठी चुटकी लेने वाली रोचक रचनाएँ कीं। इनके अलावा चन्द्रधर शर्मा गुलेरी के 'कछुआ धर्म' तथा 'मारेसि मोहि कुठाँव' हिन्दू धर्म की रूढ़िग्रस्तता पर तीखा व्यंग्य करनेवाले श्रेष्ठ निबन्ध थे।

द्विवेदी-युग के पश्चात् स्वतन्त्रता प्राप्ति के पूर्व कई अन्य समर्थ व्यंग्य-निबन्ध लेखक भी सामने आते हैं। इनमें 'निराला' और 'अज्ञेय' जो मूलतः कवि थे, व्यंग्य-निबन्धकार के रूप में भी अपनी प्रतिभा का परिचय देते हैं। निराला का व्यंग्य-निबंधकार रूप उनके साहित्यिक और आलोचनात्मक निबन्धों में देखा जा सकता है। इनमें 'पंतजी और पल्लव' शीर्षक से धारावाहिक रूप से लिखे गये निबन्ध विशेष प्रसिद्ध हुए। अज्ञेय ने अपने व्यंग्य-निबन्ध 'कुट्टिचातन' नाम से लिखे जो 'सबरंग' में संकलित हैं। उनके व्यंग्य-प्रहारों के दायरे में राजनेता, साहित्यकार, विचारक, शोधकर्त्ता, ब्रिटिश शासक आदि सभी हैं। बेढब बनारसी ने भी इसी समय व्यंग्य-निबन्धकार के रूप में प्रसिद्धि प्राप्त की। उनके निबन्ध-संग्रह 'हुक्का-पानी' में साहित्यिक, धार्मिक, सामाजिक, राजनीतिक सभी प्रकार की व्यंग्य-रचनाएँ मिलती हैं। इस काल के एक अन्य उल्लेखनीय व्यंग्य-निबन्धकार हरिशंकर शर्मा हैं जिनकी व्यंग्य-रचनाएँ 'मन की मौज' में संकलित हैं।

देश के स्वतन्त्र होने के बाद हिन्दी साहित्य की हर विधा में व्यंग्य का प्रयोग बढ़ता गया। बहुत से प्रतिभाशाली और सशक्त व्यंग्य-निबन्धकार सामने आये। इनमें प्रथम उल्लेखनीय लेखक केशवचन्द्र वर्मा हैं। उनके 'लोमड़ी का मांस', 'मुर्ग छाप हीरो' आदि संग्रहों के निबन्ध आधुनिक हिन्दी व्यंग्य-निबन्ध का आदर्श रूप सामने रखते हैं, जिसे हरिशंकर परसाई, शरद जोशी, रवीन्द्रनाथ त्यागी और श्रीलाल शुक्ल ने आगे चलकर अपनाया और विकसित किया। इनमें से हरिशंकर परसाई और शरद जोशी पर विस्तृत चर्चा हम प्रस्तुत और अगले अध्याय में करेंगे। रवीन्द्रनाथ त्यागी ने अपनी विशिष्ट आकर्षक निबन्ध कला विकसित की। हरिशंकर परसाई की तरह तीखे प्रहार वे नहीं करते बल्कि सहज परिहास-बोध के साथ स्थितियों का विश्लेषण करते हैं। राजनीतिक व्यंग्य जो स्वातन्त्र्योत्तर व्यंग्य-साहित्य का मुख्य भाग है, उनके साहित्य में लगभग अनुपस्थित है। उपन्यासकार के रूप में प्रसिद्ध श्रीलाल शुक्ल के कई व्यंग्य-निबन्ध संकलन भी प्रकाशित हुए हैं जिनमें 'अंगद का पाँव' प्रमुख है। वर्तमान में कई श्रेष्ठ व्यंग्य-निबन्धकार सक्रिय रूप से रचनारत हैं। इनमें गोपालप्रसाद व्यास, नरेन्द्र कोहली, ज्ञान चतुर्वेदी, शंकर पुणतांबेकर, विष्णु नागर, आलोक पुराणिक, प्रेम जनमेजय, लतीफ घोंघी और सूर्यबाला प्रमुख हैं। व्यंग्य-निबन्ध साहित्य की अभिवृद्धि में अखबारों और पत्रिकाओं के व्यंग्य-स्तम्भ महत्त्वपूर्ण भूमिका निभा रहे हैं जिनमें अखबारीपन तो है लेकिन बहुत-कुछ स्थायी महत्त्व का भी है।

हरिशंकर परसाई का निबन्ध-साहित्य—हरिशंकर परसाई का निबन्ध-साहित्य बड़ा विशाल है। स्वतन्त्र रूप से लिखे गये निबन्धों के अतिरिक्त पत्र-पत्रिकाओं में प्रकाशित उनके व्यंग्य-स्तम्भ भी प्रायः निबन्ध की श्रेणी में रखे जा सकते हैं। उन्होंने 'नयी दुनिया' में 'सुनो भाई साधो', 'नयी कहानियाँ' में 'पाँचवाँ कॉलम' और 'उलझी-सुलझी', 'कल्पना' में 'और अन्त में' तथा 'सारिका' में 'तुलसीदास चन्दन घिसैं', 'कबिरा खड़ा बजार में' तथा 'तीसरी आजादी का जाँच कमीशन' स्तम्भ लिखे। परसाईजी की रचनाओं के निम्नलिखित संग्रह प्रकाशित हुए—तब की बात और थी (1956), भूत के पाँव पीछे (1961), बेईमानी की परत (1965), सुनो भाई साधो (1965), पगडण्डियों का जमाना (1966), सदाचार का ताबीज (1967), निठल्ले की डायरी (1968), और अन्त में (1968), उल्टी-सीधी (1968), शिकायत मुझे भी है (1970), ठिठुरता हुआ गणतन्त्र (1970), तिरछी रेखाएँ (1972), अपनी-अपनी बीमारी (1972), वैष्णव की फिसलन (1976), मेरी श्रेष्ठ व्यंग्य-रचनाएँ (1977), विकलांग श्रद्धा का दौर (1980), तुलसीदास चंदन घिसैं (1986), पाखण्ड का अध्यात्म (1998), आवारा भीड़ के खतरे (1998), ऐसा भी सोचा जाता है (2001) । इन संग्रहों में उनके निबन्धों के साथ कहानियाँ, रेखाचित्र, रिपोर्ताज और संस्मरण भी शामिल हैं। छह खण्डों में प्रकाशित 'परसाई रचनावली' के भाग 3, 4 और 5 में उनके अधिकांश निबन्ध संकलित हैं।

परसाईजी ने विधाओं के परम्परागत ढाँचे को ध्यान में रखकर रचनाएँ नहीं की हैं। उनकी व्यंग्य-कृतियों में निबन्ध, कहानी, रेखाचित्र, डायरी, संस्मरण, रिपोर्ताज आदि की विशेषताएँ देखी जा सकती हैं। लेकिन फिर भी विचार-सूत्रों को लेकर चलनेवाली और किसी घटना या परिस्थिति का विश्लेषण करके उस पर अपनी सतर्क प्रतिक्रिया व्यक्त करनेवाली रचनाओं को निबन्ध के रूप में पहचाना जा सकता है। इस दृष्टि से उनकी अधिकांश रचनाएँ निबन्ध की कोटि में ही रखी जाएँगी।

वर्गीकरण—हरिशंकर परसाई के निबन्धों का वर्गीकरण करने के लिए उनकी व्यंग्यात्मकता को आधार बनाया जा सकता है। यद्यपि उनके अधिकांश निबन्ध व्यंग्यात्मक हैं और परसाईजी की पहचान उन्हीं से है लेकिन उनके परवर्ती निबन्धों में व्यंग्यात्मकता क्षीण हो जाती है और लेखक सीधे-सीधे विवरणात्मक और विश्लेषणात्मक लहजे में अपनी बात कहता है। इस प्रकार उनके संग्रह 'आवारा भीड़ के खतरे' के सभी और 'ऐसा भी सोचा जाता है' के अधिकांश अव्यंग्यात्मक निबन्धों को एक वर्ग में रखा जा सकता है तथा पूर्ववर्ती व्यंग्यात्मक निबन्धों को दूसरे वर्ग में।

परसाईजी के अधिकांश निबन्ध ललित निबन्ध कहे जा सकते हैं। ललित निबन्ध की आत्मपरकता, किसी साधारण विषय को बहाना बनाकर उसके जरिये मानव-जगत

के विभिन्न परिदृश्यों, पहलुओं पर स्वच्छन्द विचरण करने की लेखक की प्रवृत्ति उनके निबन्धों में उपस्थित है। लेकिन ललित निबन्ध में हृदय तत्त्व या भावुकता को जो महत्त्वपूर्ण स्थान दिया जाता है, उसका परसाईजी के निबन्धों में अभाव है। लेखक की प्रवृत्ति भावुकता से अलग रहकर सूक्ष्म बौद्धिक विश्लेषण की है और उसके व्यंग्य-प्रहार कठोर होते हैं। इस प्रकार लेखक के निबन्ध ललित निबन्ध की प्रमुख विशेषताओं से युक्त होने पर भी परम्परागत ललित निबन्ध से हटकर हैं।

परसाईजी के निबन्धों की विषयवस्तु के आधार पर उन्हें राजनीतिक, प्रशासन-तन्त्र सम्बन्धी, धार्मिक, सामाजिक, सांस्कृतिक, मनोवैज्ञानिक आदि वर्गों में बाँटा जा सकता है। यद्यपि ऐसी विभाजक रेखाएँ बहुत बार धुँधली पड़ जाती हैं जब परसाईजी एक ही निबन्ध में उपर्युक्त में से कई विषयों का समावेश करते हैं लेकिन अध्ययन की सुविधा के लिए हम इन वर्गों के अन्तर्गत ही परसाईजी के निबन्धों का परिचय प्राप्त करेंगे—

1. राजनीतिक—हरिशंकर परसाई के निबन्धों में एक बड़ी संख्या ऐसे निबन्धों की है जिनकी विषयवस्तु राजनीतिक है। समसामयिक राष्ट्रीय और अन्तरराष्ट्रीय राजनीतिक घटनाक्रम पर परसाईजी पैनी नजर रखते थे। कठोर व्यंग्य के कशाघातों से उन्होंने भ्रष्ट, शोषक और संवेदनहीन राजनीतिक व्यवस्था और राजनीतिज्ञों के चरित्र की धज्जियाँ उड़ायी हैं। राजनीति को साहित्य के बाहर की चीज माननेवालों का परसाईजी स्पष्ट विरोध करते हैं। उनका मानना था कि अगर साहित्य जनसामान्य से जुड़ा है तो वह राजनीति से अलग नहीं रह सकता क्योंकि आज जनता की नियति निर्धारित करनेवाली सबसे बड़ी शक्ति राजनीति है। लेकिन सार्थक राजनीतिक व्यंग्य लिखना बहुत आसान नहीं है। अपनी सम्पादित पुस्तक 'रामानुजलाल श्रीवास्तव—प्रतिनिधि रचनाएँ' में वे लिखते हैं—"राजनैतिक व्यंग्य के लिए सतर्क जाग्रत मानस और उच्चकोटि की राजनैतिक चेतना आवश्यक होती है। साथ ही स्वस्थ दृष्टि भी जरूरी है। राजनैतिक सूझ-बूझ से दैनन्दिन घटित होनेवाली घटनाओं को ग्रहण करके, उन्हें ठीक दृष्टि से अर्थान्वित करके उनमें छिपे स्थिति के व्यंग्य को सामने लाना बड़ी क्षमता की माँग करता है।" निस्सन्देह परसाईजी में यह क्षमता भरपूर थी जिसे उनके बैरंग शुभकामना और जनतन्त्र, चुनाव के ये अनन्त आशावान, उतर गयी लाल टोपी, नफरत की राजनति, सर्कस मण्डली का शासन, विधायकों की महँगी गरीबी, रेगन गरम और ठण्डे, बाई जीसस, बाई जार्ज आदि निबन्धों में देखा जा सकता है।

स्वतन्त्रता प्राप्ति के पूर्व लम्बे समय से भारत का राजनीतिक परिदृश्य दासता और उत्पीड़न का था। लम्बे स्वाधीनता संग्राम के बाद देश को स्वतन्त्रता प्राप्त हुई और यहाँ संवैधानिक लोकतन्त्र की स्थापना हुई। आशा की गयी थी कि देश के नये शासक जनता के वास्तविक प्रतिनिधि होंगे और वे शोषण, अन्याय का खात्मा करके स्वतन्त्रता,

समानता और समृद्धि लायेंगे लेकिन शीघ्र ही देशवासियों ने महसूस किया कि स्वतन्त्रता मिलने के बाद सत्ताधारियों के चेहरे भले बदल गये, उनके चरित्र में कोई विशेष बदलाव नहीं आया। परसाई-जैसे जागरूक बुद्धिजीवी ने इस कड़वी सच्चाई को बेहिचक सामने रखा—''हम लोगों ने कहा अहिंसक क्रान्ति हो गयी। बाहरवालों ने कहा—यह 'ट्रान्सफर ऑफ पावर' है, सत्ता का हस्तान्तरण। मगर सच पूछो तो यह 'ट्रान्सफर ऑफ डिश' हुआ। थाली उनके सामने से इनके सामने आ गयी। वे देश को पश्चिमी सभ्यता के सलाद के साथ खाते थे, ये जनतन्त्र के अचार के साथ खाते हैं।'' अपने निबन्ध 'धर्मक्षेत्रे-कुरुक्षेत्रे' में परसाईजी दिखाते हैं कि लोकतन्त्र के प्रमुख अंग 'निर्वाचन' को बेईमान राजनेताओं ने भारतीय जनता के पिछड़ेपन का फायदा उठाकर पूरी तरह दूषित कर दिया है और अब इस पद्धति से जनहितैषी नहीं बल्कि जनविरोधी सत्ता में आते हैं। राजनेताओं की सत्ता, लोलुपता, भ्रष्टाचार, जाति-क्षेत्र-सम्प्रदाय से जुड़ी जनता की भावनाओं को भड़काकर अपना स्वार्थ सिद्ध करने की दुष्प्रवृत्ति और बाहर से गाँधीवाद और समाजवाद के सिद्धान्तों का मुखौटा पहने रहने के उनके काइयाँपन को नंगा करनेवाली अनेक व्यंग्योक्तियाँ परसाईजी के निबन्धों में उपस्थित हैं।

राष्ट्रीय के साथ अन्तरराष्ट्रीय राजनीतिक स्थितियों पर भी परसाईजी बराबर नजर रखते थे। वे समझते थे कि संचार क्रान्ति के आधुनिक युग में कोई भी देश, वह भी भारत जैसा विकासशील देश अन्तर्राष्ट्रीय परिस्थितियों से बेखबर रहकर विकास नहीं कर सकता। 'राष्ट्रीय स्वाधीनता-दिवस पर' में वे लिखते हैं—''राष्ट्रीयता को अन्तर्राष्ट्रीयता के साथ चलना चाहिए। अब विज्ञान, तकनीक इतनी तेजी से बढ़ रहे हैं, आवागमन के साधन इतने तीव्र हैं, संवाद और संचार के साधन इतने अधिक हैं कि अन्तरराष्ट्रीयता अब राष्ट्रीयता के साथ अनिवार्य हो गयी है।'' परसाईजी इस सच्चाई से वाकिफ थे कि बिटिश साम्राज्य के ध्वस्त हो जाने के बाद भी विश्व राजनीति में साम्राज्यवादी प्रवृत्तियाँ समाप्त नहीं हुई हैं। भारत की प्रगति को बाधित करने के इच्छुक ऐसे देशों के षडयन्त्र को परसाईजी ने अनेक स्थलों पर उद्घाटित किया है, जैसे 'इतिहास का सबसे बड़ा जुआ' में —''दुर्योधन बोलता है—दाँव मैं लगाऊँगा पर पाँसे मेरी तरफ से मामा शकुनि फेंकेंगे। भला बताइये ऐसा भी होता है कि दाँव एक लगाये और पाँसा दूसरा फेके ! मैंने कहा—होता है रे ! पॉलिटिक्स में होता है। देखा नहीं कि दाँव याहिया खाँ ने लगाया और पाँसे निक्सन तथा माओ ने फेंके—दो शकुनि मामा। हम भी अगर युधिष्ठिर जैसे बने रहते तो हमारा भी कबाड़ा हो जाता।''

2. प्रशासन तंत्र सम्बन्धी—देश के आम आदमी की दुर्दशा के लिए यहाँ का प्रशासन-तन्त्र राजनेताओं से कम जिम्मेदार नहीं है। यहाँ की नौकरशाही, पुलिस और न्यायिक ढाँचा अंग्रेजों की देन है जो इनका इस्तेमाल शोषण और दमनचक्र चलाये रहने

के लिए करते थे। विडम्बना यह है कि स्वतन्त्र भारत के निर्वाचित शासकों ने भी इनका इस्तेमाल पुराने औपनिवेशिक शासकों की भाँति ही किया। इस व्यवस्था और इसके अंग, भ्रष्ट, अमानवीय और मदान्ध अधिकारियों-कर्मचारियों पर परसाईजी ने अपने ठिठुरता हुआ गणतन्त्र, शिकायत मुझे भी है, नागयज्ञ, बेचारा भ्रष्टाचार, बम्बई में पुलिस-दादा प्रेमलीला, कचहरी जानेवाला जानवर, न्याय का दरवाजा आदि निबन्धों में कड़ी चोटें की हैं।

भ्रष्ट प्रशासनिक अधिकारियों ने राजनीतिज्ञों, तस्करों, कालाबाजारियों और गुण्डों से दुरभिसन्धि करके देश की समस्याओं को बढ़ाने में पूरा योगदान किया है। 'ठिठुरता हुआ गणतन्त्र' में परसाईजी प्रधानमन्त्री द्वारा समाजवाद के आगमन की घोषणा पर कल्पना करते हैं कि हमारे यहाँ प्रशासन-तन्त्र किस तरह प्रधानमन्त्री की घोषणा को लागू करेगा। वे इस काल्पनिक कथा में यह दिखाते हैं कि वर्तमान व्यवस्था के रहते समाजवाद आना असम्भव है। 'शिकायत मुझे भी है' में परसाईजी इस तन्त्र के चंगुल में फँसकर देश की प्रतिभाओं का दम तोड़ना और उनका पलायन दिखाते हैं–"भई ये तुम्हारे प्रतिभावान लोग एल०डी०सी० और यू०डी०सी० को बरकाकर निकलना चाहते हैं। एक वैज्ञानिक को मैंने चिपका दिया था। एक दिन वह बड़ी फुर्ती में कहीं चला जा रहा था। हमारे एल०डी०सी० ने उसे पकड़ लिया। पूछा–'कहाँ जा रहे हो?' उसने कहा 'प्रयोगशाला। एक बढ़िया चीज सूझ गयी है।' एल०डी०सी० ने उसका हाथ पकड़कर कहा–'ऐसे नहीं जा सकते। थ्रू प्रापर चैनल जाओ, लौटो।' वह 'थ्रू प्रापर चैनल' समझा ही नहीं। वह उसे इंग्लिश चैनल समझा और पार कर गया।"

भारतीय पुलिस आज भी औपनिवेशिक विरासत को सँभाले हुए है। ब्रिटिश शासकों ने पुलिस को जनता की आवाज को दबाने का हथियार बनाया और उसे भ्रष्टाचार की पूरी छूट दी। स्वतन्त्रता के बाद भी इस स्थिति में कोई बदलाव नहीं आया। मुम्बई में अपराधी तत्त्वों के साथ जश्न मनाते पुलिस अधिकारियों की वीडियो फिल्म सामने आने की घटना पर परसाईजी ने 'बम्बई में पुलिस-दादा प्रेमलीला' निबन्ध लिखा जिसमें उन्होंने भारतीय पुलिस के इस चरित्र पर कठोर प्रहार किये है–"साधो, सारे देश के लोग जानते हैं कि पुलिस के सहयोग के बिना अपराध नहीं होते। रेल के डिब्बे में अगर पुलिस बार-बार आये तो समझदार यात्री दूसरे डिब्बे में चले जाते हैं। वे समझ जाते हैं कि इस डिब्बे में चोरी होगी।"

पुलिस और प्रशासनिक अधिकारियों के भ्रष्ट होने से कहीं ज्यादा दुःखद है न्याय-व्यवस्था का भ्रष्ट होना। इससे यह सुनिश्चित हो जाता है कि आम आदमी का शोषण और उत्पीड़न अबाध रूप से जारी रहेगा। 'कचहरी जानेवाला जानवर' में भारतीय न्याय-व्यवस्था की बखिया उधेड़ी गयी है। न्यायालयों में न्याय की अन्तहीन

प्रतीक्षा, झूठे सबूत और गवाह बनाना और धन की शक्ति किस तरह न्याय को अन्याय बना देते हैं, परसाईजी सामने लाते हैं—"लेकिन वन से लौटे पाण्डव अगर जैसे-तैसे कोर्ट फीस चुका भी देते तो वकीलों की फीस कहाँ से देते, गवाहों को पैसे कहाँ से देते? और कचहरी में धर्मराज का क्या हाल होता? वे क्रॉस-एक्जामिनेशन के पहले ही झटके में उखड़ जाते। सत्यवादी भी कहीं मुकदमा लड़ सकते ! युद्ध में तो अठारह दिन में फैसला हो गया, कचहरी में अठारह साल भी लग जाते और जीतता दुर्योधन ही क्योंकि उसके पास पैसा था। सत्य सूक्ष्म है, पैसा स्थूल है। न्याय-देवता को पैसा दिख जाता है, सत्य नहीं दिखता। शायद पाण्डव मुकदमा लड़ते-लड़ते मर जाते क्योंकि दुर्योधन पेशी बढ़वाता जाता।"

3. धार्मिक—सदियों से धर्म हमारे जनजीवन का मुख्य नियामक तत्त्व रहा है। हमारी कितनी ही सामाजिक, राजनीतिक, सांस्कृतिक, नैतिक परम्पराओं के मूल में धर्म की प्रेरणा रही है। लेकिन विडम्बना यह है कि लम्बे समय से धर्म अपना प्रेरणादायी रूप खो कर अज्ञान, अन्धविश्वास, शोषण और रूढ़िवादिता का रक्षक बना हुआ है और हमारी प्रगति को बाधित कर रहा है। हरिशंकर परसाई-जैसे जागरूक और जनवादी साहित्यकार का ध्यान इस पर केन्द्रित होना स्वाभाविक था। वे अपने निबन्धों—संस्कारों और शास्त्रों की लड़ाई, खुदा से लड़ाई की सजा, इस्लाम के कोड़े, धर्म अभी मरा नहीं है, असामाजिक तत्व कौन? वैर कराते मन्दिर मस्जिद, अन्धविश्वास से वैज्ञानिक दृष्टि, धर्म और सामाजिक परिवर्तन, स्नान आदि में धर्म के ऐतिहासिक विकास, उसके स्वरूप और व्यवहार की निर्धारक शक्तियों, आधुनिक वैज्ञानिक युग में धर्म की स्थिति और भविष्य तथा धर्म की आड़ में चल रहे पाखण्ड, अत्याचार, अन्धविश्वास और प्रगति-विरोध का विश्लेषण करके इसकी विसंगतियों पर तीव्र प्रहार करते हैं।

'धर्म और सामाजिक परिवर्तन' में परसाईजी बताते हैं कि प्रत्येक धर्म का उदय समाज की स्थिति सुधारने के लिए हुआ लेकिन ऐतिहासिक विकासक्रम में प्रत्येक धर्म के साथ यह दुर्घटना हुई कि उस पर सामाजिक परिवर्तन के विरोधी सामन्तों, साम्राज्यवादियों और पूँजीपतियों का कब्जा हो गया। लेखक के अनुसार धर्म की सार्थकता युग के अनुरूप सामाजिक परिवर्तन में सहयोग देने में है और यह प्रत्येक धर्म के मौलिक स्वरूप के अनुकूल भी है क्योंकि दया, करुणा, न्याय, सदाचार आदि सब धर्म सिखाते हैं।

प्रत्येक धर्म के साथ बहुत सी कथाएँ या मिथक जुड़े होते हैं, जो धर्म में श्रद्धालुओं की आस्था दृढ़ करने में सहायक होते हैं और उन्हें धर्मानुकूल आचरण करने को प्रेरित करते हैं। इनके सम्बन्ध में विचार करने पर परसाईजी पाते हैं कि धर्म की प्रगतिशीलता विरोधी भूमिका में इन मिथकों का सबसे बड़ा योगदान है। इसलिए वे विश्वनाथ त्रिपाठी के शब्दों में—"मिथक का प्रयोग मिथक भंजन के लिए करते हैं।" उदाहरण के

लिए 'कन्धे श्रवणकुमार के' में परसाईजी वैष्णवों में प्रचलित भक्त मोरध्वज की कथा पर पूरी शक्ति से प्रहार करते हैं—"हमें तो तीसरी कक्षा में ही उस भक्त की कथा पढ़ा दी गयी थी जो अपने पुत्र को आरे से चीरता है···उस भक्त का नाम मोरध्वज था। ऐसी सारी कथाओं का अन्त ऐसा होता है जिससे चिरनेवालों को प्रोत्साहन मिले। भगवान प्रकट होते हैं और जिस पार्टी का जो नुकसान हुआ है, पूरा कर देते हैं।···कथा के इस अन्त ने न जाने कितनी पीढ़ियों को आरे से चिरवा दिया होगा।"

धर्म के नाम पर जातिवाद, अन्धविश्वास, शोषण, साम्प्रदायिकता आदि को बढ़ावा देनेवालों की परसाईजी जमकर खबर लेते हैं। 'धर्म अभी मरा नहीं है' में परसाईजी दलित वर्ग के एक विधायक को पीटे जाने की घटना का उल्लेख करते हुए ऐसी प्रवृत्तियों को बढ़ावा देने में धर्म की भूमिका को नंगा करते हैं। 'खुदा से लड़ाई की सजा' में वे यह मत व्यक्त करते हैं कि धर्म को शुरू से ही शोषणकारी ताकतों ने शोषण का हथियार बना रखा है। और वे अपने स्वार्थों को चुनौती देनेवालों को धर्म-विरोधी घोषित करके अपने रास्ते से हटा देते हैं। धर्म का प्रयोग साम्प्रदायिक वैमनस्य फैलाने में करनेवालों के बारे में परसाईजी की स्पष्ट धारणा है कि इनका धर्म से वस्तुतः कोई लेना-देना नहीं होता और साम्प्रदायिकता फैलाकर ये अपने राजनीतिक-आर्थिक हित साधते हैं। धर्म के माध्यम से अन्धविश्वासों और भाग्यवाद को बढ़ावा दिया जाना भी परसाईजी के निशाने पर है—"जादू-टोना, टोटका। तन्त्र-मन्त्र। तावीज-भभूत। साधु का आशीर्वाद। ब्राह्मणों को भोजन और दान-दक्षिणा। ग्रह-पूजा। शनि का दान। सदियों से इन निमित्तों ने कर्म का स्थान ले रखा है। कोई समस्या है। उस पर सब तरह से विचार करें। फिर निश्चय के साथ उसे ठीक करने के लिए काम करें। इसमें बड़ी मेहनत लगती है। कर्म लगता है। इसलिए अकर्म के नुस्खे आविष्कृत कर लिये गये हैं जो हमारी जातीय प्रकृति बन गयी है।"

4. भारतीय संस्कृति-सम्बन्धी—परसाई जी संस्कृति की रक्षा, अब यह भारतीय संस्कृति, एक सुलझा आदमी, भारत मानव महासागर तीरे, घायल बसन्त, फिर ताज देखा, सुजलां सुफलां, शर्म! शर्म! संस्कृति आदि निबन्धों में संस्कृति के स्वरूप, भारतीय संस्कृति में आयी विकृतियों और इस पर बाहरी दुष्प्रभावों की चर्चा करते हैं। 'संस्कृति की रक्षा' निबन्ध में वे संस्कृति के स्वरूप को स्पष्ट करते हैं—"संस्कृति न रूढ़ि है, न गलत-सही परम्परा। नृत्य, संगीत, नाट्य, गान संस्कृति नहीं, संस्कृति के उपादान हैं।···संस्कृति जीवन-मूल्यों का समुच्चय है। ऐतिहासिक विकास की प्रक्रिया में मनुष्य जातियाँ इन कल्याणकारी, मंगलमय जीवन-मूल्यों को खोजती हैं, अंगीकार करती हैं और जीवन में प्रतिफलित करती हैं।"

भारतीय संस्कृति की प्राचीनता और महानता का झूठा घमण्ड करने की प्रवृत्ति की लेखक अच्छी तरह खबर लेता है। अपनी कई हजार साल पुरानी संस्कृति के आज भी

जीवित रहने पर हम बड़ा गर्व करते हैं। लेकिन 'हस्ती मिटती नहीं हमारी' में परसाईजी इस गर्व को थोथा साबित करते हैं—"इस जाति में क्या है जो इसकी हस्ती नहीं मिटती? इसमें वही बात है जो पिटनी बहू में है। इस जाति का आदमी पिट लेता है और उत्सव मनाने लगता है। बाहर गड़बड़ हो तो घर के भीतर कोने में छिप जाता है। समुद्र में डर हो तो उबरे में पड़ा रहता है। पांव फैलाने को जगह नहीं माँगता बल्कि पाँव सिकोड़कर सीने से लगाये पड़ा रहता है। ऐसे आदमी की हस्ती कोई नहीं मिटा सकता।"

संस्कृति की उन्नति के नाम पर पुनरुत्थानवादी प्रवृत्तियों को बढ़ावा दिये जाने पर परसाईजी को सख्त एतराज़ है। इसे वे सांस्कृतिक संकट मानते हैं। वर्तमान से आँखें मूँदकर प्राचीन का गुणगान करनेवालों की मानसिकता पर उनका कहना है—"कुछ लोग वर्तमान के सूर्य के प्रकाश में काम करना नहीं चाहते। भूत की चादर ओढ़, टाँगें फैलाकर सो जाते हैं, बौना आखिर अपने पूर्वज की छह फुटी तस्वीर कब तक दिखाता फिरेगा और इससे उसका कद कैसे बढ़ेगा?"

हम भारतीय अपनी संस्कृति की महानता की भले बढ़-चढ़कर बात करें लेकिन इसे लेकर हमारे मन में गहरी हीनभावना है। हम भाषा-भूषा, व्यवहार-शिष्टाचार सबमें अंग्रेज और अमेरिकनों की नकल करते हैं। 'जयपुर में एक गोरी शादी' में परसाईजी इस प्रवृत्ति पर कठोर प्रहार करते हैं। एक अमेरिकी जोड़े द्वारा जयपुर में राजपूत पद्धति से किये गये विवाह पर देश भर में हुई व्यापक चर्चा और प्रसन्नता के मूल में परसाईजी हमारे हीनता बोध को देखते हैं जिसके चलते विदेशियों द्वारा हमारी किसी बात को महत्त्व देने से हम धन्य हो जाते हैं और बिना उनके प्रमाणपत्र के हमें अपनी सभ्यता-संस्कृति की श्रेष्ठ बातों की महत्ता भी समझ में नहीं आती।

परसाईजी का मानना है कि संस्कृति सतत प्रवाहशील होती है। जड़ता और रूढ़िवादिता संस्कृति के पोषक नहीं, नाशक हैं। इसलिए अपनी संस्कृति को सशक्त बनाये रखने के लिए हमें बदलते समय के अनुरूप पुरानी परंपराओं को छोड़ने और नयी परम्पराओं को अपनाने के लिए सदैव तैयार रहना चाहिए।

शिक्षा संस्कृति का मुख्य उपादान है। स्तरीय शिक्षा ही सुसंस्कृत और सभ्य नागरिकों का निर्माण करती है। परसाईजी इस बात को अच्छी तरह समझते थे कि हमारी संस्कृति की बहुत-सी विसंगतियों की जड़ें हमें दी जाने वाली गलत और अपर्याप्त शिक्षा में हैं। इसीलिए वे हमारी शिक्षा-व्यवस्था, विशेषकर उच्च शिक्षा की खामियों और भ्रष्टता की बार-बार चर्चा करते हुए इसमें आमूल परिवर्तन की वकालत करते हैं। स्कूली शिक्षा के बारे में परसाईजी का मानना था कि शुरू से ही बच्चों को दी जानेवाली शिक्षा वास्तव में उनके व्यक्तित्व के विकास को बाधित करती है और इस

तरह शिक्षा के मूल उद्देश्य पर ही कुठाराघात करती है। उच्च शिक्षा-जगत् से जुड़ी समस्याओं को परसाईजी बार-बार और विस्तार से सामने लाते हैं। उदाहरण के लिए अपने निबन्ध 'प्राइवेट कॉलेज का घोषणापत्र' में वे दिखाते हैं कि कैसे शुद्ध व्यावसायिक दृष्टिकोण से कॉलेज खोले जाते हैं। इस क्रम में काला धन सफेद किया जाता है और चन्दे से बहुत-सा धन उगाहा जाता है। कॉलेज खोलनेवाले उसके प्रबन्धन पर अपना और अपनी भावी पीढ़ियों का कब्जा सुनिश्चित कर लेते हैं और वहाँ के अध्यापकों-कर्मचारियों और छात्रों का शोषण करना तथा कॉलेज की चल-अचल सम्पत्ति का मनमाना दुरुपयोग करना ही उनका लक्ष्य होता है। ऐसी शिक्षण संस्थाएँ राष्ट्र के निर्माण में क्या योगदान करेंगी, समझना कठिन नहीं है।

5. सामाजिक—हरिशंकर गहन सामाजिक सरोकारों के लेखक थे। अपने प्रेम की बिरादरी, वो जरा वाइफ हैं न, माना कि रहेंगे दिल्ली, ऊँची जातियों का आरक्षण, विज्ञापन में बिकती नारी, बाजार भाव पति का, माँ और भाई, कबीर समारोह, क्यों नहीं आदि निबन्धों में उन्होंने हमारे समाज की नब्ज पकड़ी है और उसकी कमजोरियों, बुराइयों को उजागर करते हुए उन पर तीव्र प्रहार किये हैं। परसाईजी वर्गभेद-मुक्त और शोषणरहित प्रबुद्ध समाज का स्वप्न देखते थे। इसीलिए वे हर प्रतिगामी परम्परा या शक्ति के विरोध में खड़े नजर आते हैं।

जातिवाद भारतीय समाज के एकीकरण और प्रगति के मार्ग में सबसे बड़ा रोड़ा है। सामाजिक अन्तर्वस्तुवाले अपने निबन्धों में परसाईजी ने जातीय वैमनस्य, उच्च कही जानेवाली जातियों के झूठे अहंकार तथा कथित निम्न जातियों के प्रति उनके शोषक और अत्याचारी रवैये पर कसकर चोटें की हैं। 'ऊँची जातियों का आरक्षण' में वे दलित और पिछड़े वर्गों को दी जानेवाली आरक्षण और अन्य सुविधाओं को जायज ठहराते हैं तथा ऊँची जातियों के सदस्यों द्वारा इनके विरोध को खारिज करते हैं। जातिवादी कट्टरता के शिकंजे से प्रेम-जैसी उदात्त भावना और विवाह-जैसा निजी निर्णय भी मुक्त नहीं है। 'प्रेम की बिरादरी' में परसाईजी कहते हैं—"क्या कारण है कि लड़के-लड़की को घर से भागकर शादी करनी पड़ती है? 24-25 साल के लड़के-लड़की को भारत की सरकार बनाने का अधिकार तो मिल चुका है पर अपना जीवनसाथी बनाने का अधिकार नहीं मिला।"

हरिशंकर परसाई भारतीय समाज में स्त्री के दोयम दर्जे और उसके शोषण की स्थिति को उजागर करते हैं तथा समाज की इस प्रवृत्ति की जमकर बखिया उधेड़ते हैं। वे इस बात को स्पष्टता से सामने लाते हैं कि पुरुषवादी सामाजिक व्यवस्था ने स्त्रियों के स्वतन्त्र व्यक्तित्व और क्रियाशक्ति को समाप्त करके उन्हें पुरुष की छाया मात्र बना दिया है और ऐसा समाज प्रगति नहीं कर सकता जिसका आधा हिस्सा पिछड़ा हुआ

और दुर्दशाग्रस्त बना रहे। परसाईजी नारी-स्वातन्त्र्य का शोर करनेवाली पूँजीवादी व्यवस्था के छद्‌म को भी अच्छी तरह समझते हैं और समझाते हैं कि व्यवस्था में स्त्रियों की दशा और गिरेगी क्योंकि यह उन्हें उपभोग की वस्तुमात्र बना देना चाहती है। 'विज्ञापन में बिकती नारी' में हर प्रकार की वस्तुओं के विज्ञापन में सुन्दरी स्त्रियों का प्रयोग देख कर वे ये निष्कर्ष निकालते हैं–

- इस देश की सारी सुन्दरी स्त्रियाँ कम्पनियों की नौकरानियाँ हैं। उनका काम कम्पनी की तरफ से पुरुष को फुसलाना है।
- सुन्दर स्त्री के जीवन का महान् उद्‌देश्य है किसी कारखाने का माल बिकवाना।
- सौन्दर्य की परिभाषा : सौन्दर्य स्त्री की वह मोहिनी शक्ति है जिससे प्रभावित होकर पुरुष रद्‌दी सामान खरीद लेता है।

परसाईजी ने हमारे समाज की हर कुरीति, हर कमजोरी को निशाने पर रखा है। कुरीतियों और बदलते समय के साथ व्यर्थ हो चुकी परम्पराओं से चिपके रहने की प्रवृत्ति को वे उस व्यक्ति की विकृत मनोवृत्ति के तुल्य बताते हैं जो तरह-तरह की बीमारियों को उपलब्धियों की तरह समझता और पेश करता है–"बीमारी बरदाश्त करना अलग बात है, उसे उपलब्धि मानना दूसरी बात। जो बीमारी को उपलब्धि मानने लगते हैं, उनकी बीमारी उन्हें कभी नहीं छोड़ती। सदियों से यह समाज बीमारियों को उपलब्धि मानता आया है और नतीजा यह हुआ है कि यह भीतर से जर्जर हो गया है, मगर बाहर से स्वस्थ होने का अहंकार जताता है।"

समाज के बौद्धिक वर्ग के सदस्य–अध्यापक, पत्रकार, साहित्यकार, दार्शनिक आदि समाज के मार्गदर्शक होते हैं। इसलिए समाज यदि प्रगति के मार्ग पर नहीं है तो उसकी सबसे ज्यादा जिम्मेदारी इसी वर्ग की है। हरिशंकर परसाई इस वर्ग के दोहरे चरित्र, आत्मग्रस्तता और सुविधावादी दृष्टिकोण की बार-बार धज्जियाँ उड़ाते हैं। उन्होंने अध्यापकों पर सबसे ज्यादा व्यंग्य-बाण छोड़े हैं क्योंकि देश के भावी कर्णधारों के निर्माण का दायित्व इनका होता है जिसे ये अपने स्वार्थी और अहंकारी स्वभाव तथा जड़ सोच के चलते ठीक से बिल्कुल नहीं निभा रहे हैं। समाज का दर्पण कहे जानेवाले साहित्य की दुर्दशा पर भी परसाईजी क्षुब्ध हैं जहाँ गुटबन्दी, धन और पद की लिप्सा, समाज से बिल्कुल कट जाने और शोषक तथा भ्रष्ट सत्ताधारियों की जी-हुजूरी करने जैसी प्रवृत्तियों का ही बोलबाला है। वे क्रान्तिकारी और वामपन्थी कहलानेवाले ऐसे बौद्धिकों की असलियत भी सामने लाते हैं जिनकी क्रान्तिकारिता और परिवर्तनकामिता उनकी कोरी लच्छेदार बातों तक ही सीमित है और थोड़ा-सा प्रलोभन मिलने पर वामपन्थ और जनवाद का लबादा उतार फेंकने में इन्हें देर नहीं लगती। परसाईजी के साहित्य और नम्बर दो का कारोबार, हम, वे और भीड़, पत्रकारिता का दौरा, तीसरे दर्जे

के श्रद्धेय, अतिक्रान्तिकारी, बुद्धिजीवियों से मुलाकात आदि निबन्ध समाज के इसी बौद्धिक वर्ग पर केन्द्रित हैं।

6. नैतिक—जीवनमूल्यों और नैतिकता पर केन्द्रित निबन्ध परसाईजी ने बड़ी संख्या में लिखे हैं। इनमें उन्होंने मुख्यतः हमारी नैतिक विकृतियों और ढोंग का खुलासा किया है। वह जो आदमी है न, पगडण्डियों का जमाना, प्रेमपत्र और हेडमास्टर, दूसरों के ईमान के रखवाले, व्यर्थ की बात, अब शुद्ध जहर भी नहीं आदि निबन्ध इसी वर्ग की रचनाएँ हैं।

परसाईजी समाज के उच्चपदस्थ और प्रभावशाली लोगों के नैतिक पतन पर बार-बार निशाना साधते हैं। वे देखते हैं कि समाज का नेतृत्व करनेवाले राजनेता, बुद्धिजीवी, उच्चपदस्थ अधिकारी आदि घोर अनैतिकता में लिप्त हैं। इसीलिए देश की स्थिति यह हो गयी है—"महात्मा गाँधी मार्ग पर सारे ठग रहते हैं। रवीन्द्र मार्ग पर बूचड़-खाना खुला है। परीक्षा में कोई बैठता है और पास दूसरा हो जाता है।...क्षेत्र में काम कोई करता है और टिकिट दूसरे को मिल जाती है। हम किसी को महान् भ्रष्टाचारी घोषित करते हैं और वह सदाचार अधिकारी बना दिया जाता है।"

नैतिकता की जड़ और अव्यावहारिक प्रतिमानों की खिल्ली परसाईजी अक्सर उड़ाते हैं जैसे स्त्री-पुरुष के बीच के सम्बन्ध को पवित्र बनाने का यह तरीका—"नैतिकता के ये फार्मूले बड़े दिलचस्प हैं। जैसे यही कि पाँव छूने से भावना बदल जाती है—"क्यों रे, तू उस औरत को बुरी नजर से देखता है? उसे आज से बहन मानना। चल उसके चरण छू। उसने डरकर चरण छू लिये। नियामक सन्तुष्ट हो गये कि मामला 'पवित्र' हो गया। वे भूल गये कि पाँव शरीर का एक अंग है और उस आदमी की बहुत दिनों से उसे छू लेने की साध पूरी कर दी गयी है।" हमारे देशवासियों की ढोंगी मनोवृत्ति पर परसाईजी को बड़ी कोफ्त होती है जो ऊपर से नैतिकता और आदर्शों की दुहाई बड़े ऊँचे स्वर में देते हैं पर अन्दर की भ्रष्टता और बेईमानी को मनोयोग से कायम रखते हैं—"यही आदमी कहता है कि हम कोई क्रान्ति नहीं करेंगे क्योंकि क्रान्ति में हिंसा होती है। हम अहिंसावादी, दयालु और मानवतावादी लोग हैं। मगर इसी आदमी ने अब तक लगभग बीस लाख हिन्दू-मुसलमान दंगों में मार डाले हैं। इतने में दस क्रान्तियाँ हो जाती हैं। यह आदमी पश्चिम के लोगों को लोभी, भौतिकतावादी वगैरह कहता है मगर यही निर्लोभी आध्यात्मिक आदमी मक्खन में स्याही सोख और बेसन में सोप-स्टोन मिलाकर बेचता है। दवा तक में मिलावट करके वह मौत से अपना मुनाफा बढ़ा लेता है।"

7. मनोवैज्ञानिक—हरिशंकर परसाई के कृतित्व में ऐसे निबन्धों की बड़ी संख्या है जिनमें लेखक की मानव-मनोविज्ञान की गहरी समझ और उसके उद्घाटन की सटीक क्षमता देखी जा सकती है। परसाईजी की ऐसी रचनाएं अन्य बहुत-से मनोवैज्ञानिक या

मनोविश्लेषणवादी कहे जानेवाले रचनाकारों की तरह किताबों में पढ़े गये सिद्धान्तों के आधार पर नहीं हुई है बल्कि उनके पीछे लेखक का व्यापक जीवनानुभव और उसकी सूक्ष्म अन्वीक्षण शक्ति है जैसा कि हम मुन्शी प्रेमचन्द के साहित्य में पाते हैं। उनके निन्दा रस, मखमल की म्यान, बेचारा भला आदमी, दूसरे की महिमा ढोनेवाले, समय काटनेवाले, मुखड़ा क्या देखे फोटू में, मिल लेना, सहानुभूति, भूत के पाँव पीछे आदि निबन्ध इसी कोटि के हैं।

अपने मनोवैज्ञानिक निबन्धों में परसाईजी प्रायः मानव-स्वभाव की कमजोरियों और विकृतियों को निशाना बनाते हैं। उदाहरणार्थ ईर्ष्या-द्वेष, परनिन्दा-जैसी स्वभावगत कमजोरियाँ मानव-स्वभाव में व्यापक रूप से पायी जाती हैं। इन पर परसाईजी अपने निबन्धों में बार-बार कठोरता से प्रहार करते हैं। अपने निबन्ध 'निन्दा-रस' में परसाईजी निन्दकों के विषय में कहते हैं—''कुछ मिशनरी निन्दक मैंने देखे हैं। उनका किसी से वैर नहीं, द्वेष नहीं। वे किसी का बुरा नहीं सोचते। पर चौबीसों घण्टे वे निन्दा-कर्म में बहुत पवित्र भाव से लगे रहते हैं। उनकी नितान्त निर्लिप्तता, निष्पक्षता इसी से मालूम होती है कि वे प्रसंग आने पर अपने बाप की पगड़ी भी उसी आनन्द से उछालते हैं जिस आनन्द से अन्य लोग दुश्मन की। निन्दा इनके लिए टॉनिक होती है।''

मानव-मन की निर्बलताओं पर परसाईजी हमेशा प्रहार ही नहीं करते, अक्सर इनसे ग्रस्त लोगों की बेचारगी को स्पष्ट करके वे उनके प्रति सहानुभूति दर्शाते हैं। उदाहरण के लिए 'समय काटनेवाले' में वे रिटायर्ड लोगों के समय काटने के तौर-तरीकों पर चुटकियाँ लेते हैं, लेकिन उनकी परेशानी समझकर उनसे सहानुभूति भी रखते हैं—''पर वे नाराज न हों। मैं उनका मजाक नहीं उड़ा रहा हूँ। उनकी तकलीफ को समझने की कोशिश कर रहा हूँ। रिटायर्ड आदमी की यह समस्या मानवीय और सामाजिक है। समाज का एक हिस्सा हमेशा गिरे मन का, नकुछपन के बोध से भरा सिर्फ समय का बोझ ढोता रहे, यह अच्छा नहीं। समाज का भविष्य इस बात पर निर्भर है कि वह अपने रिटायर्ड लोगों का क्या करता है। अगर कुछ नहीं करता तो रिटायर्ड वृद्ध काम करते युवा के काम में दखल देगा और समाज की कर्म-शक्ति घटेगी।''

परसाईजी की पैनी दृष्टि और सूक्ष्म विश्लेषण क्षमता उन्हें मनोवृत्तिगत विकृतियों का खुलासा और उन पर चोट करके ही सन्तुष्ट नहीं होने देती बल्कि उन्हें ऐसी मनोवृत्तियों की तह में पहुँचाकर इनके उद्गम और पल्लवन का कारण स्पष्ट करती है तथा इनसे मुक्ति का उपाय भी बताती है; जैसे 'निन्दा-रस' में निन्दा सम्बन्धी यह विश्लेषण—''निन्दा का उद्गम ही हीनता और कमजोरी से होता है। मनुष्य अपनी हीनता से दबता है। वह दूसरों की निन्दा करके ऐसा अनुभव करता है कि वे सब निकृष्ट हैं और वह उनसे अच्छा है। उसके अहं की इससे तुष्टि होती है। बड़ी लकीर

को कुछ मिटाकर छोटी लकीर बड़ी बनती है। ज्यों-ज्यों कर्म क्षीण होता जाता है, त्यों-त्यों निन्दा की प्रवृत्ति बढ़ती जाती है। कठिन कर्म ही ईर्ष्या-द्वेष और इनसे उत्पन्न निन्दा को मारता है।'' ऐसे स्थलों पर परसाईजी के निबन्ध मनोविकार-सम्बन्धी आचार्य रामचन्द्र शुक्ल के गहन विचारात्मक निबन्धों की कोटि में खड़े दिखायी देते हैं।

परसाई के निबन्ध : कथ्यगत वैशिष्ट्य

हरिशंकर परसाई के निबन्धों की अन्तर्वस्तु पर ध्यान देने पर इनकी जो प्रमुख विशेषता ध्यान खींचती है, वह है इनका किसी-न-किसी रूप में समकालीन घटनाओं से सम्बन्धित होना। विश्वनाथ त्रिपाठी के अनुसार—''परसाई वर्तमानता के रचनाकार हैं। इस कथन का मतलब केवल यह नहीं कि उनके लेखन में आजादी के बाद की स्थितियों का चित्रण है। वर्तमानता उनकी रचनाधर्मिता के केन्द्र में है। वह रचनात्मक मूल्य बन गयी है।'' परसाईजी अपने परिवेश से कटकर शाश्वत मूल्यवाला साहित्य रचे जाने की बात को छद्म और धोखाधड़ी मानते थे। उनके शब्दों में—''शाश्वत लिखनेवाले तुरन्त मृत्यु को प्राप्त होते हैं। अपना लिखा जो रोज मरता देखते हैं, वही अमर होते हैं। जो अपने युग के प्रति ईमानदार नहीं है वह अनन्तकाल के प्रति क्या ईमानदार होगा।'' परसाईजी के निबन्धों में उल्लिखित घटनाएं और उनमें आनेवाले व्यक्ति वास्तविक और समकालीन हैं। उनके राजनीतिक, सामाजिक, धार्मिक या साहित्यिक हर प्रकार की विषयवस्तुवाले निबन्धों के विषय में यह सत्य है।

हरिशंकर परसाई मार्क्सवादी विचारधारा से जुड़े थे। मार्क्सवाद का प्रभाव उनकी क्रान्तिकारी जनवादी चेतना के रूप में तो स्पष्ट है ही, साथ-ही इस प्रभाव से उन्होंने विचार करने की ऐतिहासिक-वैज्ञानिक दृष्टि विकसित की। इसीलिए वे समकालीन विषयों पर चर्चा करते हुए भी उनकी ऐतिहासिक पृष्ठभूमि पर तार्किक और क्रमबद्ध रूप से विचार करते हैं तथा उनकी समग्र और सम्पूर्ण समझ विकसित करते हैं। जैसे 'अन्धविश्वास से वैज्ञानिक दृष्टि' में परसाईजी प्राचीन सम्मानित ग्रन्थों को ऐतिहासिक परिप्रेक्ष्य में देखकर समझने पर बल देते हैं—''शास्त्रों, स्मृतियों, पुराणों को ऐतिहासिक परिप्रेक्ष्य में नहीं समझने से भूलें होती हैं, गलत निष्कर्ष निकलते हैं। शास्त्र, स्मृति, पुराण औद्योगिक सभ्यता के युग में नहीं लिखे गये, कृषि-सभ्यता के युग में लिखे गये थे। उन्हें जैसे का तैसा आज लागू करना सम्पूर्ण जाति के आत्मघात का प्रयास है। कब लिखा, किसने लिखा, किसके हित के लिए लिखा, उत्पादन के साधन क्या थे, वे किन हाथों में थे—इन सब बातों को समझे बिना शास्त्रों और स्मृतियों के उद्धरण देकर समाज के एक हिस्से को उसके मानवीय अधिकारों से वंचित करना अज्ञान तो है ही, कुछ लोगों की स्वार्थपरता है।''

परसाईजी का लेखन उद्देश्यपरक था। उनके व्यंग्य का उद्देश्य मजाक उड़ाना या अपमानित और लान्छित करना न होकर मानव-जीवन की विडम्बनाओं-विसंगतियों को समाप्त करके शोषणमुक्त और सुखी समाज के निर्माण का मार्ग दिखाना था। इसलिए उनके निबन्धों में सर्वत्र वर्तमान परिस्थितियों के प्रति आक्रोश और विद्रोही चेतना के दर्शन होते हैं। यह आक्रोश और विद्रोह-भावना ध्वंसात्मक और निरुद्देश्य नहीं बल्कि सोद्देश्य और रचनात्मक है। भ्रष्ट और पतनशील राजनीतिक, आर्थिक, सामाजिक व्यवस्था हो या मानवीय चरित्र; परसाई इन सबके प्रति आक्रोशित और विद्रोह की मुद्रा में रहते हैं। जैसे, बहुप्रशंसित 'श्रद्धा' मनोभाव के बारे में उनका यह कथन—"और फिर श्रद्धा का यह कोई दौर है देश में? जैसा वातावरण है, उसमें किसी को भी श्रद्धा रखने में संकोच होगा। श्रद्धा पुराने अखबार की तरह रद्दी में बिक रही है। विश्वास की फसल को तुषार मार गया। इतिहास में शायद कभी किसी जाति को इस तरह श्रद्धा और विश्वास से हीन नहीं किया गया होगा।...अपने श्रद्धालुओं से मैं कहना चाहता हूँ—यह चरण छूने का मौसम नहीं, लात मारने का मौसम है। मारो एक लात और क्रान्तिकारी बन जाओ।"

हरिशंकर परसाई के अनुसार अच्छे व्यंग्य में करुणा की अन्तर्धारा होती है। इसी गुण के कारण रूसी कथाकार चेखव उनके प्रिय लेखक हैं। यह करुणा की अन्तर्धारा परसाईजी के निबन्धों में भी प्रवहमान है। वे कभी भावुक नहीं होते लेकिन उनके अन्दर शोषितों-पीड़ितों के प्रति सहानुभूति और करुणा अवश्य विद्यमान है, जिसे आसानी से लक्षित किया जा सकता है। उदाहरणार्थ "अन्न की मौत' निबन्ध का यह अंश—"चाचा जब उस लोक पहुँचे होंगे तो वहाँ वालों ने पूछा होगा, 'कहिए पंडित श्यामलाल परसाई, कितने किलो पर चले आए?' चाचा ने कहा होगा—"भैया हम तो रुपये के ढाई किलो पर ही चले आये। पता नहीं आगे क्या हो। जीनेवाले भुगतें।" पिता ने जो रुपये के बीस सेर पर ही चले गये थे, जब सुना होगा तो परेशान हुए होंगे कि बच्चे बड़ी मुसीबत में हैं।"

हास्य और व्यंग्य शब्दों का प्रयोग प्रायः एक साथ ही किया जाता है। ज्यादातर व्यंग्यकारों की कृतियों को हास्य-व्यंग्य की श्रेणी में रखा जा सकता है। लेकिन परसाईजी के व्यंग्य का तेवर कुछ ऐसा है कि उसमें हास्य के लिए जगह कम बन पाती है। फिर भी उनकी रचनाओं में जगह-जगह शुद्ध हास्य के छींटे विद्यमान हैं जिससे उनकी मनोरमता और रोचकता बढ़ जाती है। उदाहरणार्थ 'टेलीफोन' निबन्ध का यह अंश—"आदमी जूते की मार को एक साल में भूल जाता है, चाँटा छह महीने में भूल जाता है, गाली एक महीने में भूल जाता है और फोकट फोन करने की बात एक हफ्ते में भूल जाता है। इस तरह हर फोन से महीने में चार बार मुफ्त बात की जा सकती है।"

शिल्पगत वैशिष्ट्य

हरिशंकर परसाई ने शिल्प की दृष्टि से निबन्ध के ढाँचे में अभूतपूर्व परिवर्तन किया। यहाँ तक कि 'व्यंग्य' नामक एक अलग विधा की ही बात होने लगी। हालाँकि खुद परसाईजी इससे सहमत नहीं हैं—"व्यंग्य विधा नहीं है जैसे नाटक, कहानी या उपन्यास। व्यंग्य का कोई निश्चित स्ट्रक्चर नहीं है। वह निबन्ध, कहानी, नाटक, विधाओं में लिखा जाता है। व्यंग्य इस कारण स्पिरिट है।" उनके निबन्धों में व्यंग्य के सभी उपकरणों का चामत्कारिक विनोद-वचन (Wit), व्याजोक्ति (Irony), उपहास (Sarcasm), व्याकृति (Buslesque) तथा आक्षेप (Canpoon) का कुशल प्रयोग देखा जा सकता है।

परसाईजी को अपने आदर्श रचनाकार कबीर की ही तरह कलात्मक सौष्ठव की कोई परवाह नहीं है। इसी से उनके निबन्धों में कहानी, रेखाचित्र, संस्मरण, पत्र, डायरी और रिपोर्ताज के तत्त्व भी आ जाते हैं। उदाहरण के लिए 'सोने का सांप' निबन्ध में एक पूरी कहानी शामिल है, 'मुक्तिबोध : एक संस्मरण' और 'गर्दिश के दिन' जैसे निबन्ध संस्मरणात्मक हैं, 'और अंत में' शीर्षक से संकलित निबन्ध पत्रात्मक है तथा 'फिर उसी नर्मदा मैया की जय' रिपोर्ताज शैली में लिखा गया है। उनके निबन्धों में कविता और रेखाचित्र के तत्त्व भी मिलते हैं। डॉ० श्यामसुन्दर मिश्र के अनुसार—"परम्परागत निबन्ध परिभाषाओं में हरिशंकर परसाई को नहीं बाँधा जा सकता। उनके निबन्धों में कहानी, कविता और रेखाचित्रों—जैसे लगते अंश एक दूसरे से गुंथे रहते हैं। निबन्ध के भीतर कहानी और कहानी के भीतर निबन्ध का होना तो आम बात है। वे किसी चरित्र को शब्दों से उकेर रहे होते हैं कि इसी बीच अपनी ओर से उसके टाइप का आकलन भी करते हैं। इस तरह रेखाचित्र के भीतर निबन्ध घुस जाता है। अनुभव और विचारों की परिणति प्रायः बिम्बों में हो जाने से निबन्ध कविता की तरह ढल जाते हैं।"

परसाईजी के निबन्धों में प्रायः 'मैं' नामक एक पात्र उपस्थित है जो निबन्ध को आगे बढ़ाता है। यह पात्र कहीं वास्तव में हरिशंकर परसाई हैं तो कहीं व्यवस्था से पीड़ित सामान्यजन, कहीं शोषक प्रगतिविरोधी शक्तियों का प्रतिनिधि। कहीं यह नैतिक और सहृदय है तो कहीं लोलुप और काइयाँ। यह पात्र उनके निबन्धों को संस्मरण या कहानी के नजदीक ले जाता है। आत्मपरक निबन्ध पहले भी लिखे गये थे लेकिन आत्मपरकता की सम्भावनाओं का ऐसा सदुपयोग परसाई के पहले और किसी ने नहीं किया।

शैली-प्रयोग की दृष्टि से परसाईजी के निबन्ध-साहित्य पर विचार करने पर, चकित कर देनेवाला विस्तार और गहराई देखने में आती है। निबन्धों की परम्परागत शैलियाँ तो उनके साहित्य में उपस्थित हैं ही, बिल्कुल नये और क्रान्तिकारी प्रयोग भी देखे जा

सकते हैं। विचारात्मक निबन्धों में प्रयुक्त व्यास और समास तथा आगमन और निगमन शैलियाँ तथा भावात्मक निबन्धों में दर्शित होने वाली धारा और तरंग शैलियों का प्रयोग परसाईजी के निबन्धों में देखा जा सकता है—

व्यास शैली—"उपयोगिता से आरम्भ होकर बात भावनात्मक स्तर तक लायी जाती है। इतनी भूमि हमारी है, इसके उत्पादन का हम उपभोग करेंगे, दूसरा इसका उपभोग नहीं करेगा—यह उपयोगितावाद हुआ। फिर यह हमारा राष्ट्र है, यह पवित्र भूमि है, इसका कण-कण पवित्र है, हम प्राण देकर भी इसके कण-कण की रक्षा करेंगे—यह भावात्मकता हुई।" ('राष्ट्रीय स्वाधीनता दिवस पर')

समास या सूत्रशैली—"इस देश के बुद्धिजीवी सब शेर हैं पर वे सियारों की बारात में बैण्ड बजाते हैं।" ('कर कमल हो गये')

"गणतन्त्र को उन्हीं हाथों की ताली मिलती है जिनके मालिक के पास हाथ छिपाने के लिए गर्म कपड़ा नहीं है।" ('ठिठुरता हुआ गणतन्त्र)

आगमन—"पिछले 17 सालों से मोटे होनेवालों ने ऐसी परम्परा डाली है कि ईमानदार को मोटे होने में डर लगता है। स्वस्थ रहने की हिम्मत नहीं होती। मेरे एक दोस्त ने मुझे बताया है कि जिनकी तोंदें इन 17 सालों में बढ़ी हैं, जिनके चेहरे सुर्ख हुए हैं, जिनके शरीर पर मांस आया है, जिनकी चर्बी बढ़ी है—उनके भोजन का एक प्रयोगशाला में विश्लेषण करने पर पता चला है कि वे अनाज नहीं खाते थे; चन्दा, घूस, काला पैसा, दूसरे की मेहनत का पैसा या पराया धन खाते थे। इसलिए जब कोई मोटा होता दिखता है तो सवाल उठते हैं। कोई विश्वास नहीं करता कि आदमी अपनी मेहनत से ईमान का पैसा खाकर भी मोटा हो सकता है।" ('बेईमानी की परत')

निगमन—"दया की भी शर्तें होती हैं। 'सोसाइटी फॉर द प्रिवेन्शन ऑफ क्रुएल्टी टु एनिमल्स' यानी जानवरों पर होनेवाली क्रूरता पर रोक लगाने वाले संगठन के एक सदस्य ने बर्फ तोड़ने के कीले से कोंच-कोंचकर अपनी बीबी को मार डाला था। हर प्राणी दया का पात्र है बशर्ते वह अपनी बीबी न हो।" ('समय काटनेवाले')

धारा—"बाल की जड़ बहुत गहरी नहीं होती। हृदय से तो उगता नहीं है यह ! यह सतही है, बेमानी। यौवन सिर्फ काले बालों का नाम नहीं है। यौवन नवीन भाव, नवीन विचार, ग्रहण करने की तत्परता का नाम है, यौवन साहस, उत्साह, निर्भयता और खतरे भरी जिन्दगी का नाम है; यौवन लीक से बच निकलने की इच्छा का नाम है और सबसे ऊपर बेहिचक बेवकूफी करने का नाम यौवन है।" ('पहला सफेद बाल')

तरंग—"बसन्त अपने-आप नहीं आता। उसे लाया जाता है। सहज आनेवाला तो पतझड़ होता है, वसन्त नहीं। अपने-आप तो पत्ते झड़ते हैं। नये पत्ते तो वृक्ष का प्राण-रस पीकर पैदा होते हैं। बसन्त यों नहीं आता। शीत और गरमी के बीच से जो जितना बसन्त निकाल सके, निकाल ले।" ('घायल वसंत')

उपर्युक्त परम्परागत शैलियों के अतिरिक्त परसाईजी वार्त्तालाप, व्याख्यान, इतिवृत्तात्मक, फ्लैश बैक–जैसी शैलियों के भी प्रभावशाली प्रयोग अपने निबन्धों में जगह-जगह करते हैं।

परसाईजी ने फैण्टेसी का कुशल प्रयोग अपने कई निबन्धों में किया है। फैण्टेसी शिल्प उनका पसन्दीदा था। वे मानते थे कि फैण्टेसी उनसे सधती है। अपने अन्तिम समय में वे 'डॉन क्विजोट' जैसी एक लम्बी फैण्टेसी लिखना चाहते थे। वास्तव में यथार्थ के बहुआयामी और जटिल स्वरूप को सम्प्रेषित करने में फैण्टेसी से उपयुक्त कोई शिल्प नही है। परसाईजी ने अपील का जादू, ठिठुरता हुआ गणतन्त्र, अकाल उत्सव आदि निबन्धों में फैण्टेसी का रोचक और प्रभावी प्रयोग किया।

भाषिक वैशिष्ट्य

हरिशंकर परसाई के निबन्धों की भाषा विषयवस्तु के सर्वथा अनुरूप जनसामान्य की भाषा है। प्रायः वे बोलचाल के शब्दों का प्रयोग अपनी बात कहने में करते हैं। भाषा में अंग्रेजी और उर्दू के प्रचलित शब्द घुले-मिले हैं–"स्वामी दयानन्द के चेले हैं ये। प्रापर्टी पर लड़ते हैं। कबीर के चेलों ने भी कबीर-समाज रजिस्टर्ड बना लिया है। कबीर सिर पीटते होंगे कि मैं भी रजिस्टर्ड हो गया।" वस्तुतः परसाईजी भाषा के प्रयोग में शुद्धतावादी दृष्टिकोण के विरोधी थे। उनका स्पष्ट मत था–"लोग जो बोलेंगे वह भाषा होगी। जिस पर चलेंगे वह सड़क होगी। दूर से निकलनेवाली कंक्रीट की सड़क से नहीं चलेंगे। पास की पगडण्डी से चलेंगे।"

गम्भीर विवेचन और विश्लेषण करते हुए परसाईजी की भाषा बिल्कुल अलग दिखती है, तब इसमें वजनी तत्सम शब्दों की प्रधानता हो जाती है "संस्कृति एक अनवरत मुख्यधारा है। यह जातियों के आत्मसचेत व्यक्तित्व से, आत्मबोध से आरम्भ होती है और मुख्य धारा में संस्कृति की दूसरी धाराएँ मिलती जाती हैं। उनका समन्वय होता जाता है। इसलिए किसी जाति की संस्कृति उसके मूल रूप में नहीं रहती बल्कि समन्वय से वह अधिक सम्पन्न, अधिक व्यापक होती जाती है।"

हरिशंकर परसाई पत्रकार भी थे। उनके इस पक्ष का प्रभाव उनकी भाषा में प्रयुक्त शब्दों के साथ-साथ वाक्यरचना पर भी दिखायी देता है। वे प्रायः छोटे-छोटे वाक्यों का प्रयोग करते हैं जो तार्किक रूप से क्रमबद्ध होते हैं। हल्की चुटकियाँ हों या गम्भीर विवेचन परसाईजी की भाषा में वाक्य-रचना का यह रूप अधिक नहीं बदलता।

मुहावरों और कहावतों के कुशल प्रयोग ने परसाईजी की भाषा को अधिकाधिक अभिव्यक्तिक्षम बनाया है और उसमें रोचकता और रवानी पैदा की है। चेहरा उतरना, रंगे हाथों पकड़े जाना, मुँहजोरी करना, बरकाकर निकलना, मुफ्त का चन्दन घिस भाई नन्दन, पोल खोलना, बद अच्छा बदनाम बुरा, ब्लड इज थिकर दैन वाटर, लुक बिफोर यू लीप आदि मुहावरे और कहावतें उनके निबन्धों में सहज और सटीक ढंग से प्रयुक्त हुई हैं।

सामान्य, सरल होते हुए भी परसाईजी की भाषा अखबारी नहीं है। बिम्बों और प्रतीकों का कुशल प्रयोग इसे कलात्मक उत्कर्ष प्रदान करता है। परसाईजी के बिम्ब प्रायः चाक्षुष हैं तथा स्थिर न होकर गतिमान् हैं। उदाहरण के लिए 'पगडण्डियों का जमाना' में अवसरवादी बेईमानों तथा सिद्धान्तनिष्ठ ईमानदारों का यह बिम्ब—''जिसे उसमें घुसना है, वह रूमाल नाक पर रखकर नाबदान से घुस जाता है। आस-पास सुगन्धित रूमालों की दूकानें लगी हैं। लोग रूमाल खरीदकर उसे नाक पर रखकर नाबदान से घुस रहे हैं। जिन्हें बदबू ज्यादा आती है और जो सिर्फ मुख्य द्वार से घुसना चाहते हैं वे, खड़े दरवाजे में सिर मार रहे हैं और उनके कपालों से खून बह रहा है।''

प्रतीकों का सुष्ठु प्रयोग भी परसाईजी ने अपने निबन्धों में किया है। इस सम्बन्ध में महत्त्वपूर्ण बात यह है कि उन्होंने परम्परागत प्रतीकों का प्रयोग बहुत कम किया है। उनके अधिकांश प्रतीक स्वयं सृजित हैं। उदाहरण के लिए 'सोने का साँप' शोषक पूँजीपति का, 'नीलकण्ठ' अपने परोपकारी व्यक्तित्व का झूठा दिखावा करनेवालों का 'पगडण्डी' सफलता के अनैतिक तरीकों का और 'भूत' रूढ़िवादी परम्परावादियों का प्रतीक है।

हरिशंकर परसाई ने मिथकों और दन्तकथाओं का अत्यधिक प्रयोग अपनी भाषा में किया है। पौराणिक प्रसंगों, आख्यानों और चरित्रों का प्रचुर उपयोग उनकी भाषा की शक्ति और समृद्धि का एक बड़ा स्रोत है। विशेष बात यह है कि उन्होंने इनका प्रयोग प्रायः उनके परम्परागत अर्थों के विपरीत किया है। इसके पीछे उनका उद्देश्य रूढ़िग्रस्त भारतीय मानस के बद्धमूल संस्कारों को झटका देना था। श्रीराम उनके यहाँ दूसरे की पत्नी (अहिल्या) का उद्धार करनेवाले लेकिन अपनी पत्नी को त्याग देनेवाले दुष्ट पुरुष के चरित्र को प्रकट करते हैं, विष्णु चालाक और स्वार्थी नेता की तरह हैं, लक्ष्मी आधुनिक पूँजीवादी सभ्यता की फूहड़ और कुरुचिपूर्ण समृद्धि को व्यक्त करती हैं तथा आदर्श पुत्र के रूप में विख्यात श्रवणकुमार को वे भ्रष्ट प्रगतिविरोधी पुरानी पीढ़ी द्वारा इस्तेमाल की जानेवाली युवा पीढ़ी का प्रतीक बनाकर प्रस्तुत करते हैं।

परसाई जी के साहित्य के कथ्य की प्रकृति ऐसी है कि उसमें आलंकारिक भाषा के प्रयोग की अधिक गुंजाइश नहीं है। लेकिन साम्यमूलक अलंकारों, उपमा और रूपक के प्रयोग उनके निबन्धों में अत्यधिक हैं। उनकी व्यंग्योक्तियों की प्रखरता और बेधकता अक्सर उनके मौलिक उपमानों पर निर्भर होती है, जैसे—

''देखो, सूर्य बादलों में ऐसे छिप गया जैसे नयी और पुरानी कहानी के विवाद के घटाटोप में अच्छा लेखक छिप गया हो।'' ('आयी बरखा बहार')

''गणतन्त्र का पर्व और सरकारी कवि सम्मेलन। एक प्रकार से कविताओं की विषयवस्तु पूर्व निश्चित थी, जैसे आर्डर देकर एक खास साइज का जूता बनवाया जाय।'' ('नवयुग का शंख नाक से नहीं फूँका जाता')

"भारतीय दण्ड संहिता अगर महाकाव्य है तो जब-तब रचे जानेवाले अध्यादेश ललित गीत हैं।" ('शिकायत मुझे भी है')

हास्य-व्यंग्य के सहायक अतिशयोक्ति अलंकार का प्रयोग भी परसाईजी अनेक स्थलों पर करते हैं—"मकान-मालिक का अपराध नहीं है। उसने मकान ऐसा बनवाया है कि पानी क्या, हवा तक न घुस सके।" ('राम का दुःख और मेरा')

"अनाज की दुकानों के सामने थैला हाथ में लिये कतार में खड़ा आदमी सूख रहा है। जब तक उसका नम्बर आता है, दाम बढ़ जाते हैं और घर से लाये पैसे कम पड़ जाते हैं।" ('बेईमानी की परत')

परसाईजी की भाषा की सामासिक शक्ति अदभुत है। अक्सर वे बड़े संक्षेप में बड़ी गहरी बातें कह जाते हैं। उनकी भाषा की इस शक्ति का प्रमाण देनेवाली अनेक सूत्रात्मक उक्तियाँ उनके निबन्धों में उपस्थित हैं जहाँ छोटे-छोटे वाक्यों में बड़ा व्यापक अर्थ और गहन प्रभाव मौजूद है। खास बात यह भी है कि इस क्रम में गूढ़ और जटिल शब्दों या आलंकारिक पदावली का सहारा नहीं लिया गया है। जैसे—

"पवित्रता का मुँह दूसरों की अपवित्रता के गन्दे पानी से धुलने पर ही उजला होता है।" ('प्रेम की बिरादरी')

"श्रद्धेय बनने का मतलब है 'नान पर्सन'-'अव्यक्ति' हो जाना।"

('विकलांग श्रद्धा का दौर')

परसाईजी की भाषा की उपर्युक्त सभी बिशेषताएँ उनके व्यंग्य की अपने लक्ष्य पर सीधी चोट करने और पाठक के अन्दर गहरे उतरने में सहायता करती हैं। सहजता और बेबाकी के साथ भाषा में ऐसा समर्थ प्रभाव पैदा करना बिरले ही रचनाकारों के बस की बात है।

व्यंग्य को जीवन की श्रेष्ठ आलोचना कहा गया है। हरिशंकर परसाई के निबन्धों में इस श्रेष्ठता का चरमोत्कर्ष देखा जा सकता है। उनके निबन्ध हमें स्वतन्त्रता के बाद के भारत का असली चेहरा दिखाते हैं। समकालीन साहित्य में व्यंग्य की प्रतिष्ठा और उसकी अभूतपूर्व लोकप्रियता में सर्वाधिक योगदान परसाईजी का है। वस्तुतः व्यंग्य-निबन्ध-लेखन की भारतेंदुयुगीन विरासत को गुणात्मक समृद्धि देनेवाले हरिशंकर परसाई स्वातन्त्र्योत्तर भारत के सबसे समर्थ निबन्धकार और व्यंग्यकार हैं।

हरिशंकर परसाई ने निबन्ध-लेखन में केवल विधाओं की सीमाओं को ही नहीं तोड़ा बल्कि यथार्थ की ठोस भूमि पर लिखे गये उनके निबन्धों ने अपने समय की निर्मम सच्चाइयों से हमारा साक्षात्कार कराया और स्थितियों में परिवर्तन के प्रयास की दृष्टि भी हमें दी, जैसा कि विश्वनाथ त्रिपाठी का कहना है—"परसाई का व्यंग्य-लेखन स्वातन्त्र्योत्तर भारत की नैतिक आवाज होने के साथ-साथ बहुत दूर तक आचरण

संहिता भी है।'' इस लक्ष्य को लेकर चलनेवाली परसाईजी की दृष्टि कभी चुकती नहीं और वे रचनात्मक जोखिम उठाने से कभी हिचकते नहीं। परसाईजी का यह साहित्यिक व्यक्तित्व उन्हें कबीर, तुलसी और प्रेमचन्द की निर्भीक और जनवादी परम्परा की अगली सशक्त कड़ी के रूप में स्थापित करता है।

◆◆◆

शरद जोशी
(1931-1991)

शरद जोशी हिन्दी के सर्वाधिक लोकप्रिय व्यंग्यकारों में से एक हैं। अपने व्यंग्य-निबन्धों के माध्यम से उन्होंने हिन्दी व्यंग्य-साहित्य को समृद्ध किया और उसे साहित्य की मुख्य धारा बनाने में महत्त्वपूर्ण योग दिया। शरद जोशी का निबन्ध-साहित्य विस्तार और गहराई दोनों ही दृष्टियों से अप्रतिम है। राजनीति, समाज, अर्थव्यवस्था, प्रशासन, संस्कृति, मानवीय सम्बन्ध आदि क्षेत्रों की विसंगतियों पर चोट करनेवाले गम्भीर व्यंग्यात्मक निबन्धों से लेकर पिन, आम, छिलके, साबुन आदि साधारण विषयों पर लिखी गयी हल्की-फुल्की रचनाएँ उनके विशाल निबन्ध-साहित्य का अंग हैं। शरदजी की व्यंग्योक्तियों में प्रहारक और संहारक तेवर की बजाय सहजता और रंजकता के साथ मर्म को स्पर्श करने की शक्ति है। विषयवस्तु की व्यापकता के अतिरिक्त कलात्मक सौष्ठव की दृष्टि से भी शरदजी के निबन्ध अद्वितीय हैं। निबन्धों में भाषा और शैली के जितने नवीन प्रयोग उन्होंने किये किसी अन्य निबन्धकार ने नहीं किये। इस प्रकार वे हिन्दी भाषा की सर्जनात्मक क्षमता का सर्वाधिक दोहन और संवर्द्धन करनेवाले निबन्धकार हैं। शरदजी ने कवि-सम्मेलन के मंचों से अपनी व्यंग्य-रचनाओं का पाठ करने की विलक्षण परम्परा शुरू की और कविताओं से सफलतापूर्वक स्पर्द्धा करते हुए व्यंग्य की वाचिक परम्परा की प्रभावशाली शुरुआत की।

शरद जोशी का निबन्ध-साहित्य—बहुमुखी प्रतिभासम्पन्न शरद जोशी ने निबन्ध, कहानी, रेखाचित्र और नाटक सभी विधाओं में श्रेष्ठ रचनाएँ कीं लेकिन मुख्यतः वे निबन्धकार थे। परिक्रमा (1958), जीप पर सवार इल्लियाँ (1971), रहा किनारे बैठ (1972), दूसरी सतह (1978), पिछले दिनों (1979), यथासम्भव (1985), मुद्रिका रहस्य (1992), जादू की सरकार (1993), झरता नीम—शाश्वत थीम (1998), यत्र-तत्र-सर्वत्र (2000), यथासमय (2005) आदि संग्रहों में उनके निबन्ध संकलित हैं। शरद जी ने विभिन्न पत्र-पत्रिकाओं में नियमित व्यंग्य-स्तम्भों के रूप में बहुत लिखा। उन्होंने 'नयी दुनिया' में 'परिक्रमा', 'धर्मयुग' में 'बैठे ठाले', 'रविवार' में 'नावक के तीर' तथा 'नवभारत टाइम्स' में 'प्रतिदिन' नामक स्तम्भ लम्बे समय तक लिखे। इस लेखन का एक बड़ा हिस्सा उनके निबन्ध-साहित्य का अंग है।

वर्गीकरण—शरद जोशी के अधिकांश निबन्ध ललित निबन्ध कहे जा सकते हैं। प्रायः वे किसी साधारण बात से निबन्ध की शुरुआत करते हैं और फिर नये-नये सम्बन्ध-सूत्र जोड़ते हुए राजनीति, समाज, अर्थव्यवस्था, मानवीय चरित्र में से एकाधिक विषयों की गहराई में परिहास-व्यंग्य के सहारे उतरते चले जाते हैं। लेखक की उपस्थिति निबन्ध में हर जगह महसूस की जा सकती है। जोशीजी के निबन्धों का अधिकांश भाग इसी प्रकार ललित है। इसके अतिरिक्त कुछेक गम्भीर विचारात्मक साहित्यिक निबन्ध भी उन्होंने लिखे। विषयवस्तु की दृष्टि से उनके निबन्धों को राजनीतिक, सामाजिक, आर्थिक, प्रशासन-तन्त्र-सम्बन्धी, सांस्कृतिक और साहित्यिक जैसें वर्गों में बाँटा जा सकता है। उपर्युक्त में से किसी वर्ग में न रखे जा सकनेवाले विविध विषयक निबन्ध भी उनके साहित्य में बहुत-से हैं जिनमें रेल और बस-यात्रा, खेलकूद, मानव स्वभाव, रोजमर्रा की वस्तुओं आदि को विषय बनाकर लिखे गये हास्य-व्यंग्य-परक निबन्ध शामिल हैं।

1. राजनीतिक—स्वतन्त्रता-प्राप्ति के बाद की देश की राजनीति अधिकांश व्यंग्य-रचनाओं के केन्द्र में रही है। राजनेताओं के भ्रष्ट और जनविरोधी चरित्र पर आक्रमण किये बिना किसी व्यंग्यकार ने अपना दायित्व पूर्ण नहीं समझा। अग्रणी व्यंग्यकार शरद जोशी ने भी सशक्त राजनीतिक व्यंग्य-निबन्ध बड़ी संख्या में लिखे। उनके विषय में प्रेम जनमेजय का कहना है—"शरद जोशी का अधिकांश लेखन राजनीतिक लेखन है। उनकी अधिकांश रचनाओं में सत्ता विरोध की झलक दिखायी पड़ती है। कांग्रेस और जनता पार्टी दोनों के सत्ताधारी आचरण पर उन्होंने प्रहार किये। जोशीजी सत्ता की विसंगतियों को पकड़ते हैं। उन्हें व्यंग्य में उजागर करते हैं और उन पर प्रहार करते हैं।" जोशी जी अपने चुनाव गीतिका : सरलार्थ, चुनाव में खड़ा आदमी, झूठ का महापर्व, नासमझी के क्षितिज, बॉर्डर पर गोलियाँ, कुर्सियाँ छीनने का मौसम, क्या चमचे बदलेंगे? काली लक्ष्मी का प्रजातन्त्र, राजनीतिक मंच पर परेशान हैमलेट आदि निबन्धों में भारतीय राजनीति की विद्रूपताओं को निरावृत करनेवाले सजग साहित्यकार की भूमिका में दिखायी देते हैं।

भारतीय राजनेताओं का एकमात्र लक्ष्य किसी तरह सत्ता प्राप्त करना और फिर उसका मनमाना दुरुपयोग करना होता है। उनका भ्रष्टाचार नेता बिरादरी का ऐसा आम चलन है कि इसे बिल्कुल आपत्तिजनक नहीं माना जाता। 'राजनीतिक मंच पर परेशान हैमलेट' में जोशी जी लिखते हैं—"एक महानुभाव ने कहा कि भ्रष्ट होना मन्त्री की निजी विशेषता है, उसका अपना मामला है। मन्त्रिमण्डल समाज का प्रतिनिधित्व करनेवाला संगठन है। समाज की मूल प्रकृति है, व्यक्ति को उसके समस्त गुण-अवगुण सहित अपने में समाहित करना चाहिए। अतः स्वाभाविक यही है कि भ्रष्ट व्यक्ति मन्त्रिमण्डल में बना रहे।"

लोकतन्त्र की सफलता स्वतन्त्र और निष्पक्ष चुनावों पर निर्भर होती है। जोशीजी खुलासा करते हैं कि भारतीय राजनेताओं के कपटी, भ्रष्ट और षड्यन्त्रकारी चरित्रों ने चुनावों की पवित्रता को पूरी तरह से नष्ट कर दिया है जिसके कारण लोकतन्त्र की

अधिकाधिक दुर्दशा हो रही है। चुनावों में झूठे वादों, दावों और नारों के शोर को देखते हुए जोशीजी इन्हें 'झूठ का महापर्व' की संज्ञा देते हैं। चुनाव परिदृश्य का चित्र वे इन शब्दों में खींचते हैं—"नारों ने आकाश छू रखा था, भोंगे गुंजायमान थे, पदत्राण शिरस्त्राण हो रहे थे अर्थात् जूते चल रहे थे। देखो चुनाव की यही शोभा है।

नगर के गुण्डे उस समय कार्यकर्त्ता बन गये थे, स्मगलरों का त्याग अति सराहनीय था। चोर-बाजार के व्यापारी प्रजातन्त्र के दायित्वों के प्रति जागरूक हो गये थे।"

राजनेताओं के घोर अवसरवादी चरित्र, कुर्सी से चिपके रहने की उनकी प्रवृत्ति, उनकी खुशामदपसंदी और अयोग्यता तथा अकर्मण्यता सभी जोशीजी के निशाने पर रहते हैं। ऐसे नेताओं ने राजनीति का यह चरित्र बना दिया है—"राजनीति के चरित्र में एक ही खूबी है कि उसका कोई चरित्र नहीं होता। न चरित्र होना ही उसका चरित्र है। चरित्रवान लोग जब राजनीति करते हैं, वे निरन्तर अपने को सच्चरित्र और दुश्चरित्र करते हुए एक किस्म से चरित्ररहित हो जाते हैं।"

राष्ट्रीय के साथ अन्तरराष्ट्रीय राजनीतिक परिदृश्य पर भी शरद जोशी की बराबर नजर रहती थी। संसार के पिछड़े और दुर्दशाग्रस्त क्षेत्रों के प्रति उनकी सहानुभूति और पीड़ा 'इथोपिया हमसे बहुत दूर है' जैसे निबन्धों में व्यक्त हुई है। भारत के अन्तर्राष्ट्रीय राजनीतिक सम्बन्धों और इसकी विदेश नीति की कमियों पर जोशी जी ने अनेक स्थलों पर प्रहार किये हैं। हमारे देश के शत्रु और इसकी प्रगति बाधित करने के प्रयास करनेवाले पाकिस्तान, चीन और अमेरिका—जैसे देशों के नेतृत्व की साजिशों का पर्दाफाश जोशीजी ने अनेक स्थलों पर किया है। उदाहरण के लिए 'सावधान ! अमेरिका हममें रुचि ले रहा है' में अमेरिका के बारे में उनका यह कथन—"उसकी भाषा और भाव में कितना अन्तर, कितनी दूरी होती है यह निश्चित नहीं कहा जा सकता। वह एक ऐसा देश है कि यदि आप उसके डॉलर में रुचि न दिखाओ तो वह आपका कॉलर पकड़ ले और दिखाओ तो आपकी पतलून उतारने लगे। मतलब, वह आपको हमेशा एक ऐसी स्थिति में रखेगा कि आप समझ नहीं सकेंगे कि आप क्या करें।"

प्रशासन-तन्त्र सम्बन्धी—आजादी मिलने के बाद सत्ता अंग्रेजों के हाथ से भारतीयों के हाथ में आ गयी। लेकिन देश के शासन-प्रशासन का ढाँचा पुराना ही रहा। अंग्रेजों के जमाने की भ्रष्ट, उत्पीड़क और संवेदनहीन नौकरशाही और पुलिस के चरित्र में कोई सुधार नहीं हुआ बल्कि बेईमान सत्ताधारियों ने अपनी स्वार्थ-सिद्धि के लिए इसे और बिगाड़ा। देश की दुर्दशा की जिम्मेदार इस व्यवस्था की जोशीजी ने अपने जीप पर सवार इल्लियाँ, पोस्ट ऑफिस : आजादी के बाद, अफसर, हम भ्रष्टन के भ्रष्ट हमारे, अफसर और संस्कृति, छोटी मछलियों के शिकारी, शासन जड़ तबादले चेतन, आलोच्य वर्ष की उल्लेखनीय रपट आदि निबन्धों में अच्छी तरह खबर ली है।

शरद जोशी सरकारी तन्त्र के जिस कदाचार पर सबसे ज्यादा चोट करते हैं वह है इसके सदस्यों में ऊपर से नीचे तक व्याप्त अवैध धन कमाने की हवस। इस प्रवृत्ति के चलते आम जनता का छोटा-से-छोटा जायज काम भी घूस दिये बिना नहीं होता। इसके

अलावा सार्वजनिक कोष का जो धन जनकल्याण में प्रयुक्त होना चाहिए उससे भ्रष्ट अधिकारियों की तिजोरियाँ भरती हैं। इस भ्रष्टाचार की जड़ें किस तरह पूरे तन्त्र में मजबूती से जम चुकी हैं, शरदजी 'हम भ्रष्टन के भ्रष्ट हमारे,' में दिखाते हैं—"ठाठ हो गये ससुरी आजादी मिलने के बाद। खूब फूटा है पौधा सारे देश में, पनप रहा केसर क्यारियों से कन्याकुमारी तक, राजधानियों में, जिला दफ्तर, तहसील, बी०डी०ओ०, पटवारी के घर तक, खूब मिलता है काले पैसे का कल्पवृक्ष, पी० डब्ल्यू० डी०, आर० टी०ओ०, चुंगी नाके, बीज गोदाम से मुंसीपाल्टी तक।"

सरकारी अधिकारियों की संवेदनहीनता और अमानवीय चरित्र को नंगा करने का कोई मौका जोशीजी नहीं चूकते। 'जीप पर सवार इल्लिया' में वे दिखाते हैं कि खेती के लिए नुकसानदेह इल्लियों के उन्मूलन की योजना भी कैसे सरकारी अधिकारियों के लिए निरीह किसानों के उत्पीड़न का हथियार बन जाती है। अधिकारियों की यह मानसिकता औपनिवेशिक युग से ही चली आ रही है जिसे बदलने का कोई प्रयास नहीं किया गया—"लोग सोचते हैं, अफसर किस मिट्टी का बना है? मिट्टी तो देशी है, सिर्फ साँचा विदेशी है जिसमें अफसर ढलता है।"

सरकारी तन्त्र की कार्यप्रणाली की बखिया जोशीजी अनेक स्थलों पर उधेड़ते हैं। उनकी पैनी दृष्टि यह साफ देख लेती है कि व्यापक तामझाम के बावजूद इस तन्त्र में ऊपर से नीचे तक अकर्मण्यता, अयोग्यता, कामों को लटकाये रहने की प्रवृत्ति और मूर्खतापूर्ण नियम बनाने और उनका जड़ता से पालन करने की प्रवृत्ति व्याप्त है। 'पोस्ट आफिस : आजादी के बाद' में वे एक स्थिति की कल्पना करते हैं कि अगर डाक-व्यवस्था आजादी मिलने के बाद स्थापित हुई होती तो पत्र लिखने और प्राप्त करने जैसे सहज काम हमारी सरकारी व्यवस्था में बड़े समयसाध्य, कष्टसाध्य और खर्चीले होते जैसा कि अन्य कार्यों में हुआ करता है। इस व्यवस्था के काम करने का ऐसा तरीका देश को किस तरह आगे बढ़ाता है, 'आलोच्य वर्ष की उल्लेखनीय रपट' में जोशीजी अच्छी तरह खुलासा करते हैं—"बिजली प्रदाय करने की स्थिति न होने के बावजूद ग्रामीण उद्योगों को बढ़ावा दिया गया। भीषण सूखे के कारण शासन ने परिणामोन्मुखी ठोस कदम उठाये जिसका भीषण सूखे के कारण कोई परिणाम न निकला। उत्पादन में शून्यता अनुभव कर शासन ने उत्पादकों को लाभप्रद मूल्य दिलाने की नीति अपनायी और समुचित आर्थिक प्रावधान किये, जो उत्पादन न होने के कारण उपयोग न किये जाकर बचत रही।"

आर्थिक—समकालीन साहित्य में शरद जोशी इस मामले में विशिष्ट हैं कि वे देश की अर्थव्यवस्था और इसके विविध पहलुओं की गहरी समझ रखते हैं और इसकी कमियों, विसंगतियों तथा विभिन्न आर्थिक नीतियों के पीछे के निहित स्वार्थों का खुलासा करते हैं। देश की आर्थिक बदहाली और जनसामान्य के आर्थिक शोषण की बात तो बहुत से साहित्यकार करते हैं लेकिन शरदजी की तरह आर्थिक मुद्दों की बारीक समझ और विश्लेषण अन्यत्र नहीं मिलते। उनके बिल्लियों का अर्थशास्त्र, अर्थ

ब्रह्म, महँगाई और समाजवाद, काकभुशुण्ड और वित्तमन्त्री, स्वर्णमृग कितने कैरेट का था? एक होता है योजना आयोग, मनीप्लाण्ट आदि इसी कोटि के निबन्ध हैं।

शरद जोशी ने वर्तमान पूँजीवादी अर्थव्यवस्था के छद्म को बार-बार निरावृत किया है जो दावा करती है सबको सुखी और सम्पन्न बनाने का लेकिन इन झूठे दावों के पीछे कुछ मुट्ठी भर लोगों का अन्य अधिकांश लोगों के शोषण से अधिकाधिक सम्पन्न होते जाने का षड्यन्त्र छिपा होता है। उदाहरण के लिए 'बिल्लियों का अर्थशास्त्र' में लेखक मनुष्यों की तर्ज पर बिल्लियों का अर्थशास्त्र बनाता है जिसमें चूहों और चिड़ियों को बिल्लियों द्वारा खाये जाने का सैद्धान्तिक औचित्य प्रमाणित किया जाता है—"मनुष्यों का अर्थशास्त्र प्रकाशित होने से जिस प्रकार अनेक प्रकार के निजी लाभ, आक्रमण, शोषण और विनाश को सिद्धान्तों का सहारा मिल गया है, उसी प्रकार बिल्लियों के अर्थशास्त्र के प्रकाशन से भी अब बिल्लियों के समस्त कार्यकलाप सिद्धान्ततः उचित हैं।"

शरद जोशी हमारी आर्थिक नीतियाँ बनानेवाले महानुभावों पर तीखे कटाक्ष करते हैं जिनकी समझ बिल्कुल किताबी है और आम जनता की समस्याओं की जिन्हें कोई समझ नहीं है। 'एक होता है योजना आयोग' में आर्थिक नीति निर्धारण करनेवाले योजना आयोग के बारे में उनका यह मत व्यक्त हुआ है—"योजना आयोग के अर्थशास्त्री बाजार से भाव पूछ रोज दफ्तर जाते हैं और योजना तैयार करते हैं। शाम को दफ्तर से छूट उन्हें यह जान अचरज होता है कि भाव बढ़ गये और उनकी योजना दिनभर बेकार बनी। इससे बड़ा अचरज उन्हें यह जानकर होता है कि भाव बढ़ने का कारण उनकी योजना थी जिसे वे दिनभर बना रहे थे। वे और उनके करोड़ों दर्शक और भुक्तभोगी वर्षों बाद अब समझ गये हैं कि योजना बनाना मूलतः विज्ञान नहीं बल्कि एक कला है। प्रदर्शनधर्मी मॉडर्न कला।" जोशीजी के मुताबिक मिश्रित अर्थव्यवस्था का हमारा मूल सिद्धान्त ही दोषपूर्ण है जिसके अन्तर्गत हम पूंजीवाद और समाजवाद के दो ध्रुवों को इकट्ठा करने का असफल प्रयास करते हैं।

जोशीजी हमारी आर्थिक प्रणाली की उस प्रवृत्ति पर तीव्र प्रहार करते हैं जिसके वशीभूत हमारे नीति-नियन्ता करों का भार ईमानदार और मेहनतकश वर्ग पर ही अधिकाधिक लादते हैं। अकूत धन सम्पत्ति इकट्ठा करनेवाले बेईमानों पर इनका ध्यान नहीं जाता क्योंकि उनसे इनकी साठ-गांठ रहती है—"हे वित्तमन्त्री, ईमानदार और मेहनती वर्ग पर अधिक कर लगा जिनसे वसूली में कठिनाई नहीं होगी। जो सहन कर रहा है उसे अधिक कष्ट दे। ऐयाश, होशियार और हरामखाऊ वर्ग पर कम कर लगा क्योंकि वसूली की सम्भावनाएँ क्षीण हैं। बदमाशों, सामाजिक अपराधियों और मुफ्तखोरों पर बिल्कुल कर न लगा क्योंकि वे देंगे ही नहीं।"

साहित्यिक—शरद जोशी ने बड़ी संख्या में साहित्यिक विषयवस्तुवाले निबन्ध लिखे। इनमें झरता नीम : शाश्वत थीम, अमरता के एहसास की भयावनी रात, विज्ञापित मैं, चाकू तरंग पर भीमपलासी! ऐब्सट्रैक्ट, कवि और कन्याएँ, दुबली-मोटी

किताबें, नये दशक का घोषणापत्र, राजनीतिक कविता और कवियों की राजनीति—जैसी व्यंग्य-विनोदपूर्ण रचनाएँ हैं तथा मौलिकता की चाह, प्रेमचन्द के बासी आलोचक, जिसका नाम है गालिब—जैसे गम्भीर विवेचन विश्लेषणपरक निबन्ध भी। शरदजी ने हिन्दी के साहित्यकारों की अहमन्यता, धन, यश और पद की लिप्सा, गुटबाजी और षडयन्त्र की प्रवृत्ति और कूपमण्डूकता को उजागर करते हुए इन पर करारी चोटें की हैं और हिन्दी की दुर्दशा के रहस्य को प्रकट किया है।

शरदजी के अधिकांश साहित्यिक व्यंग्य-निबन्ध कवियों पर केन्द्रित हैं। वे दिखाते हैं कि कवियों ने कविता को लेकर एक बड़े छद्म और भ्रम की सृष्टि की है। कविगण कविता और कविकर्म को साहित्य में अन्य विधाओं से श्रेष्ठ मानकर एक थोथे अहंकार में डूबे रहते हैं। अधिकांश कवियों ने कविता को समाज से काटकर उसे अपने मनोलोक में सीमित कर लिया है और इसे वे कविता का उत्कर्ष घोषित करते हैं जबकि यह ज्वलन्त समस्याओं से मुंह चुराने की उनकी पलायनवादी प्रवृत्ति है। 'झरता नीम : शाश्वत थीम' में प्रकृति प्रेमी कवियों की पोल खोलते हुए शरदजी लिखते हैं—"प्रकृति एक विशेष काव्यनीति में सहायक रही है। इस हरी राजनीति को आम पाठक समझ नहीं पाता। जब भी समस्याएँ साक्षात् होकर गला पकड़ती हैं, कवि चुपके से वृक्षों के झुरमुट में घुस लेता है। जब मुसीबत छँट गयी, धीरे से निकला और जो जीता, उसकी जयजयकार करने लगा।" 'चक्रवर्ती गीतों का अर्थशास्त्र' में शरदजी दिखाते हैं कि कैसे थोड़ी-सी रचनाओं और मधुर कण्ठ के सहारे कविगण दशकों कवि-सम्मेलनों में हिट बने रहते हैं और पर्याप्त धनार्जन भी करते रहते हैं।

कवियों के अलावा आलोचकगण भी शरदजी के व्यंग्य बाणों के लक्ष्य बनते हैं। वे देखते हैं कि आलोचकगण अपना असली दायित्व भूलकर फतवेबाजी और जुमलेबाजी में व्यस्त हैं। उनके आलोचनाकर्म का आधार निष्पक्ष मूल्यांकन न होकर व्यक्तिगत स्वार्थ और गुटीय प्रतिबद्धताएँ होती हैं। 'पान के बहाने कविता और कर्म पर एक बहस' में व्यर्थ के मुद्दों पर मूर्खतापूर्ण बहस में लगे रहनेवाले आलोचकों की असलियत सामने लायी गयी है। 'प्रेमचन्द के बासी आलोचक' में शरदजी दिखाते हैं कि आलोचक साहित्य-चर्चा तटस्थ और निष्पक्ष होकर नहीं बल्कि प्रायः व्यक्तिगत सम्बन्धों और राग-द्वेष के आधार पर करते हैं। विश्वविद्यालयों के आचार्यों ने आलोचना के क्षेत्र में जड़ता और मठाधीशी को खूब बढ़ावा दिया है—"विश्वविद्यालयों के हिन्दी विभागों की कृपा से ज्ञान, स्वार्थ और श्रद्धा बल्कि अवसर ही मात्र स्वार्थ और श्रद्धा की मिली-जुली मूर्तियाँ हर मठ के बाहर घूमती मिलती हैं। इनके मारे स्वतन्त्र चलना-फिरना मुश्किल है। यों भी परम्परा से हिन्दी के साहित्य, प्रदेश पर हमेशा लामाओं का कब्जा रहा है जिनके क्षेत्र बँटे हुए हैं। किसी ने तुलसी दाब रखा है, किसी ने रस, किसी ने संस्कृति और किसी ने आधुनिकता। आप उनका कुछ नहीं बिगाड़ सकते। ऐसे में बेचारे शुद्ध समीक्षक की बड़ी मुसीबत है। या तो वह मठ को 'शरणं गच्छामि' हो जाए या दादा किसिम के शिष्यों से पिटे।"

हिन्दी साहित्य में कैसे गुटबाजी के आधार पर प्रतिष्ठित हुआ जाता है और योग्यता नहीं बल्कि तिकड़म के आधार पर पुरस्कार प्राप्त किये जाते हैं शरदजी बेबाकी से इसका उद्घाटन करते हैं। जैसे—'नये दशक का घोषणापत्र' में साहित्यिक गुटबाजी का यह मंजर—"रचनाधर्मी और चर्चाधर्मी साहित्यकारों का अनुपात हर गुट में बराबर हो जाना चाहिए। जैसे किसी गुट में तीन कवि या लेखक हों तो कम-से-कन तीन टिप्पणीकार अवश्य होने चाहिए जिनका काम हो, सशक्त हस्ताक्षरों की रचनाओं को सशक्त दस्तावेज साबित करना। पिछले दशक में ऐसे सशक्त किस्म के काफी हस्ताक्षर और दस्तावेज हिन्दी में हो गये हैं जिनकी संख्या इस दशक में बढ़ानी होगी।" पुरस्कार कैसे मिलेंगे, इसका जवाब यह है—"इस बात पर गम्भीरतापूर्वक विचार किया जाना चाहिए कि ये पुरस्कार हमें क्यों नहीं मिल पाते। इस दशक में मिलने चाहिए। इसके लिए दुतरफा कार्यवाही करनी होगी। एक तो जिन्हें पुरस्कार मिल रहे हैं उन्हें निरन्तर बदनाम करना होगा और दूसरे, पुरस्कार देनेवालों से उच्चस्तरीय सम्पर्क साधने होंगे।"

सांस्कृतिक—शरद जोशी के कई निबन्ध सांस्कृतिक विषयों पर केन्द्रित हैं। इनमें संस्कृति सम्बन्धी कोई सैद्धान्तिक चर्चा वे नहीं करते बल्कि समकालीन सन्दर्भ में हमारे सांस्कृतिक मूल्यों की स्थिति की जाँच-पड़ताल करते हैं और इनके पतन तथा इन पर बाहरी दुष्प्रभावों को उघाड़ते हैं। संस्कृति के उपादानों कला, संगीत, दर्शन आदि पर भी वे अपने विशिष्ट व्यंग्य-विनोदपूर्ण लहजे में बात करते हैं। देश की सांस्कृतिक एकता के मुद्दे पर चिन्तन भी उनके निबन्धों में मिलता है। उनके चरित्र ! ...हुँह !!, समस्याग्रस्त वर्तमान और 000 का बड़ा बट्टा, इधर एक महापुरुष का होना, दर्शन दुर्लभ भये तिहारे, जिन्दगी को कुरेदती हुई कला, सितार सुनने की पोशाक, दिवाली फिर आयी, आधुनिकता : एक सुविधाजनक स्थिति, डॉलर धर्म से बड़ा है, भाषण देने की संस्कृति, मैं प्रतीक्षा में हूँ... आदि इसी श्रेणी के निबन्ध हैं।

हमारी संस्कृति में श्रेष्ठ चारित्रिक गुणों और भौतिकता को तुच्छ माननेवाले अध्यात्मवाद पर बल दिया जाता है। लेकिन शरदजी इस कड़वी सच्चाई को सामने लाते हैं कि आज हमारे देश का वातावरण कुछ ऐसा बना दिया गया है, विशेषतः राजनीति द्वारा कि चरित्र और मूल्यों की बातें बेमानी हो गयी हैं—"आखिर आध्यात्मिक या किसी अन्य सन्दर्भ में यह चरित्र होता क्या है? किसी से पूछो तो शायद वह सत्य के और न्याय के प्रति व्यक्ति की दृढ़ता, मानवीयता, समाज की सेवा, आत्मा की शुद्धता किस्म की बातें बोलेगा। इसमें एक बात बताइये जिसकी पार्टीतन्त्र और प्रजातन्त्र में आवश्यकता हो। चरित्र की जरूरत श्रेष्ठ मूल्यों के निर्वाह के लिए होती है। जब मूल्य ही नहीं रहे तब चरित्र लेकर क्या भाड़ झोंकियेगा?"

शरदजी हमारी संस्कृति के पूँजीवादी व्यवस्था की काली छाया से ग्रसित होते जाने को शिद्दत से महसूस करते हैं और इस प्रवृत्ति पर करारे प्रहार करते हैं। 'समस्याग्रस्त वर्तमान और 000 का बड़ा बट्टा' में वे दिखाते हैं कि कैसे कला, दर्शन, अध्यात्म, संगीत सबका उपयोग पूँजीपति अपने माल के विज्ञापन में करता है और पूरी निर्लज्जता

से करता है। 'धर्म से डॉलर बड़ा है' में अरब देशों में रोजगार के बढ़ते अवसरों को देखकर हमारे देश में धर्म परिवर्तन की बढ़ती प्रवृत्ति को लेकर वे यह मत प्रकट करते हैं कि आज भौतिकवाद के आगे धर्म और संस्कृति कोई महत्त्व नहीं रखते–''अपने ढीले लिबासों में डॉलर भरे अरब भारत आ रहा है। हर सशक्त और समृद्ध विदेशी ने यहाँ आकर हमारी संस्कृति, सभ्यता, धर्म, नैतिकता और सामाजिक ढाँचे की ऐसी-तैसी की है। वह भी करेगा। एक सुस्त, परजीवी, सुविधाएँ तलाशते देश के लोग उसके अनुसार चारित्रिक हेर-फेर कर लें तो इसमें ताज्जुब नहीं। डॉलर धर्म से बड़ा होता है।'' 'ईसन मन के भरमा' में वे स्पष्ट कहते हैं कि संस्कृति के पहरुए कलाकार, चिन्तक, लेखक आदि की ऊँचे कलात्मक मूल्यों की बातें वास्तव में भ्रामक हैं और इनके पीछे उनका एकमात्र लक्ष्य धन-सम्पत्ति अर्जित करना होता है, सांस्कृतिक उत्थान नहीं–''शब्दों द्वारा एक महाभ्रम की सृष्टि होती है। सच यह है कि काम करने और चार पैसे कमाने के अवसर ही कहाँ मिलते हैं और जब मिलता है, कोई चूकता नहीं। जहाँ पैसों की गन्ध आती है, वहीं अभिव्यक्ति की सम्भावनाएँ दिखायी पड़ती हैं। आर्थिक वास्तविकताएँ असल खेल खेलती हैं और आपको मजबूर करती हैं। बेचारे शब्दों की ओट में सच्चाइयाँ छुपाते हैं।''

शरदजी महसूस करते हैं कि राजनीति ने हमारे सांस्कृतिक क्षरण में बहुत बड़ी भूमिका निभायी है। इसने देश का विभाजन कराकर भारतीय राष्ट्र की सांस्कृतिक अवधारणा को छिन्न-भिन्न कर दिया। स्वतन्त्रता प्राप्ति के बाद इसने भारतीय भाषाओं की उन्नति को बाधित किया, जिनमें संस्कृति की प्राणधारा प्रवाहित होती है, साथ ही हमारे सांस्कृतिक मूल्यों को उपेक्षित कर विदेशी साँचों में देश को ढालने की कोशिश की। सांस्कृतिक गतिविधियों का इस्तेमाल सत्तातन्त्र आजकल समस्याग्रस्त जनसमुदाय को भुलावा देने में करता है–''भोपाल, जहाँ हजारों लोग गैस दुर्घटना में मरे और आज भी हजारों उसके नाम पर झींस रहे हैं वहाँ ही विराट महोत्सव किया जाना क्यों जरूरी है? पर जरूरी है। जब चन्देलों का शासन था तब भी सत्ताधारी सोचते थे कि खजुराहो की मूर्तियाँ भूख और गरीबी को ढक देंगी। आज नर्तकियों के आयोजन, फिल्म समारोह, कविता समारोह ढकते हैं।''

शैक्षिक–किसी भी देश या समाज के सर्वांगीण विकास का मुख्य आधार होती है उसके सदस्यों को दी जानेवाली शिक्षा। हमारे देश की शिक्षा व्यवस्था में अनेक विसंगतियाँ हैं जो मूल्यहीनता, बेकारी और रूढ़िवादिता को बढ़ावा देती हैं तथा शिक्षा प्राप्त करनेवाले के व्यक्तित्व के सहज विकास को बाधित करती हैं। शरद जोशी अपने घास छीलने का पाठ्यक्रम, पशु-शिक्षा उर्फ तालीमे जानवरान, टाटपट्टी पर उकडूँ बैठे, दूर के स्कूल सुहाने, मार्गदर्शक, पठन-पाठन का रणक्षेत्र, विश्वविद्यालय और गुरुजन, कितना विश्व कैसा विद्यालय आदि निबन्धों में हमारी शिक्षा-व्यवस्था की विसंगतियों-विद्रूपताओं का अनावरण करके उन पर तीखे व्यंग्य-प्रहार करते हैं।

अपने कई निबन्धों में शरदजी ने हमारी शिक्षा-व्यवस्था की उस प्रवृत्ति को निशाना बनाया है जिसके अन्तर्गत बहुत सी व्यर्थ और अनुपयोगी चीजें पाठ्यक्रमों मे अविचारित ढंग से भर दी जाती हैं और साल-दर-साल उन्हें विद्यार्थियों को पढ़ाया जाता है जिसका उनके लिए कोई उपयोग नहीं है। उदाहरणार्थ 'घास छीलने का पाठ्यक्रम' में शरदजी घास छीलने को अत्यन्त महत्त्वपूर्ण गतिविधि सिद्ध करते हुए इसके पाठ्यक्रम की पूरी रूपरेखा प्रस्तुत कर देते हैं। यहाँ वे इस कटु सत्य को अच्छी तरह व्यक्त करते हैं कि हमारी शिक्षा-व्यवस्था के ज्यादातर लम्बे-चौड़े पाठ्यक्रम इसी तरह मूर्खतापूर्ण ढंग से बनाये गये हैं जिनकी व्यक्ति या समाज के लिए कोई उपयोगिता नहीं है। इसी तरह 'पशु-शिक्षा उर्फ तालीमे जानवरान' में वे पशुओं को शिक्षित करने की योजना प्रस्तुत करते हैं और ऐसी ही मूर्खतापूर्ण योजनाएँ लागू करनेवाली हमारी शिक्षा व्यवस्था की बखिया उधेड़ते हैं।

हमारे यहाँ उच्चशिक्षा की शोचनीय स्थिति पर शरदजी ने काफी लिखा है। उच्च शिक्षण संस्थानों में व्याप्त अराजकता और गुण्डागर्दी पर उन्होंने कई स्थलों पर प्रहार किये हैं। उच्च शिक्षा के विस्तार और विकास की कलई भी उन्होंने अपने निबन्धों में खोली है जबकि महाविद्यालय और विश्वविद्यालय कुकुरमुत्तों की तरह उगते जा रहे हैं लेकिन यहाँ शिक्षण का स्तर निरन्तर गिरता जा रहा है और इनसे डिग्री लेकर निकलनेवाले छात्र धक्के खाने के अलावा कुछ नहीं कर पाते। इस स्थिति के लिए सबसे ज्यादा जिम्मेदार शरदजी की नजर में यहाँ के प्राध्यापकगण हैं जिनका यह चरित्र है—''प्रबुद्ध व्यक्तियों के रूप में राष्ट्र के जीवन में अध्यापकों की महत्त्वपूर्ण भूमिका है—जैसे कापियाँ जाँचना, प्रश्नपत्र बनाना, मौखिक सवाल पूछने के लिए दूर की यात्राएँ करना, जातिवालों, रिश्तेदारों, विभाग के अफसरों के लड़के-लड़कियों को प्रथम श्रेणी दिला उनके तथा अपने जीवन को सार्थक बनाना, विश्वविद्यालय अनुदान आयोग की दरों पर वेतन लेना, डीन ऑफ फैकल्टी हो जाना, पाठ्यक्रम में हेर-फेर करना आदि। अधिकाधिक पी-एच० डी० करवा शोध के जंगलों का विकास, तबादला होने पर रुकवाने का प्रयास जिसमें असफल होने पर चले जाना और प्रयत्न जारी रखना आदि नाना प्रकार के बौद्धिक कार्य प्राध्यापक नस्ल के महानुभावों द्वारा सम्पन्न किये जा रहे हैं।''

उच्च शिक्षा ही नहीं, स्कूली शिक्षा की कमियों और विद्रूपताओं को भी शरद जी ने समझा और उन पर व्यंग्योक्तियाँ कीं। उन्होंने साफ देखा कि सीमित उच्चवर्गीयों के बच्चों के लिए उपलब्ध थोड़े-से विद्यालयों के अलावा देश के व्यापक जनसमुदाय के बच्चों के लिए जो स्कूल हैं उनकी स्थिति बहुत बुरी है। ये मूलभूत सुविधाओं से भी शून्य हैं, पढ़ाई यहाँ न के बराबर होती हैं और शिक्षा विभाग के भ्रष्टाचार के ये अड्डे हैं। ऐसे विद्यालय देश के भावी कर्णधारों का किस तरह निर्माण करेंगे, कहने की जरूरत नहीं है—''शाम हुई कि स्कूल के बरामदों में विसराम के लिए गाय-ढोर आ जाते हैं और सुबह काफी गोबर करने के बाद हरा-भरा चरने निकल जाते हैं। फिर आते हैं बच्चे और उनके पढ़ानेवाले। इनका दिमाग भी कोई कम गोबर नहीं होता। स्कूल की सबसे कीमती वस्तु पीतल का घण्टा होती है। बैठने के लिए टाटपट्टियाँ नियामत समझो।

चाक का डिब्बा आलमारी में बन्द रहता है। उसके उपयोग में किफायत बरती जाती है। किताबें होती नहीं, पढ़ाई नियम नहीं अपवाद है।''

विविध—पूर्वोक्त विषयों के अलावा अन्य विविध विषयों पर भी शरदजी ने अनेक निबन्ध लिखे। इनमें सामाजिक विषयों पर लिखे गये निबन्ध हैं, रेलयात्रा पर, खेलों पर, विशेषतः क्रिकेट और हाकी पर, सिनेमा पर, मानव-स्वभाव पर तथा रोजमर्रा की वस्तुओं और घटनाओं पर व्यंग्य-विनोदपरक निबन्ध हैं। वास्तव में हमसे वास्ता रखनेवाला कुछ भी शरदजी के निबन्धों की परिधि से बाहर नहीं है।

शरदजी अपने 'भावी कर्णधार' 'असन्तुष्ट होने के बजाय युवक राजनीति में आयें' जैसे निबन्धों में समाज के युवावर्ग की दिशाहीनता और पतन पर व्यंग्य करते हैं तथा इसके पीछे राजनीतिज्ञों के षड्यन्त्र को रेखांकित करते हैं। समाज के बुद्धिजीवी वर्ग के अवसरवाद और ढोंगी चरित्र पर चोट करनेवाले उनके बुद्धिजीवी, मौन-एक रामबाण, एक मिनी भ्रष्टाचार आदि निबन्ध हैं। प्रेम और विवाह पर भी विनोदपूर्ण शैली में लिखे गये उनके कई निबन्ध हैं।

भारत में खेलों की दुर्दशा पर शरदजी ने अनेक निबन्ध लिखे-जैसे... मैं ओलम्पिक नहीं गया, हाँ हॉकी ! आपका बन्दा : हॉकी कोच की मुद्रा में, रिकार्ड मैंने नहीं तोड़ा, बल्ले से कलम तक, क्रिकेट विशेषांकों का भविष्य, टीम मैनेजर की प्रार्थना आदि। अन्य क्षेत्रों की तरह यहाँ भी राजनीति के हावी होने और भ्रष्टाचार के बोलबाले पर शरदजी तीखे व्यंग्य करते हैं जिसके चलते राष्ट्रीय एकता और गौरव में अभिवृद्धि करने के महत्वपूर्ण साधन खेलों का भविष्य यहाँ अन्धकारमय दिखायी पड़ता है और अन्तर्राष्ट्रीय स्तर पर हम कहीं खड़े नहीं हो पाते।

भारतीय रेल से सम्बन्धित कई निबन्ध जैसे रेल यात्रा, रेलें और मनुष्य, ऊपर उठने की मुसीबत शरदजी ने लिखे। इनमें वे यात्रा में सामान्य यात्री को होनेवाली तकलीफों, रेलवे कर्मचारियों द्वारा उसके शोषण तथा ट्रेनों की लेटलतीफी—जैसी बातों को व्यंग्य का लक्ष्य बनाते हैं। बन्दरिया नाची पेट के लिए, रतन चमेली नाचे कला के लिए—जैसे निबन्धों में शरदजी भारतीय सिनेमा की घिसी-पिटी फार्मूलेबाजी और उसके वैचारिक दिवालियेपन का उपहास करते हैं। बेकारी बोध, आलसी की डायरी, काम टालना, टूटता हुआ अकेलापन आदि निबन्धों में शरदजी मानव-स्वभाव के आलस्य, अकर्मण्यता, झिझक—जैसी कमजोरियों पर चुटकियाँ लेते हैं।

शरद जोशी के निबन्ध-साहित्य में बहुत-से ऐसे निबन्ध भी हैं जिन्हें विषय के आधार पर किसी वर्ग में रखना सम्भव नहीं है, कारण यह है कि इनमें विषय बहाना मात्र है और विचारतत्त्व एकदम क्षीण है। लेखक किसी भी साधारण वस्तु या रोजमर्रा की घटना पर लिखना शुरू करता है और मन की तरंगों पर सवार रोचक ढंग से मनोरंजक बातें कहता हुआ निबन्ध को आगे बढ़ाता है। शरदजी के संग्रह 'परिक्रमा' के अधिकांश निबन्ध जैसे पिन, छिलके, 'ढ' ढक्कन का, सुराही, बटन, इन्दौर के स्वर, डबल सवारी दर्शन आदि इसी प्रकार के निबन्ध हैं।

शरद जोशी के निबन्ध : कथ्यगत वैशिष्ट्य

शरद जोशी के निबन्धों को पढ़ते हुए उनकी जो प्रमुख विशेषता ध्यान आकृष्ट करती है, वह है उनमें हास्य और व्यंग्य का ऐसा दुर्लभ संयोग जो व्यंग्य की धार को कमजोर न करके उसे और प्रभावशाली बनाता है। शरदजी के निबन्धों में व्यंग्य की तीक्ष्णता और बेधकता है लेकिन इसके साथ रंजकता भी मिली हुई है। वे यह नहीं मानते थे कि व्यंग्य के मूल में दुःख, विषाद या नकारात्मक तत्त्व ही होते हैं। उनका मत था कि व्यंग्य त्रासद और थ्रिलिंग दोनों ही अवस्थाओं में लिखा जा सकता है। अपने एक इण्टरव्यू में शरदजी ने कहा था—''हास्य के माध्यम से कुछ बातें बहुत कम शब्दों में और बड़ी सरलता से कह देने में सफलता मिलती है। सामान्य पाठक बड़ी जल्दी विषय-प्रवेश कर जाता है और जब उसको इस बात का एहसास होता है कि इन सीधी-सादी बातों के पीछे गहरा तथ्य है जो आखिर में कहा गया है, तब इसका शॉक उसकी चेतना को झकझोरता है, बौद्धिक रूप से उसे उत्तेजित करता है।'' वास्तव में शरदजी हास्य के इसी गम्भीर सुविचारित प्रयोग के समर्थक थे। हास्य के नाम पर छिछली और फूहड़ रचनाओं के वे विरोधी थे। 'हास्य रस के भरवाँ साहित्यकार' में उन्होंने ऐसे हास्य रस के प्रयोक्ता साहित्यकारों पर करारा व्यंग्य किया है।

शरद जोशी के लिए व्यंग्य केवल मनोरंजन या किसी की निन्दा करने का माध्यम न होकर महत् सामाजिक जिम्मेदारियों के निर्वाह का जरिया था। वे लिखते हैं—''नौकरों का मजाक या मियाँ बीबी की चखचख अजी जनाब और महाशयजी सम्बोधन के साथ भोंड़ा प्रसारण साहित्य व्यंग्य नहीं है, न हास्य है, बल्कि हास्यास्पद है। व्यंग्य की एक सोद्देश्यता होती है, एक सामाजिक पक्ष होता है और बिना कलात्मकता खोये उसका निर्वाह किया जा सकता है।'' व्यंग्य की इस सोद्देश्यता को उनके निबन्धों में सर्वत्र लक्षित किया जा सकता है जबकि व्यवस्था पर व्यंग्य करते हुए धन, सत्ता और शक्ति के उच्चतम स्रोतों की विद्रूपताएँ उद्घाटित करते हुए उन पर प्रहार करने में उन्हें कोई हिचक या झिझक नहीं होती। वे अपनी रचनाओं को शोषण और भेदभाव के खिलाफ हथियार की तरह देखना चाहते थे। इसीलिए उन्होंने स्पष्ट कहा है—''उनकी (मुक्तिबोध की) विष को अलग कर फेंक देने की वह तीव्र इच्छा और क्रोध मैं अपनी कलम में उतारना चाहता हूँ। मुझे अपनी रचनाएँ इसी कारण नापसन्द हैं क्योंकि वे व्यंग्य होकर भी पूरी तरह से वह काम नहीं करतीं जो उनसे अपेक्षित है।'' यही कारण है कि शरदजी जब देखते हैं कि भ्रष्ट और पतित व्यवस्था अपने ढर्रे पर बदस्तूर चल रही है और कुछ भी कहने-सुनने का उस पर कोई असर नहीं हो रहा तो उनकी पीड़ा इन शब्दों में व्यक्त होती है—''धीरे-धीरे समूची व्यवस्था अपने पर किये जानेवाले व्यंग्य से एडजस्ट करने लगती है। जियो और जीने दो के सिद्धान्त के अन्तर्गत यह निश्चित हो जाता है कि हम राज करते रहें, तुम हम पर व्यंग्य करते रहो।''

अन्य अधिकांश व्यंग्यकारों की तरह शरद जोशी के व्यंग्य-निबन्धों की प्रेरणा भी उनके अपने समय के साक्षात्कार से आती है। समकालीनता उनके निबन्धों के कथ्य

का प्रमुख धर्म है। शरदजी ने पत्र-पत्रिकाओं में नियमित स्तम्भ लिखे। ऐसी रचनाएँ स्वभावतः समकालीन परिदृश्य से जुड़ी होती हैं। राष्ट्रीय और अन्तर्राष्ट्रीय राजनीति, प्रशासन तन्त्र, अर्थव्यवस्था, साहित्य, शिक्षा, संस्कृति, खेलकूद आदि सभी से जुड़ी बातों पर शरदजी पैनी दृष्टि रखते थे ओर इनसे जुड़े छद्मों और विसंगतियों को उधेड़कर सामने रखते थे। समकालीनता के अतिरिक्त वैविध्य और व्यापकता भी शरदजी के निबन्धों की महत्त्वपूर्ण विशेषताएँ हैं।

शरद जोशी किसी वाद या विचारधारा-विशेष से बँधे नहीं थे। उन्हें वामपन्थी दक्षिणपन्थी या किसी और खेमे में नहीं रखा जा सकता। इसके बावजूद उनके साहित्य के लोकसम्बद्ध और जनवादी रूप में कोई सन्देह नहीं है। निबन्ध का विषय कुछ भी हो, शरदजी उसमें जनसामान्य की भावनाओं को आवाज देना नहीं भूलते। उनका पूरा साहित्य मनुष्य और उसके परिवेश तथा इनसे जुड़े प्रश्नों पर केन्द्रित है।

शरद जोशी अपने निबन्धों में व्यक्ति-विशेष को लक्ष्य बनाकर व्यंग्य नहीं करते। इस मामले में उनकी प्रवृत्ति हरिशंकर परसाई से अलग है जो बेधड़क नाम लेकर व्यंग्य-प्रहार किया करते थे। शरदजी राजनीति, समाज, व्यवस्था, सभी से जुड़े भ्रष्ट और धोखेबाज लोगों को निशाना बनाते हैं, उन पर तीखे कटाक्ष करते हैं, लेकिन उन्हें ऐसा निर्वैयक्तिक रूप दे देते हैं कि व्यंग्य व्यक्तियों पर न होकर प्रवृत्तियों और परिस्थितियों पर दिखायी देता है। इससे उनके व्यंग्य के प्रभाव में वृद्धि होती है क्योंकि व्यक्ति को सामने लाना निश्चित रूप से व्यंग्य की धार में कमी लाता है। कहीं-कहीं जहाँ उनके व्यंग्य के लक्ष्य बने व्यक्ति बिल्कुल स्पष्ट हैं जैसे 'नदी में खड़ा कवि' में कवि अज्ञेय या 'मामला सास बहू का' में इन्दिरा और मेनका गाँधी, वहाँ भी लेखक उन पर व्यक्तिगत आक्षेप करने की बजाय उनकी परिस्थितियों और वर्ग चरित्र पर व्यंग्य करता है।

शिल्पगत वैशिष्ट्य

हिन्दी निबन्ध के शिल्प को नया आयाम देने में शरद जोशी का योगदान अप्रतिम है। हरिशंकर परसाई की ही तरह शरद जोशी भी निबन्ध के परम्परागत ढाँचे के कायल नहीं थे। उनके निबन्धों में कहानी, रेखाचित्र, नाटक, संस्मरण—जैसी विधाओं के तत्व घुले मिले हैं। उदाहरण के लिए 'बस स्टैण्ड का भिखारी' रेखाचित्र के निकट है; 'जिसके हम मामा हैं' में नाटकीय वैशिष्ट्य है; 'समस्या सुलझाने में बुद्धिजीवी का योगदान' में कहानी के तत्त्व उपस्थित हैं तथा 'एक मिनी भ्रष्टाचार' संस्मरणात्मक है। लेकिन ये विशेषताएँ होते हुए भी इन रचनाओं की आत्मा निबन्ध की ही है।

शरदजी के निबन्धों का आकार प्रायः छोटा होता है। उनके अधिकांश निबन्ध दो-तीन पृष्ठ से कम आकार के ही हैं। बहुत-से तो एक पृष्ठ के अन्दर हैं। इसका एक कारण यह है कि उनके बहुत-से निबन्ध पत्र-पत्रिकाओं के स्तम्भ के रूप में लिखे गये हैं जहाँ ज्यादा शब्द संख्या की गुंजाइश नहीं होती। इसके अलावा शरदजी के निबन्धों में लम्बी विचार-श्रृंखलाएँ अक्सर नहीं हुआ करतीं। इसके बजाय वे किसी विषय पर

छोटी-छोटी चुटीली टिप्पणियाँ करते हैं। इस कारण भी इनके निबन्ध छोटे हुआ करते हैं। जहाँ ऐसी विचार श्रृंखलाएँ उपस्थित हैं जैसे 'जिसका नाम है गालिब' या 'मैं प्रतीक्षा में हूँ' तो ऐसे निबन्ध आकार में बड़े हैं।

व्यंग्य के उपकरणों में चमत्कारिक विनोदवचन या विट (Wit) शरदजी का पसन्दीदा है। इसके अन्तर्गत वे कहीं शब्दों के खेल से तो कहीं स्थितियों की कल्पना से कथा में चमत्कार पैदा करते हैं, जैसे—''यात्री खड़े हैं, टिकिट नहीं मिल रहा। टिकिट मिल गया, ट्रेन लेट है। गाड़ी आयी, जगह न थी; जगह मिली, सामान रखा था। एयर का टिकिट लिया, वेटिंग लिस्ट में है। सीट कन्फर्म हुई, फ्लाइट कैन्सिल हो गयी।'' यह अवश्य है कि कई बार ऐसे लम्बे और प्रयत्नपूर्वक किये गये प्रयोग ऊब पैदा करते हैं। 'पैरोडी' का अपने निबन्धों में प्रयोग भी शरदजी कुशलता से करते हैं। उनके विभिन्न निबन्धों में जगह-जगह इसका प्रयोग हुआ है। कुछ निबन्ध तो पूरे ही पैरोडी में लिखे गये हैं, जैसे 'चुनाव गीतिका : सरलार्थ' तथा 'अभिनेत्रियम काव्य के कुछ सरस पद्यर्थ' 'गीत गोविन्द' की पैरोडी के रूप में हैं। इसके अलावा फैण्टेसी शिल्प के प्रयोग में भी शरदजी को महारत हासिल है। उनके 'अमरता के एहसास की भयावनी रात', 'जम्बूद्वीप में चुनाव', 'शहर' जैसे निबन्ध इसका प्रमाण हैं।

शैली-प्रयोग में शरदजी की मौलिकता उल्लेखनीय है। निबन्ध की परम्परागत शैलियों का प्रयोग उन्होंने अपेक्षाकृत कम किया है। उनमें से केवल समास शैली का वे अनेक स्थलों पर प्रयोग करते हैं, उदाहरणार्थ ''पूरा प्रजातन्त्र लगता है एक विशाल शीशमहल है। आइनों की बस्ती।'' ('जैसे श्वान काँच मन्दिर में')

''जीने का दर्शन दूसरे की मृत्यु हो गया है।'' ('जियो और जीने मत दो')

''नेता राष्ट्र के स्तम्भ हैं। अखबार के स्तम्भ उतने ही गहरे होंगे जितने राष्ट्र के स्तम्भ हैं।'' ('उथली गहराई')

शरद जोशी अपने निबन्धों में भावुक बहुत कम होते हैं। कहीं-कहीं जहाँ वे भावावेश में आते हैं, विषयवस्तु के अनुरूप धारा और तरंग शैलियों का प्रयोग मिलता है, जैसे **धारा**—''तभी सीखा था कि अपनी तकलीफ भुलाने का एक ही तरीका है कि समाज में बहुत गहरे चले जाओ और भूल जाओ। भीड़ में रहो ताकि मन की वीरानी दूर हो, ठहाके लगाओ जिससे आँसू सूख जायँ।'' ('मैं प्रतीक्षा में हूँ')

तरंग—''इस देश में नए सुझाव राजकुमार के ठाठ से जन्म लेते हैं और कैन्सर के मरीज की तरह तड़प-तड़पकर मृत्यु प्राप्त करते हैं। सारे देश में प्रस्ताव बिलबिलाते, रेंगते रहते हैं। आइडिया अचार हो जाता है, प्रस्तावों पर फफूँद लगता है।''

('कितना महान है यह देश!!')

शरदजी के निबन्धों में नाटकीय शैली का प्रयोग प्रचुर मात्रा में मिलता है। अपने बहुत-से निबन्धों में वे पात्र, संवाद और दृश्यों का संयोजन करके नाटकीय शैली का कुशलता से प्रयोग करते हैं। उदाहरणार्थ—

"गिरफ्तारी से राजनीति में कैरियर बनता है। कल जब मुंसीपाल्टी या विधानसभा के टिकट बँटेंगे तब उम्मीदवार से पूछा जायगा,

तुमने गिरफ्तारी दी या नहीं दी?

श्रीमान् दी।

कितनी बार दी?

पाँच बार दी।

शाबास ! बोलो कहाँ का टिकट चाहिए? विधानसभा या नगर निगम।

हमें तो दुकान के लिए किरोसिन की एजेन्सी दिला दीजिए भाई साहब।'

शरदजी अपनी रचनाओं का कवि-सम्मेलनों के मंच से पाठ भी किया करते थे। इसलिए इनके निबन्धों में बातचीत का लहजा प्रायः विद्यमान रहता है। इसके अनुरूप सम्बोधन शैली का प्रयोग वे अनेक स्थलों पर करते हैं, जैसे—"यह मारुति जो सड़क पर चल रही है, तेरा बाप लाया? यह जो एयर बसें हम खरीद रहे हैं तो क्या तेरे भरोसे पर? यह जो काम्पलेक्स और एयर कंडीशंड मार्केट बने हैं तो क्या फरिश्ते आएँगे यहाँ?"

('बातें बयान के बाहर हैं')

कुछेक स्थलों पर शरदजी आलंकारिक शैली का प्रयोग भी करते हैं। प्राचीन कवियों की तर्ज पर इस शैली को वे अपने लक्ष्य का उपहास करने में प्रयुक्त करते हैं—"हाय ! अभी तो स्वार्थों के चकवा-चकवी जी भर मिल नहीं पाये थे। निजी सुखों की कमल जोड़ी से भ्रष्ट पवन मधुर छेड़छाड़ कर ही रहा था। अभी-अभी तो यह सेवाभावी तन डनलपिलों के मनोहर पाश में सिमटा ही था कि समय के निर्दयी मुर्ग ने बाँग देकर कहा कि चुनाव आ गये!"

अपने साहित्यिक जीवन की शुरुआत में शरदजी काव्य-रचना भी किया करते थे। बाद में उन्होंने कविताएँ लिखनी बन्द कर दीं लेकिन अपने निबन्धों में स्वरचित काव्य-पंक्तियों का समावेश करके उन्होंने निबन्ध-शिल्प में अनोखी मौलिकता दिखायी। निबन्धों में आने-वाली उनकी काव्य-पंक्तियाँ भी निबन्ध के मूल कथ्य के अनुरूप व्यंग्य के प्रभाव को बढ़ाती हैं। उदाहरण के लिए 'नदी में खड़ा कवि' में कवि अज्ञेय पर यह व्यंग्य—

घाटा-घाट पानी
धारा-धारा विधा
कुर्सी-कुर्सी नौकरी
क्रान्ति के सन्दर्भ में
सुविधा - ही - सुविधा
गुनगुनी कविताएँ
मुनमुने वक्तव्य।

शरद जोशी के निबन्धों की भाषिक समृद्धि और वैविध्य अद्वितीय है। डॉ० बालेन्दु शेखर तिवारी के अनुसार, "हिन्दी के किसी भी दूसरे व्यंग्यकार ने व्यंग्य-भाषा के शैलिकीय उपकरणों का इतना अधिक और बढ़-चढ़कर उपयोग नहीं किया था।

भाषान्तर के फलक पर व्यंग्य-भाषा को वैविध्य प्रदान करते हुए उन्होंने व्यंग्य-लेखन को भाषा-मैत्री की जमीन दी।''

शरदजी का शब्द चयन बहुरंगी है। उनके शब्द प्रायः सामान्य बोलचाल की भाषा से आते हैं। इस भाषा में प्रचलित तत्सम, तद्भव और देशज शब्दों के अलावा विदेशी भाषाओं के प्रचलित शब्द भी घुले-मिले हैं—''प्रगति तो हुई ही है न ! सोना क्या यहाँ खेतों में खाद डालने के लिए स्मगल होकर आता है? ऐयाशी के सामानों का बाजार आखिर व्यवसायी ही चला रहे हैं ! करोड़ों रंगीन टी०वी० देशवासियों ने भीख माँगकर तो नहीं खरीदे! पैसा पैदा होता ही है, किया ही जाता है। ऐक्टिंग से, फ्रॉड से, दलाली से, ठेके से, सप्लाई से या मेहनत कर।''

मेघदूत, गीत गोविन्द आदि प्राचीन रचनाओं की पैरोडी के रूप में लिखे गये निबन्धों की भाषा तत्समबहुला है—''तुम्हारा मुखसरसिज आज जाने क्यों एक चिन्ताग्रस्त नेता का बोध करा रहा है। आज कौन-सा अमंगल तुम्हें उदास किये है? इस दिशा में किस ठौर पर जा रहे हो? सघन कान्तारों में किसके अन्वेषण का लक्ष्य है आज?''

शरदजी हिन्दी प्रदेश ही नहीं बल्कि उसके बाहर मुम्बई, गुजरात, हैदराबाद-जैसे क्षेत्रों में प्रचलित हिन्दी के मिश्रित रूप का प्रयोग भी अपने निबन्धों में करते हैं। उदाहरण के लिए 'इधर एक महापुरुष होना' निबन्ध मुम्बइया हिन्दी में लिखा गया है—''पर कोई होना। एक महापुरुष देश में बोर करने को होना। ये सारा धाँधलेबाजी खत्म हो जायेगा। मगर अब लायें कहाँ से। अपन कू सधता नहीं, नहीं अपन साला हो जाता।''

शरदजी की विनोदवृत्ति बहुत-से नये शब्दों का निर्माण भी करती है, जैसे—अंकयोजनीय, घटियाकरण, टायरत्व, टिकटार्थी, दिल्ली-मुखी, परनफ्री, हाईजैकाभिलाषा, चमचावत आदि जिनका प्रयोग वे कभी हास्य की सृष्टि तो कभी अपने लक्ष्य का उपहास करने में करते हैं। उनके ऐसे शब्द सर्वथा नवीन अर्थ-छटा उपस्थित करके व्यंग्य को धार देते हैं।

शरद जोशी प्रायः छोटे-छोटे परस्पर अन्तर्सम्बन्धित वाक्यों या वाक्यखण्डों का प्रयोग करके भाषा को प्रवाहपूर्ण बनाते है। किसी बिन्दु पर प्रश्नवाचक या विस्मयादिबोधक वाक्यों की लड़ियाँ तैयार करने में उनकी विशेष रुचि है—''आयात-निर्यात के मण्डप में बताया जाय, हम कौन-सी वस्तुएँ स्मगलर कर लाते हैं और कौन सी यहाँ से चुराकर बाहर भेजते हैं? आय कितनी होती है, टैक्स बचाने के तरीके क्या हैं? छिपा पैसा किन धन्धों में लगता है? सट्टा जुआ आदि क्षेत्रों में राष्ट्र कितना आगे बढ़ा है?''

नये-नये प्रतीकों और बिम्बों के प्रयोग ने शरदजी की भाषा में ताजगी और आकर्षण पैदा किया है। उदाहरण के लिए 'इल्ली' भ्रष्ट और उत्पीड़क सरकारी अधिकारी का, बगुला, भ्रष्ट राजनेता का, पुराना पेड़ रूढ़िवादी बुद्धिजीवी का, काँच मन्दिर, हमारी राजनीतिक व्यवस्था का, कैक्टस समाजवाद का और मनीप्लाण्ट पूँजीवादी

व्यवस्था का प्रतीक उनके साहित्य में है। दृश्य और श्रव्य बिम्बों की आकर्षक सृष्टि भी शरदजी अपने निबन्धों में करते हैं। उदाहरण के लिए बुद्धिजीवी पर व्यंग्य करते हुए शरदजी उसका यह बिम्ब सामने लाते हैं–"शिकारी है बुद्धिजीवी। गिद्ध-सी आँखें हैं उसकी। डैने फैलाये वह हर पतनगामी सड़ांध के इर्द-गिर्द मँडराता है। लार टपकाता, नाखून तेज करता, देखिए, वह एक मुर्दा संस्थान से दूसरे लाभकारी, संस्थान की ओर जा रहा है।" उनका 'इन्दौर के स्वर' निबन्ध पूरा-का-पूरा ध्वनि बिम्बों से ही रचा गया है। ध्वनि और दृश्य के ऐसे संश्लिष्ट बिम्ब भी उनक निबन्धों में बहुतायत में हैं–"रॉकेट उठा, और उठा, और उठा और एकाएक जात पर आ गया, अर्थात् घूमा और करोड़ों खर्च करनेवालों की इज्जत पर, पूरे आसमान पर झाड़ू फेरता समुद्र की गहराई में किसी सरकारी रहस्य की तरह समा गया। शुंई, फुस्स, बिझूंग, गुड़प्पा, झीं, झाम। गया पानी में।"

शरद जोशी के निबन्ध-साहित्य में लालित्य और आकर्षण के साथ सूक्ष्म विश्लेषण और गम्भीर सामाजिक सरोकारों का विलक्षण संयोग है। शरदजी के पहले व्यंग्य के मूल में क्षोभ, आक्रोश और व्यथा को ही माना जाता था लेकिन उन्होंने हास्य और विनोद को भी व्यंग्य-सृजन के मूल में स्थापित किया। यह उनकी अप्रतिम देन थी। साहित्य की लिखित और वाचिक परम्परा का मेल करने में उन्होंने वही उपलब्धि अर्जित की जो कबीर, तुलसी और मिर्जा गालिब–जैसे महान् रचनाकारों को प्राप्त थी। साहित्य के जीवन से जुड़ाव का जैसा प्रमाण उनका निबन्ध साहित्य देता है, अन्यत्र दुर्लभ है क्योंकि व्यक्ति या समाज के सदस्य के रूप में मनुष्य का जिन-जिन बातों से सरोकार हो सकता है, वह सब शरदजी के निबन्धों की विषयवस्तु है। इस संदर्भ में उनका सटीक मूल्यांकन उनके समकालीन व्यंग्यकार रवीन्द्रनाथ त्यागी ने किया है–"उनकी रचनाओं के टॉपिक, उनके शीर्षक, उनके चरित्र, उनकी रचनाओं में प्रस्तुत परिस्थितियाँ और उनकी भाषा सब-की-सब आम आदमी से सीधे जुड़ी हुई थीं। उनका ज्यादातर जीवन कस्बों और मुफस्सिल शहरों में बीता था और इसी कारण उन स्थानों को लेकर जितना ईमानदार और तथ्यपरक व्यंग्य उन्होंने किया, उतना हिन्दी का अन्य कोई व्यंग्यकार नहीं कर सका।"

◆◆◆